职业院校公共课教材

职业生涯规划与发展教程

赵林平　庞新虹　张力丹　主　编
　　　　冯　佳　陈承欢　副主编

电子工业出版社

Publishing House of Electronics Industry

内 容 简 介

职业生涯规划教育是我国高等职业教育创新人才培养模式的重要内容，不仅可以促进大学生实现高质量就业，还可以完善高等职业院校素质教育工作，促进大学生的全面发展。本书的目标是通过开展系统的职业生涯规划教育，帮助学生树立规划意识，主动进行自我认知，学会自我管理，树立科学的就业观念，提升就业核心竞争力。

全书围绕"职业生涯规划与发展"这一中心任务，合理构建 7 个教学模块，每个教学模块均设置了【分析思考】【学习领会】【交流探讨】【训练提升】4 个教学环节，形成颇具特色、能力递进的教学过程，让每位大学生都能通过分析思考、知识学习、话题探讨、主题训练等多样化的教学活动与实践活动，逐步认知自我、认知职业、明确定位、确立目标、学会决策、提升素质、适应职场、形成能力、稳步发展。

本书可作为普通高等院校、职业院校各专业的职业生涯规划与发展课程的教材，也可作为培训教材及大学生自主学习教材。

未经许可，不得以任何方式复制或抄袭本书之部分或全部内容。
版权所有，侵权必究。

图书在版编目（CIP）数据

职业生涯规划与发展教程 / 赵林平，庞新虹，张力丹主编. —北京：电子工业出版社，2023.8
ISBN 978-7-121-45917-7

Ⅰ. ①职… Ⅱ. ①赵… ②庞… ③张… Ⅲ. ①职业选择－高等职业教育－教材 Ⅳ. ①G717.38

中国国家版本馆 CIP 数据核字（2023）第 124352 号

责任编辑：程超群
印　　刷：北京七彩京通数码快印有限公司
装　　订：北京七彩京通数码快印有限公司
出版发行：电子工业出版社
　　　　　北京市海淀区万寿路 173 信箱　邮编 100036
开　　本：787×1 092　1/16　印张：15.25　字数：430 千字
版　　次：2023 年 8 月第 1 版
印　　次：2023 年 8 月第 1 次印刷
定　　价：49.00 元

凡所购买电子工业出版社图书有缺损问题，请向购买书店调换。若书店售缺，请与本社发行部联系，联系及邮购电话：（010）88254888，88258888。
质量投诉请发邮件至 zlts@phei.com.cn，盗版侵权举报请发邮件至 dbqq@phei.com.cn。
本书咨询联系方式：（010）88254577，ccq@phei.com.cn。

前　言

高等职业教育是我国高等教育的重要组成部分，肩负着为社会培养高素质技术技能型人才的重要职责。职业生涯规划教育是我国高等职业教育创新人才培养模式的重要内容，不仅可以完善高职院校的素质教育工作，促进大学生的全面发展，还可以促进大学生实现高质量就业。如何对大学生开展系统的职业生涯规划教育，帮助其树立规划意识，主动进行自我认知、学会自我管理，树立科学的就业观念，提升其就业核心竞争力，已成为高等职业院校面临的重大课题。

人生的道路上，每个人都有自己的志向、追求、目标和理想。但人各有志，不同的人所立的志向、所怀有的理想各有不同。在《说文解字》中，"志"这个字，意为心愿所往，本义为志气。当我们立下人生之志，也就找到了我们人生的锚。崇高的理想可以激发人们的才智，激励人们奋发向上。古今中外，凡是对人类社会进步有重大贡献的人，无不注重自己的人生志向、崇高理想和远大目标。

通过对本书的职业生涯规划与发展教程的学习，你会发现：在制定人生目标的时候，你会针对自身特点，考虑外部环境，有条理、有系统且比较容易地制定出一个切实可行的目标。

本书的主要特色与创新如下。

（1）教材结构模块化。

围绕"职业生涯规划与发展"这一中心任务，全面调研大学生职业生涯规划过程中的多样性需求，明确了职业生涯规划的方法与途径，合理构建了7个教学模块，即揭开职业生涯规划的面纱、自我认知与客观测评、环境分析与职业认知、明确职业定位与确立职业目标、职业生涯规划与决策、提升职业素养和综合能力、职业适应与发展。

（2）教学活动多样化。

由于不同大学生喜欢的教学形式不完全相同，如有的喜欢聆听，有的喜欢思考，有的喜欢探讨，有的喜欢动手……本书尽量减少说教式讲授，代以提供更多的分析、理解、思考、探讨、训练的机会，如每个教学模块都设置了【分析思考】【学习领会】【交流探讨】【训练提升】4个教学环节，形成颇具特色、能力递进的教学过程，让每位大学生都能通过分析思考、知识学习、话题探讨、主题训练等多样化的教学活动与实践活动，逐步认知自我、认知职业、明确定位、确立目标、学会决策、提升素质、适应职场、形成能力、稳步发展。各个教学环节可以灵活安排教学组织形式，如可以为线上学习或线下教学，也可以为课堂教学或课外学习，任课教师可以视具体情况而定。

（3）职业指导实用化。

通过教学活动和实践活动的开展，引导大学生树立职业生涯与发展的自主意识，树立积极正确的人生观、价值观和就业观，正确处理个人与社会的关系，把个人发展和国家需要、社会发展相结合，把个人自身价值的实现与整个社会的进步和发展结合在一起，愿意为个人的职业生涯发展和社会发展主动付出积极的努力；引导大学生树立自信心，学会收集、管理和使用职业信息，果断做出职业决策并制订职业发展行动计划；引导大学生正确认识自身的个性特质、兴趣、能力和价值观，清楚自己喜欢的、适合的、能够从事的工作和职业，了解现有与潜在的资源优势；引导大学生将自己的优势与劣势进行对比分析，正确评估自己的现状，评估个人目标与现实情况之间的差距，分析自己的需求结构，确定前瞻与实际相结合的职业定位和职业目标，搜索、发现新的或有潜力的职业发展机会，形成自己的职业发展优势。

本书在撰写过程中，参阅了有关著作、论文和多个网站中的公开内容，吸纳了多方面的研究成果，并引用了部分文献和案例，谨此向各参考图书、案例设计的作者表示衷心的感谢！

本书由云南交通职业技术学院赵林平、庞新虹、张力丹担任主编，云南交通职业技术学院冯佳、湖南铁道职业技术学院陈承欢担任副主编，湖南铁道职业技术学院王姿、张丽芳老师参与了部分模块和案例的编写工作。

由于编者水平有限，书中疏漏之处在所难免，敬请专家与读者批评指正。

编　者

目　录

模块1　揭开职业生涯规划的面纱 (1)

【分析思考】 (1)
【案例1-1】四只毛毛虫的故事 (1)
【案例1-2】爬楼梯与找钥匙 (2)

【学习领会】 (3)
1.1　职业生涯和职业生涯规划 (3)
1.2　职业生涯规划的重要意义 (4)
1.3　开启职业生涯的成功之路 (5)
1.4　职业生涯规划的基本理论 (6)
  1.4.1　职业选择理论 (7)
  1.4.2　舒伯的职业生涯发展阶段理论 (8)
  1.4.3　施恩的职业锚理论 (12)
  1.4.4　加德纳的多元智力理论 (15)
1.5　多元智力理论在职业生涯规划教育中应用的意义 (17)
1.6　大学生职业生涯规划的问题分析 (17)
1.7　影响个人职业生涯规划的因素 (18)
1.8　职场新人：规划比能力更重要 (20)

【交流探讨】 (21)
【探讨1-1】职业生涯规划有何意义 (21)
【探讨1-2】一份有效的职业生涯规划将会对你有哪些好处 (21)
【探讨1-3】大学低年级学生忽略职业生涯规划的主要原因有哪些 (22)
【探讨1-4】职业规划最重要的目的有哪些 (22)
【探讨1-5】为什么要提前做好职业规划 (22)
【探讨1-6】职业规划应从入学开始吗 (24)

【训练提升】 (24)
【训练1-1】整理你的角色清单 (24)
【训练1-2】彩绘你的生涯彩虹图 (25)
【训练1-3】运用多元智力自检表匹配适合且喜欢的职业和专业 (26)
【训练1-4】运用"5W"归零思考法探寻职业目标 (30)
【训练1-5】如何利用斯温的生涯规划模式进行合理的生涯规划 (31)

模块2　自我认知与客观测评 (34)

【分析思考】 (34)
【案例2-1】专业对口的尴尬 (34)
【案例2-2】第一份工作决定职场前途 (34)

【学习领会】 (35)
2.1　价值观与职业规划 (35)
2.2　性格与职业规划 (39)
2.3　兴趣与职业规划 (44)
2.4　能力与职业规划 (48)

  2.5 SWOT 分析法与大学生职业规划 (49)
 【交流探讨】 (51)
  【探讨 2-1】如何选好第一份工作 (51)
  【探讨 2-2】找工作一定要专业对口才好吗 (51)
 【训练提升】 (53)
  【训练 2-1】职业价值观测试 (53)
  【训练 2-2】运用舒伯的职业价值观量表了解自己的职业价值倾向 (57)
  【训练 2-3】探索你的职业价值观 (58)
  【训练 2-4】职业性格测试 (60)
  【训练 2-5】职业兴趣测试 (65)
  【训练 2-6】逛完 6 座岛屿，轻松找到你喜欢做的事 (74)
  【训练 2-7】职业能力倾向测试 (79)
  【训练 2-8】运用 SWOT 分析法分析个人的优势、劣势、机会和威胁 (84)
  【训练 2-9】认知自我 (84)

模块 3 环境分析与职业认知 (87)
 【分析思考】 (87)
  【案例 3-1】你不理职，职不理你 (87)
  【案例 3-2】人在职场，要看透这 3 件事 (87)
  【案例 3-3】谁的职场不委屈，哪份工作不辛苦 (89)
 【学习领会】 (91)
  3.1 区分就业、职业和事业 (91)
  3.2 环境分析 (92)
  3.3 职业认识 (97)
  3.4 未来职业的发展趋势 (101)
 【交流探讨】 (102)
  【探讨 3-1】如何把握"新领"新机遇、适应"新领"职业 (102)
  【探讨 3-2】互联网带来哪些新职业 (104)
  【探讨 3-3】新时代 新领域 新作为 (105)
  【探讨 3-4】自由职业是否是大势所趋 (106)
 【训练提升】 (109)
  【训练 3-1】调研企业招聘信息与获取岗位需求 (109)

模块 4 明确职业定位与确立职业目标 (115)
 【分析思考】 (115)
  【案例 4-1】第一份工作决定职场前途 (115)
  【案例 4-2】山田本一的夺冠秘密 (116)
  【案例 4-3】职业并没有高低贵贱之分 (117)
 【学习领会】 (119)
  4.1 区分职业定位、职业目标和职业计划 (119)
  4.2 关于目标 (120)
  4.3 关于职业生涯目标 (122)
  4.4 实现职业生涯目标的途径 (124)
    4.4.1 职业生涯目标的构成因素 (124)

    4.4.2　职业生涯目标的分解 (124)
    4.4.3　职业生涯目标的组合 (127)
    4.4.4　职业目标的实现 (128)
  4.5　明确职业定位 (129)
 【交流探讨】 (132)
   【探讨4-1】如何为自己的职业发展"定向"和"定位" (132)
   【探讨4-2】从行业、区域、企业、人岗匹配四个方面分析如何确定职业发展方向 (133)
   【探讨4-3】感觉迷茫时，应该做些什么来找对自己的方向 (136)
 【训练提升】 (139)
   【训练4-1】职业生涯规划目标的设立 (139)
   【训练4-2】探析择业的方向与目标 (140)
   【训练4-3】职业定位测试 (142)

模块5　职业生涯规划与决策 (146)

 【分析思考】 (146)
   【案例5-1】探讨马雁28年的职业生涯 (146)
   【案例5-2】探析林同学的生涯决策平衡单 (148)
 【学习领会】 (149)
  5.1　关于职业生涯规划 (149)
  5.2　职业决策 (153)
  5.3　生涯决策风格 (154)
  5.4　职业发展决策的基本过程 (155)
  5.5　职业生涯决策方法 (156)
    5.5.1　CASVE循环 (156)
    5.5.2　生涯决策中的SWOT分析法 (157)
    5.5.3　生涯决策平衡单法 (158)
    5.5.4　决策树法 (160)
  5.6　职业生涯决策的影响因素分析 (160)
 【交流探讨】 (163)
   【探讨5-1】"一核双驱"做好职业规划，让你一路顺风顺水 (163)
   【探讨5-2】关于职业生涯规划，你是否存在误解 (165)
   【探讨5-3】面对多种选择，你会举棋不定吗 (166)
   【探讨5-4】判断哪种职业更适合你自己 (166)
   【探讨5-5】如何择业 (167)
   【探讨5-6】职业规划和选择：把自己当作公司去经营 (169)
 【训练提升】 (170)
   【训练5-1】职业生涯规划的"七步" (170)
   【训练5-2】运用职业锚量表进行职业选择 (172)
   【训练5-3】探析个人的决策风格 (173)
   【训练5-4】模拟大学生职业生涯规划大赛 (174)

模块6　提升职业素养和综合能力 (188)

 【分析思考】 (188)
   【案例6-1】探讨如何将岗位工作做到极致，实现岗位成才 (188)

【案例 6-2】大雁飞行的协作与合力 ·· (189)
　　【案例 6-3】团队合作比优秀成绩更宝贵 ·· (190)
　　【案例 6-4】坚持站好最后一班岗 ·· (190)
【学习领会】 ·· (191)
　6.1　职业素养 ·· (191)
　6.2　职业心态 ·· (192)
　6.3　团队合作与人际沟通 ·· (193)
　6.4　培养时间管理的习惯 ·· (194)
　6.5　培养良好的工作态度与工作习惯 ·· (195)
【交流探讨】 ·· (197)
　　【探讨 6-1】职业素养的自我剖析 ·· (197)
　　【探讨 6-2】融入团队并成为优秀的团队成员 ·· (198)
　　【探讨 6-3】两种不同的工作态度 ·· (199)
　　【探讨 6-4】理发师的说话技巧 ·· (200)
　　【探讨 6-5】职场应关注哪些工作细节 ·· (201)
　　【探讨 6-6】提高时间管理能力 ·· (202)
　　【探讨 6-7】海尔公司的"日事日毕、日清日高" ·· (202)
　　【案例 6-8】勇于负责,恪尽职守 ·· (203)
【训练提升】 ·· (203)
　　【训练 6-1】提升倾听能力训练 ·· (203)
　　【训练 6-2】交流表达训练 ·· (204)
　　【训练 6-3】说话技巧训练 ·· (205)
　　【训练 6-4】高效利用时间,努力成为时间管理高手 ·· (205)

模块 7　职业适应与发展 ·· (207)

【分析思考】 ·· (207)
　　【案例 7-1】区分校园人与职业人 ·· (207)
　　【案例 7-2】把职业当事业 ·· (208)
　　【案例 7-3】比尔·盖茨的好学 ·· (209)
　　【案例 7-4】如何走出职场受挫的心理误区 ·· (209)
【学习领会】 ·· (210)
　7.1　职业适应性 ·· (210)
　7.2　职业发展 ·· (211)
　7.3　有效提高学习能力 ·· (213)
　7.4　从校园人到职业人的过渡 ·· (215)
　　7.4.1　校园人和职业人的区别及转变 ·· (215)
　　7.4.2　学生角色与职业角色的不同 ·· (216)
　　7.4.3　大学毕业生尽快完成角色转换的途径 ·· (217)
【交流探讨】 ·· (218)
　　【探讨 7-1】四种职业发展路径你倾向选择哪一种 ·· (218)
　　【探讨 7-2】大学毕业生角色转换过程中容易出现哪些问题 ·· (219)
　　【探讨 7-3】大学毕业生角色转换过程中应培养哪些角色转换意识 ······································ (220)
　　【探讨 7-4】职场新人融入新环境有哪些妙招 ·· (222)

【探讨7-5】大学毕业生如何成功"蜕变" ································（223）
　　【探讨7-6】职场中有哪些典型的"学生思维" ··························（224）
　　【探讨7-7】大学毕业生应如何面对工作中的挫折 ························（225）
【训练提升】 ···（226）
　　【训练7-1】调查企业员工的职业发展通道 ······························（226）
　　【训练7-2】学会学习 ···（226）
　　【训练7-3】养成高效率的学习习惯 ··（226）
　　【训练7-4】熟悉职场新人快速适应职场新岗位和新环境的方法 ·········（227）
　　【训练7-5】大学毕业生养成关注职场细节的习惯 ······················（229）
　　【训练7-6】大学毕业生努力适应职场规则 ······························（231）

参考文献 ··（233）

模块 1　揭开职业生涯规划的面纱

职业生涯规划教育是帮助学生认识自我、探索职业发展兴趣、谋求人生发展方向，并促进人格完整、提升生命的意义和价值的活动。

人们常说"凡事预则立，不预则废""上进之心，人皆有之"，然而，事业的成功，并非人人都能遂心如愿。问题到底出在哪儿呢？怎么做才能使事业获得成功、实现人生价值呢？职业生涯规划给我们提供了一条走向成功的道路。

职业生涯是一个人一生的工作经历，是人一生中最重要的历程，对人生价值起着决定性作用。职业生涯管理，就是具体设计及实现个人合理的职业生涯计划。

职业生涯设计或规划，简而言之是对个人和职业进行匹配与再规划的过程。职业生涯本身是一个动态的、不断发展的变化过程，对此，职业生涯规划所做的并不是应变之策，而是经营未来。

【分析思考】

【案例1-1】四只毛毛虫的故事

这是一个关于四只毛毛虫的故事。毛毛虫都喜欢吃苹果，有四只关系很好的毛毛虫，都长大了，各自去森林里找苹果吃。

第一只毛毛虫跋山涉水，终于来到一棵苹果树下。它根本就不知道这是一棵苹果树，也不知道树上长满了红红的可口的苹果。当它看到其他的毛毛虫往上爬时，稀里糊涂地就跟着往上爬。没有目的，不知终点，更不知自己到底想要哪一种苹果，也没想过怎么样去摘取苹果，只好一切全凭运气了。

第二只毛毛虫也爬到了苹果树下。它知道这是一棵苹果树，也确定自己的目标就是找到一个大苹果，问题是它并不知道大苹果会长在什么地方。但它猜想：大苹果应该长在大枝叶上吧！于是它就慢慢地往上爬，遇到分枝的时候，就选择较粗的树枝继续爬。于是它就按这个标准一直往上爬，最后终于找到了一个大苹果。这只毛毛虫刚想高兴地扑上去大吃一顿，但是放眼一看，它发现这个大苹果是全树最小的一个，上面还有许多更大的苹果。更令它泄气的是，要是它上一次选择另外一个分枝，它就能得到一个大得多的苹果。

第三只毛毛虫也到了一棵苹果树下。这只毛毛虫知道自己想要的就是大苹果，并且研制了一副望远镜。还没有开始爬时它就先利用望远镜搜寻了一番，找到了一个很大的苹果。同时，它发现当从下往上找路时，会遇到很多分枝，有各种不同的爬法；但若从上往下找路时，却只有一种爬法。它很细心地从苹果的位置由上往下反推至目前所处的位置，记下这条确定的路径。于是，它开始往上爬了，当遇到分枝时，它一点也不慌张，因为它知道该往哪条路上走，而不必跟着一大堆毛毛虫去挤破头。最后，这只毛毛虫应该会有一个很好的结局，因为它已经有了自己的计划。但是真实的情况往往是，因为毛毛虫爬行得相当缓慢，当它抵达时，苹果不是被别的毛毛虫捷足先登，就是苹果已熟透而烂掉了。

第四只毛毛虫可不是一只普通的毛毛虫，它做事有自己的规划。它知道自己要什么样的苹果，也知道苹果将怎么长大。因此当它带着望远镜观察苹果时，它的目标并不是一个大苹果，而是一朵含苞待放的苹果花。它计算着自己的行程，估计当它到达的时候，这朵花正好长成一个成熟的大苹果，它就能得到自己满意的苹果。结果它如愿以偿，得到了一个又大又甜的苹果，从此过上幸福快乐的日子。

【案例启示】

我们每个人都是毛毛虫，都在向着我们的人生目标——"苹果"而努力奋斗，都得爬上"人生"这棵苹果树去寻找未来。但是大家可曾想过，我们要怎样才能爬上人生这棵苹果树，得到那个我们想要的又大又甜的苹果？

第一只毛毛虫是只毫无目标、没有自己人生规划的毛毛虫，不知道自己想要什么。遗憾的是，我们很多人都是像第一只毛毛虫那样活着。

第二只毛毛虫虽然知道自己想要什么，但是它不知道该怎样去摘得大苹果，最后在习惯中做出了一些看似正确却使它渐渐远离大苹果的选择。

第三只毛毛虫有非常清晰的人生规划，也总是能做出正确的选择，但是，它的目标过于远大，而自己的行动过于缓慢，成功对它来说，已经是明日黄花。

第四只毛毛虫，它不仅知道自己想要什么，也知道如何去得到自己想要的苹果，以及得到苹果应该需要什么条件，然后制订清晰实际的计划，在望远镜的指引下，它一步步实现了自己的目标。

要想得到自己喜欢的苹果，就请做第四只毛毛虫吧！

【案例1-2】爬楼梯与找钥匙

有一对兄弟，家住80层楼。有一天他们外出旅游回家，发现大楼停电了，哥哥对弟弟说："我们爬楼梯上去吧！"于是，他们背着大大的行李包开始爬楼梯。

爬到20楼时，他们开始累了，哥哥说："包太重了，我们把包放在这里，等来电后再来拿吧。"于是他们放下行李，感觉轻松多了。

他们有说有笑地往上爬，但好景不长，到了40楼，两人实在累了，想到只爬了一半，便开始互相埋怨，指责对方不注意大楼的停电公告，才会落得如此下场。

他们边吵边爬，终于爬到了60楼。这时他们累得连吵架的力气也没有了。弟弟对哥哥说："我们不要吵了，爬完它吧。"

他们默默地继续爬楼，80楼到了！他们兴奋地来到家门口，却发现钥匙留在20楼的包里了……

【案例启示】

有人说，这个故事像是反映了我们的人生：

20岁之前，我们活在家长、老师的期望之下，背负着很多的压力、包袱，自己也不够成熟、能力不足，因此步履难免不稳。

20岁之后，离开了众人施加的压力，丢掉了包袱，开始全力以赴地追求自己的梦想，就这样愉快地过了20年。

到了40岁，发现青春已逝，不免产生许多的遗憾和追悔……就这样在抱怨中度过了20年。

到了60岁，发现人生已所剩不多，于是告诉自己不要再抱怨了，珍惜剩下的日子吧！就这样默默地走完了自己的余生。

到了生命的尽头，才想起自己好像有什么事情没有完成……是什么呢？是你的钥匙，你人生的关键。原来，我们所有的理想、抱负都留在了20岁的青春岁月里，还没有来得及完成……

想一想，我们是不是也要等到40岁之后、60岁之后才来追悔？想一想，我们最在意的是什么？想一想，希望将来的自己和现在有些什么不同？是不是可以做些什么来不让这个遗憾发生呢？那么，我们要做什么呢？

对，我们要做好我们的职业生涯规划。

【学习领会】

1.1 职业生涯和职业生涯规划

1. 生涯

生涯（career）一词，在古希腊原意为两轮马车，引申为道路，主要指个体一生的道路或路径。生涯是什么？生涯之"生"者，生命也；生涯之"涯"者，边际也。所以，生涯就是人的一生，就是从生命开始到生命终结的整个过程。"涯"这个字告诉我们生命是有限的，每一个人都应当正视生命的有限性，在有限的生命中实现自己的价值和意义。

广义上理解，"生"，自然是与一个人的生命相联系；"涯"，则有边际的含义，即人生经历，生活道路和职业、专业、事业。人的一生，包含少年、成年、老年三个阶段，成年阶段是最重要的时期。这一时期之所以重要，是因为这是人们从事职业生活的时期。

莎士比亚曾说："人生就像一个大舞台，每个人都有自己所要扮演的角色。至于要表演什么角色，由自己去决定。"一个人从生命开始到生命终结的整个过程中是依序扮演不同的角色的，而生涯则包括了一个人从生命开始到生命终结的整个过程中所有的角色，不管这个角色是生活中的、学习中的、工作中的还是这些方面的复合，也就是说，生涯就是一个人人生角色的综合。所以生涯不能等同于生命、生活、工作、职业……

生涯具有以下主要特征。

（1）生涯具有唯一性。每个人都是独特的，在这个世界上不存在两个完全相同的人。正因为如此，这个世界才显得丰富多彩；也正因为如此，每个人从生命开始到生命终结的整个过程中表现出来的情感、态度、价值观都存在差异，以至于每个人在生涯中的角色都是唯一的。生涯角色有相似但绝无相同。

（2）生涯具有终生性。生涯贯穿每个人从生命开始到生命终结的整个过程，在这个过程中生涯角色依序变化，如婴儿、幼儿、儿童、少年、青年、中年、老年。今天的生涯角色是明天生涯角色的基础，生涯角色依序发展组成一个人的生涯历程。

（3）生涯具有发展性。每个人的生涯都是依序发展的——当然也会存在正发展和负发展——在到达生涯边际之前不会停滞。生涯如何发展、发展得如何，与社会环境、个人选择、个人的投入等密切相关。

（4）生涯具有综合性。每个人的生涯发展与社会环境、家庭环境、身体特征、心理特征、教育程度诸多因素相关，这些因素从来不是单一地发挥作用，而是综合地发生作用，最终形成个人独特的自我发展形式和状态。

2. 职业生涯

职业生涯是指一个人一生中所有与职业相联系的行为与活动，以及相关的态度、价值观、愿望等连续性经历的过程，也是一个人一生中职业、职位的变迁及工作理想的实现过程。

根据中国职业规划师协会定义，所谓职业生涯，是指人的一生中的职业历程。人的职业生活是人生全部生活的主体，在其生涯中占据核心与关键的位置。人们一生的职业历程，有着种种不同的可能：有的人从事这种职业，有的人从事那种职业；有的人一生变换多种职业，有的人终身位于一个岗位上；有的人不断追求、事业成功，有的人穷困潦倒、无所作为。造成人们职业生涯差异的原因，有个人能力、心理、机遇等方面的问题，也有社会环境的影响。

职业生涯这个概念的含义曾随着时间的推移发生过很多变化。在20世纪70年代，职业生涯专指个人生活中和工作相关的各个方面。随后，又有很多新的意义被纳入"职业生涯"的概念中，其中甚至包含了生活中关于个人、集体以及经济生活的方方面面。

从经济的观点来看，职业生涯就是个人在人生中所经历的一系列职位和角色，它们和个人的职业发展过程相联系，是个人接受培训教育以及职业发展所形成的结果。

职业生涯是以心理开发、生理开发、智力开发、技能开发、伦理开发等人的潜能开发为基础，以工作内容的确定和变化、工作业绩的评价、工资待遇、职称职务的变动为标准，以满足需求为目标的工作经历和内心体验的经历。

职业生涯也是一个动态的过程，是指一个人一生在职业岗位上所度过的、与工作活动相关的连续经历，并不包含在职业上成功与失败或进步快与慢的含义。也就是说，不论职位高低，不论成功与否，每个工作着的人都有自己的职业生涯。

3. 生涯发展与规划

生涯发展，顾名思义，指的是一个人一生的发展过程。生涯发展由时间、广度、深度三个层面构成，其中生涯发展的时间是指生涯发展的阶段或时期，包括生长、探索、建立、维持及退出五个发展阶段；生涯发展的广度是指一个人一生所要扮演的各种不同角色，如儿童、学生、公民、员工和父母等；生涯发展的深度是指个体扮演每一个角色所投入的程度。

生涯规划一般指职业规划。根据中国职业规划师协会的定义，职业规划是对职业生涯乃至人生进行持续的、系统的计划的过程，它包括职业定位、目标设定和通道设计三个要素。

4. 职业生涯规划

职业生涯规划（career planning）简称生涯规划，又叫职业生涯设计，是指个人与组织相结合，在对一个人职业生涯的主客观条件进行测定、分析、总结的基础上，对自己的兴趣、爱好、能力、特点进行综合分析与权衡，结合时代特点，根据自己的职业倾向，确定其最佳的职业奋斗目标，并为实现这一目标做出行之有效的安排。职业生涯规划的目的绝不仅是帮助个人按照自己的资历条件找到一份合适的工作，达到与实现个人目标，更重要的是帮助个人真正了解自己，为自己定下事业大计，筹划未来，拟定一生的发展方向，根据主客观条件设计出合理且可行的职业生涯发展方向。

1.2 职业生涯规划的重要意义

职业生涯规划的作用在于帮助我们树立明确的目标，运用科学的方法，采取可行的措施，发挥个人的专长，开发自己的潜能，不断修正前进的方向，最后获得事业的成功。目标之所以有用，仅仅是因为它能帮助我们从现在走向未来。有了明确的目标、方向，才能激励人们去奋斗，并积极创造条件去实现目标，以免漫无目的随波逐流。

大学生首先要认识到职业生涯规划的重要意义，职业生涯活动将伴随我们的大半生，拥有成功的职业生涯才能拥有完美人生。因此，职业生涯规划具有特别重要的意义。

1. 职业生涯规划可以发掘自我潜能，增强个人实力

一份行之有效的职业生涯规划将会：

（1）引导你正确认识自身的个性特质、现有与潜在的资源优势，帮助你重新对自己的价值进行定位并使其持续增值；

（2）引导你对自己的综合优势与劣势进行对比分析；

（3）使你树立明确的职业发展目标与职业理想；

（4）引导你评估个人目标与现实之间的差距；

（5）引导你通过前瞻与实际相结合进行职业定位，搜索或发现新的或有潜力的职业机会；

（6）使你学会如何运用科学的方法采取可行的步骤与措施，不断增强你的职业竞争力，实现你的职业目标与理想。

2. 职业生涯规划可以指导大学生制定恰当的职业目标，增强发展的目的性与计划性，提升成功的机会

生涯发展要有计划、有目的，不可盲目地"撞大运"，很多时候我们的职业生涯受挫就是由于生涯规划没有做好。好的计划是成功的开始，古语讲，"凡事预则立，不预则废"，说的就是这个道理。

当大学生只是强烈地意识到"我需要为自己制定个目标了"时，这只是最开始的阶段，离最后目标的实现还有相当长的一段路要走。制定一个既符合自己特点，又满足社会需要，同时还能够实现的目标并非一件易事。有时，你会毫无头绪，不知从何下手；有时，你制定的目标太遥远，很难实现；还有时，目标又会太简单，对你几乎起不到促进作用。制定出恰当的目标需要对自己有一个全面的了解，对外部世界发展趋势有一定的把握，还需要掌握制定目标的技巧。在这方面，职业生涯规划就可以帮助你更好地了解自己，了解你所面对的外部世界。它会传授你基本的原理和思想，并在此基础上教你使用工具，掌握实用技巧。

3. 职业生涯规划可以提升应对竞争的能力

当今社会处在变革的时代，到处充满着激烈的竞争。"物竞天择，适者生存。"职业活动的竞争性非常突出。要想在这场激烈的竞争中脱颖而出并立于不败之地，必须做好自己的职业生涯规划。而不少应届大学毕业生不是首先坐下来做好自己的职业生涯规划，而是拿着简历与求职书四处奔波，总想着撞到好运气找到好工作，结果浪费了大量的时间、精力与资金，到头来感叹招聘单位有眼无珠，不能"慧眼识英雄"，叹息自己英雄无用武之地。这部分大学毕业生没有充分认识到职业生涯规划的意义与重要性，认为找到理想的工作靠的是学识、业绩、耐心、关系、口才等条件，认为职业生涯规划纯属纸上谈兵，简直是耽误时间，有那时间还不如多跑两家招聘单位。这是一种错误的理念，实际上未雨绸缪，"磨刀不误砍柴工"，先做好职业生涯规划，有了清晰的认识与明确的目标之后再把求职活动付诸实践，这样的效果要好得多，也更经济、更科学。

4. 职业生涯规划可以激励大学生合理安排大学的学业

大学生的学业规划应该以职业为导向，也就是说，你选择什么样的职业，就应该有一种相应模式的学业规划；每个人的学业规划都不是完全相同的，多多少少会存在一些差异。

5. 职业生涯规划可以合理配置就业市场中的各种人才

大学生的盲目就业会使人才市场变得混乱。职业生涯规划把毕业生引导到了人职匹配的良性择业道路上，为人才市场的供求理顺了秩序，从而为社会发展带来勃勃生机。

6. 职业生涯规划可以提升大学生的职业能力

职业生涯规划教育可以使大学生找到适合自己的就业方向，还能有意识地提高自己的综合素质，锤炼自身的综合能力；通过对相关的社会实践活动进行不断的尝试，提高自己的社会责任感和受挫能力，最终使得自己的综合职业能力得到较大的提升，得到用人单位的认可并顺利地进入职场，完美地实现自己的人生价值。

总之，职业生涯规划的目的是要突破障碍、激发潜能、实现自我，它提供了一些有效的方法或工具，可以使我们养成一种能力，在不同发展阶段都能对自己的过去、现在和未来有一个重新审视、评估的机会，并不断调整自己、修正可执行的计划，使自己的每一个人生阶段获得最大的成就感和满足感。正如大海中航行的船只需要目标一样，只有经过规划的职业人生，才有明确的方向和强大的动力。

1.3 开启职业生涯的成功之路

人生，看似遥远，实则近在咫尺。该如何把握好人生？好的规划决定大的成就，没有规划成功就会与我们失之交臂。因此，我们要规划自己的人生。

你是在浑浑噩噩地过日子，还是在快乐地享受生命时光？这往往依赖于你是否懂得为人生做好安排，把每一天做好妥善的规划。

规划的人生更精彩，可以从以下6个要点做好职业生涯规划。

1．拥有梦想，才能拥有奋斗的决心

梦想可以使我们的人生变得伟大，帮助我们成长、成功。不要被恐惧或狭隘的定义所束缚，不要在自己周围筑起围墙，我们应当尽力在意想不到的地方找到美好的事物。

2．目标明确，才有前进的动力

一个人看不到自己的进步，就会在困难中放弃努力，因为他们看不到希望，自然就失去了继续前进的动力。

当我们明确了人生目标，便找到了人生的主流，也就是找到了奋斗的方向。人一旦有了追求，远方也就不再遥远。

3．认清长处，方能找准位置

每个人都有自己的特长，都有自己特定的天赋与素质，如果我们选对了符合自己特长的努力目标，就能够成功；反之，或许就会将自己埋没。

要全面了解认识自己，客观正确地评价自己，这样才有可能在选择工作或创业的时候，寻找到自己在社会坐标系中的恰当位置。

4．审视短板，也可弥补纰漏

我们不仅要认识到自己的长处，还要认识到自己的短处，这样的自我认识才算全面，才能够更好地扬长避短。

5．做正确的选择，更易成功

很多人一生平平，并非不够努力，而是选择不对。

人生有着许许多多的选择，我们在选择之前，应该先学会放弃。因为只有学会放弃，才能正确地选择。

6．可以平凡，但不可以平庸

平凡是人生常态，但平凡不等于平庸。平凡是随波扬帆，而平庸是随波逐流，是以消极的心态面对自己的工作、生活。

任何人，只要心怀梦想，执着追求，都可以"秀"出自己的精彩。而自甘平庸是一种消极的处世态度，它使我们毫无追求，缺乏动力，不求上进，也就无法享受工作的乐趣和生活的幸福。

生活需要我们埋下头去做一个平凡的人，但并不阻碍我们走向伟大。金字塔固然高耸云端，美轮美奂，小园林却也幽静典雅，别有情趣。努力工作，把平凡的工作做好做久，把简单的产品做精做细，一样可以从平凡走向卓越，从卓越走向伟大。

平凡与平庸的最大区别在于：平凡的人可以把平凡的工作做伟大，平庸的人使崇高的工作变得卑下。而产生这种区别的根本原因就在于两种人不同的生活态度、工作态度、人生态度。成功的人生需要拼搏、奋斗，更需要坚韧和勤劳，但这一切都源于态度。从这种意义上来说，态度，能够改变人生，更能够铸就辉煌的人生。

1.4　职业生涯规划的基本理论

职业生涯规划的基本理论主要包括职业选择理论、舒伯的职业生涯发展阶段理论、施恩的职业锚理论、加德纳的多元智力理论，这些理论为职业生涯规划提供了方法和工具。

1.4.1 职业选择理论

所谓职业选择，是基于对职业的期望和兴趣，根据能力以及将能力与职业需求相匹配来选择职业的过程。人们的职业选择可能发生在职业发展的整个过程中。

职业选择理论侧重于从个体的角度探索职业行为，关注个体需求、兴趣、能力、个性等内在因素在职业选择与发展中的重要作用，强调个人特征与职业特征的匹配。具有代表性的理论是弗兰克·帕森斯（Frank Parsons）的"职业-人匹配"论和约翰·霍兰德（John Holland）的职业兴趣类型理论。

1. 弗兰克·帕森斯的"职业-人匹配"论

"职业-人匹配"论又称特质因素理论，是用于职业选择与职业指导的最经典的理论，是在清楚认识、了解个人的主观条件和社会职业岗位需求条件的基础上，将主客观条件与社会职业岗位（对自己有一定可能性的）相对照、相匹配，选择一种职业需求与个人特长相匹配的职业。此理论最早由美国波士顿大学教授弗兰克·帕森斯提出。1909 年，帕森斯在其《选择一个职业》的著作中，明确阐述了职业选择的三大要素和两种类型。

（1）职业选择的三大要素。影响职业选择的三大要素或三大条件为：第一，应清楚地了解自己的态度、能力、兴趣、智谋、局限和其他特征；第二，应清楚地了解职业选择成功的条件及所需知识，在不同职业的工作岗位上所占有的优势、不利、补偿、机会和前途；第三，上述两个条件的平衡。

（2）职业与人匹配的两种类型。第一，因素匹配，即需要专门技术和专业知识的职业与掌握该种特殊技能和专业知识的择业者相匹配。例如，脏、累、苦等劳动条件很差的职业，需要吃苦耐劳、体格健壮的劳动者与之匹配。第二，特性匹配，即需要一定特长的职业与具有这些特长的择业者相匹配。例如，具有敏感、易动感情、不守常规、个性强、理想主义等人格特性的人，宜于从事审美性、自我情感表达的艺术创作类的职业。

弗兰克·帕森斯的"职业-人匹配"论，作为职业选择的经典性理论，至今仍然是有效的，并对职业生涯管理、职业心理学的发展起到了重要的指导作用。

2. 约翰·霍兰德的职业兴趣类型理论

美国约翰斯·霍普金斯大学心理学教授、著名的职业指导专家约翰·霍兰德于 1959 年提出了具有广泛社会影响的职业兴趣理论。他认为人的人格类型、兴趣与职业密切相关，兴趣是人们活动的巨大动力，凡是具有职业兴趣的职业，都可以提高人们的积极性，促使人们积极地、愉快地从事该职业，且职业兴趣与人格之间存在很高的相关性。约翰·霍兰德认为人格可分为现实型 R、研究型 I、艺术型 A、社会型 S、管理型 E、常规型 C 六种类型，所以它也被称为职业选择理论。

霍兰德发现上述六种人格类型之间并不完全独立，而是存在一定程度的相关性。1969 年，他在职业兴趣理论的基础上提出六种职业兴趣的环形结构模型，又称六边形模型，如图 1-1 所示，此模型是霍兰德职业兴趣理论的精髓。霍兰德以一个六边形图形来对六种兴趣类型之间的关系加以表示，认为这个六边形结构模式表现出这样的规律性：R、I、A、S、E、C 按顺时针排列形成环形；每两种类型之间有三种关系，即相邻、相隔和相对。相邻职业兴趣类型间的相关最大，相隔职业兴趣类型间的相关次之，相对职业兴趣类型间的相关最小。

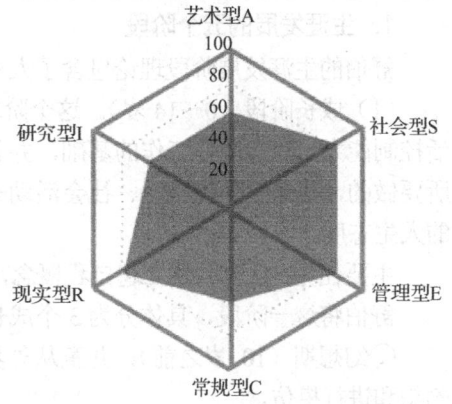

图 1-1 职业兴趣的环形结构模型

（1）相邻关系，如 RI、IR、IA、AI、AS、SA、SE、ES、EC、CE、CR、RC。属于这种关系的两种类型的个体之间共同点较多，现实型 R、研究型 I 的人就都不太偏好人际交往，这两种职业环境中也都较少机会与人接触。

（2）相隔关系，如 RA、RE、IC、IS、AR、AE、SI、SC、EA、ER、CI、CS，属于这种关系的两种类型个体之间共同点较相邻关系少。

（3）相对关系，在六边形上处于对角位置的类型之间即为相对关系，如 RS、IE、AC、SR、EI、CA，相对关系的人格类型共同点少，因此，一个人同时对处于相对关系的两种职业环境都兴趣很浓的情况较为少见。

相关程度较高的职业兴趣类型在六边形中越靠近，连线距离越短，两种类型的人职业兴趣相关系数就越大，适应程度就越高。当人们无法在个人所偏好的单位找到合适工作时，往往在六边形相邻近的单位找到的工作比在与之位置较远的单位找到的工作更能成为令人满意的选择。

在一些职业兴趣之间存在着重要的相关性，大多数人实际上并非只有一种职业兴趣，职业兴趣越相似或相容性越强，则一个人在选择职业时所面临的内在冲突和犹豫就会越少。奥尼尔、马古思和特蕾西（Oneil，Magoon & Tracey，1978）曾经进行了一项为期 7 年的跟踪研究，研究结果有力地支持了霍兰德模型预测的有效性。

我们通常倾向选择与自我兴趣类型匹配的职业环境，如具有现实型兴趣的人希望在现实型的职业环境中工作，可以最好地发挥个人的潜能。但职业选择中，个体并非一定要选择与自己兴趣完全对应的职业环境。一是因为个体本身常是多种兴趣类型的综合体，单一类型显著突出的情况不多，因此评价个体的兴趣类型时也时常以其在六大类型中得分居前三位的类型组合而成，组合时根据分数的高低依次排列字母，构成其兴趣组型，例如 RCA、AIS 等；二是因为影响职业选择的因素是多方面的，不完全依据兴趣类型，还要参照社会的职业需求及获得职业的现实可能性。因此，职业选择时会不断妥协，寻求相邻甚至相隔的职业环境，在这种环境中，个体需要逐渐适应。但如果个体寻找的是相对的职业环境，意味着所进入的是与自我兴趣完全不同的职业环境，则我们工作起来可能难以适应，或者难以做到工作时觉得很快乐，相反，甚至可能会每天工作得很痛苦。

1.4.2 舒伯的职业生涯发展阶段理论

舒伯（Donald E. Super，又译作萨柏）是美国一位有代表性的职业管理学家。舒伯的职业生涯发展阶段论建立在一种生涯整合观念之上，强调的是主客观的互相作用，这种互相作用实际上系统地阐述了一种生涯发展的模式，并被视为一种独立的理论流派。

1. 生涯发展的五个阶段

舒伯的生涯发展阶段理论包含了人一生的完整发展过程，他将生涯发展分为五个阶段。

（1）成长阶段（0~14岁）。这个阶段的特征是，人开始考虑自己的将来，逐渐具备一定的生活控制能力，获得胜任工作的基础，并且在该阶段末期，越来越意识到和关心长远的未来。个人所要做的，是通过学校学习、社会活动来认识自我，理解世界以及工作的意义，初步建立起良好的人生态度。

主要任务：认同并建立起自我概念，对职业好奇占主导地位，并逐步有意识地培养职业能力。

舒伯将这一阶段，具体分为 3 个成长期。

①幻想期（10 岁之前）：儿童从外界感知到许多职业，对于自己觉得好玩和喜爱的职业充满幻想和进行模仿。

②兴趣期（11~12 岁）：以兴趣为中心，理解、评价职业，开始做职业选择。

③能力期（13~14 岁）：开始考虑自身条件与喜爱的职业是否相符合，有意识地进行能力培养。

（2）探索阶段（15~24岁）。这个阶段是职业认同阶段，个人在这一时期有了初步的职业选择范围，并且为之准备教育或者实践。该阶段的任务是，深化对职业和工作的认识，将学习成果和实践经验沉淀结晶，具体化自己的职业倾向，并初步实施。

主要任务：主要通过学校学习进行自我考察、角色鉴定和职业探索，完成择业及初步就业。这个阶段也可分为3个时期。

①试验期（15~17岁）：综合认识和考虑自己的兴趣、能力与职业社会价值、就业机会，开始进行择业尝试。

②过渡期（18~21岁）：正式进入职业，或者进行专门的职业培训，明确某种职业倾向。

③尝试期（22~24岁）：选定工作领域，开始从事某种职业，对职业发展目标的可行性进行实验。

（3）建立阶段（25~44岁）。个体在这个阶段开始确定自己在整个生涯中应有的位置，并开始增加作为家庭照顾者的角色。这个阶段的任务主要是在不断的挑战中稳定工作，并学会在家庭和事业之间保持合理的均衡。

主要任务：获取一个合适的工作领域，并谋求发展。这一阶段是大多数人职业生涯周期中的核心部分。

建立阶段分为2个时期。

①尝试期（25~30岁）：个人在所选的职业中安顿下来，重点是寻求职业及生活上的稳定。

②稳定期（31~44岁）：致力于实现职业目标，是个富有创造性的时期。

（4）维持阶段（45~64岁）。个体在这个阶段已经找到了适合的领域，并努力保持在这个领域的成就。与前一阶段相比，这个阶段发生的变化主要是职位、工作和单位的变化，而不是职业的变化。个人主要应巩固已有的地位并力争有所提升。

主要任务：开发新的技能，维护已获得的成就和社会地位，维持家庭和工作两者间的和谐关系，寻找接替人选。

（5）退出阶段（65岁以上）。该阶段的重心逐步由工作向家庭和休闲转移。该阶段的主要任务是安排退休和开始退休生活，精神上寻求新的满足点。

主要任务：逐步退出职业和结束职业，开发社会角色，减少权利和责任，适应退休后的生活。

不仅如此，在后期的研究中，舒伯又进一步深化了生涯发展阶段理论，将每个发展阶段同样分为成长、探索、建立、维持、退出五个阶段，提出人生发展按照的是螺旋循环发展模式。但所有的发展阶段理论里，舒伯都强调个人应重视生涯发展的规律，根据发展阶段安排自己的任务，也要合理塑造生涯发展的过程，使得各个阶段能够如期而至，并符合它们应有的意义。

2. 舒伯的"生涯彩虹图"

美国著名职业生涯规划大师舒伯于1953年依照年龄层次将每个人生阶段与职业发展结合，把职业生涯发展阶段划分为成长、探索、建立、维持和退出五个阶段，之后他更是提出一个更为广阔的新观念——生活广度、生活空间的生涯发展观，即生涯彩虹图，如图1-2所示。生涯彩虹图主要是对自身未来的各阶段如何调配做出各种角色的计划和安排，使每个人都能成为自己的职业生涯设计师。

舒伯认为人生好比彩虹，一个人一生中扮演的许许多多角色就像一道跨越天际的彩虹，这条彩虹具有许多不同的色带。生涯彩虹图中，在每一个阶段对每一个角色的投入程度用涂颜色来表示，颜色面积越多表示该角色投入的程度越多，空白越多表示该角色投入的程度越少。

（1）横跨一生的彩虹——生活的广度。在这一生生涯的彩虹图中，横向层面代表的是横跨一生的生活广度，又称为"大周期"。彩虹图的外层显示人生主要的发展阶段和大致估算的年龄：成长阶段（相当于儿童时期，对应0~14岁）、探索阶段（相当于青春期/少年时期，对应15~24岁）、建立阶段（相当于成人前期，对应25~44岁左右）、维持阶段（相当于成人后期，对应45~65岁左右）以及退出阶段（相当于老年时期，对应65岁以上）。

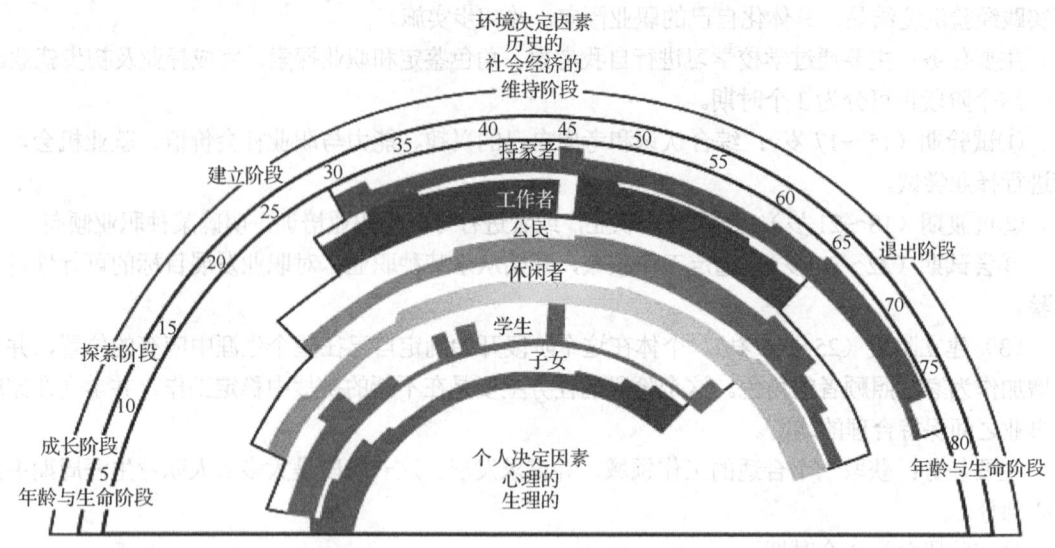

图1-2 舒伯的"生涯彩虹图"

（2）纵贯上下的彩虹——生活的空间。在这一生生涯的彩虹图中，纵向层面代表的是纵贯上下的生活空间，是由职位和角色所组成的。舒伯认为在一生当中每个人必须扮演九种主要的角色，依序是：儿童、学生、休闲者、公民、工作者、夫妻、家长、父母和退休者。各种角色间是有相互作用的，一个角色的成功，特别是早期角色如果发展得好，将会为其他角色提供良好的关系基础。但是，在一个角色上投入过多的精力，而没有平衡协调各角色之间的关系，也会导致其他角色的失败。

第一层半圆形最中间一层是儿童的角色，也是为人子女的角色，这个角色一直存在。早期个体享受被父母照顾、抚养，随着成长成熟，慢慢和父母平起平坐，而在父母年迈之际，则要开始多花费一些心力陪伴父母，赡养父母。

第二层是学生角色。一般从4、5岁开始，10岁以后进一步加强，对应的是青春期自我成熟的意识；20岁以后会大幅度减少，25岁以后便戛然而止。但在30岁以后，学生的角色又出现，特别是40岁以后学生的角色几乎占有全部的生活空间，但几年后又会完全消失，直到65岁以后。学生角色在35~45岁回升，这种现象的出现是由于在现代科技发展日新月异、知识爆炸的社会，青年在离开学校、步入社会工作一段时间后，常常会感到自身所学已经不能满足工作发展的需要了，所以需要重新充电来提升自我。

第三层是休闲者的角色。这一角色在前期发展比较平稳，直到65岁以后（进入退出期）迅速增加。在现代生活中平衡工作与休闲是一项重要的行为，特别是在快节奏、高效率的社会环境中。

至于如何平衡工作与休闲，对于年轻人来说还是一个值得研究的课题。不过这个角色，除了在某些特定的时期，基本是保持不变的。一个人的一生，其休闲程度似乎也与性格有很大程度的关联。一旦定型，往往终生保持这个状态。

第四层是公民的角色。这个角色，就是承担社会责任、关心国家事务的一种责任与义务。从18岁成年之后，这一角色就渐渐地渗透进每一个人的生命中，但是一开始的分量是比较轻的，这个时期大多数人既不懂如何进入社会，也没有能力参与社会；直到慢慢地进入壮年之后，随着其社会能力的加强和社会地位的提高，这一角色的分量慢慢加重。

第五层是工作者的角色。一般是在 25 岁之后，从步入社会参加工作开始，这个角色将成为其生涯中最重要的角色，占据人生很长一段时间，直到退休。

第六层是持家者的角色。这一角色可以拆分为夫妻、父母、家长、祖父母等，在人进入老年之后，这个角色将成为生命中最重要的角色。

当然，在生涯发展过程中，每一阶段都有特殊的发展任务需要完成。所谓发展任务，是指在该阶段应有的发展水平或成就水平，也就是应发展或表现的若干心理特质或行为形态。前一阶段的发展任务和成功与否关系着后一阶段的发展情况。舒伯将这些概念引用于生涯发展上，指社会对发展阶段中的个人在准备或参与职业活动过程中所持的期望。

（3）各阶段的生涯发展任务。舒伯列举各阶段的生涯发展任务大致如下：

①学前儿童：增进自我协助的能力、认同其父母双方、增加自我引导能力。

②小学生：增进与他人共同合作的能力、选择适合个人能力的活动、承担个人行为的责任、从事家中零星的工作、学习基础知识。

③中学生：进一步发展其能力与特殊才能、选择就读学校或未来就业的领域、选择学校课程、发展其独立性。

④青年：选择高等教育机会或就业途径、选择学校专业课程、选择适当的职业、发展职业技能。

⑤中年人：职业稳定下来、提供未来的发展机会、探寻适当的发展或晋升途径。

⑥老年人：逐步适应退休的生活、探寻适当的活动以填充退休后的空间和时间，尽可能地维持自足的能力。

以上各阶段不是绝对的或一成不变的，但是其主要的发展任务不单单指上述列举的各项，个人必须面对每一种新的发展课题，达成发展的目标。各阶段的发展任务并不完全与职业直接相关，但由此可知职业发展与个人其他方面的发展（人格、社会行为、情绪、价值观念等）相互关联。根据各个阶段循环发展的观念（每个阶段都可分为成长、探索、建立、维持与退出），各阶段间同样呈现出这样的循环过程。

（4）领悟生涯彩虹图。对照生涯彩虹图，我们可以从中领悟到以下几点：

①同一时点上，角色间需要协调。角色越多，需要平衡的压力就会越大。例如，家庭角色和职场角色的冲突和平衡问题。

②不同角色间的转换，会有一个过程。角色间的转换，会有准备期、形成期、维持期、消退期等过程。例如，成为一个"母亲"，必然要在生理和心理上具备一定的条件，它不是一个即刻实现的变化。例如，承担一个"领导"角色，即使是最有天赋的领导者，他也需要在带领团队的过程中修炼自身的管理能力及领导能力。因而，为了更好地承担角色赋予的责任，我们既要了解、顺应每个阶段的特点，更要提前修炼、积极作为。

③每个人都可以有自己独特的"生涯彩虹图"。参照舒伯的概念，我们可以尝试画出自己过去、现在以及未来的生涯彩虹图。承担的角色越多，彩虹带数量越多；承担同一角色的时间段越长，彩虹带的跨度也会越大；同一时点上承担的角色越少，彩虹带就可以相对描绘得越粗。

3. 舒伯的生涯发展拱门模型

舒伯是生涯管理理论研究和实践发展过程中一位里程碑式的大师，他集差异心理学、发展心理学、职业社会学、人格发展理论和角色理论之大成，进行了长期的研究，系统地提出了有关生涯发展的观点。舒伯的生涯发展理论随着时代的发展不断前进和丰富。他的生涯发展理论在职业辅导理论史上是个分水岭。生涯发展理论的提出标志着生涯辅导正式代替了职业辅导，生涯的概念正式取代职业概念。根据生涯发展理论的观点，生涯辅导工作首先需要了解个体的发展状况，通过生涯评估的方式，就个人的潜能和问题，进行综合积极的分析。

舒伯在1990年提出了一个拱门模型（archway model），如图1-3所示，将"各个部分"用"基石"（segment）整合成一个完整的理论形式。这个拱门的灵感来自英国剑桥郡一个著名教堂的拱门——诺曼拱门（Norman arch）。

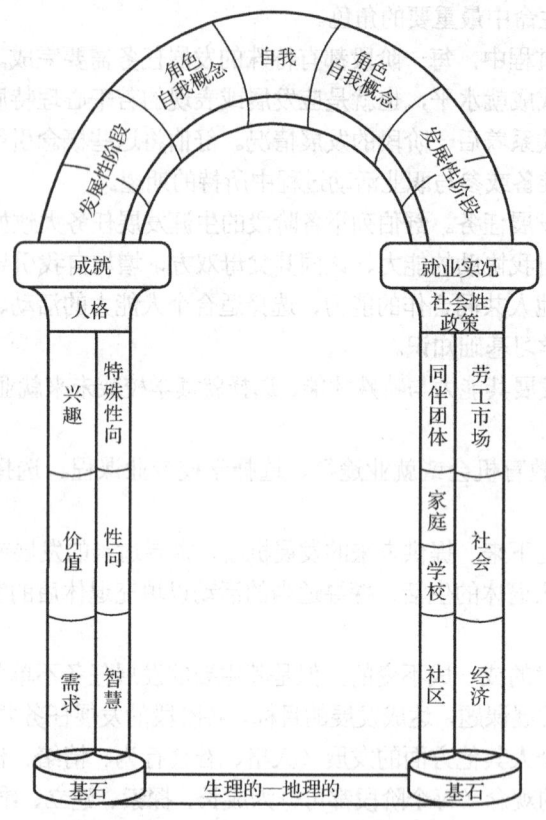

图1-3　舒伯的生涯发展拱门模型

在这个拱门模型中，最基础的底层部分有三：左边是生理基石（biographical segment），主要是个体的生理遗传基础；右边是地理基石（geographical segment），主要是个体的成长环境，特别是出生的祖国与原生家庭；中间则是这两个基石延伸交互熔铸的地基。

舒伯的整个理论基础奠基于这个拱门模式，拱门的"生理基石"支持了个人心理特质的发展，例如需求、价值、兴趣、智慧、性向与特殊性向，这些因素发展出一个人的人格倾向，并导向个人的成就表现。

"地理基石"则包括社区、学校、家庭、同伴团体、经济资源、劳工市场等社会范畴。这些因素影响了社会政策及就业实况。连接左右两大基石的拱形，则由生涯发展性阶段与角色自我概念串联而成，主导个人的生涯选择与发展。

这两个擎天支柱向上延伸，透过个人的生涯发展阶段，逐渐形成"角色自我概念"，进而发展成"自我"。"自我"居于拱门的中央最高点。从力学的观点看这个拱门的结构，"自我"的支撑力量是由左右两侧一块一块的基石从底层堆积而上。因为这些基石的存在，"自我"才屹立于顶端。至于基石之间的接缝，必须要有水泥镶砌其间，舒伯称这些水泥为各种学习理论。

1.4.3　施恩的职业锚理论

经过近30年的发展，职业锚已经成为职业发展、职业设计的重要工具。国外许多大公司均将职业锚作为员工职业发展、职业生涯规划的参考点。

职业锚主要应用在高中生填报高考志愿、大学选专业、大学生做职业规划、应届毕业生求职应聘选择工作岗位、企业用于人才测评和HR人力资源管理等方面。

在个人做职业规划中，可以充分利用施恩职业锚测评来分析自己的能力倾向和发展方向，对于职场人士也可以通过施恩职业锚量表来对比目前的工作是否符合自己的价值观。职业发展只有建立在自己的优势和擅长之上，才能实现自我价值。

对于企业而言，如何挖掘员工的潜能和优势？只有把适当的人才放到最适合的位置才能最大限度地发挥人才价值，为企业创造更多的效益。通过施恩职业锚测评，可以掌握员工的兴趣爱好、潜能和价值观念，做到人才和岗位的匹配，实现企业和个人的共同价值。

1. 职业锚的含义

大家知道"锚"是做什么用的吗？船上的锚，起的是固定作用。现在请大家设想一下，当你的船在海上航行，有一天早上你登上甲板，发现有一处依山傍水的港湾，风景秀丽，于是你决定在此停船下锚。那个锚顺着锚链"嘎嘎嘎"沉向海底，当那个锚紧紧抓住水底的时候，你的人生之舟就不再随波逐流。

"职业锚"是指当一个人不得不做出选择的时候，无论如何都不会放弃的职业中的那种至关重要的东西或价值观，即人们选择和发展自己的职业时所围绕的中心。它的核心内容就是自省的动机和需要、自省的才干和能力、自省的态度和价值观。它决定个体会选择什么样的职业与什么类型的工作单位，决定个体是否会喜欢所从事的工作，是否会跳槽，决定个体在工作中是否有成就感。按照施恩所说，职业锚是"了解你在职业中追寻的是什么"，是用来帮助我们发现自己在职业中最为关心的真正所在。

职业锚包括三个方面：能力、动机和价值观。能力即你擅长的是什么，你的能力、潜力有哪些，学习来自你自己的评估以及你从别人那里得到的反馈。动机即你真正想要的是什么。你或许以为我们很早就知道自己想要什么，自己的职业抱负是什么，但随着经历增加，我们会发现自己喜欢和不喜欢的一些东西，发现我们的抱负是不现实的，然后重新形成新的抱负。价值观即你认为重要的是什么。你需要从每次经历中学到"你在行业或组织中认为重要的东西，其背后的价值观"是什么，你同事的价值观是什么，以及你面对的组织文化与这些价值观是否吻合。

2. 职业锚的作用

职业锚在个人工作生命周期或组织事业发展过程中发挥着重要作用。

第一，职业锚是个人确定的长期职业定位，明确反映了个人的职业追求。由于不同的员工对职业成功有不同的解释，职业锚为企业判断员工职业成功提供了标准。

第二，通过职业锚，组织获得了员工个人正确信息的反馈，可以有针对性地为员工的发展设置可行、有效、流畅的职业路径；个人因为组织有一个有效的职业路径，可以满足自己的职业需求，必然会加深对组织的情感认同。因此，组织和个人互相深入了解，实现深度稳定的相互接受。

第三，由于职业锚是个人职业工作的长期贡献区，相对稳定地长期从事某个职业，必然会增加工作经验，增强个人职业技能，直接产生提高工作效率的明显利益。

3. 职业锚的类型

美国的施恩（Edgar.H.Schein）教授提出了五种职业锚的概念。随后，国外许多机构进行了大量的试验来研究职业锚理论，并在1992年以后拓展为八种职业锚，分别为技术/职能型、管理型、自主/独立型、安全/稳定型、创业型、服务型、挑战型、生活型。

（1）技术/职能型。技术/职能型的人，追求在技术/职能领域的成长和技能的不断提高，以及应用这种技术/职能的机会。他们对自己的认可来自他们的专业水平，他们喜欢面对来自专业领域的挑战。

这类职业锚的人热爱自己的专业领域，希望通过各种途径提高自身的专业技术水平，他们喜欢从事纯专业技术的工作，职业目标非常清晰。他们喜欢接受来自专业领域的挑战，对管理岗位不感兴趣，但会接受其技术能力范围内的管理职责，除非这项职责会让自己脱离擅长的专业领域。

（2）管理型。管理型的人追求并致力于工作晋升，倾心于全面管理，独自负责一个部分，可以跨部门整合其他人的努力成果，他们想去承担整个部分的责任，并将公司的成功与否看成自己的工作。

这类职业锚的人热爱管理职能，不断追求管理岗位的提升，并将岗位的高低作为成功与否的标准。他们同时具备管理岗位所需的能力，如人际沟通能力、组织协调能力、统筹规划能力、处理突发事件的能力等，这些是帮助他们塑造管理角色的关键。他们有很强的责任意识和集体观念，热爱组织，敢于担当，在他们看来，责任越大意味着管理职位越高，组织的成功体现了自己很高的管理水平。

（3）自主/独立型。自主/独立型的人希望随心所欲安排自己的工作方式、工作习惯和生活方式。追求能施展个人能力的工作环境，最大限度地摆脱组织的限制和制约。他们愿意放弃提升或工作扩展机会，也不愿意放弃自由与独立。

这类职业锚的人追求自由自在，拒绝被束缚，渴望能够找到让自己充分发挥技术和才能的空间。他们不喜欢生活节奏被打乱，不喜欢工作方式被干扰，不喜欢受到各种标准规范的制约。不论从事何种职业，该型职业锚的人都希望能够保持自己一贯的处事方式和生活节奏。在工作收入上，他们更希望采取绩效考核而不是固定收入的方式。在工作的升迁方面，他们希望新的岗位能有更大的自主性，他们不会因为单纯的升职加薪而降低自主性和独立性，如果升职意味着降低自由度，他们会放弃升职。

（4）安全/稳定型。安全/稳定型的人追求工作中的安全与稳定感。他们可以预测将来的成功从而感到放松。他们关心财务安全，如退休金和退休计划。稳定感包括诚信、忠诚，以及完成领导交代的工作。

这类职业锚的人追求稳定，安于现状，喜欢工作带给他们的安全感。相比其他职业锚类型的人，他们更加习惯于按照上级的要求行事，更加认同组织做出的安排和决策，更加喜欢维持现状。他们关注的不是工作的环境和职能，而是工作能否带给他们稳定的生活，如较高的收入、优越的福利保障、良好的发展前景等。安全型职业锚的人不是毫无追求和抱负，如果具备一定的能力，他们也会晋升为管理人员，但往往趋于求稳，容易满足于现状，喜欢做能看到预期结果的决策。如果管理岗位影响到了他们的安全感，他们就会逐渐弱化自己的管理职能。

（5）创业型。创业型的人希望使用自己的能力去创建属于自己的公司或创建完全属于自己的产品（或服务），且愿意去冒风险，并克服面临的障碍。他们可能正在别人的公司工作，但同时他们也在学习并评估将来的机会。一旦他们感觉时机到了，便会自己走出去创建自己的事业。

这类职业锚的人最看重的是创造完全属于自己的东西，如创办公司、设计产品等，并因此获得财富、专利、社会的认可。他们敢于面对困难，渴望施展创造才干，并愿意为此冒险和承担后果。在工作晋升问题上，他们希望组织不要设立过多的门槛，能够允许自己充分发挥创造才能。希望组织能够给予自己一定的自由和权力，以便于在开展创造、设计等工作时能最大限度地调动和发挥一切资源，如公司的总经理、科技部门主管等。

（6）服务型。服务型的人一直追求他们认可的核心价值，如帮助他人、改善人们的安全、通过新的产品消除疾病等。

这类职业锚的人最看重的是从事工作的意义和价值，对工作的其他方面少有关注。他们喜欢体现助人为乐、为人类服务、为国家服务的价值观的岗位。他们对组织忠诚，不追求高额收入，但希望自己的薪酬是根据自己做出的贡献大小衡量的。他们希望能以自己的价值观影响他人，得到同事和上司的认可、支持，并与他们共享自己的价值观。

（7）挑战型。挑战型的人喜欢解决看上去无法解决的问题，战胜强硬的对手，克服无法克服的困难障碍等。对他们而言，参加工作或职业的原因是工作允许他们去战胜各种不可能。新奇、变化和困难是他们的终极目标。

这类职业锚的人具有强烈的征服欲望，喜欢寻找对手，克服困难，主动迎接挑战。具有坚强的毅力和战胜一切的勇气，遇到困难时能迎难而上，并在战胜困难和对手的过程中体会到成就感。他们不喜欢一成不变的工作，如果工作中能不断有新的问题和挑战让他们去解决，他们不在乎工作的单位、领域、薪酬和晋升空间是否足够好。

（8）生活型。生活型的人喜欢允许他们平衡并结合个人的需要、家庭的需要和职业的需要的工作环境。他们希望将生活的各个主要方面整合为一个整体。正因为如此，他们需要一个能够提供足够的弹性让他们实现这一目标的职业环境。

这类职业锚的人注重工作、家庭、个人三者之间的平衡，认为工作只是生活中的一部分，认为职业的成功不仅要有工作成绩的优秀，还要有工作与家庭、生活之间的融洽协调。他们希望组织能尊重个人和家庭需要，在工作的时间安排上能够有一定的灵活性，不会让他们因为工作而牺牲与家人相处的时间。

正如许多分类一样，以上的分类也无好坏之分，区分的主要目的是为了帮助人们更好地认识自己，并据此重新思考自己的职业生涯，设定切实可行的目标。

1.4.4 加德纳的多元智力理论

多元智力理论是一种人类智能结构的理论，美国教育学家、心理学家霍华德·加德纳（Howard Gardner）在1983年出版的《智力的结构》一书中提出"智力是在某种社会或文化环境的价值标准下，个体用以解决自己遇到的真正的难题或生产及创造出有效产品所需要的能力"。每个人都至少具备言语-语言智力、逻辑-数理智力、视觉-空间智力、音乐-节奏智力、肢体运动智力、人际社交智力和自我内省智力，后来，加德纳又添加了自然观察/探索智力、存在智力。这一理论被称为多元智力理论。

加德纳认为，智力的基本性质是多元的——不是一种能力而是一组能力，其基本结构也是多元的——各种能力不是以整合的形式存在而是以相对独立的形式存在。而现代社会是需要各种人才的时代，这就要求教育必须促进每个人各种智力的全面发展，让个性得到充分的发展和完善。加德纳认为人的智力可以分为以下九个方面，如表1-1所示。

表1-1 加德纳多元智力与典型职业对应表

智力类型	能力描述	典型专业	典型职业
言语-语言智力	即有效地运用口头语言或文字表达自己的思想并理解他人，灵活掌握语音、语义、语法，具备用言语思维、用言语表达和欣赏语言深层内涵的能力。表现为个人能顺利而有效地利用语言描述事件、表达思想并与他人交流	教育学、语言文学、历史学、新闻传播学、各类语言学等	作家、演说家、记者、编辑、节目主持人、播音员、律师、翻译、语言学家、政治活动家等
逻辑-数理智力	即有效地计算、测量、推理、归纳、分类，并进行复杂数学运算的能力，以及对逻辑结构关系的理解、推理、思维表达能力，主要表现为个人对事物间各种关系如类比、对比、因果和逻辑等关系的敏感以及通过数理进行运算和逻辑推理等。这项智力包括对逻辑的方式和关系、陈述和主张、功能及其他相关的抽象概念的敏感性	数学、物理、化学、力学、电气工程、信息与通信工程、计算机科学与技术等	侦探、警察、法律专家、工程师、逻辑学家、科学家、物理学家、数学家、化学家、会计师、统计师、审计员、程序员、银行家、鉴定专家、气象学家等

续表

智力类型	能力描述	典型专业	典型职业
视觉-空间智力	即对色彩、形状、空间位置等要素的准确感受和表达的能力，准确感知视觉空间及周围一切事物，并且能把所感觉到的形象以图形的形式表现出来的能力。 空间智力可以划分为形象的空间智力和抽象的空间智力两种能力。形象的空间智力主要表现为色彩、形状、线条，此为画家的特长。抽象的空间智力主要表现为结构、空间维度、形式，此为几何学家的特长。而建筑学家形象和抽象的空间智力都擅长	测绘类、美术类、设计学类、建筑学类、地理科学类等	画家、雕刻家、建筑设计师、航海家、博物学家、军事战略家、摄影师、装潢设计师、时装设计师、橱窗设计师、城市规划师、园艺师、电影制作人、游戏设计师、飞行员、救生人员、美术教师、几何教师、牙科医生、内科医生等
音乐-节奏智力	即个人感受、辨别、记忆、表达音乐的能力，表现为个人对节奏、音调、音色和旋律能够敏锐地感知以及通过作曲、演奏、歌唱等形式来表达自己的思想或情感。这项智力对节奏、音调、旋律或音色的敏感性强，与生俱来就拥有音乐的天赋，具有较强的表演、创作及思考音乐的能力	音乐类、艺术教育、戏剧与影视学等	作曲家、指挥家、歌唱家、演奏家、乐器制作人、乐器调音师、音乐评论家、音乐人、音乐教师、音效工程师等
肢体运动智力	即身体的协调、平衡能力和运动的力量、速度、灵活性等，表现为善于运用整个身体来表达思想、情感的能力和灵巧地运用双手制作或操作物体等动手的能力。这项智力包括特殊的身体技巧，例如平衡、协调、敏捷、力量、弹性和速度以及由触觉所引起的能力	体育类、土木类、地质类、舞蹈类、医学类等	运动员、舞蹈家、演员、体育教练、体育老师、外科医生、手艺人、赛车手、演员、机械师、管弦乐手、木匠、水管工人、货车司机、电焊工、杂技演员、理疗师、裁缝、发明家等
人际社交智力	即对他人的表情、说话、手势动作的敏感程度以及对此做出有效反应的能力，能很好地理解别人和与人交往的能力。表现为个人善于觉察、感受他人的情绪、情感，体会他人的感觉感受，辨别不同人际关系的暗示以及对这些暗示做出适当反应的能力。主要包含以下四大要素： ①组织能力，包括群体动员与协调能力。 ②协商能力，指仲裁与排解纷争能力。 ③分析能力，指能够敏锐察知他人的情感动向与想法，易与他人建立密切关系的能力。 ④人际联系，指对他人表现出关心，善解人意，适于团体合作的能力	管理学、教育学、工商管理、旅游管理等	教师、律师、销售人员、公关人员、谈话节目主持人、管理者、政治家、人力资源管理师、心理咨询师、广告人、社会工作员、接待员、服务员、护士、医师、政治家、外交人员等
自我内省智力	即个体自我认识、洞察和反省自身的能力，和善于有自知之明并据此做出适当行为的能力。表现为能够认识自己的长处和短处，个人能较好地意识和评价自己的内在、爱好、情绪、意向、动机、个性、脾气和自尊等，喜欢独立思考，并且有意识地运用这些信息去调适自己的生活	心理学、哲学、社会学、教育学、民族学、历史学等	政治家、哲学家、思想家、心理学家、小说家、教师、实业家、自由职业者、就业指导员、手工艺者等
自然观察/探索智力	即人们辨别生物（植物和动物）以及对自然世界（云朵、石头等形状）的其他特征敏感的能力，也指善于观察自然界中的各种事物，对物体进行辩论和分类的能力。外在表现为有着强烈的好奇心和求知欲，有着敏锐的观察能力，能了解各种事物的细微差别。这种智力在过去人类进化过程中显然是很有价值的，如狩猎、采集和种植等，同时这种智力在植物学家和厨师身上有重要的体现	农学、考古学、天文学、大气科学、生物学、林学、园艺学、中医学、动物科学、自然保护和环境生态类等	猎人、解剖学家、生物学家、考古学家、地质学家、海洋学家、树木保健医生、森林或公园管理员、极限运动员、登山爱好者、探险爱好者、旅游达人、兽医、环境监督员、城市规划者、风景摄影师、宠物看护员等

续表

智力类型	能力描述	典型专业	典型职业
存在智力	即陈述、思考有关生与死、身体与心理世界的最终命运等的倾向性。这种智力在所有人身上都有表现,只有强与弱、主动与被动之分	哲学、宗教学、天文学等	哲学家、宗教界人士、天文学家等

1.5 多元智力理论在职业生涯规划教育中应用的意义

多元智力理论对我国高职院校的职业生涯规划教育有着深刻的启示意义。

（1）多元智力理论契合了社会多元化的思想形态。多元智力理论迎合了知识经济背景下人才需求多样性的客观现实，体现了"以学生为本"的教育理念，促使高职院校积极营造人人皆可成才、人人尽展其才的良好学习氛围。多元智力理论可以从新的角度来审视高职院校的职业生涯规划教育，拓展职业生涯规划教育的内涵，帮助教师更加客观地看待人才的发展，树立科学的教育观、学生观、人才观和评价观。只有教师从思想上正视社会需求的多元性和学生发展的差异性，才能从学生持续发展的视角引导学生科学地规划职业生涯。

（2）多元智力理论契合了职业发展个性化、动态化的特点。传统的专业教育强调统一，教师不能对学生进行必要的个性化教育、多元化引导及人文关怀，忽略了社会经济发展对学生自身发展多样性、动态性的要求；学生则忽视了对自我的探索，不了解自己想做什么、能做什么、可以达到什么标准，进而难以根据自身的兴趣、性格来选择专业、课程以及未来的发展规划，经常出现"迷失"自我的现象。高职学生在就业过程中的选择性矛盾，日益突出了职业生涯规划教育个性化的重要性和紧迫感。因此，高职院校的职业生涯规划教育理念应从让学生学会求知、学会生存，转变为让学生学会关心、学会担当、学会探索、学会创新，在日常教育过程中充分体现人性化理念。

（3）多元智力理论有利于学生重新认识自己。高等职业教育具有高等教育和职业教育的双重特点，高职院校的教育目标是为社会培养高素质创新型应用人才，因此，学校应积极树立为学生未来服务的教育理念，帮助学生客观地认识自我、评价自我，正确地认识专业和自我特点之间的匹配度，从而充分挖掘自身潜能，最终实现高质量就业。传统的教育突出了语言智力和数学逻辑智力，而忽视了包括空间智力、自我认知智力等在内的其他智力的考察和激发。高职院校应将多元智力理论运用于职业生涯规划教育，让学生客观地认识自我发展过程中学业成绩的落差，充分认识到每个人有不同的兴趣和特长，可以适应不同的工作环境，擅长不同的职业技能，从而促使学生对自身能力进行重新认识与构建，并重建自我学业发展、职业发展的信心，激发其职业生涯的原动力。

1.6 大学生职业生涯规划的问题分析

职业生涯规划作为个人职业生涯发展的蓝图，就如同大海中航行的航海图一样。然而，大学生意识到并真正运用的并不多。有些大学生经历寒窗苦读后，养成了"身为学生，一心向学"的思维惯性，不知道应该制定职业生涯规划，对自己未来的职业发展缺乏主动参与的意识。由于缺乏相应的职业生涯规划的指导，一些同学对自己未来的职业生涯发展处于被动等待的状态。

职业生涯规划不合理因素表现在以下几个方面：

（1）职业生涯发展目标模糊不清。主要表现在有的大学生对自己的学业进行规划时发现不喜欢所学专业，但又没有找到自己喜欢的专业；希望将来能成就一番事业，但是找不到成就事业的专业方向。因此有很多学生会问："我到底喜欢什么？""我能做好什么？"这些现象的产生究其原因主要是大学生在入学前的自我探索不够，上大学选专业也很少考虑到自己的职业兴趣和能力倾向，以至于出现有些学生学习目的不够明确、学习动力不够强的情况，甚至有的大学生沉迷于和学业无关的事情不能自拔，导致大学生因学习成绩不合格而被迫退学的现象时有发生。

（2）职业生涯发展目标相互冲突。有些大学生的专业兴趣不在被录取的专业上，而是喜欢其他专业。作为学生应该完成规定的学习任务才能够取得毕业资格，而兴趣与爱好指引该生将很多精力放在和所学专业关系不大的学习上，处于这种状态之下的大学生会感到无从抉择，无所适从，甚至出现招生分数很高专业的学生因不喜欢该专业而要求退学的现象。这种现象出现的主要原因是高考录取时学生填报志愿时所选专业与志向专业存在偏差，或录取结果与志向专业存在偏差。

（3）职业生涯发展短期目标不明确。这主要表现在有些大学生不能分清主次，盲目模仿。如看到别人参加社团活动锻炼综合能力，自己在一入学时也就参加了几个社团，一个学期下来，由于忙于参加各种社团活动，在学业考试时没能取得自己期望的成绩，后悔莫及。另外，有的学生干部没能处理好学习和社团工作的关系，有的学生为某一门学科的成绩而严重影响了其他学科成绩等。这些问题的出现，主要是由于大学生不能够将目标系统化，主次不清，没有一个逐步实现各种目标的计划，以致出现了综合素质高、能力强的学生由于学业成绩不理想而影响生涯发展的现象。

（4）职业生涯知识和抉择能力欠缺。有些学生在进行具体的生涯抉择时存在迷茫和犹豫：一是表现为学生对自我认知和职业知识的缺乏，导致难以抉择；二是希望"鱼和熊掌兼得"的心态，不愿意放弃任何事情，而现实生活中有些事情必须做出选择，以至于有些学生出现了严重的心理障碍。

（5）自我信念不合理。这主要表现为有些学生以自我为中心，在做各种规划时只想到自我的发展，没有合作意识和集体精神，做事情功利性很强。这样的学生会容易出现人际关系紧张、敏感、多疑、为达目的不择手段等现象，严重影响将来的生涯发展。

（6）生涯发展意识缺乏。主要表现在有些学生缺乏上进心，对外界事物缺乏足够的兴趣，凡事都需要别人帮助，依赖性很强，在问题面前裹足不前，用外归因的思维方式去思考问题，常常怨天尤人，总以为社会对自己不公平。这样的学生生活没有目标，学习没有动力，生涯没有规划。

（7）职业生涯规划中执行力差。主要表现为自我控制力弱，时间意识不强，不能很好地管理时间，做事不能分清主次与优先顺序。

（8）职业生涯价值观不合理。听说某个行业赚钱多，感觉某个公司待遇好，就随大流去选择，忽略了自己的性格、兴趣和能力的适合问题，其结果就是一次次跳槽，一次次被解雇。

1.7 影响个人职业生涯规划的因素

职业生涯规划对一个人的人生发展有着重要的作用，一个好的职业规划可以帮助职场人士实现自己的职业理想与价值，一个合适的职业规划、明确的职业方向，有助于更快地达成目标，成就更好的职业生涯。

影响个人职业生涯规划的因素主要有5个方面：个人因素、环境因素、组织因素、社会因素、职业因素。

1. 个人因素是职业生涯规划的基础

个人因素在人的职业生涯中起着基础作用，决定着人的发展方向和前景。影响职业设计的个人因素包括心理、健康、性格、兴趣、体质、性别、年龄、学历、家庭背景、教育、自我价值观等因素。其中个人性格、兴趣、自我价值观以及教育极为重要。

（1）个性特征、个性倾向和人际倾向等心理因素，主要包括性格、气质、兴趣、能力及能力倾向、价值观、态度，以及是否喜欢与人打交道，是否喜欢与人合作等方面的特征。

性格决定着一个人走什么样的路和从事什么样的职业，要根据性格特点来规划职业生涯。个人的兴趣无形中影响着一个人的成长及发展，但兴趣也是可以培养的。

（2）体质因素除了体格状况特征以外，还包括忍耐力、适应性方面的内容。不同的体质条件有时限制着某些职业的选择或职业的流动方式。

（3）由于传统的职业观和社会对男女"社会角色"的期望的差异，以及生理特征差别造成职业的限制，尤其是女性在家庭中所担任的角色等因素都会在职业生涯的不同阶段对女性在职业设计中产生较大的影响。

（4）年龄因素与职业的发展有密切关系。随着年龄的增长，社会经验和社会阅历不断丰富，在家庭中承担的角色也在发生变化，职业选择的目标更为明确，职业设计更现实、更理智。

（5）受教育程度因素对劳动者的知识结构、职业能力与职业价值观等方面均产生重要的影响作用。职业进展深受正规教育或专业训练的影响，教育上的成功与社会阶层的晋升有明显的关联。

（6）绝大多数人都是在一定的家庭背景中成长起来的，家庭背景因素较大地影响着个人的职业设计。

（7）人们在社区中生活，会受到地区习俗、同辈群体以及邻里职业示范作用等因素的潜移默化的影响。

2. 环境因素有着间接或直接的影响

环境对个人的职业有着直接或间接的影响，它左右着人所从事的行业，改变着人生的发展轨迹。而环境又有行业环境、地理环境、企业内部环境、家庭环境之分。其中行业环境将直接影响企业的发展状况，进而也影响到个人的职业生涯发展。这也有利于个人选择有发展的行业和职业，有助于个人职业目标的更好实现。行业环境又包含行业发展现状、行业发展前景预测、企业内部环境等。

3. 组织因素影响着个人的职业行为和未来的职业发展道路

个人职业生涯是在一系列特定组织中度过的，组织带给个人的感受以及对职业具体内容的认识，往往影响着个人的职业行为和未来的职业发展道路。组织对职业设计的影响因素包括发展空间、工作的硬环境和软环境等方面。

（1）组织所提供的职位、职务或者工作的岗位是决定个人在组织中自我设计和工作状态的重要因素。如果组织无法满足个人的预期设计的发展要求，个人则有可能打算离开该组织，重新进行选择；或者继续留在组织中，改变和调整原来的期望来适应组织。

（2）在职业生活中，工资、福利等工作回报，以及工作环境条件等方面因素直接影响个人对组织的满意度。

（3）对组织成员进行各种培训是个人职业发展的重要手段。在接受培训过程中，个人可能会进一步正确认识和认可自身所从事的职业或工作，加深对所在组织的了解，有利于激发个人对自身发展的设计。

（4）组织职务或工作升迁和变换途径的规定、组织管理风格以及人与人之间的合作和融洽程度都是人们调整职业角色，甚至工作变换的一个不可忽视的因素。

4. 社会因素有着重要的影响

社会因素对每个人的职业生涯乃至发展都有重大的影响。要通过对社会大环境进行分析，了解所在国家或地区的经济、法制建设发展方向，寻求各种发展机会。影响职业生涯的社会因素包括：社会阶层、经济发展水平、社会文化环境、政治制度和氛围。政治和经济是相互影响的，政治不但影响到一国的经济体制，而且影响着企业的组织体制，从而直接影响到个人的职业发展。政治制度和氛围还会潜移默化地影响个人的追求，从而对职业生涯产生影响。分析和了解影响职业的社会环境因素，有助于我们个人制定正确的职业生涯规划，使个人在变化的社会环境中不断取得职业生涯的新发展。

社会对职业设计的影响因素包括社会的职业需求、职业声望、社会人际环境、社会制度和社会经济发展状况等。

（1）职业需求是指一定时期各种不同职业岗位对劳动者的需求量。职业需求可以鼓励和强化劳动者原有的职业倾向，或者抑制和打消劳动者不现实的设想，或者诱导劳动者产生新的职业期望。一般来说，职业需求越多，职业种类越广，就业机会越大，人们越倾向于选择该种职业。

（2）职业声望是在社会习俗、职业传统、社会舆论和当前社会所流行的价值观的影响下，对某种职业的社会功能、权利报酬以及晋升的机遇、职业的工作条件以及职业的需求等方面因素进行排序的过程。

（3）社会通过特定的人际交往和人际关系来影响择业者的态度和行为，甚至形成一种环境压力，促使或制约个人的职业决策。

（4）就业制度和其他一些社会制度也对劳动者的职业设计产生鼓励或抑制作用。

（5）社会经济发展状况影响着个人对未来发展的预期，进而影响职业设计。

5. 职业因素有着重要的影响

一般来讲，影响职业生涯规划的职业因素有许多，但主要有四大因素，即职业理想、职业兴趣、职业能力和职业经历。

职业理想是个人职业生涯发展的前提，职业兴趣是个人职业生涯发展的基础，职业能力是实现职业理想的保障，职业经历是个人职业选择的导向。

（1）职业理想。职业理想是人们在职业上依据社会要求和个人条件所确立的奋斗目标，即个人渴望达到的职业境界。它是人们实现个人生活理想、道德理想和社会理想的方式和途径，并受社会理想的制约。很多大学生还没有明确的职业理想，他们只有一些生活理想、社会理想。职业理想直接影响人们选择一个具体职业。

（2）职业兴趣。职业兴趣决定的是这个职业你是否喜欢。理想在客观上确定了你要做什么，而兴趣是在主观上确定你喜欢什么、不喜欢什么。兴趣是影响人择业最主观的因素，也是判别一个职业是否适合自己的关键因素，所以大学生在择业时一定要充分考虑自己的兴趣。职业兴趣倾向，可以通过一定的职业测评方式来认知。职业兴趣往往是人们转换工作的重要影响因素，很多人会因为不喜欢而跳槽。

（3）职业能力。职业能力影响的是这个职业你是否能够做好。能力包括职业能力和非职业能力。职业能力特指影响你做好一份职业，影响你在职业上发展的能力，而非指个人的所有能力。职业能力是由具体的一个个职业所客观要求的，就是说如果你要做好这项工作，必须要具备的最起码的职业能力（专项职业能力），如团队协作能力、商务写作能力等。大学生在择业时要更多考虑自己具备的通用职业能力，适度兼顾专项职业能力。

（4）职业经历。大学生做过哪些职业会在一定程度上影响他们所选择的职业，职业经历是大学生了解体验职业、验证职业选择的一个很好的途径，他们很可能会因做过的工作喜欢与否而决定选择与否。

职业生涯与人的一生有着密切联系，是人安身立命之所在。职业生涯规划主要受以上五大因素的影响，它们相互关联、相互制约，共同影响人的一生。如果想要寻找一个合适的职业生涯规划，一定要充分考虑这些影响因素。

1.8 职场新人：规划比能力更重要

现实生活中，职场新人，特别是比较有能力的新人对自己往往看得过重，于是，在短期内达不到目标的时候,就想到另外的地方去实现自己的目标。而到了另外一个地方,由于有了前面时间的浪费和基础的铺垫,往往对企业的期望就更高了,就想得到更多,而企业在给与取的过程中,是有其本身内在的习惯和文化的。所以很多职场新人在短期内不能快速实现自己的职业目标,而与此同时又看到身边的朋友、同学、同事都开始"飞黄腾达",在判断短期内等待和努力都不会有机会的时候,便会萌生去意。但殊不知,这种选择的本身,就是对自己以前选择的抛弃和对自己的不自信。而机会也往往会伴随着你的离去之后就绽放了,因为机会更多时候是动态的。

看过很多能力强的职场新人,就在这样不断的选择中放弃了自己本应得到的东西,而这种循环和流动带来的就是企业对其认识的不足。于是,坚持留下来者,哪怕他本身也没有多大强的能力,但通过时间的累积与系统的学习,最终都成了利益受益者。所以职场新人要有规划,并且要利用职业规划对自己的行为进行量化的规避,促使自己少走弯路。当然,跳槽作为一种选择本身没有错,但要坚持方向,并同对自己的自信联系在一起,还要呈规划性,这样,相信每一次跳槽都会成为其身价累积的基础。

职业也好,事业也罢,有了规划就是最好、最大的资本。

【交流探讨】

【探讨1-1】职业生涯规划有何意义

有关职业生涯规划的意义,以下所列的各个选项中你认为哪些选项比较贴切,请在"□"中画"√";如果你认为还有其他选项,请列在已有选项后面。

□以既有的成就为基础,确立人生的方向,提供奋斗的策略。
□突破生活的格线,塑造清新充实的自我。
□准确评价个人特点和强项。
□评估个人目标和现状的差距。
□准确定位职业方向。
□重新认识自身的价值并使其增值。
□发现新的职业机遇。
□增强职业竞争力。
□将个人、事业与家庭联系起来。
□其他:_____。

【探讨1-2】一份有效的职业生涯规划将会对你有哪些好处

以下所列的各个选项中你认为哪些选项是有效的职业生涯规划带给你的好处,请在"□"中画"√";如果你认为还有其他选项,请列在已有选项后面。

□引导你正确认识自身的个性特质、现有与潜在的资源优势,帮助你重新对自己的价值进行定位并使其持续增值。
□引导你对自己的综合优势与劣势进行对比分析。
□使你树立明确的职业发展目标与职业理想。
□引导你评估个人目标与现实之间的差距。
□引导你通过前瞻与实际相结合进行职业定位,搜索或发现新的或有潜力的职业机会。
□使你学会如何运用科学的方法采取可行的步骤与措施,不断增强你的职业竞争力,实现自己的职业目标与理想。
□其他:_____。

【探讨 1-3】大学低年级学生忽略职业生涯规划的主要原因有哪些

以下所列的各个选项中你认为哪些选项是大学低年级学生忽略职业生涯规划的主要原因，请在"□"中画"√"；如果你认为还有其他选项，请列在已有选项后面。

□不知道如何去做。
□觉得这样做太麻烦。
□对自己确立的目标和计划没有信心。
□将自己的职业定位或目标定得过于长远或不切实际，最后导致他们会丧失执行的勇气。
□其他：_____。

【探讨 1-4】职业规划最重要的目的有哪些

以下内容列举了职业规划最重要的两个目的，除了这两个目的，你认为职业规划的目的还有哪些？

目的1：找到适合自己的工作。找工作最重要的就是要人岗匹配，适合自己。每个工作都有长处和短处，每个人都有优势和劣势。分析、定位是职业生涯规划的首要环节，它决定着个人职业生涯的方向，也决定着职业生涯规划的成败。

求职之前先要进行职业生涯规划，进行职业生涯规划之前先要进行准确的自我定位。先要弄清自己想要干什么、能干什么，自己的兴趣、才能、学识适合干什么。可以通过可靠的量表工具进行测量，评估职业倾向、能力倾向和职业价值观，这是职业生涯规划的基础。职业规划就是根据测评结果的各项指标，以及自身的学历、经历、能力，了解一个人的内在、外在优势，并且把这些优势整合在一起，作为职场上打拼的核心竞争力。然后，对各行各业的千千万万个职位进行分析，找到人岗匹配的匹配点，即职位切入点。

目的2：为了通过规划求得职业发展，制定出今后各个阶段的发展平台，并且拿出"攻占"各个平台的计划和措施。然后对切入点所在的市场状况、行业前景、职位要求、入行条件、培训考证、工作业务、薪酬提升、语言能力等进行详细的分析，例如，要上一个平台，需要多长时间、补充哪些知识、增加哪些人脉等，而自己则沿着主干道去充电，几年后成为业内的精英，从而使自己的薪水和职位得到提升。

【探讨 1-5】为什么要提前做好职业规划

认真阅读以下"为什么要提前做好职业规划"的内容，深入思考提前做好职业规划的必要性和紧迫性，以及大学生应该如何科学且理性地规划自己的职业生涯。

为什么要提前做好职业规划

王鑫同学大学毕业后就直接去了北京，一心想要留在北京。开始的时候，他在一家知名的月饼店做销售工作，通常都是电话营销、网络营销，偶尔也会发个传单，但是工作了5个月业绩没有一点提升。后来通过研究并借用产品优势，花了半个月的时间，签了一个大订单，为公司创造了5万元销售额，他的薪水也跟着翻了一番。

但是好景不长，月饼行业的客户越来越难开发，他厌倦了这份工作，就跳槽转行，做业务助理，可是工作不到3个月，就直接辞职了。之后又转行做了产品经理、销售助理、公司前台，前前后后用了7年时间，转行5次，现在依旧很迷茫，不知所措。

虽然转行换了很多工作，看似人生阅历丰富，其实在现实面前不堪一击，根本没有什么收获。光阴似箭，7年的青春又有几回？

为什么很多人花了几年时间，在职场上依旧没有取得成就？不仅没有任何的物质积累，甚至还要依靠父母补贴度日？究其根本，就是因为没有做好职业规划。

在职场中，很多人并不懂给自己做职业规划，总是随心所欲，每天大部分时间用来工作，除了工作就是刷短视频、追剧，根本不懂得去提升自己。这也是为什么很多人工作换了又换，却依旧不如愿的原因。

在职场上，人与人最大的差距就在于职业规划，有目标的人在奔跑，没目标的人在流浪，那些缺乏职业规划的人，往往很容易陷入职场瓶颈中，兜兜转转，虚度岁月，反复陷入迷茫和焦虑的境地中。

例如，马上就要大学毕业了，依然不知道如何选择职业方向；

毕业好几年了，换了无数份工作，工资始终没有见涨；

过了30岁了，职场发展出现了瓶颈，却不知道如何突破；

……

浑浑噩噩地混日子注定与成功无缘，你必须有明确的目标、坚定的方向以及长远的战略，才能保证你一直奔跑在正确的方向上。

很多职业人都有这样的苦恼：从事的工作不是自己喜欢的，所以很难有激情，更谈不上实现人生价值。也正因此，很多职业人往往会在工作中产生两种矛盾心理：

一是容易受到外界因素的影响而做出冲动的行为，例如，辞职去做斜杠青年，追寻所谓的"诗和远方"，但是竹篮打水一场空，最后什么都没做好，反而更添了烦恼；

二是在自己的岗位上苦苦挣扎，工作不开心同时前景也不好，但是不知道离开了现在的工作自己能干啥，一边抱怨，一边得过且过。

很多人都说这是职场上的正常状态，但其实是因为一开始就没有很明确的规划，只是走一步看一步，所以才会越来越苦恼，既不愿安于现状，又没有激情再去改变。

职业人因为没有提前做职业规划而在自己的工作岗位上找不到满足感，而很多大学生则是毕业即失业，或者说工作即抱怨、焦虑的开始。

毕业一年的学长自述："我现在无比后悔，当初学校免费给我们做职业生涯规划时，我认为它浪费时间，而现在我才是真的在浪费时间，像只无头苍蝇一样到处乱飞了一年，一无所获……"

毕业两年，年前刚辞职待业在家的学姐自述："毕业两年，焦虑两年，工作不是自己喜欢的，工资养不活自己。我也曾想过好好干，提升自己然后换职业，但是现实太残酷了，工作时间长，琐碎的事情太多，下班回家后根本有心无力。年前终于下定了决心辞职，但是又遇上了疫情，真的太难了，要是当初好好规划自己的职业生涯，现在也就不会这么无助焦虑了。"

不管是职场老人还是职场新人，面对无休止的琐碎事情和毫无成就感的工作，他们都无可奈何，而这一切都源于没有提前给自己做职业规划。

没有提前做职业规划带来的恶果很多，这里列举三个最常见、"杀伤力"最强的：

第一，试错成本太高，白白浪费了黄金时间。我们都应该知道时间是一个人最稀缺的资源，二十多岁的年纪正是自己的大好年华，如果这段时间浪费了，那么越往后走，越没有激情去拼搏。

第二，机会从来不等人，每个行业都有风口，也都有自己的红利期，错过了就是错过了。如果有自己的计划和安排，往某个行业去深入研究，那么把握住红利的可能性就越大，实现自己人生价值的时间也越早。

第三，工作不如意会影响你的感情甚至是家庭生活。每个人年轻时候的感情是最丰富的，但生活"一地鸡毛"最容易将其摧毁。一个人如果在年轻的时候能够规划好自己的职业，按部就班地去执行，那么大概率在适婚年纪生活基本稳定以后就会准备结婚，但很多人却浪费了时间但没有结果，爱情事业皆不如意，最终只有选择向生活妥协。

没有合理的职业生涯规划，会带来很多遗憾，很多人只有在经历后才会悔悟，但常常为时晚矣。

对于很多初入社会，或者说还没有被社会磨平棱角的大学毕业生来说，完全可以通过规划避免类似问题的发生。如果目前你正处在人生岔路口并且感到迷茫，那么希望你能够趁着这次机会，合理利用好时间，科学合理地规划一下自己的人生。

【探讨1-6】职业规划应从入学开始吗

大学生就业教育是高校人才培养的重要组成部分，是一个全程化、系统化的教育过程，新生的就业教育是重要的环节。职业规划应从入学开始。在新生入学就业教育工作方面，所在院校采取了哪些指导服务措施，请从以下所列的指导服务措施中进行选择；如果还有其他行之有效的指导服务措施，请在"其他指导服务措施"所在位置列出。

（1）专业就业形势教育。

□在客观分析当前就业形势的基础上，重点加强了对新生就业观念的引导，并细化宣讲对象和内容，采取就业指导教师与各学院就业工作骨干相结合共同开展分学院的宣讲教育活动的方式，开展行业引领、专业教育，帮助新生尽快熟悉本专业特点和社会对本专业人才的需求，使新生知己知彼，准确定位，积极应对。

（2）职业生涯规划教育。

□专门组织新生进行职业兴趣、价值观等测试，帮助学生从全新的、系统的角度规划自己的发展生涯；

□单独设立"新生咨询日"特别针对新生开展面对面咨询；

□通过发动学生导师、专业教师和高年级优秀学生，邀请企业人力资源专家，开展新老生交流会、名企见面会、知名校友面对面活动、职业规划名家讲坛等丰富多彩的职业指导教学实践活动，帮助新生尽快掌握大学生职业生涯规划相关知识，尽早明确自身发展定位。

（3）职业素质培养。

□学校通过大学生就业指导课程、系列就业沙龙、"今天如何上大学"等讲座、"赢在职场"就业训练营等形式多样的活动帮助新生了解所需职业素质，获取职场体验和感受，提前做好就业准备。

（4）调查调研。

□通过发放新生就业观念问卷调查，掌握新生对未来就业的需求和期待，提升今后工作开展的实效性和针对性。

（5）形成长效机制。

□除在每年9~11月举办集中教育外，学校还会将就业教育活动贯穿于整个大学过程，使学生就业教育成为大学生教育管理的有机组成部分，并形成长效机制。

（6）其他指导服务措施。

___

【训练提升】

【训练1-1】整理你的角色清单

如果将人生比作舞台，那么请想一想，你在人生的舞台上扮演过哪些角色？请一一列出，每种角色都以圆圈表示，圆圈的大小代表你在这一角色上所投入的时间和精力的多少，圆圈离"自己"的距离远近代表这个角色对于你的重要程度。

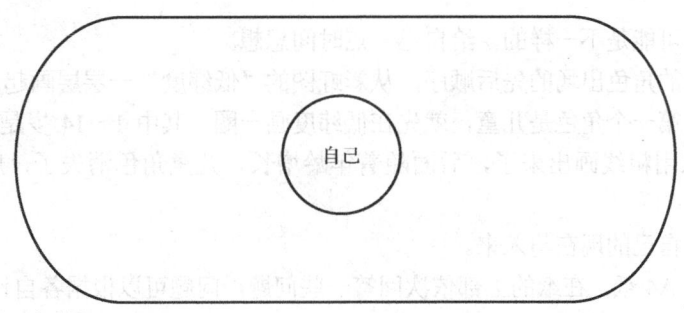

然后，思考以下问题：

(1) 你现在所扮演的角色有哪些？

(2) 你认为哪些角色最重要？为什么？

(3) 你认为你扮演的最称职的是什么角色？为什么？

(4) 如果你可以做主，你最想放弃的角色有哪些？为什么？

(5) 假如可以让生命更精彩，你最想增加哪些角色？为什么？

【训练1-2】彩绘你的生涯彩虹图

首先请思考在你的学习、生活和工作中的众多已经扮演或者将要扮演的角色中，有哪几个是最重要的、最不能逃避的，考虑这些角色的分配情况、投入程度，思考并回答以下问题：

(1) 你过去曾经担任过哪些重要的角色？

(2) 为什么你会列出这些角色？

(3) 这些角色彼此之间有何关联？

(4) 这些角色什么时候会出现此消彼长的情形？

(5) 你觉得哪些角色会是你一生中的生命重心？

然后绘制出你的生涯彩虹图。

第一步：准备空白彩虹图。

可以用iPad或计算机上的画图软件来完成彩虹图，但还是建议采用一些笔（彩色铅笔或油画棒最佳）和四张白纸（A4纸即可），将纸横放，画出空白的生涯彩虹图，如图1-4所示。

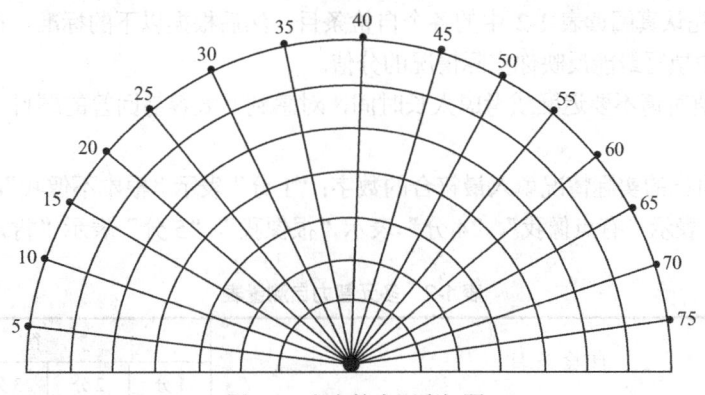

图1-4 空白的生涯彩虹图

第二步：确定人生角色。

参照之前提到的角色，想一下在你的一生中：

● 你曾经/现在/未来做过/在做/想做什么角色？

● 你怎么定义这个角色呢？例如，你说要做父母，那么做什么样的父母呢？是大大咧咧随孩子发展的，还是精心管教的，抑或是……

每个人的答案可能是不一样的,给自己一点时间想想。

随后,按照你的角色出场的先后顺序,从彩虹图的"低纬度"一层层画起。

例如,我自己第一个角色是儿童,就先在低纬度画一圈。其中 1~14 岁是我觉得这个角色最明显的时期,所以用粗线画出来了,后面随着年龄增长,儿童角色消失了,所以没再用粗线突出它。

第三步:观看自己的现在与未来。

再拿一张空白 A4 纸,在纸的上部依次回答一些问题,问题可以根据各自设定角色情况设计,例如:

- 现在这个阶段,你的角色有什么?你觉得每个角色的职责是什么?
- 现在哪些角色的职责让你最满意?为什么?
- 现在哪些角色之间,你觉得会相互妨碍?你想过怎么解决这些问题吗?
- 比较自己十年后与现在的角色,你觉得如果要想在未来做好某一角色,你现在需要做什么?希望得到哪些帮助?

第四步:画满整个生涯图。

回顾自己生涯发展中一些记忆深刻的经历、生活中重要人物对自己的影响、个人对某些重大事件的态度与感受,以及各个阶段所扮演的角色和个人目标间的差异,增进对各种角色的分量以及自己对各种角色的理解。

通过这样的绘制发现未知的自己,优化未来的人生。

【注意事项】

(1)角色的名称可因人而异。

(2)你可以选择单一颜色或多种颜色的彩笔。

(3)某一角色的颜色彩条越粗、越深,表示你在这个角色上的投入越多。

(4)每个角色的年龄可依你的状况决定。

(5)要考虑每个角色在不同生命阶段中的意义与重要性不同。

【训练 1-3】运用多元智力自检表匹配适合且喜欢的职业和专业

第 1 步:首先认真阅读表 1-2 中的各个自检条目,然后根据以下的标准,在每一行"得分"列对应的单元格中填写最能反映你实际情况的分值。

(1)填写分值时请不要迟疑或考虑太长时间,对感到不太容易回答的题目,请做出较为接近实际情况的选择。

(2)请根据自己的实际情况填入最符合的数字:"1 分"表示"根本不像我","2 分"表示"甚少像我","3 分"表示"有点像我","4 分"表示"很像我","5 分"表示"肯定像我"。

表 1-2 多元智力自测量表

自检条目	得 分				
	1分	2分	3分	4分	5分
(1)言语-语言智力					
L01 我喜欢看书					
L02 我很容易明白别人的指示、谈话内容及其言外之意					
L03 我从收音机或录音带比从电视或电影中可获取更多的资讯					
L04 我喜欢文字游戏,如填字游戏、猜谜语、快速拼字等					
L05 我喜欢用"绕口令""栋笃笑(stand-up comedy)"娱乐自己,又娱乐别人					

续表

自检条目	得分				
	1分	2分	3分	4分	5分
L06 在学校，语文、历史对我来说比数学、科学容易					
L07 我在谈话时常引用看来或听来的资讯					
L08 我与人交流时，细心聆听，善用言语					
L09 我善于记人名、地点、日期或琐事细节					
L10 我能看图说故事，用丰富词汇编写故事					
L11 我会朗读课文和听讲故事					
L12 我能用说话表达想法、情绪和需求					
L13 我能运用所学的字、词和句式写作					
L14 我喜爱讨论、辩论等应用语言文字的活动					
L15 我善于讲故事和笑话或编写难以置信的故事					
(2) 逻辑-数理智力					
LM01 在看或听故事时，我通常会按故事的情节猜想结局，而且猜中率很高					
LM02 我对科学的新发展很有兴趣					
LM03 我比较容易相信经过科学研究或有数据的事情，如天气报告、经测试的实验报告					
LM04 我喜欢把事物进行分配、分类等					
LM05 我喜欢寻找事物的规律、形式及逻辑顺序					
LM06 我喜欢棋类或其他运用数学策略的游戏					
LM07 我喜欢提出假设性问题，或思索如何进行某项试验，如"假如每星期给我的玫瑰花多浇一倍水会怎样？"					
LM08 我相信事物都会有合理的解释					
LM09 我懂得估算或进行快速心算					
LM10 我喜欢利用计算机解题和参加计算游戏					
LM11 我喜欢侦探推理、数学家和科学家的发明故事					
LM12 我喜欢数学课，参与数学和科学活动					
LM13 我喜欢提问，探究事情发生的原因					
LM14 我喜欢有计划地做事，如在考试或测验前，我会计划如何复习					
LM15 我喜欢将事物统计用表列出					
(3) 视觉-空间智力					
S01 对我来说，阅读地图、图标比阅读文字容易					
S02 我画图形画得很好					
S03 我喜欢制作有趣的立体模型					
S04 我阅读时更多从图画而不是从文字中获取信息					
S05 我一般能在陌生的地方找到路					
S06 我喜爱随手涂画					
S07 我喜爱玩拼图、走迷宫、堆积木或砌模型等想象游戏					
S08 我喜爱阅读地图，观看设计图及含图像的作品					
S09 我喜爱想象，容易想入非非					

续表

自检条目	得分				
	1分	2分	3分	4分	5分
S10 我对色彩很敏感，如很容易分辨不同深浅程度的红色					
S11 我能很轻松地想象一个事物的景象					
S12 我喜欢看电影和其他视觉艺术表演					
S13 我喜欢手工、美术、劳作、视觉艺术课					
S14 我会选择材料、用具，按照自己意念进行设计创作					
S15 我喜欢用比喻来解说事情					
（4）音乐-节奏智力					
M01 我会弹奏一种或多种乐器					
M02 我喜爱随意哼唱、不自觉用手脚轻打节拍					
M03 我喜爱吹口哨、唱歌、唱游活动					
M04 我喜爱听音乐					
M05 我有好听的歌喉					
M06 我讲话时很有节奏感					
M07 我能辨别音乐走调					
M08 我能随音乐的节奏，用动作来表达					
M09 我参加乐队、合唱团					
M10 我发现有时在走路时，脑海里会出现某个电视节目的音乐或其他的旋律					
M11 我知道很多歌曲或乐曲的旋律					
M12 有音乐伴着来做事，心情愉快，我会更专注、更快地完成					
M13 如果听过一首曲子一遍到两遍，我一般能很准确地把它唱出来					
M14 我会自己作词、谱曲以抒发情感					
M15 我会倾听乐曲的内涵，领受音乐的意境，例如，我知道乐曲是表达快乐还是悲伤或是大自然的和谐等					
（5）肢体运动智力					
BK01 在玩运用身体动作猜电影名称或歌曲名称的游戏时，我很容易将这些名称用动作表达出来					
BK02 我与人谈话时，常用手势或其他形式的身体语言					
BK03 我听见音乐时，就会摇摆身体或跳舞					
BK04 我会亲自练习一项新的技能，而不只是看操作说明或录制的操作视频					
BK05 我擅长一种或多种体育运动					
BK06 我善于模仿他人的动作、言谈举止					
BK07 我喜欢摔跤、拍打朋友、跑进课室、翻跳椅子的动作					
BK08 我喜爱体育活动和身体动作游戏					
BK09 我喜爱通过身体感觉（如用手触摸）进行学习					
BK10 我喜爱动手完成细致的手工艺作品，如缝纫、编织、雕刻、做模型等					
BK11 我喜爱拆解和组装物件					
BK12 我喜爱惊险娱乐的活动或身体刺激游戏					
BK13 我善于协调各部分身体动作，如跳舞、演戏、体操					

续表

自检条目	得分				
	1分	2分	3分	4分	5分
BK14 我较难长时间坐着不动					
BK15 我记得最清楚的事物是做过的，而不是说过或看过的					
（6）人际社交智力					
I01 我喜欢团体运动（如羽毛球、排球、篮球或足球）而不喜欢个人运动（如游泳、跑步）					
I02 当有问题时，我愿意找别人帮助					
I03 我至少有三个亲密的朋友					
I04 我喜欢教一个人或一群人如何做某件事					
I05 我懂得关心、体谅和帮助别人					
I06 我在人群中感到很舒服，而不愿个人独处					
I07 我乐意接纳别人的意见					
I08 我会倾听别人的说话，懂得互动，沟通良好					
I09 我乐意与人分工合作，喜爱角色扮演和集体游戏					
I10 我守秩序、学会等待、接受轮候					
I11 我喜欢与他人交往，有很多朋友，在社交聚会中显现领导才能					
I12 我具有团队精神，既尽职又努力奉献					
I13 我容易结交新朋友					
I14 我是消息灵通人士					
I15 我了解别人的喜怒，会由别人的脸色及当时的情形，知道别人的心情，并正确、迅速地应对					
（7）自我内省智力					
J01 我能恰当表达自己的感受和想法					
J02 我能客观评价自己，知道自己的优缺点					
J03 我诚实、坦白、勤于反省、勇于认错					
J04 我是活泼开朗的					
J05 我明事理、拥有自尊、懂得自律					
J06 我能集中注意力、按时完成工作					
J07 我喜欢独立工作、游戏和学习					
J08 我善于计划和分配日常生活时间					
J09 我能控制自己的情绪，不随意发脾气					
J10 我能够面对挫折					
J11 我经常思考自己的重要人生目标					
J12 我会检讨自己做事成功或失败的经验，使下次做事更为顺利					
J13 我认为自己意志坚强或性格独立					
J14 我喜欢记录个人生活事件					
J15 我有自知之明及据此做适当行为的能力					
（8）自然观察/探索智力					
N01 我对植物、动物、自然生态环境有好奇心，保护意识和关怀之情					

续表

自检条目	得分				
	1分	2分	3分	4分	5分
N02 我对自然界事物具有敏锐的感觉，如声音、色彩、气味、香味等					
N03 我很快熟悉生物和自然景物的名称、特征、分类方法和与其有关的资料					
N04 我会留意自然环境和生活环境的变化，特别是突变和不寻常现象					
N05 我喜爱收集标本、饲养动物、种植花草树木、参加园艺或野外活动					
N06 我喜爱阅览以自然景象和动植物为主题的节目、图书和展示					
N07 我喜欢使用仪器来探究自然世界，如使用望远镜、放大镜、显微镜等					
N08 我能够有系统地记录所收集的标本和将所发现的分门别类整理好					
N09 我善待自然界（如垂钓、烹饪），乐于分享自己探索自然万物的经验					
N10 我喜欢看云，并看出有不同的形状、高度、明暗度等					
N11 我喜欢到公园、植物园、水族馆参观考察					
N12 我对自然景物有很浓厚的兴趣					
N13 我会蹲在地上看蚂蚁走路，一看就花上半个小时，目的是观察蚂蚁的生活动态而不想踩死它					
N14 春天来临时，我是朋友中第一个注意到花苞或嫩芽的人					
N15 在往返学校的路上，我喜欢观察周围的景物，并且注意其不同的变化					

第2步：完成多元智力测量表后，累计各种智力类型的得分，然后将各种智力类型得分填入表1-3中对应行的单元格中。

第3步：从表1-3中找到自己得分最高的3项智力，然后逐个进行分析，根据表1-1去匹配自己适合并且喜欢的职业和专业。

表1-3 多元智力自检分值汇总表

智力类型	对应得分	智力类型	对应得分
言语-语言智力		肢体运动智力	
逻辑-数理智力		人际社交智力	
视觉-空间智力		自我内省智力	
音乐-节奏智力		自然观察/探索智力	

【训练1-4】运用"5W"归零思考法探寻职业目标

"5W"归零思考法是职业规划的基本方法，拿张小纸片，回答以下5个问题，帮你迅速找到思路：

1. "Who am I?"——我是谁？

逐条罗列出自己的优点与缺点，并对自己的性格类型、教育经历、兴趣爱好等方面填写关键词的标签，对自己进行综合的客观评估。对自己进行一次深刻的反思，有一个比较清醒的认识，优点和缺点都应该一一列出来。

2. "What do I want to do?"——我想干什么？

以时间轴为准，罗列出自己短期、长期想做的事情，了解自己职业发展的趋势并做可行性的评估，对自己职业发展做一个心理趋势的检查。每个人在不同阶段的目标和兴趣并不完全一致，有时甚至是完全对立的，但随着年龄和经历的增长而逐渐固定，并最终锁定自己的终生理想。

3. "What can I do?"——我能干什么？

此时需要对自己进行全面深入的复盘，对自己现在的职业能力与未来的发展潜力进行全面总结。一个人职业的定位最根本的要归结于他的能力，而职业发展空间的大小则取决于他的潜力，对一个人潜力的了解应该从几个方面着手去认识，例如，对事的兴趣，做事的韧性，临事的判断力以及知识结构是否全面、是否及时更新等。

4. "What can support me?"——环境允许我干什么？

抛开主观方面的"我"，还得结合客观的大环境，包括家庭环境、社会环境等，考虑环境形势对职业发展的影响有多少。

这种环境支持在客观方面包括本地的各种状态，如经济发展、人事政策、企业制度、职业空间等；人为主观方面包括同事关系、领导态度、亲戚关系等，两方面的因素应该综合起来看。有时我们在做职业选择时常常忽视主观方面的东西，没有将一切有利于自己发展的因素调动起来，从而影响了自己的职业切入点。

5. "What can I be in the end?"——自己最终的职业目标是什么？

回答了前面四个问题，找到可行性最强、最适宜自己的职业目标，你就有了自己的职业生涯规划。明晰了前面四个问题，从各个问题中找到对实现有关职业目标有利和不利的条件，列出不利条件最少的、自己想做而且又能做的职业目标，那么第五个问题有关"自己最终的职业目标是什么？"自然就有了一个清楚明了的框架。

"5W"归零思考法可以通过自我梳理的方式，让你直接地进行自我认知。接下来，还可以通过四步法将职业规划的工作落到实处！

（1）了解自己。职业规划要做到可行有效，必须是在充分且正确地认识自身的条件与相关环境的基础上进行。对自我及环境的了解越透彻，越能做好职业生涯规划。通过对自己以往的经历及经验的分析，找出自己的专业特长与兴趣点，这是职业设计的第一步。

（2）清楚目标，明确梦想。制定自己的职业目标只要考虑一下你希望在多少年之内达到什么目标，然后进行倒推就可以了。目标的设定要以自己的最优才能、最佳性格、最大兴趣、最有利的环境等信息为依据。

（3）制定行动方案。正如一场战役、一场足球比赛都需要确定作战方案一样，有效的生涯设计也需要有确实能够执行的生涯策略方案，这些具体且可行性较强的行动方案会帮助你一步步走向成功，实现目标。

通常职业生涯方向的选择需要考虑三个问题：我想往哪方面发展？我能往哪方面发展？我可以往哪方面发展？

（4）停止空想，开始行动。行动是所有生涯规划中最艰难的一个步骤，因为行动就意味着你要停止空想而切实地开始行动。如果想法不能转换成行动，想法终归是想法，目标也只能停留在梦想阶段。

【训练1-5】如何利用斯温的生涯规划模式进行合理的生涯规划

学者斯温（Swain）提出一个形象且有用的生涯规划模式，这个模式是由3个三角形和1个圆形所组成的，如图1-5所示。圆形是此模式的核心部分，表示一个人想要达成的生涯目标。而此目标的设定，深深受到环绕着核心的3个小三角形所影响，每个小三角形又包含着丰富的内容（小三角形每一条边都代表一个方面），并且每个小三角形都是我们进行生涯探索与规划的重点。生涯决定就是圆形和三角形之间的联结点，由生涯决定形成最终的生涯目标。

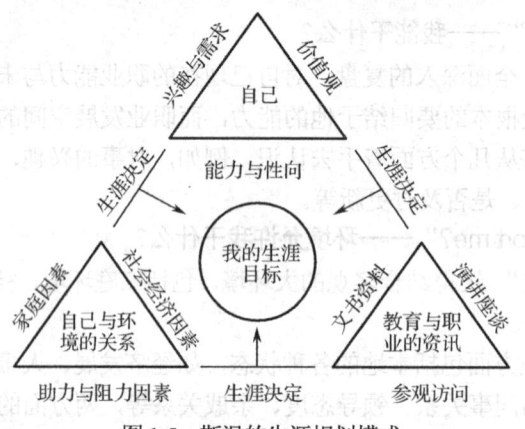

```
                          价值观
              兴趣与需求  ╱╲
                       ╱自己╲
                      ╱──────╲
                     ╱ 能力与性向╲
           生涯决定 ←            → 生涯决定
                  ╱      ┌────┐    ╲
                 ╱      │我的生涯│    ╲
        家庭因素 ╱       │ 目标 │     ╲ 演讲座谈
               ╱社会经济因素└────┘文书资料╲
              ╱╲              ↑        ╱╲
             ╱自己与╲                  ╱教育与职╲
            ╱环境的 ╲                ╱ 业的资讯 ╲
           ╱  关系   ╲              ╱            ╲
          ──────────              ──────────────
         助力与阻力因素    生涯决定      参观访问
```

图 1-5 斯温的生涯规划模式

下面利用一些实例更形象生动地介绍如何利用这种生涯规划模式，来为自己进行合理的生涯规划。

（1）第 1 个小三角形是指"自己"，代表个人的自我探索，包括对能力、性向、兴趣、需求、价值观等方面的了解。

例如，吴茗从小在农村长大，儿时常在田里、小河里嬉戏、玩耍，因此对大自然的一草一木都有浓厚的感情。近年来环境污染日趋严重，让他深感痛心。大学毕业后，吴茗全力冲刺考上了检察官，目前他在一个海滨城市的法院工作。这份工作很符合吴茗想为社会伸张正义的价值观，而且在海滨城市上班，使他更接近山水、海洋，满足了他的兴趣与需求，所以，只要有空，他总是喜欢登山、钓鱼、露营、赏鸟。在能力与兴趣方面，在法院工作能学有所用，同时，他偶尔也为环保团体担任义务法律顾问，提供专业建议。所以吴茗的工作颇能满足自己的兴趣、性向、能力、需求和价值观。

（2）第 2 个小三角形是指"自己与环境的关系"，强调个人与环境之间的关系，可以分为自己与社会的关系、自己与家庭的关系两部分，包括助力因素（家人、师长、朋友的期许和协助，社会资源的助力）与阻力因素（来自不同方面的限制）、家庭因素和社会经济因素等。

例如，前面提到的吴茗，他的父亲是军人，要求他对社会有份使命感。受父亲的影响，吴茗一直希望工作中能扮演正义使者的角色，对社会有所贡献。至于母亲则希望吴茗能有份安稳的工作，不要整天想爬山、钓鱼。吴茗的哥哥是老师，当初选填志愿时就告诉吴茗，在法治社会，懂法律对自己是个保障，如果可以通过国家司法考试，就业方面的困难就比较小。在阻力方面，吴茗是色盲，但这对于他的法律工作没有影响。吴茗的个性比较犹豫不决，拿不定主意，因此长期受别人的看法影响。在能力方面，吴茗的记忆力强、文笔好，常登山也使得他的体力和耐力都很不错。

所以吴茗的工作也颇能满足父母对他的影响和期望（家庭因素），符合社会发展趋势（社会经济因素），并避开了自己的阻力因素，发挥了自己的助力因素。

（3）第 3 个小三角形是指"教育与职业的资讯"，是对工作与教育世界的探索，包括从参观访问、文书资料和演讲座谈等各种途径所获得的信息和经验，培养的兴趣和锻炼得到的能力，等等。这些方面对生涯决定也有着重要的影响。

例如，吴茗在学校时参加书会，与同学一起念书、讨论、分享，增加很多信息来源。并且，学院举办的座谈会，他一定会参加，与学长们保持密切联系，他们也乐意为他传授考试的技巧和准备方向。同时，吴茗在大三就报名应聘学院的法律服务队，正式成为队员之后，吴茗开始与校外人士接触，他觉得这样的经验，对他日后与环保团体接触有着很大的帮助。所以通过几个途径所获得的"教育与职业的资讯"也符合吴茗所选择的职业。

从该模式中我们可以看出，这 3 个三角形是生涯发展与规划的重点，是我们每个人可以自我培养、自我加强、自我改进的方面。斯温将复杂的生涯理论，以简单、明了的图形形式呈现出来，使得生涯规划有架构可循。即使如此，每个人的客观情况不同、主观判断不同，每一个三角形所占比重上会有不同轻重的考虑，产生不同的生涯决定，所达成的生涯目标也因此呈现出每个人的独特性与原创性。

自己对照一下，分析一下对应每一个三角形你都具有什么特征，列出有关你独一无二的特征，初步为自己设定一个生涯目标吧！

当然，这个模式只是抛砖引玉，详细具体的生涯规划，应从知己→知彼→抉择→目标→行动全面考虑。

（1）知己：知己就是自我认识与自我了解，包括自己的兴趣、能力、价值观、个性等，以及父母的影响、学校与社会教育对个人产生的影响等。

（2）知彼：知彼就是熟悉周围的环境，探索外在的世界，特别是与生涯发展有关的工作世界。主要了解职业的特性、职业要求、所需的能力、就业渠道、工作内容、工作发展前景、行业及职业的薪资待遇等。

（3）抉择：抉择包括抉择技巧、抉择风格，以及抉择可能面临的冲突、阻力、助力等。

（4）目标：抉择之后就是确定目标，考虑自己职业生涯的前景，确定切合实际的目标，进而指导行动。

（5）行动：行动是极其重要的一个环节，即使前面的所有工作都做得很好，但如果没有行动去实现，这些规划只不过是空中楼阁而已。

我们将在以后的各个模块中进一步阐明，并提供一些丰富实用的工具帮助你进行生涯规划。

模块 2 自我认知与客观测评

求职之前先要进行职业生涯规划，进行职业生涯规划之前先要进行准确的自我定位。先要弄清自己想要干什么、能干什么，自己的兴趣、才能、学识适合干什么。大学生在进行职业生涯规划时，必须充分注意到自己的性格和职业的适宜性。研究表明，性格影响着一个人的职业取向，由于性格的不同，每个人对工作和职业的态度也是不同的，不同的性格必然适合从事不同的职业。

价值观决定了"什么对于我们是重要的、什么是更重要的"。当我们明确了自身的价值观，就能更好地树立人生的志向。当面临重大选择的时候，了解我们的价值观和志向，就能帮助我们做出无愧于心的选择。

【分析思考】

【案例2-1】专业对口的尴尬

在一次大型招聘会上，毕业于某高校的万同学向一家汽车公司申请一个机械工程师的岗位。他学的是机械专业，在大学期间各门成绩不错，从事过医药、空调、摩托车等产品的销售、品质主管等工作，换过六七个工作，唯独没有机械方面的工作经历。招聘者看了他的情况后认为，如果他毕业后稳定从事机械方面的工作，则正是公司需要的人选，但是因为没有这方面的工作经验，公司无法录用他。

【案例启示】

万同学的例子表明了很多大学生缺乏长期的职业规划给自己所带来的危害。由于没有长远打算，很多大学生职业定位不清晰，随波逐流地换工作，到头来重新定位又要费很大力气，最终陷入一种虽然专业对口却无相关经验的尴尬境地。

【案例2-2】第一份工作决定职场前途

贺同学大学毕业后，在一家大公司找到一份文员的工作，虽然这份工作没有多少含金量，工资也不高，好在舒适又体面，也不用承受多大压力。

初入职场，有很多东西要学，贺同学也算勤勤恳恳，可是一年以后，一切都熟悉了，就觉得工作跟玩儿似的，无非就是做做表格，复印一些文件，帮领导跑跑腿，无聊又无趣，根本没有任何上升空间。

同时入职的新人一个个升了职、加了薪，或者变成部门的骨干了，可贺同学还是拿着当初的薪水，还是一个无关紧要的人物。很多次，她想要调岗，去做物流，或者跑销售，但一打听，这些工作都挺烦挺累，加班是常态，更别想有时间坐在办公室里聊天了。放弃目前舒适的工作去受罪，实在不甘心，于是，只得一边羡慕别人一边纠结。

贺同学在文员的岗位上一干就是三年，后来部门大换血，新的领导带来了新的文员，被迫无奈，她只得接受人事部的调岗决定。好在，有几个岗位可以选择，她选择做计划员，这份工作虽然不及文员轻松，但含金量颇高，很受公司重视，而且工资也高出很多。

刚开始，贺同学觉得自己因祸得福，一次人事变动，让自己有了更好的工作，可是好景不长，她就开始叫苦不迭了。这份工作要求了解公司产品，随时跑生产现场，和各个部门协调，还有大量的数据需要录入，贺同学忙得脚不沾地、焦头烂额，别想坐下来聊天休息，甚至连喝口水的时间都没有，就连周末，也是电话不断，都是些急需处理的棘手问题。

两个月下来，贺同学瘦了一圈，觉得自己天天都像是被放在火上烤，想想觉得真不划算，还不如做文员呢，于是打了辞职报告，重新在另一家公司找了一份文员的工作。虽然偶尔也会羡慕别人拿高薪，嫉妒别人升职，但她再也不敢轻易换工作了。

和贺同学比起来，申同学的运气似乎要差一些，大学毕业后，她一直找不到合适的工作，最后，不得不在一家小公司做销售。作为一个没经验、没背景的新人，最初的艰辛可想而知。每天天不亮就起床，一边吃早餐一边在脑海里演练和客户见面的情景，坐公交还在翻看客户资料，打电话说到嗓子哑，感冒了还得出差。

如此辛苦，头几个月也没多少业绩，还经常被其他同事抢单。申同学觉得特别委屈，无数次萌生辞职的念头，但转念一想，连个普通的销售员都做不好，还能做什么呢？天底下哪有轻松又挣钱的工作？

无路可退，申同学只得咬牙坚持。慢慢地，她积累了不少客户，也适应了职场上的激烈竞争，不再觉得苦累，并凭着骄人的业绩，做了部门主管。

后来，申同学不想过这种无规律的生活，于是主动申请调岗，到人事部做个小职员。虽然新工作需要从头学习，但尝试过做销售的艰辛，这点困难根本不算什么，她不仅很快胜任，还一路升职到经理的位置。

【案例启示】

老师、家长和职场前辈都不厌其烦地告诉我们，先就业再择业，别挑剔第一份工作，因为它只是一个跳板，积累了一定的经验，你就可以往高处跳。事实是，我们如果一开始做了舒适的工作，就会像贺同学那样，再也不愿尝试艰辛的工作，自然也就会失去往高处跳的机会；而如果一开始做的是那种烦琐、艰辛的工作，那么以后的每份工作都可以轻松胜任。

初入职场，对一切都不甚了解，但有一种初生牛犊不怕虎的精神，一定会想方设法做好第一份工作，而这个过程会成为一种惯性，你习惯了舒适，就不想再艰辛，你习惯了艰辛，就不怕艰辛。而所有的好工作，都不会很舒适。

所以，我们的第一份工作一定要挑剔再挑剔，剔掉那些轻松舒适没发展的，挑烦琐、艰辛、压力大、有挑战性的，只有这样的工作才是通往成功的阶梯。

【学习领会】

职业生涯的长期眼光，是未来到达事业高峰的秘诀。

2.1 价值观与职业规划

1. 价值观

每一个人，对现实中的所有事情，内心都会有一个评价的标尺，如什么事情是好的、值得提倡的、重要的，什么事情是不好的、不值得提倡的、不重要的，这就是价值观。

价值观是基于人的一定的思维感官之上而做出的认知、理解、判断或抉择，也就是人认定事物、辨别是非的一种思维或取向，从而体现出人、事、物一定的价值或作用。价值观具有稳定性、持久性、历史性、选择性、主观性的特点。价值观对动机有导向的作用，同时反映人们的认知和需求状况。

价值观是一个人内心对各种事物的评价标准，它源自我们的内心需求，在成长过程中逐渐形成，影响着人生的各个方面。在人生的不同阶段，我们所持的价值观会有所变化。在这里，列出人们常说的核心价值观供参考：成功、审美、利他、自主、健康、诚实、安全、正义、知识、热爱、忠诚、道德、愉悦、尊严、认可、技能、财富、智慧、权利、创造性、信仰。

价值观在职业生涯规划定位中的地位和作用就是长期对就业者进行职业选择实践的指导，可以看出，就业职业的选择需要从多方面考虑，价值观的树立包含着就业职业倾向的动机。当代高校大学生正在校园中度过青春美好年华，处于接触、步入社会之前的转型期，是树立价值观的重要时期，与此同时，大学毕业时的就业选择和所选职业能否实现目标理想是人生抉择的转折点。因此，研究价值观对高校大学生职业生涯规划的影响，对大学生职业生涯规划定位具有现实意义。

2．社会主义核心价值观

社会主义核心价值观包含12个词：富强、民主、文明、和谐、自由、平等、公正、法治、爱国、敬业、诚信、友善，共24个字，分别从国家、社会、公民个人三个层面提出社会主义核心价值观的价值目标、价值取向和价值准则。

（1）国家层面：富强、民主、文明、和谐。

富强、民主、文明、和谐，是我国社会主义现代化国家的建设目标，也是从价值目标层次对社会主义核心价值观基本理念的凝练，在社会主义核心价值观中居于最高层次，对其他层次的价值观具有统领作用。富强，即国富民强，是社会主义现代化国家经济建设的应然状态，是中华民族梦寐以求的美好夙愿，也是国家繁荣昌盛、人民幸福安康的物质基础。民主是人类社会的美好诉求。我们追求的民主是人民民主，其实质和核心是人民当家作主。文明是社会进步的重要标志，也是社会主义现代化国家的重要特征。它是社会主义现代化国家建设的应有状态，是对面向现代化、面向世界、面向未来的，民族的、科学的、大众的社会主义文化的概括，是实现中华民族伟大复兴的重要支撑。和谐是中国传统文化的基本理念，集中体现了学有所教、劳有所得、病有所医、老有所养、住有所居的生动局面。它是社会主义现代化国家在社会建设领域的价值诉求，是经济社会和谐稳定、持续健康发展的重要保证。

（2）社会层面：自由、平等、公正、法治。

自由、平等、公正、法治，是对美好社会的描述，也是从社会层面对社会主义核心价值观基本理念的凝练。它反映了中国特色社会主义的基本属性，是我们党矢志不渝、长期实践的核心价值观念。自由是指人的意志自由、存在和发展的自由，是人类社会的美好向往，也是马克思主义追求的社会价值目标。平等指的是在法律面前一律平等，其价值取向是不断实现实质平等。它要求尊重和保障人权，人人依法享有平等参与、平等发展的权利。公正，即社会公平和正义，它以人的解放、人的自由平等权利的获得为前提，是国家、社会的根本价值理念。法治是治国理政的基本方式，依法治国是社会主义民主政治的基本要求。它通过法治建设来维护和保障公民的根本利益，是实现自由平等、公正正义的制度保证。

（3）个人层面：爱国、敬业、诚信、友善。

爱国、敬业、诚信、友善，是公民基本道德规范，是从个人行为层面对社会主义核心价值观基本理念的凝练。它覆盖了社会主义道德生活的各个领域，是公民必须恪守的基本道德准则，也是评价公民道德行为选择的基本价值标准。爱国是基于个人对自己祖国依赖关系的深刻情感，也是调节个人与祖国关系的行为准则。它同社会主义紧密结合起来，要求人们以振兴中华为己任，促进民族团结、维护祖国统一、自觉报效祖国。敬业是对公民职业行为准则的价值评价，要求公民忠于职守、克己奉公、服务人民、服务社会，充分体现了社会主义职业精神。诚信即诚实守信，是人类社会千百年传承下来的道德传统，也是社会主义道德建设的重点内容，它强调诚实劳动、信守承诺、诚恳待人。友善强调公民之间应该相互尊重、互相关心、互相帮助、和睦友好，努力形成社会主义的新型人际关系。

3．职业价值观

价值取向的问题是做任何职业规划的前提条件，不同的人具有不同的职业价值观，如果一个人在价值观上无法接受某个职业，那么这个职业对这个人来说无疑是一种折磨，不管它有多么可观的前景，都是令人痛苦的。

职业价值观是人们在职业生活中表现出来的一种价值取向，是人们在选择职业时的一种内心尺度，是人们对待职业的一种信念和态度，是指人生目标和人生态度在职业选择方面的具体表现，也就是一个人对职业的认识和态度以及他对职业目标的追求和向往。它支配着人的择业心态、行为以及信念和理解等，支配着职业人认知、明白事物对自己职业发展的意义以及自我了解、自我定位、自我设计等，也为自认为正当的职业行为提供充足的理由。研究表明，职业价值观是人内心深处对自己的看法，它是自己的才干、价值观、动机经过自省后形成的，职业价值观可以指导、约束或稳定个人的职业生涯。

每一个大学生由于其所受教育的不同和所处环境的差异，在职业取向上的目标和要求也是不相同的。在许多场合，每一个人都要在一些得失中做出选择，而左右人们选择的往往是自己的职业价值观。例如，从事科研工作能获得智力刺激、成就感、独立性和社会地位等，但不能满足经济报酬、社会交往、安逸舒适等价值观；成为一名公司白领可获得经济报酬、社会交往以及成就感，但可能无法实现独立性、安全感等价值观。没有一种职业能完全满足一个人所重视的各种价值观，因而，了解自己各种价值观的权重排序是非常有必要的一件事情。

职业价值观是人生价值观在职业问题上的反映。职业价值观包括个人对职业的信念和态度，关乎我们的人生方向和价值实现。

职业价值观受多种因素影响，如所处的时代、社会文化、家庭、崇拜的人等。随着自身与环境的变化，我们的职业价值观也会发生改变，但它同时又是相对稳定的，能够让我们保持稳定的行为取向。

我们所持的职业价值观决定了我们的职业期望，影响着我们对职业方向和职业目标的选择。

4．舒伯的职业价值观测试

舒伯的职业价值观测试分为三个维度：内在价值观（和职业本身相关的因素）、外部价值观（和职业相关的外部因素）、薪水报酬（包括待遇福利等可见收入）。这三个大维度下又包含了15个因素：利他主义、美的追求、创造发明、智力激发、独立自主、成就满足、声望地位、管理权力、经济报酬、安全稳定、工作环境、上司关系、同事关系、多样变化、生活方式。

5．价值观对职业生涯的影响

随着社会经济的快速变化和发展，经济利益状态、社会生活方式、社会就业岗位和就业竞争的形式呈现出多样化的特征。这些变化直接影响到人们的价值观选择、思维选择方式、行为生活习惯、毕业就业观念和人际沟通交往等诸多方面，也不断冲击着当代大学生的价值取向。在职业的选择过程中会有很多倾向性的考虑和选择，如倾向于职业活动的过程本质、结果成果、环境适应、前景发展、与生活的契合度等，高校大学生职业生涯价值观念不同，所选择或者倾向的未来职业也有所差异。

除了学校，像社会、政府、家庭和学生自己都应做出与之相适应的调整，以帮助在校大学生正确树立职业价值观，进而更好地做到职业和良好价值观的合理匹配，从而使得大学生顺利毕业就业。

（1）价值观决定了职业生涯规划的方向。

价值观决定了职业生涯规划的方向，价值观在新时代大学生的思维选择方式、行为生活习惯、毕业就业观念和人际沟通交往等诸多方面起到了不可替代的作用。

通过调研分析和归纳总结，可得其具体内涵和影响方式：首先是能够增强新时代高校大学生对于国家、社会、学校、家庭等方方面面的情感上的认同感。高校学生是先进知识分子，理应将正确的就业择业价值观融入其职业生涯规划教育中，让高校学生深刻地感受到新时代就业择业特色，激发学生增强民族自主意识、创新创业意识。其次是能够提升高校学生的思想认识。正确的价值观一定是包含着实现自我价值的肯定与坚持，包含着让所有大学生有大局判断力、团结一致、自主学习等的信心与敏感，懂得如何才能为社会的发展和民族的振兴贡献自我。就业问题不仅仅是学生未来职业发展的关键问题，同时也是衡量一个社会长治久安的重要指标之一。恰恰相反，如果一个国家的就业问题不能得到有效的解决，那将会对国家的发展、社会的稳定产生极大的负面影响。

（2）价值观是职业生涯规划成功实施的关键。

大学生是就业的主力大军，在这个广泛的群体中，有部分大学生在面对就业选择时可能会出现逃避就业、消极就业的现象，这会导致当代大学生缺乏动手实践能力和劳动能力，也与我们社会所需要的创新发展型、社会实践型人才严重脱节。因此，有必要对大学生的就业择业问题进行积极快速的引导，以剖析每一个学生的独特能力，做到因人而异，做好每一位大学生的职业生涯规划工作，协助其成功完成身份上的快速转换，挖掘每一位大学生的潜力，使其正确认识自我，并协助其制定一套适合本人发展方向的职业规划体系，尽量让每一位大学生都能在正确价值观的引导下未雨绸缪，成功就业。

（3）价值观能够促进职业生涯规划向多元化发展。

高校对于大学生的职业生涯规划课程设置，不应该仅仅局限于刚入学及毕业前设计阶段，而是应该直面实用性的需求，充分利用好生涯发展连续性的特点，将职业生涯规划通过社会实践、科技创新以及特色活动等贯穿到大学生活的始终，分门别类地将不同学历层次的学生的特点进行罗列分析，并对其有针对性地进行生涯规划指导，将职业生涯规划的指导性和引导性发挥到位。职业生涯规划，可以通过同学们的个人特点和喜好进行因材施教，事事早规划，件件有落实，并将职业生涯规划进一步结合学生的专业学习、课程体系的特点，做到学生生涯发展多元化，避免专业学习及就业选择上的误区，提升专业性和多样性。要在选修课中注重引导学生选择兴趣类课程，拓展其职业发展方向，鼓励学生找到自身的职业生涯方向、发挥生涯规划的作用，促进好就业、就好业。

（4）价值观影响主客体对职业生涯规划的判断。

主体的价值观作为主体活动的动力因素，对于主体活动的选择性、方向性和对活动的调控具有重要意义。职业生涯规划是指个人与组织相结合，在对一个人职业生涯的主客观条件进行测定、分析、总结的基础上，对自己的兴趣、爱好、能力、特点进行综合分析，根据自己的职业规划情况，确定职业奋斗目标，并对这一目标实施主观上的行动和付出。在客观上，学生应根据实际情况，结合自身物质条件，综合考虑未来职业的发展方向，在不脱离正确价值观的前提下做出职业生涯规划的抉择。

（5）职业价值观在生涯规划中起到重要的指导作用。

当今大学生毕业去向的择业期望值理想程度普遍偏高，由于大部分学生还未步入社会，缺乏一定的实践经验，求职过程中心理准备不充分，容易遭遇挫折和困难，这时就会有心态失衡的情况，产生心理波动，同时缺乏对自己、对他人、对事物的客观全面分析，往往把挫折归因于外部因素。由于社会分工不同，各种职业在劳动性质、强度、条件和待遇上都存在着差别。传统观念，各类职业的声望、地位等，都影响着大学生能否树立正确积极的职业价值观。职业取向的定位包括性格、兴趣、需要、价值观和使命 5 个要素。要树立正确的毕业择业价值取向，大学生就应该正确了解当前的社会现实，敢于面对现实，摆正位置，发挥优势，敢于竞争。职业价值观是一个复杂的多维度的心理因素，各要素起的作用是不同的，大学生职业价值观受社会环境、家庭教育、学校教育和个人因素的影响。要加强职业规划和思想政治教育，引导他们在大学期间准确定位、树立正确的职业价值观。引导大学生提升职业素养，让他们认识到纯洁品质、敬业精神、团队合作、过硬技能等是形成良好职业价值观的重要基础。学校教育与家庭教育相结合，形成合力，促进大学生形成良好的职业价值观。

人们常说:"三百六十行,行行出状元。"大学生作为一个特殊的社会群体,在为自己做职业生涯规划之前,一定要清楚和明确自己的价值观和职业价值观,对于职业,无论其热门与否、高薪与否,都要用正确的态度和价值观来对待。

2.2 性格与职业规划

1. 性格

性格是一个人对现实的态度和行为方式中比较稳定的心理特征的总和。性格是在社会生活实践中逐渐形成的,一经形成便比较稳定,它会在不同的时间和不同的地点表现出来。但是,性格具有稳定性并不是说它是一成不变的,而是可塑的。一个人在生活中形成特定的性格后,生活环境的重大变化一定会带来他性格特征的显著变化。

性格不同于气质,它受社会历史文化的影响,有明显的社会道德评价的意义,直接反映了一个人的道德风貌。所以,气质更多地体现了人格的生物属性,性格则更多地体现了人格的社会属性,个体之间的人格差异的核心是性格的差异。

我们每个人都有自己独特的个性,也就是说每个人的心理特征不同,看问题、处理事情的风格、方式也不同。有的人热情爽朗,有的人沉稳持重,有的人风风火火,有的人谨慎多疑……"金无足赤,人无完人",但一个人在某方面有所不足,其他方面必有过人之处,说不定就能成为制胜的法宝。

2. 职业性格

职业性格是人们在长期特定的职业生活中所形成的与职业相联系的、稳定的心理特征和在职业活动中习惯化了的行为方式所表现出来的个性心理特征,对个人的职业生涯规划有重要意义。例如,有的人对待工作总是一丝不苟、踏实认真;待人处事总是表现出高度的原则性、果断性;在态度上总是表现出谦虚、自信、严于律己等,所有这些特征的总和就是他的职业性格。

人的性格千差万别,或热情外向,或羞怯内向,或沉着冷静,或火爆急躁。职业心理学的研究表明,不同的职业有不同的性格要求。虽然每个人的性格都不能百分之百地适合某种职业,但却可以根据自己的职业倾向来培养、发展相应的职业性格。不同性格特征的人员,对企业而言,决定了每个员工的工作岗位和工作业绩;对个人而言,决定着自己的事业能否成功。

3. 性格对职业生涯规划与发展的影响

性格对职业生涯规划与发展有重要的影响,其原因如下。

(1) 性格与职业息息相关。

性格是个体人格中具有核心意义的部分,几乎涉及一个人的心理过程及个性特征的各个方面。性格使一个人更加偏爱某一种而不是另一种环境,由于性格的不同,每个人在对不同环境的认知过程中,也表现出不同的个性化风格。从事与自己的性格不匹配的工作,个人的才能就会受到阻碍,会让人觉得整个工作状态都很"不对劲"。使一个人在某种职业中获得成功的性格,可能会让人在另一种职业中大受挫折。因此在职业选择中,我们应尽可能充分考虑自己的个性特征与职业要求是否相适应,这样在工作中就能够满足个人的独特欲望,能够发挥个人特有的能力,还能利用个人资本,体验到更多的快乐和愉悦。

职业规划专家,通过一个小小的实验可以阐明这一观点。你在一张纸上或是书页边上,签上自己的姓名,然后换一只手再签一次。如果你感到别扭,那就对了,因为大多数人在第一次签名后会说"很自然""简单""很快""毫不费劲"。然而当你换用另一只手时又如何呢?一些经典的回答有"很慢""别扭""困难""发酸""很累""要花很长时间""花费更多的精力和心思"。职业规划师认为用手的习惯可以很好地说明，找到与性格匹配的职业的重要性。使用你惯用的那只手时，你会感到舒适和自信；若强迫使用另一只手，这当然可以拓展你的能力，但却绝不会像先前那样灵活自如，收到的效果当然也就不那么令人满意了。

（2）在职业发展上，性格比能力更重要。

用人单位在选人上逐渐认识到性格比能力更重要，而这种认识在国外已经相当普及了。其原因是，如果一个人能力不足，可通过培训提高，一年不行就两年，两年不行就三年，总可以开发出来。但一个人的性格与职业或岗位不吻合，要改变起来可就困难了。所以，公司在招聘新人时，将对性格的测试放在首位，当性格与职业或岗位吻合了，才对其能力进行测验考察。如果性格与职业或岗位不吻合，再高的学历、再强的能力，也不予录用。

（3）性格无所谓好坏，但性格类型与职业类型的匹配程度在一定程度上会影响个人职业发展。

每一类性格都有与之相适应的职业范围。职业心理学的研究表明，不同的职业需要具有不同性格的从业者，某一类职业工作能够体现出某一类共同的职业性格。

例如，敏感型的人，精神饱满，好动不好静，办事喜欢速战速决，但行为常有盲目性，有时情绪不稳定。这类人的职业范围包括运动员、行政人员及一般性职业。情感型的人，感情丰富，喜怒哀乐溢于言表，不喜欢单调的生活，爱刺激，爱感情用事，对新事物很有兴趣。这类人合适的职业范围包括演员、导游、活动家、护理人员等。思考型的人，善于思考，逻辑思维发达，有比较成熟的观点，生活、工作有规律，时间观念强，重视调查研究的精确性，但有时思想僵化，缺乏灵活性。这类人合适的职业范围包括工程师、教师、财务人员和数据处理人员等。想象型的人，想象力丰富，憧憬未来，喜欢思考问题，有时行为刻板，不易合群。这类人合适的职业范围包括科学工作者、技术研究人员、艺术工作者和作家等……

因此，在进行职业生涯规划时，性格通常是重点考虑因素。

从职业规划的角度来看，性格对职业生涯的影响是长久而深远的，关系到我们能否快乐地工作以及是否感觉到舒适。只有尽可能客观地认识自己，才能正确平衡好我们与外部世界的关系，正确选择职业，实现职业生涯的成功。

所以我们在职业规划的过程中要考虑性格这一因素，主要是希望达到三个目的：

①了解自己的思考方式和行为倾向，以更好地发展自己。

②了解人与人之间的性格差异，以在沟通和与人合作方面提出改进措施。

③了解不同性格的人群在对职业的选择和适应上的倾向性，以帮助做好职业规划。

当我们以自己的偏好行事时，我们会处于最佳状态，会感到充满干劲，效率很高，反之则事倍功半。

4．MBTI 职业性格测评

人的性格倾向，就像分别使用自己的两只手写字一样，都可以写出来，但惯用的那只写出的字会比另一只手更好。

每个人都会沿着自己所属的性格类型发展出个人行为、技巧和态度，而每一种也都存在着自己的潜能和潜在的盲点。

（1）MBTI 概述。

MBTI（Myers-Briggs Type Indicator，迈尔斯-布里格斯类型指标）是一种自我报告式的性格评估理论模型，用以衡量和描述人们在获取信息、做出决策、对待生活等方面的心理活动规律和性格类型。MBTI 目前已经成为权威的性格测试工具，同时也可作为个人职业生涯规划分析的参考工具。

MBTI 的理论基础来源于瑞士著名心理学家卡尔·荣格的性格类型理论。后由美国的心理学家凯瑟琳·库克·布里格斯（Katharine Cook Briggs）与伊莎贝尔·布里格斯·迈尔斯（Isabel Briggs Myers）深入研究并加以发展。

这种理论可以帮助解释为什么不同的人对不同的事物感兴趣、擅长不同的工作，并且有时不能互相理解。MBTI 主要应用于职业发展、职业咨询、团队建议、婚姻教育等方面，是目前国际上应用较广的人才甄别工具。

（2）MBTI 的四个维度。

MBTI 倾向显示了人与人之间的差异，而这些差异产生于：

①他们把注意力集中在何处，从哪里获得动力（外向、内向）。

②他们获取信息的方式（感觉、直觉）。

③他们做决定的方法（思维、情感）。

④他们对外在世界如何取向，通过认知的过程或判断的过程（判断、知觉）。

MBTI 性格共有四个维度，每个维度有两个方向，共计八个方面。用字母代表如下：

①注意力方向：外向 E 与内向 I。

②认识方式：感觉 S 与直觉 N。

③判断方式：思维 T 与情感 F。

④行动方式：判断 J 与知觉 P。

其中两两组合，可以组合成 16 种人格类型。

MBTI 中每个维度的偏好均由两极组成，并使用二分法来评估个人的偏好，MBTI 四个维度的个人偏好如表 2-1 所示。

表 2-1　MBTI 四个维度的个人偏好

维　度	类　型	英文单词及缩写
注意力方向（动力来源）	外向	E（Extrovert）
	内向	I（Introvert）
认知方式（如何搜集信息）	感觉	S（Sensing）
	直觉	N（Intuition）
判断方式（如何做决定）	思维	T（Thinking）
	情感	F（Feeling）
行动方式（如何应对外部世界）	判断	J（Judgment）
	知觉	P（Perceiving）

MBTI 四个维度的性格特点解释如表 2-2 所示。

表 2-2　MBTI 四个维度的性格特点解释

四个维度	维度解释	
	外向	内向
注意力方向 EI 外向—内向	● 从人际交往中获得能量 ● 喜欢外出 ● 表情丰富、外露 ● 喜欢交互作用，合群 ● 喜行动、多样性（不能长期坚持） ● 不怕打扰，喜自由沟通 ● 讲，然后想；易冲动、易后悔、易受他人影响	● 从时间中获得能量 ● 喜静、多思、冥想 ● 谨慎、不露表情 ● 社会行为的反射性（会失去机会） ● 独立、负责、细致、周到、不蛮干 ● 不怕长时间做事、勤奋；怕打扰 ● 先想然后讲

续表

四个维度	维度解释	
	感觉	直觉
认知方式 SN 感觉—直觉	● 通过五官感受世界，注重真实的存在 ● 用已经有的技能解决问题 ● 喜爱具体明确 ● 重细节（少全面性） ● 脚踏实地 ● 做事有可能的结果、能忍耐、小心 ● 可做重复工作 ● 不喜展望	● 通过第六感洞察世界，比较笼统 ● 喜学新技能 ● 不重准确，喜抽象和理论 ● 重可能性，讨厌细节 ● 好高骛远，喜欢新问题 ● 凭爱好做事，对事情的态度易变 ● 提新见解，匆促结论
	思维	情感
判断方式 TF 思维—情感	● 用逻辑客观方式决策 ● 坚信自己的观点正确，不考虑他人意见 ● 清晰、正义、不喜欢调和主义 ● 批判和鉴别力 ● 规则 ● 工作中少表现出情感，也不喜欢他人感情用事	● 主观和综合，用个人化的、价值导向的方式决策；考虑决策对他人的影响 ● 和谐、宽容、喜欢调解 ● 不按照逻辑思考 ● 考虑环境 ● 喜欢工作场景中的情感，从赞美中得到享受，也希望得到他人的赞美
	判断	知觉
行动方式 JP 判断—知觉	● 封闭定向 ● 结构化和组织化 ● 时间导向 ● 决断，事情都有正误之分 ● 控制、反应迅速、喜欢完成任务 ● 不善适应	● 开放定向 ● 弹性化和自发化 ● 探索和开放结局 ● 好奇，喜欢收集新信息而不是做结论 ● 喜欢观望，喜欢开始许多新的项目，但不完成 ● 优柔寡断、易分散注意力

四个维度，两两组合，共有十六种类型。以各个维度的字母表示类型，如表 2-3 所示。

表 2-3 MBTI 的 16 种性格类型

类型	名称	类型	名称	类型	名称	类型	名称
ISTJ	物流师型人格	ISFJ	守卫者型人格	INFJ	提倡者型人格	INTJ	建筑师型人格
ISTP	鉴赏家型人格	ISFP	探险家型人格	INFP	调停者型人格	INTP	逻辑学家型人格
ESTP	企业家型人格	ESFP	表演者型人格	ENFP	竞选者型人格	ENTP	辩论家型人格
ESTJ	总经理型人格	ESFJ	执政官型人格	ENFJ	主人公型人格	ENTJ	指挥官型人格

四个维度在每个人身上会有不同的比重，不同的比重会导致不同的表现，关键在于各个维度上的人均指数和相对指数的大小。

（3）MBTI 的 16 种性格类型及职业倾向。

只有找到自己的性格优势，走适合自己的路，才能把个人潜能发挥到极致，才能体会到工作本身带来的愉悦感，从而更容易取得更高的成就。那普通人到底怎样才能科学分析自己的优劣势，找到合适的职业，实现快速成长呢？通过 MBTI 职业性格测试就可以达成。

MBTI 的 16 种性格类型的特征及职业倾向如表 2-4 所示。

表2-4 MBTI 的 16 种性格类型的特征及职业倾向

性格类型	性格特征	职业倾向
ISTJ 型	严肃、少言、精力集中、有始有终。注重实践、有秩序、实事求是、有逻辑、值得信赖。设法组织好每件事情，负责任。他们自己决定该做什么，坚定不移地去完成它	IT 程序员、天文学家、数据库管理、会计、房地产经纪人、行政管理、气象学家、保健管理员、审计师、侦探等
ISFJ 型	少言、友善、负责任又认真。尽心地工作以尽职责。周到、刻苦、准确。他们的兴趣通常不是技术性的。能对必要的细节有耐心。忠贞、体谅人、有洞察力、关心别人的想法	内科医生、营养师、图书/档案管理员、室内装潢设计师、客户服务专员、记账员、特殊教育教师、酒店管理、律师助手、人事管理、营养学家、导师/顾问、保险代理等
INFJ 型	依靠坚忍不拔取得成功，富创造力，希望做需要做和想要做的事情。全力投入自己的工作。沉静而坚强、责任心强、关心他人。因其坚定的原则而受尊重。由于他们在如何做好为公共利益服务等方面的明晰的洞察力，别人可能会尊重和追随他们	建筑设计师、培训经理/培训师、职业咨询师、心理咨询师、网站编辑、作家、仲裁人、人资经理、编辑/艺术指导、作家、营销人员、口译等
INTJ 型	具有创造性的思想并大力推动他们自己的主意和目标。目光远大，对外部事件能迅速找到有意义的模式。在吸引他们的领域，他们有很强的能力去组织工作并将其进行到底。不轻信，具批判性、独立性，有决心，对能力和行动有高的标准	财务人员、知识产权律师、设计工程师、精神分析师、心脏病专家、媒体策划、网络管理员、经济学家、技术专家、医学专家、财务专家、发明家等
ISTP 型	冷静的旁观者，自制、以独有的好奇心和出人意料的有创意的幽默观察和分析生活。往往对起因和结果感兴趣，擅长抓住实际问题的核心并寻求解决办法	信息服务业经理、计算机程序员、警官、软件开发员、律师助理、消防员、药剂师、商业精英、银行职员、管理顾问、驯兽师等
ISFP 型	羞怯、友善、敏感、和谐、谦虚。回避争论，不将自己的观点和价值观强加于人。一般说，无意于做领导工作，但常常是忠实的追随者，因为他们享受眼前的乐趣，所以事情做完经常松懈而不愿让过度的紧迫感来破坏这种享受	客户服务专员、服装设计师、厨师、护士、牙医、旅游管理、园艺设计师、测量员、行政人员等
INFP 型	沉稳的观察者，理想主义、忠实，看重外在的生活和内在的价值的一致。有求知欲。只要某种价值观不受到威胁，他们都善于应变和接受。愿意谅解别人，了解充分发挥人的潜力的方法。对财富和周围的事物不太关心	心理学家、人力资源管理、翻译、大学教师（人文学科）、社会工作者、编辑、职业规划师、时装设计师、推拿师、顾问等
INTP 型	沉默寡言。特别喜欢理论上或科学方面的追求。喜爱用逻辑和分析解决问题。对于出主意有浓厚的兴趣，不大喜欢聚会和闲聊。倾向于有明确范围的爱好。谋求他们的某些特别的爱好能得到运用和有用的那些职业	软件设计师、风险投资家、法律仲裁人、金融分析师、大学教师、音乐家、网站设计师、建筑师、财务分析、经济学家、大学教授、战略规划师等
ESTP 型	擅长于现场解决问题。喜欢行动，对任何的进展都感到高兴。往往喜好机械的东西和运动，并愿意朋友在旁边。善应变、容忍、重实效；集中精力于取得成果。不喜多加解释。最喜好能干好、能掌握、能分析的交际	企业家、保险经纪人、土木工程师、旅游管理、职业运动员/教练、电子游戏开发员、房产开发商、促销商、证券经纪人、管理顾问、消防员、警察等
ESFP 型	开朗、随和、友善、喜欢一切。喜欢行动并力促事情发生。他们了解正在发生的事情并积极参与。认为记住事实比掌握理论更为容易。在需要丰富的知识和实际能力的情况下表现最佳	幼教老师、公关专员、策划咨询师、旅游管理/导游、促销员、演员、海洋生物学家、销售、牙医、兽医、培训人员、融资者等
ENFP 型	极为热心、极富朝气、机敏、富于想象力。几乎能够做他们感兴趣的任何事情。对任何困难都能迅速给出解决办法并随时准备去帮助任何一个遇到难题的人。常常依据他们自己的能力即席成事，而不是事先准备。经常能对他们想做的任何事情找到令人信服的理由	广告客户管理、管理咨询顾问、演员、平面设计师、艺术指导、公司团队培训师、心理学家、人力资源管理、发言人、公关、创业导师、节目策划人、作家、制片人、演讲家等

续表

性格类型	性格特征	职业倾向
ENTP 型	敏捷、有发明天才，长于许多事情。有鼓励性的伙伴、机警、直言。可能出于逗趣而争论问题的任何一个方面。在解决新的、挑战性的问题方面富于机智，但可能忽视日常工作。易把兴趣从一点转移到另一点。能够轻而易举地为他们的要求找到合乎逻辑的理由	企业家、投资银行家、广告创意总监、市场管理咨询顾问、文案、广播/电视主持人、演员、大学校长、发明家等
ESTJ 型	讲实际、重现实。由于有天生的商业或机械学头脑，所以对抽象理论不感兴趣，希望学习以使知识可以直接和立即应用。喜欢组织和参与活动；通常能做优秀的领导人，果断、迅速行动起来执行决定；考虑日常事务的各种细节	公司首席执行官、军官、药剂师、房地产经纪人、保险经纪人、教师、物业管理、首席信息官、信息总监、项目经理等
ESFJ 型	热心、健谈、受欢迎，有责任心的天生的合作者。要求和谐并可能长于创造和谐。经常为别人做好事。能得到鼓励和赞扬时工作最出色。主要的兴趣在于那些对人们的生活有直接和明显的影响的事情	房地产经纪人、零售商、护士、理货员/采购、运动教练、饮食业管理、旅游管理、兽医、家庭保健师、人力顾问、秘书等
ENFJ 型	敏感、负责任。真正地关心他人所想所愿。处理事情时尽量适当考虑别人的感情。能提出建议或轻松而机智地领导小组讨论。喜社交、受欢迎、有同情心。对表扬和批评敏感。喜欢给人以方便并使人们发挥其潜力	广告客户管理、杂志主编、公司培训师、电视制片人、市场专员、作家、社会工作者、人力资源管理、临床医师、职业规划师、大学教授、销售经理、IT、记者等
ENTJ 型	直率、果断，各种活动的领导者。发展和完成完整的体系去解决机构的问题。长于需要论据和机智去谈吐的任何事情，如公开演讲之类。往往很有学识并喜好增加其知识	公司首席执行官、管理咨询顾问、政治家、房产开发商、教育咨询顾问、投资顾问、法官、网络专家、个人理财顾问、知识产权律师、经济分析师等

每个人通过 MBTI 测试都可以获得有关自己性格类型的信息，并据此选择适合自己性格类型的职业。

2.3 兴趣与职业规划

1. 兴趣

"兴趣"属于心理学范畴，是指人们力求认识某种事物和从事某项活动的意识倾向。它表现为人们对事物的喜好或关切的情绪，表现为对某件事物、某项活动的选择性态度和积极的情绪反应。将兴趣发展下去就被称为爱好。

兴趣是一种无形的动力，每个人都会对他感兴趣的事物给予优先注意和进行积极的探索，并表现出心驰神往。兴趣在人的实践活动中具有重要的意义，可以使人集中注意力，产生愉快紧张的心理状态。

海蒂和贝尔德（Hidi & Baird）把兴趣分为个人兴趣和情境兴趣两大类。个人兴趣是指那些与个人价值取向相吻合的文本所引起的兴趣，是内在的、积极的，并且与特定的主题联系在一起的兴趣形式。个人兴趣主要以个体已经掌握的知识、经验以及情感为基础。通常来讲，个人兴趣是一种长期兴趣，它往往较为持久，已经达到了稳定状态。人们讨论的通常意义上的兴趣则属于这一类别，例如，生活中各种"爱好者"和"发烧友"对事物表现出的兴趣就属于个人兴趣。

情境兴趣是一种短暂的、由环境引发的并与特定的上下文密切相关的认知状态。例如，很多人在看完魔术师表演之后会觉得魔术很有意思，会产生学习魔术的兴趣。这种短暂引起的兴趣即情境兴趣，它一般难以持久，需要经过一定的条件才能转化为个人兴趣。

从情境兴趣到个人兴趣的形成需要经历以下过程：在环境的作用下，对某一领域的知识产生了短暂的兴趣——深入了解该领域知识，并认识到该领域知识的价值——进一步学习该领域知识，在学习过程中不断获得正反馈，产生成就感——兴趣逐渐趋向于稳定，不断精进该领域的知识。

2. 职业兴趣

当兴趣对象是职业活动时，即形成职业兴趣。职业兴趣是兴趣在职业方面的表现，是指人们对某种职业活动具有的比较稳定而持久的心理倾向，使人对某种职业给予优先注意，并向往之。

职业兴趣是一个人对待工作的态度，对工作的适应能力，表现为有从事相关工作的愿望和兴趣。拥有职业兴趣将增加个人的工作满意度、职业稳定性和职业成就感。

职业兴趣对人的职业活动有着重要的影响，一份符合兴趣的工作常常能够给人带来愉悦感、满足感。若职业有趣，则会逐渐形成更加稳定、持久的乐趣，进而再与远大的奋斗目标相结合，形成有着明确方向性和意志性的志趣。

3. 兴趣是怎样产生和维持的

我们常说兴趣是最好的老师，兴趣是学好任何东西的原始驱动力，自己喜欢的，才会去投入更多的努力。那兴趣究竟是怎样产生的？为什么有的人似乎天生就对某些事物感兴趣？

我们可以将兴趣的产生（激发）和维持视为两个独立的过程。影响兴趣激发的因素主要有自主选择权以及环境因素。

我们更加喜欢在无拘无束的状态下接触新事物，而不喜欢带着任务和压力去学习。这一点可以解释为何很多中小学"兴趣班"培养不出真正的爱好者，因为参加兴趣班的孩子往往不是出于自愿，而是在家长的要求（甚至是强迫）下才参与学习。这种自主选择权的缺失很容易让学生产生抵制情绪。正确的兴趣培养方式应该是让孩子能够自主选择所学课程，其他人起到的只能是引导作用。

除了自主选择之外，环境因素同样会对兴趣激发产生影响。好的环境有助于激发学习者的兴趣，糟糕的环境同样会产生负面影响。例如，对于英语口语学习，外教主持的课程会比普通的中文教学课更能激发初学者的兴趣，引入图片或多媒体形式也更容易让学习者产生兴趣。同样是记单词，采用图文方式会比单纯背单词更能让人接受。

情境兴趣的激发只是兴趣产生的第一步。要维持情境兴趣，并在最后将其转化为个人兴趣，还要经过持续的训练。在这其中，有两个重要因素在起作用：对兴趣价值的认识以及正向反馈机制的建立。对兴趣价值的认识可以让我们明白为何要培养一门兴趣，而正向反馈机制的建立能让我们对其持续投入时间精力，使兴趣达到稳定状态。在兴趣的形成过程中，正向反馈起着至关重要的作用，它甚至能决定兴趣是否能最终成型。

对兴趣价值的认识有助于内向驱动力的产生，从而让我们维持对兴趣的热度。例如，认识到数学基础重要性的学生往往会对数学选修课更感兴趣，也更加容易学好数学。意识到"这个兴趣很有价值"这个事实就有助于我们投入更多的时间和精力到其中。

是什么能够支撑我们不辞辛劳、经年累月地练习精进一项技能？

是意志力吗？答案是否定的。

观察一下身边各个学科领域的资深爱好者，你会发现，真正能让他们坚持到今天的，并不是意志力，而是学习过程中不断获得的正向反馈——如进步带来的成就感，他人的认同与赞美，物质上的激励等。凯利·麦格尼格尔在她的《自控力》中提到一个观点：意志力也是消耗品，会越用越少。如果某个兴趣需要消耗大量意志力才能完成，那么它到最后往往难以为继。决定我们能走多远的，并不是勤奋和意志力，而是由正向反馈带来的持续努力。

兴趣会促使我们不断对一项技能进行精进，对技能的精进可以让我们获得成就感等正向激励，正向激励的获得反过来会增强我们的兴趣，从而进一步精进技能……从而形成正向循环。

4. 兴趣对职业生涯的影响与作用

兴趣是职业生涯规划的内因，兴趣可以更好地辅助职业发展进步，职业生涯有了兴趣的力量可以走得更长远。

兴趣是在一定需要的基础上，在社会实践中发生和形成的，它在人的职业选择过程中具有重要作用，是进行职业选择的重要依据。

每个人的兴趣、价值观、动机等情感性倾向因素对职业生涯的适应性都有影响，其中又以兴趣所起的作用最大。在选择职业生涯时，不仅需要知道自己有专业技能从事相关工作，也需要知道自己对哪类工作感兴趣。只有将个性、专业技能和兴趣结合起来考虑，才更有可能取得职业生涯的成功。

具体来说，兴趣对职业生涯的影响主要表现在以下多个方面：

（1）兴趣是职业生涯规划与发展的基石。

兴趣是每个人最大的天赋，而职业生涯发展正是基于兴趣，所以想要了解自己是不是适合做某件事情就要从自己的兴趣出发。

当一个人对某项工作感兴趣的时候，他对这项工作会有高度的热情和激情，也能够全身心地投入到工作中去，这样才能更有效地完成工作，例如，有人喜欢看书，最终成为教师；有人喜欢玩游戏，最终成为游戏赛事职业挑战者；有人喜欢朗读，最终成为主持播音员；等等。

因此，学生只有通过不断地探索兴趣、实践兴趣，才能最终发现自己对于某项事情的爱好并且能够投入其中。

（2）兴趣是职业生涯规划与发展的导向。

兴趣是职业发展的导向。学生可以通过感兴趣的事务，顺着事务发展规律探索未来职业发展之路，并为实现这一职业目标而制订一系列的执行计划，挖掘更多相关联的学习资源并加以学习掌握，促使自身感兴趣进化到自觉兴趣。

兴趣是最好的老师，也是一种强大的精神力量。兴趣可以使人集中精力去获得所喜欢的职业知识，启迪智慧，并创造性地开展工作。当一个人对某种职业发生兴趣时，他就能发挥整个身心的积极性；就能积极地感知和关注该职业知识、动态，并且积极思考，大胆探索；就能情绪高涨、想象丰富；就能增强记忆效果，增强克服困难的意志。反之，"强按牛头不喝水"，是不会取得良好效果的，当然也就很难在该职业上发挥个人的优势、做出巨大贡献了。正像你在日常生活中喜欢从事自己感兴趣的活动一样，具有一定兴趣类型的你也会更倾向于寻找与此有关的职业（类型），特别是在外界环境限制较小时，你更倾向于选择自己感兴趣的职业。因而，对你的兴趣或兴趣类型有了正确的评估后，就可以预测或帮助你的职业生涯选择。

兴趣影响工作满意感和稳定性，在某些情况下甚至具有决定性作用。一般来说，从事自己不感兴趣的职业很难令人感到满意，并由此导致工作的不稳定。

（3）兴趣可以提高工作效率，充分发挥个人才能。

当一个人对某一方面的工作有兴趣时，枯燥的工作会变得丰富多彩、趣味无穷。兴趣使工作不再是一种负担，而是一种享受。因为兴趣可以调动人的全部精力，以敏锐的观察力、高度的注意力、深刻的思维和丰富的想象力投入工作，促进能力的发挥。兴趣和能力的合理结合会大大提高工作效率。曾有人进行过研究：如果你从事自己感兴趣的职业，则能发挥你的全部才能的80%~90%，而且长时间保持高效率而不感到疲劳；而如果你对所从事的工作没有兴趣，只能发挥你全部才能的20%~30%。

（4）兴趣是保证职业稳定、职场成功的重要因素。

兴趣是工作动力的主要源泉之一，对于一个人来说，对工作感兴趣，就愿意钻研，就会出成绩，而这正是兴趣的作用所在。

一般来说，兴趣是职业生涯适应的一个基本方面，它可以为职业生涯选择提供有效的信息。兴趣主要用于预测工作满意感和工作稳定性，工作满意是职业生涯适应的一大标志。在其他条件相似的情况下，从事自己感兴趣的职业不但能够让个人感到满意，而且能够让工作单位感到满意，并由此产生工作的长期性和稳定性。此外，多方面的兴趣可以使人善于应付多变的环境。如需变换工作，只要自己感兴趣，就能够很快地学会这份工作，求职成功，并能够很快地熟悉和适应新的岗位。因此，兴趣是职场成功的一个重要因素，它能将人的潜能最大限度地调动起来，使人长期专注于某一方向，做出艰苦的努力，取得令人瞩目的成绩。

一个人如果能根据自己的爱好去选择生涯，他的主动性将会得到充分发挥。即使十分疲倦和辛劳，也总是兴致勃勃、心情愉快；即使困难重重也绝不灰心丧气，而能想尽办法，百折不挠地去克服它，甚至废寝忘食，如醉如痴。爱迪生就是个很好的例子。他几乎每天都在实验室里辛苦工作十几个小时，在那里吃饭、睡觉，但丝毫不以为苦，他宣称："我一生中从未间断过一天工作。""我每天其乐无穷。"在这样的状态下工作，最终取得成功。

5. 霍兰德职业兴趣理论

霍兰德认为人格可分为现实型、研究型、艺术型、社会型、管理型、常规型六种类型，其共同特征与典型职业如表 2-5 所示。

表 2-5 六种人格类型的共同特征与对应的典型职业

人格类型	共同特征	对应的典型职业
社会型	喜欢与人交往，不断结交新的朋友，善言谈，愿意教导别人。关心社会问题，渴望发挥自己的社会作用。寻求广泛的人际关系，比较看重社会义务和社会道德	喜欢提供信息、启迪、帮助、培训、开发或治疗等事务的职业，并具备相应能力，如教育工作者（教师、教育行政人员），社会工作者（咨询人员、公关人员）等
管理型	追求权力、权威和物质财富，具有领导才能。喜欢竞争，敢冒风险，有野心、抱负。为人务实，习惯以利益得失、权利、地位、金钱等来衡量做事的价值，做事有较强的目的性	喜欢要求具备经营、管理、劝服、监督和领导才能，以实现机构、政治、社会及经济目标的职业，并具备相应能力，如项目经理、销售人员、企业领导、律师等
常规型	尊重权威和规章制度，喜欢按计划办事，细心、有条理，习惯接受他人的指挥和领导，自己不谋求领导职务。喜欢关注实际和细节情况，通常较为谨慎和保守，缺乏创造性，不喜欢冒险和竞争，富有自我牺牲精神	喜欢要求注意细节、精确度，有系统、有条理，具有记录、归档、根据特定要求或程序组织数据和文字信息的职业，并具备相应能力。如秘书、会计、行政、出纳员等
现实型	愿意使用工具从事操作性工作，动手能力强，做事手脚灵活，动作协调。偏好于具体任务，不善言辞，做事保守，较为谦虚。缺乏社交能力，通常喜欢独立做事	喜欢使用工具、机器，需要基本操作技能的工作。对要求具备机械方面才能、体力或从事与物件、机器、工具、运动器材、植物、动物相关的职业有兴趣，并具备相应能力。如技术性职业（计算机硬件人员、摄影师、机械装配工）、技能性职业（技工、修理工、一般劳动）等
研究型	思想家而非实干家，抽象思维能力强，求知欲强，肯动脑，善思考，不愿动手。喜欢独立的和富有创造性的工作。知识渊博，有学识才能，不善于领导他人。考虑问题理性，做事喜欢精确，喜欢逻辑分析和推理，不断探讨未知的领域	喜欢智力的、抽象的、分析的、独立的定向任务，要求具备智力或分析才能，并将其用于观察、估测、衡量、形成理论、最终解决问题的工作，并具备相应的能力。如科研人员、教师、工程师、计算机编程人员、医生等
艺术型	有创造力，乐于创造新颖、与众不同的成果，渴望表现自己的个性，实现自身的价值。做事理想化，追求完美，不重实际。具有一定的艺术才能和个性。善于表达、怀旧，心态较为复杂	喜欢的工作要求具备艺术修养、创造力、表达能力和直觉，并将其用于语言、行为、声音、颜色和形式的审美、思索和感受，并具备相应的能力，不善于事务性工作。如艺术方面（演员、建筑师、摄影家、广告制作人）、音乐方面（歌唱家、作曲家）、文学方面（小说家、诗人）等

大多数人并非只有一种性向。例如，一个人的性向中很可能是同时包含着社会性向、实际性向和调研性向这三种。霍兰德认为，这些性向越相似，相容性越强，则一个人在选择职业时所面

临的内在冲突和犹豫就会越少。

霍兰德的职业兴趣理论主要从兴趣的角度出发探索职业指导的问题。他明确提出了职业兴趣的人格观，使人们对职业兴趣的认识有了质的变化。霍兰德的职业兴趣理论还提出，兴趣是描述人格的另一种方法，是职业选择中一个更为普遍的概念。

就职业选择而言，兴趣是个体和职业匹配的过程中最重要的因素。霍兰德职业兴趣理论是最具影响力的职业发展理论和职业分类体系之一。

霍兰德的职业兴趣理论价值分析如下。

（1）对于企业招募人才的价值分析。

职业兴趣作为一种特殊的心理特点，由职业的多样性和复杂性反映出来。职业兴趣上的个体差异是相当大的，也是十分明显的。

因为，一方面，现代社会职业划分越来越细，社会活动的要求和规范越来越复杂，各种职业间的差异也越来越明显，所以对个体的吸引力和要求也就迥然不同。

另一方面，个体的生理、心理、教育、社会经济地位、环境背景不同，所乐于选择的职业类型、所倾向于从事的活动类型和方式也就十分不同。

不同职业的社会责任、满意度、工作特点、工作风格、考评机制各不相同。同时，这种差异决定着不同职业对于员工的职业兴趣有着特殊的要求。

现代人力资源管理的基本原则是将合适的人放在合适的岗位上。企业在招募人才的过程中，如果能够坚持以霍兰德的职业兴趣理论为指导，不仅可以招募到适合本企业的人才，还可以减少招聘工作的盲目性，给予新员工最适合的工作环境，最大限度地在工作中发挥他们的才能。

（2）对于职业选择和职业成功的价值分析。

职业兴趣是职业选择中最重要的因素，是一种强大的精神力量。职业兴趣测试可以帮助个体明确自己的主观性向，从而能得到最适宜的活动情境并给予最大的能力投入。

根据霍兰德的职业兴趣理论，个体的职业兴趣可以影响其对职业的满意程度。当个体所从事的职业和他的职业兴趣类型匹配时，个体的潜在能力可以得到最彻底的发挥，工作业绩也更加显著。

在职业兴趣测试的帮助下，个体可以清晰地了解自己的职业兴趣类型和在职业选择中的主观倾向，从而在纷繁的职业机会中找寻到最适合自己的职业，避免职业选择中的盲目行为。

尤其是对于大学生和缺乏职业经验的人，霍兰德的职业兴趣理论可以帮助做好职业选择和职业设计，成功地进行职业调整，从整体上认识和发展自己的职业能力，从而促进自己的职业成功。

2.4 能力与职业规划

1. 能力

能力是指顺利完成某一活动所必需的主观条件。能力是直接影响活动效率，并使活动顺利完成的个性心理特征。能力总是和人完成一定的活动联系在一起的，离开了具体活动，既不能表现人的能力，也不能发展人的能力。但是，我们不能认为凡是与活动有关的并在活动中表现出来的所有心理特征都是能力。只有那些完成活动所必需的直接影响活动效率并能使活动顺利进行的心理特征才是能力。例如，人的体力以及人是否暴躁、活泼等，虽然对活动有一定影响，但不是顺利完成某种活动最直接最基本的心理特征，因此不能称之为能力。

能力有一般能力和特殊能力。一般能力是指观察、记忆、思维、想象等能力，通常也叫智力，它是人们完成任何活动所不可缺少的，是能力中最主要且最一般的部分。特殊能力是指人们从事特殊职业或专业需要的能力，如音乐中所需要的听觉表象能力。人们从事任何一项专业性活动，既需要一般能力，也需要特殊能力，二者的发展也是相互促进的。

2. 职业能力

职业能力是人们从事其职业的多种能力的综合，可以定义为个体将所学的知识、技能和态度在特定的职业活动或情境中进行类化迁移与整合所形成的能完成一定职业任务的能力。

职业能力主要包含三方面基本要素：①为了胜任一种具体职业而必须具备的能力，表现为任职资格；②在步入职场之后表现的职业素质；③开始职业生涯之后具备的职业生涯管理能力。例如，一位教师只具有语言表达能力是不够的，还必须具有对教学的组织和管理能力，对教材的理解和使用能力，对教学问题和教学效果的分析、判断能力等，并且对学生进行有效积极的教育，这才是一个老师的职业能力。

如果说职业兴趣或许能决定一个人的择业方向，以及在该方面所乐于付出努力的程度，那么职业能力则能说明一个人在既定的职业方面是否能够胜任，也能说明一个人在该职业中取得成功的可能性。

职业能力包括以下三种能力。

①专业能力，即从事职业活动所需要的运用专业知识、技能的能力，强调适应性、针对性。

②方法能力，即从事职业活动所需要的工作方法、学习方法方面的能力，强调合理性、逻辑性、创新性。

③社会能力，即从事职业活动所需要的社会行为能力，也就是适应社会、融入社会的能力。

3. 哪些能力会直接影响我们的职业生涯

在职场打拼考验的是我们的综合素质，具备以下能力的人，往往能够在激烈的竞争中脱颖而出。

（1）执行力。执行力通俗来说就是办事能力，不仅是把事办完，还要把事办好，并且尽量节省时间。领导交代的事情马上去办，把要求记牢，并且能想到领导忽略的地方，这些都是执行力的体现。一个人缺乏执行力通常会成为嘴巴上的巨人，行动上的矮子。

（2）抗压能力。能抗压是现在绝大多数企业的招人标准之一。想要在职场发展得更好，就要承担更多责任。不能顶住压力，心态崩溃，在工作中将寸步难行。具备抗压能力是一个人能在职场坚持下去的前提条件，不怕苦累才能把工作做得更好。

（3）沟通能力。如果只会一个人做事，你可能是一个优秀的艺术家，但绝不是一个合格的职业人。对内来讲，一个团队想要高效运转，成员的沟通能力尤为重要。对外来说，沟通得好才能留住客户。能够有效沟通，我们的工作能力才会更上一层楼。

（4）反思能力。工作的过程不可能一帆风顺，我们必须学会在错误中找到前进的方向。如果我们不能在工作中总结得失，将永远止步不前。对于一个优秀的职场人士，每一次经历都有意义，无论成败，它都可以使自己下次做得更好。

（5）创新能力。随着互联网的兴起，我们已经来到了拼创意的时代，墨守成规已经不能让现在的企业生存下去。所以，是否具有创新能力已经变成了评判人才的重要标准之一。善于创新才能成为引领者，否则只能永远屈居人后。

（6）学习能力。现在已经是一个技术发展日新月异的时代。不断学习是在职场里前进的基础，是一个合格职业人必须具备的能力。

2.5　SWOT 分析法与大学生职业规划

SWOT 分析法（也称 TOWS 分析法、道斯矩阵）即态势分析法。所谓 SWOT 分析，即基于内外部竞争环境和竞争条件下的态势分析，就是将与研究对象密切相关的各种主要内部优势、劣势和外部的机会、威胁等，通过调查列举出来，并依照矩阵形式排列，然后用系统分析的思想，把各种因素相互匹配起来加以分析，从中得出一系列相应的结论，而结论通常带有一定的决策性。运用这种方法，可以对研究对象所处的情境进行全面、系统、准确的研究，从而根据研究结果制定相应的发展战略、计划以及对策等。

SWOT 分析法是英文单词 Strengths（优势）、Weaknesses（劣势）、Opportunities（机会）、Threats（威胁）首字母的缩写，最早是由哈佛商学院的肯尼斯·安德鲁斯教授于 1971 年在其《公司战略概念》一书中提出的。

按照企业竞争战略的完整概念，战略应是一个企业"能够做的"（即组织的强项和弱项）和"可能做的"（即环境的机会和威胁）之间的有机组合。SWOT 分析在四个维度上进行分析，然后通过矩阵式交叉的分析，找出适合自己的基本策略。

因此，SWOT 分析法实际上是一个非常有用的职业决策工具，它能够将我们的优劣势和个人的内部条件进行综合概括，便于我们更好地理解自我、认识自我。

1. 优势（Strengths）

对于大学生而言，所谓"优势"主要分为个人优势和资源优势。所谓个人优势，指的是纯粹属于个人因素、不随外界因素变化的优势，例如，有些人口才很好，有些人交际能力出众，有些人很容易在第一印象上给人以信赖感，而有些人大学时系列地读过一些书，形成了某一领域较系统的知识，这些都是优势，也比较显性。口才好的可以从事需要与人打交道、需要说服别人的工作；在某一领域有系统知识的，很容易在别人面前形成"渊博"的形象。

还有一些优势就相对隐性了，如对数字很敏感、逻辑能力强、善于搜集信息情报等。如果担心自己看得不够全面，还可以请同学们帮忙，互相提醒。千万不要以为自己毫无优势，关键在于你是否认真挖掘。

所谓资源优势，主要包括人力资源、财力资源、品牌资源、知识资源等。例如，你认识一些有能力的朋友，你所学的专业刚好市场稀缺等。

2. 劣势（Weaknesses）

劣势，即相对于优势的各个角度而言，恰恰很欠缺的地方。找出劣势，对于战略规划的意义也非常重大。在了解自己能做什么之前，应先了解自己最好不要做什么、可能遇到什么麻烦。在懂得做加法之前，应学会做减法，这样可以帮我们减少挫败的概率。

过度自信和过度自卑都可能影响我们的判断力。首先，不要把"没有优势"就直接看作"劣势"，在某方面没有优势仅仅说明还不够出众，如果妄自菲薄为"劣势"，它就可能真的成为劣势。你可以针对前面所提的一些角度，进一步分析自己的劣势，多严格、客观地剖析自己，如不善言语、害羞、粗枝大叶、专业冷门或太过热门等。分析劣势的目的不是使自己变得更沮丧，而是使自己了解该如何避开这些劣势，使自己在职业之路上变得更聪明些。当然，如果你一定要挑战这些劣势，坚信"一切皆有可能"，倒也不是不行，只是困难会多出许多。

3. 机会（Opportunities）

所谓机会，主要指外界而言，机会的分析其实需要很广的视角，宏观上包括国家的经济形势、产业政策、法律法规、各区域的产业发展态势、行业趋势等，微观上包括搜集到的来自各企业、政府部门、人才市场、学校或学长的各类有利的信息。尤其要关注新生的或高增长预期的职业领域，和自己专业或自身优势有关的边缘性、复合型职业领域，职业竞争薄弱、国家强力推行的人才政策等利好信息。

4. 威胁（Threats）

所谓威胁，包括人才市场竞争激烈、人才需求饱和、所学专业领域增长过缓甚至衰退，新的低成本竞争者，甚至是技术上的替代者，人才需求方过强的谈判优势，不利的政策信息，新提高的职业门槛等；也包括来自自身的，如身体健康隐患、家庭不稳定因素、糟糕的财务状况及还款压力等。"威胁"这个词听着总让人有些不舒服,但如果你能对此有所预防而别人不能,你就先确立了一定程度的优势。所以,普遍存在的各类威胁也可能成为你参与社会竞争的有力工具。

【交流探讨】

【探讨2-1】如何选好第一份工作

认真阅读【方法指导】材料,思考以下问题:
(1) 你是否赞成"第一份工作的选择正确与否,对你未来的职业生涯发展很重要"的观点?
(2) 如果没有选好第一份工作,后期想转行,可能会遇到哪些困难?成功概率怎样?
(3) 选择第一份工作时,你会更看重什么?
(4) 你认为选择好第一份工作,应做好哪些准备工作?

【方法指导】

第一份工作很重要,其重要性体现在三个方面。第一,它可能决定你一生的职业发展方向。例如,你第一份工作是人力资源管理,那可能后期你的职业发展方向很大概率就是人力资源管理。第二,第一份工作习得的习惯会影响你的职业发展。有些人第一份工作做事不够规范,后期做事就不会有这种规范的习惯。第三,后期想转行需付出巨大代价。

如果没有选好第一份工作,后期想转行,由于没有实际工作经验,就会显得很困难。例如,你第一份工作是销售,过了一段时间后,觉得销售不适合你,想转HR(Human Resources,人力资源),但很多企业招聘HR都需要有实际工作经验,所以,你很难转成功。就算转行成功了,你也只能从零开始,有可能还必须接受低薪资的代价。

因此,第一份工作的选择正确与否,对你未来的职业生涯发展很重要。

选择第一份工作,有的人说要看重工资,有的人说要看重自己的兴趣,有的人说要看重自己的性格。其实,选择好第一份工作,最重要的是要做到三大"了解":第一,了解社会,知道社会需要什么,有哪些职业;第二,了解你自己,知道你自己的兴趣、性格和能力等;第三,了解你的价值观,知道你自己想要什么,想要成为什么样的人。只要做好以上三点,那么你就可以选择好第一份工作。要找到你自己的核心价值观所在,有很多方法。这里介绍一种方法。你可以用一张纸,写下这个问题:在生活中,什么对我来说是最重要的?然后写下你脑中闪过的所有答案。不要在这个阶段做任何判断,不管答案有多么地奇怪和好笑。接着问问你自己:这个答案对我来说意味着什么?也许你可以写出很多价值观,这导致你不容易知道什么是最重要的,什么是次重要的。你可以问问自己:在这么多价值观中,有哪一个是你可以先舍弃的?然后一个个地舍弃,直到剩下最后一个。那这剩下的最后一个就是你内心最深处的价值观。当你了解了你的价值观后,你就知道,在选择职业的时候,什么职业适合你。

【探讨2-2】找工作一定要专业对口才好吗

【探讨探讨】

认真阅读以下【参考资料】,围绕以下话题展开讨论。
(1) 找工作一定要专业对口吗?
(2) 找工作具体应该看哪些维度呢?

【参考资料】

找工作一定要专业对口吗?那可不一定。

1. 从数据上看

根据中国社科院和社会科学文献出版社等共同发布的中国社会蓝皮书,中国高校毕业生工作与专业相关度为65%左右。看起来相关度不低，但中国高校应届毕业生在就业半年内，离职率平均在35%左右；工作几年过后，专业对口率进一步下降，即使那些号称90%以上专业对口的高校，几年后的数据也下滑了不少。也就是说，我们可以大胆推测：其实有不少的人，在毕业后虽然选择了专业对口的工作，但是工作并不顺利，或者说与自己的想象差距比较大，所以最后选择了转行。所以，与其在毕业后选择转行，不如尽早做打算，从事自己真正想要、适合从事的工作。

2. 从时代发展看

2020年，某大型汽车公司宣布校招暂不招车辆工程、机械工程专业的毕业生，校招岗位全部要求计算机相关专业。因为汽车工业的转型，导致2020年毕业的车辆工程专业学生失去了通过校招进入该汽车公司的机会。而这种变化，其实也是时代发展的必然。当互联网造车新势力开始"入侵"，新能源汽车发力，传统内燃机走向没落只是时间的问题。在这个时代背景下，车企开始布局人工智能、自动驾驶、新能源等新技术，对于人才的需求转向也是很正常的事情。但大学的专业设置往往落后于时代的发展。当时代已经开始追逐新的技术时，校园里所教的知识可能已不适用，学生想要赶上时代的发展，就必须拓展书本内容以外的知识。此外，学校专业招生和目前的市场需求也是脱节的，很多热门的专业，其实企业的需求已经在开始缩减了。但校园的运作往往不是完全根据市场而来的，所以这也导致了很多热门的专业，虽然看起来热门，但已经到了不太好找工作的程度了；要么就是就业率虽高，但是就业质量一般。

3. 从个人发展看

虽然个人在一个专业付出了几年的时间，但是从事不那么对口的专业，其实也不完全是抛弃自己的所学。大学的学习和中学不同，除了专业知识以外，还有大量的通识教育、非专业必修课、选修课等，如果个人时间富余，还能加入一些社团和组织，从事一些生产实践活动。所以，从个人角度而言，大学里学到的除了专业知识以外，还包括你的自学能力、综合能力等。这些非专业的知识，同样是你个人竞争力的组成部分。所以，如果真的不喜欢自己的专业，或者说专业对口的就业方向没有发展前景，个人是完全可以考虑转行的。

那既然不一定要专业对口，找工作具体应该看哪些维度呢？

第一，看你擅长的方向。

在职场中，从事自己所擅长的事情，所做的工作能够很快很好地完成，甚至获得上级的嘉奖，当我们获得来自外部的奖励、拥有成就感之后，个人对工作的积极性和自信心也会更强。例如，小明毕业于软件工程专业，但从事的是非专业对口的事情——硬件。在这个岗位上，虽然无法与专业的同学相比，但小明擅长数据分析，动手能力强，很快就能上手工作。这种来自工作的正向反馈，能够有效帮助我们找到自己擅长的领域，增加工作中的成就感，让原本枯燥的工作干得越来越起劲。而如果我们从事的是自己并不擅长的事情，所做的工作总是让我们心生抗拒或者无法完成，那么来自自己的自责、领导的批评、客户的不满就容易让我们产生负面情绪，获得负面的反馈。所以，找工作可以从自己擅长的方向入手。

第二，看这个行业和岗位的发展。

如果专业对口的方向已经逐渐走向没落，那么我们也没有必要死守。找工作的时候，还是尽量寻找一个有发展前景的行业，在这个行业寻找一个有发展前景的岗位。具体怎么找呢？想了解一个行业的发展状况，最好不要通过个人有限的信息来判断，而是要通过专业的行业报告进行了解。例如，我想了解5G领域的发展趋势，那我就可以通过因特网进行搜索，找一些专业机构发布的发展分析报告。通过这些报告，我们可以具体了解这个行业目前所处的阶段、未来可能的规模、典型的企业分析等，从而帮我们更好地判断自己是否要从事这一行业。另外，还可以从知名的专业招聘网站查询这个行业的不同层次人员的薪酬待遇，虽然做不到百分百准确，但可以作为参考。这样，你的工作机会决策才是有理有据的，对于自己未来的职业规划也会更加清晰。

第三，看你的个人目标。

找工作一定要结合自己的实际情况，除了考虑个人专长、行业和岗位发展空间之外，工作地点、个人价值观、成就动机等也是选择工作时很重要的参考因素。总之，选择工作，一方面不要太过于担心沉没成本；另一方面要在有限的条件和限制之内，尽量寻找发展前景更好的领域。

【训练提升】

【训练 2-1】职业价值观测试

当我们做出职业抉择后，如何坚定自己的岗位选择并积极主动地提高自己的工作产能？当个体依照自己的偏好行事，则会让自己处于最佳状态。干自己适合干的事会让个体形成一个正向循环，越适合干，越容易融入环境，找到自己的工作方法，提高工作效率。工作效率越高，越容易取得成果，有机会站在一个高点。不断叠加的成就则会不断强化自身的能力，使得自己更加适合这项工作，最终形成一条增强回路。这是自我职业价值观的体现。

职业价值观测试从职业的不同特性出发，通过测试，可以大致了解自己的职业价值观倾向，能发现自己的职业偏好，指导我们的职业生涯。

1. 职业价值观测试过程

职业价值观测试项分为 13 组，每组包括 4 项测试，共有 52 个测试项，每项测试结果按重要程度分为 5 级：非常重要、比较重要、一般、较不重要、很不重要。表 2-6 中的数字与重要程度对应关系为：5 表示你认为非常重要，4 表示比较重要，3 表示一般，2 表示较不重要，1 表示很不重要。请根据自己的真实想法或实际情况对这些陈述的重要性进行评价，完成表 2-6 所示的每项测试。每项测试只能有一个测试结果，在每个测试项最接近的程度对应的数字 1、2、3、4、5 位置画一个"○"，也是对应的职业价值观倾向得分，没有画"○"的表示得分为 0 分。每一组测试完成，将每组的 5 个等级的得分之和填入每组"分数小计"行对应等级的单元格中。

表 2-6 职业价值观测试项

组别	测试项	非常重要	比较重要	一般	较不重要	很不重要
第1组	①你的工作能为社会福利带来看得见的效果	5	4	3	2	1
	②你的工作使你能经常帮助别人	5	4	3	2	1
	③在工作中，你为他人服务，使他人感到很满意，你自己也很高兴	5	4	3	2	1
	④由于你的工作，经常有许多人来感谢你	5	4	3	2	1
	分数小计					
第2组	①你的工作带有艺术性	5	4	3	2	1
	②你的工作能使你的世界更美丽	5	4	3	2	1
	③你的工作结果应该是一种艺术品而不是一般的产品	5	4	3	2	1
	④你的工作需要和电影、电视、戏剧、音乐、美术、文字等打交道	5	4	3	2	1
	分数小计					

续表

组 别	测 试 项	非常重要	比较重要	一般	较不重要	很不重要
第3组	①你的工作必须经常解决新的问题	5	4	3	2	1
	②你的工作是一项对智力的挑战	5	4	3	2	1
	③你的工作需要敏锐的思考	5	4	3	2	1
	④在工作中常常要你提出许多新的想法	5	4	3	2	1
	分数小计					
第4组	①你的工作使你有不断取得成功的感觉	5	4	3	2	1
	②你能从工作的成果中，知道自己做得不错	5	4	3	2	1
	③你可以看见努力工作的成果	5	4	3	2	1
	④你的工作成果常常能得到上级、同事或社会的肯定	5	4	3	2	1
	分数小计					
第5组	①你能在你的工作范围内自由发挥	5	4	3	2	1
	②在工作中，你能实现一些自己的新想法	5	4	3	2	1
	③在你的工作中，不会有人常来打扰你	5	4	3	2	1
	④在工作中，你是不受别人差遣的	5	4	3	2	1
	分数小计					
第6组	①你的工作能使你的同事和朋友非常羡慕你	5	4	3	2	1
	②在别人的眼中，你的工作是很重要的	5	4	3	2	1
	③你的工作作风使你被别人尊重	5	4	3	2	1
	④你从事的那一种工作，经常在报刊、电视中被提到，因而在人们的心目中有较高地位	5	4	3	2	1
	分数小计					
第7组	①你的工作赋予你高于别人的权力	5	4	3	2	1
	②你的工作要求你把一些事务管理得井井有条	5	4	3	2	1
	③你的工作需要计划和组织别人的工作	5	4	3	2	1
	④在工作中，你可能做一个负责人，虽然可能只是领导很少几个人，你信奉"宁做兵头，不做将尾"	5	4	3	2	1
	分数小计					
第8组	①你的工作奖金很高	5	4	3	2	1
	②只要努力，你的工资会高于其他同龄人，升迁或加薪的可能性比干其他工作大得多	5	4	3	2	1
	③你的工作可以使你获得较多的额外收入，如常发实物，常购买打折扣的商品，常发商品的提货券，有机会购买进口货等	5	4	3	2	1
	④你的工作有数量可观的夜班费、加班费、保健费或营养费等	5	4	3	2	1
	分数小计					
第9组	①在工作中你能接触到各种不同的人	5	4	3	2	1
	②你的工作经常需要外出，参加各种集会和活动	5	4	3	2	1
	③你的工作有可能使你结识各行各业的知名人士	5	4	3	2	1
	④你的工作会使很多人认识你	5	4	3	2	1
	分数小计					

续表

组 别	测 试 项	非常重要	比较重要	一般	较不重要	很不重要
第10组	①无论表现如何,你总能和大多数人一样晋级、加薪	5	4	3	2	1
	②在工作中,你不会因身体、能力等因素而被别人瞧不起	5	4	3	2	1
	③只要你干上这份工作,就不会再被调到其他意想不到的单位或工种上去	5	4	3	2	1
	④在工作中不必担心会因为所做的事情让领导不满意而受到训斥或经济惩罚	5	4	3	2	1
	分数小计					
第11组	①你的工作上下班时间比较随便、自由	5	4	3	2	1
	②你的工作单位有舒适的休息室、更衣室及其他设备	5	4	3	2	1
	③你的工作场所很好,例如,有合适的灯光,舒适的座椅,安静、清洁的环境,宽敞的工作空间甚至恒温等优越的条件	5	4	3	2	1
	④你的工作,体力上比较轻松,精神上也不紧张	5	4	3	2	1
	分数小计					
第12组	①你的工作能使人感觉到你是团队中的一分子	5	4	3	2	1
	②在你的工作中,能和同事建立良好的关系	5	4	3	2	1
	③你工作单位的同事和领导人品较好,相处比较随便	5	4	3	2	1
	④你在工作中能和领导有融洽的关系	5	4	3	2	1
	分数小计					
第13组	①你的工作内容经常变换	5	4	3	2	1
	②你的工作使你有可能经常变换工作地点、工作场合或工作方式	5	4	3	2	1
	③在工作中你经常接触到新鲜的事物	5	4	3	2	1
	④你在工作单位中有可能经常变换工种	5	4	3	2	1
	分数小计					

将表 2-6 中每组测试的等级得分小计填入表 2-7 中,同时计算每组的合计得分并找出最高的 3 组和最低的 3 组。

表 2-7 职业价值观自我测试得分统计表

组 别	各个重要程度的小项得分					合计得分
	非常重要	比较重要	一般	较不重要	很不重要	
第1组						
第2组						
第3组						
第4组						
第5组						
第6组						
第7组						
第8组						
第9组						

续表

组别	各个重要程度的小项得分					合计得分
	非常重要	比较重要	一般	较不重要	很不重要	
第10组						
第11组						
第12组						
第13组						

2. 职业价值观测试结果分析

根据测试结果，得到合计得分排前3位对应的组别如表2-8所示。

表2-8 合计得分排前3位对应的组别

得分排序（降序）	组别序号	合计得分	说明
1			
2			
3			

根据测试结果，得到合计得分排后3位对应的组别如表2-9所示。

表2-9 合计得分排后3位对应的组别

得分排序（降序）	组别序号	合计得分	说明
1			
2			
3			

职业价值观分为13种类型，各类型及其基本含义如表2-10所示。

表2-10 职业价值观的类型及其基本含义

组别序号	价值观	基本含义
1	利他主义	总是为他人着想，把直接为大众谋幸福和利益作为自己的追求
2	审美主义	能不断地追求美的东西，得到美感的享受
3	智力刺激	不断进行智力开发、动脑思考、学习和探索新事物，解决新问题
4	成就动机	不断创新，不断取得成就，不断得到领导和同事的赞扬或不断实现自己想要做的事
5	自主独立	能够充分发挥自己的独立性和主动性，按自己的方式、想法去做事，不受他人干扰
6	社会地位	所从事的工作在人们的心目中有较高的社会地位，从而使自己得到他人的重视与尊敬
7	权力控制	获得对他人或某事的管理权，能指挥和调遣一定范围内的人或事
8	经济报酬	获得优厚的报酬，使自己有足够的财力去获得自己想要的东西，使生活过得较为富足
9	社会交往	能和各种人交往，建立比较广泛的社会联系和关系，甚至能和知名人士结识
10	社会稳定	希望不管自己能力怎样，在工作中要有一个安稳的局面，不会因为奖金、加薪、调动工作或领导训斥等而经常提心吊胆、心烦意乱
11	轻松舒适	希望将工作作为一种消遣、休息或享受的形式，追求比较舒适、轻松、自由、优越的工作条件和环境
12	人际关系	希望一起工作的大多数同事和领导人品好，相处在一起感到愉快、自然
13	追求新意	希望工作的内容经常变换，使工作和生活显得丰富多彩，不单调枯燥

将测试结果与表 2-10 进行对照,从得分较高的前 3 项可以大致看出你接近的职业价值观倾向,从得分较低的前 3 项中可以大致看出与你相关度低的职业价值观倾向,从而大致判断你的职业价值观倾向,在选择职业时就可以加以考虑。

【训练 2-2】运用舒伯的职业价值观量表了解自己的职业价值倾向

表 2-11 所示是有关职业价值的 60 道测试题,请在每题对应分值单元格中填入 1~5 的整数,代表该选项对你的重要性,最低分 1 分,最高分 5 分,分数越高代表该项内容对你来说越重要。通过测试,你可以大致了解自己的职业价值倾向,为将来择业提供参考依据。

表 2-11 有关职业价值的 60 道测试题

分值	题号	内容	分值	题号	内容
	1	能参与救灾济贫的工作		31	能够减少别人的苦难
	2	能经常欣赏完美的工艺作品		32	能运用自己的鉴赏力
	3	能经常尝试新的构想		33	常需构思新的解决办法
	4	必须花精力去深入思考		34	必须不断地解决新的难题
	5	在职责范围内有充分自由		35	能自行决定工作方式
	6	可以经常看到自己的工作成果		36	能知道自己的工作绩效
	7	能在社会上扮演更重要的角色		37	能让你觉得出人头地
	8	能知道别人如何处理事务		38	可以发挥自己的领导能力
	9	收入能比相同条件的人高		39	可使你能存下很多钱
	10	能有稳定的收入		40	有好的保险和福利制度
	11	能有清静的工作场所		41	工作场所有现代化的设备
	12	主管善解人意		42	主管能采取民主领导方式
	13	能经常和同事一起休闲		43	不必和同事有利益冲突
	14	能经常变换职务		44	可以经常变换工作场所
	15	能成为你想成为的人		45	常让你觉得如鱼得水
	16	能帮助贫困和不幸的人		46	能常帮助他人解决困难
	17	能增添社会的文化气息		47	能创作优美的作品
	18	可以自由地提出新颖的想法		48	常需提出不同的处理方案
	19	必须不断学习才能胜任		49	需对事情深入分析研究
	20	工作不受他人干涉		50	可以自行调整工作进度
	21	常觉得自己的辛劳没有白费		51	工作结果受到他人肯定
	22	能使你有更高的社会地位		52	能自豪地介绍自己的工作
	23	能够分配调整他人的工作		53	能为团体拟订工作计划
	24	能常常加薪		54	收入高于其他行业
	25	生病时能有妥善照顾		55	不会轻易地被解雇或裁员
	26	工作地点光线、通风良好		56	工作场所整洁、卫生
	27	有一个公正的主管		57	主管学识和品德让你钦佩
	28	能与同事建立深厚的友谊		58	能够认识很多风趣的伙伴
	29	工作性质常会发生变化		59	工作内容随时间变化
	30	能实现自己的理想		60	能充分发挥自己的专长

统计职业价值测试各项得分，填入表 2-12 中，得分越高，代表这个方面价值观越强烈。

表 2-12　职业价值倾向测试得分统计

对应题目	职业价值观	得　分	对应题目	职业价值观	得　分
1、16、31、46	利他主义		9、24、39、54	经济报酬	
2、17、32、47	美的追求		10、25、40、55	安全稳定	
3、18、33、48	创造发明		11、26、41、56	工作环境	
4、19、34、49	智力激发		12、27、42、57	上司关系	
5、20、35、50	独立自主		13、28、43、58	同事关系	
6、21、36、51	成就满足		14、29、44、59	多样变化	
7、22、37、52	名誉地位		15、30、45、60	生活方式	
8、23、38、53	管理权力				

【训练 2-3】探索你的职业价值观

了解自己的职业价值观，能帮助我们更好地做出选择，并在学业和职业中获得更高的满意度和幸福感。那么，我们该如何了解自己的职业价值观呢？

舒伯总结出 15 种最普遍的职业价值观，这 15 种价值观代表了人们在工作中的目的、希望以及所寻求的意义。

1. 职业价值观排序

请对表 2-13 中的 15 种职业价值观进行重要程度的排序，得出 5 项你最为看重的职业价值观，对应的序号及其重要程度如下：_____。

表 2-13　舒伯总结的 15 种职业价值观

序　号	价值观	工作的目的和意义	对工作的希望
1	美的追求	使这个世界更美丽	希望通过自己的工作创造优美的作品，增添社会的艺术文化气息等
2	安全稳定	能提供稳定的生活保障，有安全感	希望自己的工作能提供稳定的收入、好的保险和福利制度等
3	工作环境	能在舒适、良好的办公环境中进行工作	希望自己的工作能提供宜人的工作场所、现代化设备等
4	智力激发	智慧的激发和增长	希望自己的工作能够提供机会独立思考，不断学习，解决新的难题等
5	独立自主	工作能充分以自己的步调或方法来进行	希望自己的工作能不受他人干涉与限制，在职责范围内有充分自由等
6	多样变化	尝试变化，体验多样性	希望自己的工作能经常变换任务性质、内容、场所等
7	经济报酬	能获得丰厚的经济收入	希望自己的工作能常常加薪，能存下很多钱等
8	管理权力	能获得个人权力	希望自己的工作能够制订计划、分配任务并管理下属，发挥自己的领导才能等
9	利他主义	为他人谋福利，为社会尽一份心力	希望自己的工作能够帮助他人，减轻他人的苦难，帮助他人解决困难等
10	生活方式	能选择自己的生活方式	希望自己的工作使生活成为期待的模样，过上想要的生活等
11	创造发明	发明创造新鲜事物	希望自己的工作能设计新产品、发展新观念、尝试新构想等
12	上司关系	能与上级平等且融洽地相处，获得赏识	希望自己的工作主管善解人意，采取民主的领导方式等

续表

序号	价值观	工作的目的和意义	对工作的希望
13	同事关系	能与工作伙伴一起愉快地工作	希望自己的工作有融洽的同事关系和氛围,建立深厚的友谊等
14	成就满足	获得成就感	希望能够看到自己努力工作的成果,知道自己的工作成绩,明确感受到工作对组织或社会产生的作用和意义等
15	名誉地位	提高个人声誉	希望自己的工作能使自己获得更高的社会地位,使他人对自己产生尊重和崇敬等

2. 职业价值观分类

我国的研究者将舒伯的这15项职业价值观分为三类:内在职业价值、外在职业价值和外在报酬,如表2-14所示。

表2-14 我国研究者将15项职业价值观分为三类

内在职业价值	外在职业价值	外在报酬
利他主义 智力激发 多样变化 独立自主 创造发明 美的追求 成就满足	同事关系 管理权力 上司关系 工作环境	经济报酬 生活方式 安全稳定 名誉地位

3. 职业价值观比较

接下来,请你思考以下问题:
◆ 在舒伯所列的15项职业价值观中,你最重视哪5项价值观?为什么?
◆ 如果5项里面需要放弃1项,你会先放弃哪1项?
◆ 如果在仅剩的4项里再舍弃1项,你会放弃哪1项?

最后余下的3项,便是你目前根据感性认识和理性判断所能够接受的、舍不得放弃的职业价值观。

4. 职业价值观澄清

通过以下7个问题再次澄清这3个最重要的职业价值观:
①我是否对这一价值观感到骄傲?
②我是否愿意公开维护这一价值观——即在他人面前公开地为它辩护?
③我是否在考虑了其他的价值观后,才选择了这项价值观?
④我是否已经考虑到这项价值观带来的后果?
⑤我是否自主地选择了这项价值观——即没有其他人或事将这项价值观强加给我?
⑥我是否已经按照这个价值观在行动?
⑦我是否依照这些价值观而前后一致地行动或重复某种行为模式?

当你为选择而纠结时,可以按上面的"排序—比较—澄清"流程,反复问自己,澄清自己的价值观,这样能帮助你做出更合适的选择。

开阔眼界,更多的体验和经历,能够帮助我们丰富和完善对职业、对自己的认识,使我们更清晰自己的职业价值观,从而在面临选择时做出更准确的判断。

【训练 2-4】职业性格测试

在职业心理中,性格影响着一个人对职业的适应性,一定的性格适于从事一定的职业;同时,不同的职业对人有不同的性格要求。因此,在考虑或选择职业时,既要考虑自己的职业兴趣,也要考虑自己的职业性格特点。

个人在选择职业时,最好根据自己的性格特点,选择适合自己的职业和工作。一般来说,外向型性格的人更适合与外界接触广泛的职业,如管理人员、政治家、律师、记者、推销员等;内向型性格的人比较适合从事有计划的、稳定的、不需要与人过多交往的职业,如科技工作者、技术人员、会计师、统计员、一般办公室文员等;乐观的人适合教师、社会工作者等职业;冷静的人比较适合会计、科研等职业;理性的人适合工程师、技师等职业。如果自己的性格和职业需要的性格相反,那么工作的时候会遇到很大的心理冲突,工作上成功的概率也会较小,例如,一个比较缄默的人担任销售的工作。缄默的人,往往乐群性比较低,喜欢对事不对人;而销售的工作需要应付人与人之间的复杂情绪交流。所以,缄默的人如果担任销售的工作,那么在工作的过程中,不可避免会有很多心理冲突。因此,在就业前,要认识自己的性格。

另外,认识自己的性格有利于反省自己,提高自己的性格修养,使得自己更加适应职位,推动自己的人际关系发展。因为每个人的性格都有积极和消极两个方面,根据木桶原理,一个木桶中水面的高低取决于木桶壁上最低一块木板的位置。对个人而言,就是每个人的短处也会限制其发展,所以还要扬长补短。例如,有的人在工作中积极热情、乐于助人、好抛头露面,但做事持久性不长,常表现得虎头蛇尾,这种人就应该注意锻炼自己坚持性和持久性的品格意志;又如,有的人办事热情高、拼劲足、速度快,但有时马马虎虎,甚至遇事就着急,性情暴烈,这种人就应该在发扬其性格长处的同时注意培养认真仔细的精神,防止急躁情绪;有的人做事沉稳、认真、严谨,但有时优柔寡断、办事拖拉,这种人必须经常提醒自己"今天的事今天完成",并逐步养成当机立断的性格。

如何知道自己属于哪种性格呢?这就需要我们依靠一些测试来完成。职业性格测试是一种自评测试量表,测试时在一定程度上受被试者主观意识或心理状态的影响。尽管在测试项的设计上已注意尽量避免这种影响,但还不能绝对排除。职业性格测试仅仅是测试被试者的职业性格,职业的确定还需要根据被试者的职业能力、职业兴趣及当前社会就业形势等多种因素进行判断和决策。

本次测试主要探讨各种性格类型与相关职业的匹配程度。

1. 职业性格测试过程

下面的测试根据人的职业性格特点和职业对人的性格要求两方面来划分类型,我们所选择的第一种职业都与其中的几种性格类型相关。

根据自己的实际情况,对相关的问题做出回答。如果回答"是",就请在表 2-15 中相应题号的"是"列的单元格内画"√";如果回答"否",就请在"否"列的单元格内画"√"。

表 2-15 职业性格测试项

组 别	测 验 项	是	否
第 1 组	①喜欢内容经常变化的活动或工作情境		
	②喜欢参加新颖的活动		
	③喜欢提出新的活动并付诸行动		
	④不喜欢预先对活动或工作做出明确而细致的计划		
	⑤讨厌需要耐心、细致的工作		
	⑥能够很快适应新环境		
	小计		

续表

组　别	测　验　项	是	否
第2组	①当注意力集中于一件事时，别的事很难使我分心		
	②在做事的时候，不喜欢受到出乎意料的干扰		
	③生活有规律，很少违反作息制度		
	④按照一个设定好的工作模式来做事情		
	⑤能够长时间做枯燥、单调的工作		
	⑥读书期间的数学成绩较好		
	小计		
第3组	①喜欢按照别人的批示办事，不需要负责任		
	②在按别人指示做事时，自己不考虑为什么要做这些事，只是完成任务		
	③喜欢让别人来检查工作		
	④在工作上听从指挥，不喜欢自己做出决定		
	⑤工作时喜欢别人把任务的要求讲得明确而细致		
	⑥喜欢一丝不苟按计划做事，直到得到一个圆满的结果		
	小计		
第4组	①喜欢对自己的工作独立做出计划		
	②能处理和安排突然发生的事情		
	③能对将要发生的事情负起责任		
	④喜欢在紧急情况下果断做出决定		
	⑤善于动脑筋、出主意、想办法		
	⑥通常情况下对学习、活动有信心		
	小计		
第5组	①喜欢与新朋友相识和一起工作		
	②喜欢在几乎没有个人秘密的场所工作		
	③试图忠实于别人且与别人友好		
	④喜欢与人互通信息，交流思想		
	⑤喜欢参加集体活动，努力完成所分给的任务		
	⑥持久工作的能力（如较长时间地抄写资料）		
	小计		
第6组	①理解问题总比别人快		
	②试图使别人相信你的观点，善于使别人按你的想法来做事情		
	③善于通过谈话或写信来说服别人		
	④善于使别人按你的想法来做事情		
	⑤试图让一些自信心差的同学振作起来		
	⑥试图在一场争论中获胜		
	小计		
第7组	①你能做到临危不惧吗		
	②你能做到临场不慌吗		
	③你能做到知难而退吗		

续表

组 别	测 验 项	是	否
第7组	④你能冷静处理好突然发生的事故吗		
	⑤遇到偶发事故可能伤及他人时，你能果断采取措施吗		
	⑥你是一个机智灵活、反应敏捷的人吗		
	小计		
第8组	①喜欢表达自己的观点和感情		
	②做一件事情时，很少考虑它的利弊得失		
	③喜欢讨论对一部电影或一本书的感情		
	④在陌生场合不感到拘谨和紧张		
	⑤相信自己的判断，不喜欢模仿别人		
	⑥很喜欢参加学校的各种活动		
	小计		
第9组	①工作细致而努力，试图将事情完成得尽善尽美		
	②对学习和工作抱认真严谨、始终如一的态度		
	③喜欢花很长时间集中于一件事情的细小问题		
	④善于观察事物的细节		
	⑤无论填什么表格，态度都非常认真		
	⑥做事情力求稳妥，不做无把握的事情		
	小计		

2．职业性格测试结果分析

（1）统计回答"是"和"否"的次数。

将表2-15中每组回答"是"的总次数和"否"的总次数填入表2-16中。

表2-16 统计回答"是"和"否"的总次数

组 别	回答"是"的总次数	回答"否"的总次数	对应的职业性格类型
第1组			变化型
第2组			重复型
第3组			服从型
第4组			独立型
每5组			协作型
第6组			劝服型
第7组			机智型
第8组			好表现型
第9组			严谨型

将选择"是"的总次数和选择"否"的总次数排前3位对应的职业性格类型填入表2-17中。

表 2-17 选择"是"的总次数和选择"否"的总次数排前 3 位对应的职业性格类型

项 目 名 称	职业性格类型		
	第 1 位	第 2 位	第 3 位
选择"是"的总次数排前 3 位对应的职业性格类型			
选择"否"的总次数排前 3 位对应的职业性格类型			

（2）确定你的职业性格类型。

各种职业性格类型对应级别与性格特点如表 2-18 所示。选择"是"次数越多，则相应的职业性格类型越接近你的性格特点；选择"否"的次数越多，则相应的职业性格类型越不符合你的性格特点。

表 2-18 各种职业性格类型对应级别与性格特点

序 号	职业性格类型	对应组别	性 格 特 点
1	变化型	第 1 组	能够在新的或意外的工作情境中感到愉快，喜欢工作内容经常有些变化，在有压力的情况下工作得很出色，追求并且能够适应多样化的工作环境，善于将注意力从一件事转移到另一件事情上去
2	重复型	第 2 组	适合并喜欢连续不断地从事同样的工作，喜欢按照一个固定的模式或别人安排好的计划或进度办事，喜欢重复的、有规则的、有标准的职业
3	服从型	第 3 组	喜欢配合别人或按照别人的指示去办事，愿意让别人对自己的工作负责，不愿意自己担负责任，不愿意自己独立做出决策
4	独立型	第 4 组	喜欢计划自己的活动并指导别人的活动，会从独立的和负有责任的工作中获得愉快感，喜欢对将要发生的事情做出决定
5	协作型	第 5 组	会对与人协同的工作感到愉快，善于引导别人按客观规律办事，希望自己能得到同事的喜欢
6	劝服型	第 6 组	乐于设法使别人同意自己的观点，并能够通过交谈或书面文字达到自己的目的。对别人的反应具有较强的判断能力，并善于影响他人的态度、观点和判断
7	机智型	第 7 组	在紧张、危险的情况下能很好地执行任务，在意外的情况下能够自我控制、镇定自若、工作出色。在事情出了差错时不会惊慌，应变能力强
8	好表现型	第 8 组	喜欢表现自己，通过自己的工作和情感来表达自己的思想
9	严谨型	第 9 组	注重细节的精确，愿意在工作过程的各个环节中，按照一套规则、步骤将工作过程做得尽善尽美。倾向于工作严格、努力、自觉、认真、保质保量，喜欢看到自己出色完成工作后的效果

部分职业群所需要的职业性格类型如表 2-19 所示。根据前面的职业性格测试可以判断你的职业性格比较适合哪些职业群，例如，如果最接近你的性格类型是严谨型、重复型、服从型，从表 2-19 可以看出适合你的职业群有会计、审计、统计人员；如果最接近你的性格类型是变化型、协作型、劝服型，从表 2-19 可以看出适合你的职业群是营销人员。

表 2-19 部分职业群所需要的性格类型表

序 号	职 业 群	所需要的职业性格类型
1	农业技术人员	独立型、变化型、机智型
2	林业技术人员	变化型、独立型、机智型

续表

序号	职业群	所需要的职业性格类型
3	畜牧养殖人员	重复型、独立型、机智型
4	水产捕捞人员	独立型、变化型、协作型
5	采煤工人	变化型、协作型、严谨型
6	服装设计人员	变化型、独立型、严谨型
7	印刷人员	重复型、服从型、协作型
8	广告美术设计人员	变化型、独立型、好表现型
9	商业经营管理人员	变化型、独立型、劝服型
10	营销人员	变化型、协作型、劝服型
11	园林绿化人员	重复型、独立型、协作型
12	保育员	变化型、劝服型、机智型
13	导游员	变化型、独立型、好表现型
14	会计、审计、统计人员	严谨型、重复型、服从型
15	保险公司工作人员	劝服型、独立型、严谨型
16	护士	变化型、独立型、协作型
17	美容美发人员	变化型、独立型、协作型
18	运动员	变化型、机智型、好表现型
19	演员	好表现型、协作型、服从型
20	图书管理员	重复型、独立型、严谨型
21	幼儿园教师	变化型、劝服型、协作型
22	IT 服务人员	重复型、服从型、严谨型
23	秘书	服从型、协作型、严谨型
24	警察	机智型、独立型、变化型
25	解放军指战员	服从型、机智型、协作型

根据职业性格测试结果可以看出最接近你的性格特点的 3 种职业性格类型和最不符合你的性格特点的 3 种职业性格类型，将这些职业性格类型填入表 2-20 中。

表 2-20 最接近你的性格特点和最不符合你的性格特点的 3 种职业性格类型

项目名称	职业性格类型		
	第1位	第2位	第3位
最接近你的性格特点的 3 种职业性格类型			
最不符合你的性格特点的 3 种职业性格类型			

根据以上职业性格测试可以初步判断哪些职业更适合你、哪些职业不太适合你，在选择职业时就可以考虑职业性格是否合适。

如果有一个或几个职业在经过职业兴趣、职业能力和职业性格自测后，都被确定为是你最适宜从事的职业，那么，这一个或几个职业就是你的求职目标，应该成为你的第一职业选择方向。

要获得更加清晰的求职方向，还可以通过职业兴趣测试获得自己的职业兴趣类型，回答"我喜欢做什么"这一问题,以及解锁"与你所学专业匹配的职业",回答"我可以做什么"这一问题。将职业价值观、职业兴趣和专业对口相结合,找到最适合自己的行业和意向职业。

【训练2-5】职业兴趣测试

霍兰德职业兴趣测试由美国著名职业指导专家霍兰德编制,主要用于确定被测试者的职业兴趣倾向和能力专长,进而用于指导被测试者选择适合自身职业兴趣的专业发展方向和职业发展方向。霍兰德认为兴趣是人们活动的巨大动力,凡是人们有兴趣的职业,都可以提高其积极性,促使其积极地、愉快地从事该职业,并有助于在该职业上取得成功。

通过科学的测试,预知自己的职业兴趣,有助于选择适合个人发展的职业。本测试活动将帮助你发现并确定自己的职业兴趣和能力特长,从而更好地帮助你做出求职择业或专业选择的决策。

1. 职业兴趣测试过程

本测试共7个部分,每部分测试都没有时间限制,但请你尽快按要求完成。

第1部分 你心目中的理想职业和专业

对于未来的职业(或升学进修的专业),你得早做考虑,它可能很抽象、很朦胧,也可能很具体、很清晰。无论是哪种情况,现在都请你把自己最想干的3种工作和最想读的3种专业按顺序填入表2-21中,并说明理由。

从"很朦胧/抽象"到"很清晰/具体"分别用1、2、3、4、5来表示,例如,5分表示它在你心中的印象非常清晰。请在"清晰/具体程度"列按其在你心目中的清晰程度或具体程度填写对应数字。

表2-21 你心目中的理想职业和专业

序 号	最想干的工作	最想读的专业	清晰/具体程度	理 由
1				
2				
3				

以下第2~4部分,每个类别下的每个小项皆为"是否"选择题,请选出比较适合你的、与你的情况相符的项目,并按有一项适合(即选择"是")计1分的规则统计分值,将相应分值填写在第6部分的统计项目中。

第2部分 你所感兴趣的活动

下面列举了若干种具体的活动,请就这些活动判断你的好恶。

R型:现实型活动	I型:研究型活动
你喜欢做下列事情吗	你喜欢做下列事情吗
1. 装配修理电器	1. 阅读科技书刊
2. 修理自行车	2. 在实验室工作
3. 装修机器或机器零件	3. 研究某个科研项目
4. 做木工活	4. 制作飞机、汽车模型
5. 驾驶卡车或拖拉机	5. 做化学实验
6. 开机床	6. 阅读专业性论文
7. 开摩托车	7. 解一道数学或棋艺难题
8. 上金属工艺课	8. 上物理课
9. 上机械制图课	9. 上化学课
10. 上木工手艺课	10. 上几何课
11. 上电气自动化技术课	11. 上生物课

A型：艺术型活动	S型：社会型活动
你喜欢做下列事情吗	你喜欢做下列事情吗
1. 素描、制图或绘画	1. 给朋友们写信
2. 表演戏剧、小品或相声节目	2. 参加学校、单位组织的正式活动
3. 设计家具或房屋	3. 加入某个社会团体或俱乐部
4. 在舞台上演唱或跳舞	4. 帮助别人解决困难
5. 演奏一种乐器	5. 照看小孩
6. 阅读流行小说	6. 参加宴会、茶话会或联欢晚会
7. 听音乐会	7. 和大家一起出去郊游
8. 从事摄影创作	8. 参加讨论会或辩论会
9. 阅读电影、电视剧本	9. 观看运动会或体育比赛
10. 读诗写诗	10. 结交新朋友
11. 上书法美术课	11. 阅读与人际交往有关的书刊
E型：管理型活动	C型：常规型（传统型）活动
你喜欢做下列事情吗	你喜欢做下列事情吗
1. 对他人做劝说工作	1. 保持桌子和房间整洁
2. 买东西与人讨价还价	2. 抄写文章或信件
3. 讨论政治问题	3. 开发票、写收据或打回条
4. 从事个体或独立的经营活动	4. 打算盘或用计算机计算
5. 出席正式会议	5. 记流水账或备忘录
6. 做演讲	6. 上打字课或学速记法
7. 在社会团体中担任职务	7. 上会计课
8. 检查与评价别人的工作	8. 上商业统计课
9. 结识名流	9. 将文件、报告、记录分类与归档
10. 带领一群人去完成某项任务	10. 为领导写公务信函与报告
11. 参与政治活动	11. 检查个人收支情况

这些活动无所谓好坏。如果你喜欢去参加（包括过去、现在或将来），就请在表 2-22 中相应题号的"是"列的单元格内画个"√"；如果不喜欢，就请在表2-22中"否"列的单元格内画"√"。注意：这一部分测试主要是想确定你的职业兴趣，而不是让你选择工作，你喜欢某种活动并不意味着你一定要从事这种活动。答题时不必考虑过去是否干过以及是否擅长这种活动，只要根据你的兴趣直接判断即可。请务必做完每一道题目。

表2-22 对活动所持喜好

R型			I型			A型		
题 号	是	否	题 号	是	否	题 号	是	否
1			1			1		
2			2			2		
3			3			3		
4			4			4		
5			5			5		
6			6			6		
7			7			7		

续表

R型			I型			A型		
题号	是	否	题号	是	否	题号	是	否
8			8			8		
9			9			9		
10			10			10		
11			11			11		
"是"的总数：			"是"的总数：			"是"的总数：		

S型			E型			C型		
题号	是	否	题号	是	否	题号	是	否
1			1			1		
2			2			2		
3			3			3		
4			4			4		
5			5			5		
6			6			6		
7			7			7		
8			8			8		
9			9			9		
10			10			10		
11			11			11		
"是"的总数：			"是"的总数：			"是"的总数：		

第3部分 你所擅长或能胜任的活动

下面从6个方面分别列举一些具体的活动，以确定你具备哪一方面的工作特长。

R型：现实型活动	I型：研究型活动
你擅长做或能胜任下列事情吗	你擅长做或能胜任下列事情吗
1. 使用锯子、钳子、车床、砂轮等工具	1. 了解真空管的工作原理
2. 使用万用表	2. 知道3种以上蛋白质含量高的食物
3. 给自行车或机器加油使它们正常运转	3. 知道1种放射性元素的"半衰期"
4. 使用钻床、研磨机、缝纫机等	4. 使用对数表
5. 修整木器家具表面	5. 使用计算器或计算尺
6. 看机械、建筑设计图纸	6. 使用显微镜
7. 修理结构简单的家用电器	7. 辨认3个星座
8. 制作简单的家具	8. 说明白细胞的功能
9. 绘制机械设计图纸	9. 解释简单的化学分子式
10. 修理收录音机的简单部件	10. 理解人造卫星不会落地的原理
11. 疏通、修理自来水管或下水道	11. 参加科技竞赛或科研成果交流会
A型：艺术型活动	S型：社会型活动
你擅长做或能胜任下列事情吗	你擅长做或能胜任下列事情吗
1. 演奏一种乐器	1. 善于向别人解释问题
2. 参加二重唱或四重唱表演	2. 参加慰问或救济活动

A型：艺术型活动	S型：社会型活动
3. 独奏或独唱	3. 善于与人合作、配合默契
4. 扮演剧中角色	4. 殷勤待客
5. 说书或讲故事	5. 能深入浅出地教育儿童
6. 表演现代舞或芭蕾舞	6. 为一次宴会安排娱乐活动
7. 人物素描	7. 帮助他人解决困难
8. 油画或雕塑	8. 帮助护理病人或伤员
9. 制造陶器、捏泥塑或剪纸	9. 安排学校或社团组织的各种集体事务
10. 设计服装、海报或家具	10. 善于观察人心或善于判断人的性格
11. 写得一手好文章	11. 善与年长者相处
E型：管理型活动	C型：常规型（传统型）活动
你擅长做或能胜任下列事情吗	你擅长做或能胜任下列事情吗
1. 学校里当过班干部并且干得不错	1. 一天能誊抄近一万字
2. 善于督促他人工作	2. 能够熟练地使用算盘或计算器
3. 善于使他人按你的习惯做事	3. 能够熟练地使用中文打字机
4. 做事具有超常的精力和热情	4. 善于将书信、文件迅速归档
5. 能做一个称职的推销员	5. 做过办公室职员且干得不错
6. 代表某个团体向有关部门提出建议或反映意见	6. 核对数据或文章时既快又准确
7. 担任某种领导职务期间获过奖或受过表扬	7. 会使用外文打字机或复印机
8. 说服别人加入你所在的团体（俱乐部、运动队、工作/研究组等）	8. 善于在短时间内分类和处理大量文件
9. 创办一家商店或企业	9. 记账或开发票时既快又准确
10. 知道如何做一位成功的领导人	10. 善于为自己或集体制作财务预算（表）
11. 有很好的口才	11. 能迅速誊清贷方和借方的账目

回答时，只需考虑你过去或现在对所列活动是否擅长、能否胜任，不必考虑你是否喜欢这种活动。如果你认为你擅长（能胜任）某一活动，就请在表2-23中相应题号上的"是"列的单元格内画"√"；如果不擅长（不能胜任），就请在表2-23中"否"列的单元格内画"√"。注意：你如果从未从事过某一活动，那就请考虑你将来是否会擅长该项活动。请务必做完表2-23中的每一道题目。

表 2-23　所擅长或能胜任的活动

R型			I型			A型		
题 号	是	否	题 号	是	否	题 号	是	否
1			1			1		
2			2			2		
3			3			3		
4			4			4		
5			5			5		
6			6			6		
7			7			7		
8			8			8		
9			9			9		
10			10			10		
11			11			11		
"是"的总数：			"是"的总数：			"是"的总数：		

S型			E型			C型		
题号	是	否	题号	是	否	题号	是	否
1			1			1		
2			2			2		
3			3			3		
4			4			4		
5			5			5		
6			6			6		
7			7			7		
8			8			8		
9			9			9		
10			10			10		
11			11			11		
"是"的总数：			"是"的总数：			"是"的总数：		

第4部分　你所喜欢的职业

下面列举了多种职业，请你认真阅读，选择你喜欢的职业。

R型：现实型职业	I型：研究型职业
你喜欢下列职业吗	你喜欢下列职业吗
1. 飞行机械技术人员	1. 气象研究人员
2. 鱼类和野生动物专家	2. 生物学研究人员
3. 自动化工程技术人员	3. 天文学研究人员
4. 木工	4. 药剂师
5. 机床安装工或钳工	5. 人类学研究人员
6. 电工	6. 化学研究人员
7. 无线电报务员	7. 科学杂志编辑
8. 长途汽车司机	8. 植物学研究人员
9. 火车司机	9. 物理学研究人员
10. 机械师	10. 科普工作者
11. 测绘、水文技术人员	11. 地质学研究人员
A型：艺术型职业	S型：社会型职业
你喜欢下列职业吗	你喜欢下列职业吗
1. 电视节目主持人	1. 街道、工会或妇联负责人
2. 文学艺术评论家	2. 中学教师
3. 作家、诗人	3. 青少年犯罪问题专家
4. 记者	4. 中学校长
5. 歌唱家或歌手	5. 心理咨询人员
6. 作曲家	6. 精神病医生
7. 剧本写作人员	7. 职业介绍所工作人员
8. 画家、书法家	8. 导游
9. 相声演员	9. 共青团干部
10. 乐团指挥	10. 福利机构负责人
11. 影视演员	11. 婚姻介绍所工作人员

续表

E型：管理型职业	C型：常规型（传统型）职业
你喜欢下列职业吗	你喜欢下列职业吗
1. 供销科长	1. 簿记员
2. 推销员	2. 会计师
3. 公司经理	3. 银行出纳员
4. 个体工商业者	4. 法庭书记员
5. 厂长	5. 人口普查登记员
6. 律师或法官	6. 成本核算员
7. 电视剧制作人	7. 税务工作者
8. 饭店或饮食店经理	8. 校对员
9. 人民代表	9. 打字员
10. 服装批发商	10. 办公室秘书
11. 企业管理咨询人员	11. 质量检查员

对这些职业的基本情况你或多或少都有所了解，并在此基础上形成了自己的评价态度。如果你喜欢某种职业的话，请在表 2-24 相应题号上的"是"列的单元格画"√"；如果不喜欢，则请在表 2-24 中"否"列的单元格画"√"。这一部分测试要求每题必做。

表 2-24 职业喜好的评判

R型			I型			A型		
题号	是	否	题号	是	否	题号	是	否
1			1			1		
2			2			2		
3			3			3		
4			4			4		
5			5			5		
6			6			6		
7			7			7		
8			8			8		
9			9			9		
10			10			10		
11			11			11		
"是"的总数：			"是"的总数：			"是"的总数：		
S型			E型			C型		
题号	是	否	题号	是	否	题号	是	否
1			1			1		
2			2			2		
3			3			3		
4			4			4		
5			5			5		
6			6			6		
7			7			7		

续表

S型			E型			C型		
题号	是	否	题号	是	否	题号	是	否
8			8			8		
9			9			9		
10			10			10		
11			11			11		
"是"的总数：			"是"的总数：			"是"的总数：		

第5部分 你的能力和技能类型自评

下面两张表（表2-25和表2-26）是你在6个职业能力和职业技能方面的自我评定表。你可先与同龄人比较出自己在每一方面的能力和技能，斟酌后对自己的能力做出评估并在表中适当的数字上画圈，数值越大表明你的能力或技能越强。注意：请勿全都画同样的数字，因为人的每项能力或技能不会完全一样。

表2-25 能力自评

R型	I型	A型	S型	E型	C型
机械操作能力	科学研究能力	艺术创作能力	解释表达能力	商业洽谈能力	事务执行能力
7	7	7	7	7	7
6	6	6	6	6	6
5	5	5	5	5	5
4	4	4	4	4	4
3	3	3	3	3	3
2	2	2	2	2	2
1	1	1	1	1	1

表2-26 技能自评

R型	I型	A型	S型	E型	C型
体育技能	数学技能	音乐技能	交际技能	领导技能	办公技能
7	7	7	7	7	7
6	6	6	6	6	6
5	5	5	5	5	5
4	4	4	4	4	4
3	3	3	3	3	3
2	2	2	2	2	2
1	1	1	1	1	1

第6部分 统计得分和确定你的职业倾向

请将第2～5部分的全部测试分数按前面已统计好的6种职业倾向（R型、I型、A型、S型、E型和C型）得分填入表2-27中，并进行纵向累加。

表2-27 职业倾向得分统计

测试内容		R型 现实型	I型 研究型	A型 艺术型	S型 社会型	E型 管理型	C型 常规型
第二部分	兴趣						
第三部分	擅长						
第四部分	喜欢						

续表

测 试 内 容		R型 现实型	I型 研究型	A型 艺术型	S型 社会型	E型 管理型	C型 常规型
第五部分（1）	能力						
第五部分（2）	技能						
总分							

请将表2-27中的6种职业倾向总分按降序重新排列，并填入表2-28中。

表2-28 职业倾向得分降序排列

职业倾向总分排序	1	2	3	4	5	6
	最高分	第2高得分	第3高得分	第4高得分	第5高得分	最低分
职业类型						

得分最高的职业类型意味着是最适合你的职业。例如，假如你在 I 型上得分最高，说明你适合做自然科学方面的研究工作，如气象研究、生物学研究、天文学研究等，或科学杂志编辑。其余类推。

如果最适合你的工作和你在第 1 部分所写的理想工作不太一致，或者在各种类型的职业上你的能力和兴趣不相匹配，那么请你参照第 7 部分——你的职业价值观来做出最佳选择。

例如，假设第 2 部分中你在 I 型上得分最高，但第 3 部分中你在 A 型上得分高，那么请参考你最看重的因素：假如你最看重"能充分发挥自己的能力特长"或"工作环境舒适"，那么 A 型工作最适合你；假如你最看重"能从事自己感兴趣的工作"或"工作稳定有保障"，那么 I 型工作最适合你；假如你最看重的是其他因素，那么请向 A 型职业方面的专家咨询，选择和你的职业价值观最接近的工作。

第7部分 测试你的职业价值观类型

职业价值观类型测试从职业的不同特性出发，使我们能发现自己的职业偏好，指导我们的职业生涯。将职业价值观、职业兴趣和专业对口相结合，找到自己最适合的行业和意向职业。

这部分测试列出了人们在选择工作时通常会考虑的 10 种因素（见后面所附的工作价值标准）。现在请你选出其中最看重的 4 种因素，并将其填入下面相应横线处。

最重要：_____ 次重要：_____
最不重要：_____ 次不重要：_____

附：工作价值标准

（1）工资高、福利好。
（2）工作环境（物质方面）舒适。
（3）人际关系良好。
（4）工作稳定有保障。
（5）能提供较好的受教育机会。
（6）有较高的社会地位。
（7）工作不太紧张、外部压力少。
（8）能充分发挥自己的能力特长。
（9）社会需要与社会贡献大。
（10）能从事自己感兴趣的工作。

2. 职业兴趣测试结果分析

（1）找到得分最高的职业类型。7 个部分的测试全部完成后，将你测试得分居第一位的职业类型找出来，对照表 2-29 "职业兴趣类型与适应职业的匹配"的详细内容，判断一下自己适合的职业类型，并填入表 2-30 中。

表 2-29　职业兴趣类型与适应职业的匹配

职业兴趣类型	特　点	适应的典型职业
现实型（R）	具有顺从、坦率、谦虚、自然、坚毅、实际、有礼、害羞、稳健、节俭的特征，社交能力则比较缺乏。其基本的倾向是喜欢以实物、机械、动物、工作等为对象，从事有规则的、明确的、有序的、系统的活动。这类人偏好的是以机械和物体为对象的技能型和技术型职业	木匠、农民、操作 X 光的技师、工程师、飞机机械师、鱼类和野生动物专家、自动化技师、机械工（车工、钳工等）、电工、无线电报务员、火车司机、长途公共汽车司机、机械制图员、机器修理工、电器工程师
研究型（I）	具有分析、谨慎、批评、好奇、独立、聪明、内向、条理、谦逊、精确、理性、保守的特征，但缺乏领导方面的才能。喜爱研究型的职业活动或情境，避免企业型的职业或情境，用研究的能力解决工作及其他方面的问题	气象学者、生物学者、天文学家、药剂师、动物学者、化学家、科学报刊编辑、地质学者、植物学者、物理学者、数学家、实验员、科研人员、科技工作者等
艺术型（A）	具有复杂、想象、冲动、独立、直觉、无秩序、情绪化、理想化、不顺从、有创意、富有表情、不重实际的特征。喜爱艺术型的职业环境或情境，避免传统型的职业或情境，富有表达能力，重视审美的领域，具备语言、美术、音乐、演艺等方面的艺术能力，擅长以形态和语言来创作艺术作品，而对事务性的工作则难以胜任	作家，音乐、绘画、书法、演艺人员，艺术编导，文学、艺术方面的评论员，广播节目的主持人，摄影师，家具、珠宝、装饰设计师等
社会型（S）	具有合作、友善、慷慨、助人、仁慈、负责、圆滑、善社交、善解人意、说服他人、理想主义等特征，但缺乏机械能力与科学能力。喜爱社会型的职业或情境，避免实用型的职业或情境。能以社交方面的能力解决工作及其他方面的问题，喜欢帮助别人、了解别人，有教导别人的能力，喜欢社会交往，关心社会问题，且重视社会和伦理的活动与问题	教师、公务员、咨询员、保育员、医护人员、管理人员、服务人员、社会工作者、导游等
管理型（E）	具有冒险、野心、独断、冲动、乐观、自信、追求享受、精力充沛、善于社交、自信心强、知名度等特征，但缺乏科学能力。喜欢企业性质的职业或情境，强烈关注目标的追求，喜欢从事为获得利益而操纵、驱动他人的活动。避免研究性质的职业或情境，会以企业方面的能力解决工作及其他方面的问题，具备优秀的主导性和对人说服、接触的能力，有领导与语言能力，重视政治与经济上的成就	推销员、经理、企业管理者、政府官员、商人、行政领导、广告宣传员、调度员、律师等
常规型（C）	具有顺从、谨慎、保守、自控、服从、规律、坚毅、实际、稳重、有效率、善于自我控制等特征，但缺乏想象力。喜欢传统性质的职业或情境，喜欢从事记录、整理档案资料、操作办公设备、处理数据资料等系统、有条理的活动，避免艺术性质的职业或情境，会以传统的能力解决工作及其他方面的问题。具备文书与数字能力，并重视商业与经济上的成就	出纳、会计、统计人员、审计人员，打字员、秘书、文员，银行职员、外贸职员、人事职员、邮递员、保管员、图书管理员等

（2）对得分最高的 3 项进行分析。将得分排前 3 项的字母组合（霍兰德代码）及对应的职业倾向分别填入表 2-30 中。

表 2-30　得分最高的类型与得分前 3 项对应的职业倾向

项目名称	对应的内容
得分最高的类型	

项目名称	对应的内容
适合的职业类型	
得分排前3项的字母组合与得分	
对应的职业倾向	

例如，得分最高的3项分别是社会型（S）26分、研究型（I）22分和常规型（C）22分，即霍兰德代码为SIC。接下来对职业倾向进行分析。

①这3个霍兰德代码意味着什么呢？

这就意味着你的主要兴趣领域是S（社会型），次要领域是I（研究型）和C（常规型）。那么选择职业时，首先选择的领域可以放在社会型上，如心理咨询师、社会工作者、教师等职业，其次在此基础上再筛选I型和C型。

②如果SIC或者SCI都不是你喜欢的职业怎么办？

这时就需要用到前面提到的霍兰德六边形模型规律：每两种类型之间有三种关系，即相邻、相隔和相对。相邻代码之间相关性最强，相隔次之，相对最弱。这里的相关性是指职业活动的相似性。相似性活动高的代码组合在一起会更容易做出选择。因此，除了得到的3个代码组合外，还可以寻找主代码的相邻代码进行组合。例如，我的主代码是S社会型，从六边形模型图上可以看出，相邻的是E管理型和A艺术型，那么我还可以有SEC、SCE、SAI和SIA的代码组合。这样就扩大了职业领域，提供了更多的职业选择。

③必须按照测试结果给出的职业推荐来选择自己的职业方向吗？

首先，你要明白任何一个职业决策都不是单从兴趣一个因素就能下定论的。个人的人格、气质、能力和知识技能储备也起着相当重要的作用。除了这些心理方面的因素，还要考虑社会因素，如市场需求、培训机会、上升空间、职业价值观等，甚至严格点还得考虑生理因素，如性别、长相外貌、力量、感官机能等。所以，要结合自身的实际情况，综合多方面考虑才是明智的。

其次，请你不要被一次测试结果束缚住你的想象空间。每个人都是独一无二的，相同兴趣类型的人可能还有不同的倾向、爱好呢。测试结果只是在统计学范围内对同类型的人做出预测，在总体方向上给你提供一些可行的建议。

最后，最终的选择权在你自己手上。没有任何一项测试可以准确告诉你哪种职业对你来说是完美的，把测试结果作为一种职业决策道路上的参考但又不仅限于一次测试结果，才能最大程度地发挥测试的作用。

【训练2-6】逛完6座岛屿，轻松找到你喜欢做的事

美国职业指导专家霍兰德认为，人格类型与职业环境类型之间也存在一种对应关系，也需要门当户对、志同道合。

兴趣岛游戏和职业兴趣测评表的基础是"人职匹配"理论。每个人的职业满意度、稳定性和成就感取决于职业兴趣和实际工作之间的匹配程度。

【测评目的】

根据一个人喜欢的活动、擅长的活动、喜欢的职业，找出这个人的典型职业倾向，以及与典型职业倾向匹配的职业类型，从而帮助人们有意识地选择和规划自己的职业方向、学习方向，确定价值目标等。

【测评要求】

假如获得了一次为期六个月的去美丽海岛上免费度假的机会！对你唯一的要求是你能充分享

受这六个月的假期，必须与岛上的居民一起生活至少半年的时间。

供选择的 6 座岛屿各具特色、异彩纷呈！根据表 2-31 中对 6 座岛屿的特色描述，请完成以下选择。

（1）请不要考虑其他因素，仅凭自己的兴趣挑出你最想前往的岛屿，并思考：你在这个岛上将如何度过半年假期？

（2）你的第二选择会是哪个岛屿？

（3）你的第三选择会是哪个岛屿？

（4）你不愿意选择哪个岛屿？

（5）选择相同岛屿的同学组成一个小组，通过集体讨论找出成员间 3 个共同的兴趣活动、3 个共同的特质，并给小组取个名字。每座岛屿推选一位代表向全班同学进行分享。

（6）请再思考一下：如果再给你三个月的假期，你会选择哪个岛屿？

选好之后，依次记下答案。

表 2-31　6 座岛屿的特色

岛屿代号与名称	特色描述
A：美丽浪漫的岛屿	岛上充满了美术馆、音乐厅、街头雕塑和街边艺人，弥漫着浓厚的艺术文化气息。当地的居民很有艺术、创新和直觉能力，他们保留了传统的舞蹈、音乐与绘画，许多文艺界的朋友都喜欢来这里找寻灵感
C：现代井然的岛屿	岛上建筑十分现代化，是进步的都市形态，以完善的户政管理、地政管理、金融管理见长。岛民个性冷静保守，处事有条不紊，善于组织规划，细心高效
E：显赫富庶的岛屿	岛上的居民善于企业经营和贸易，能言善道，以口才见长。岛上的经济高度发展，处处是高级饭店、俱乐部、高尔夫球场。来往者多是企业家、经理人、政治家、律师等，曾数次在这里召开财富论坛和其他行业高峰会议
I：深思冥想的岛屿	岛上人迹较少，建筑物多僻处一隅，绿野平畴，适合夜观星象。岛上有多处天文馆、科技博览馆以及科学图书馆等。岛上居民喜好观察、学习、探究、分析，崇尚和追求真知，常有机会和来自世界各地的哲学家、科学家、心理学家等交换心得
R：自然原始的岛屿	岛上保留有原始森林，自然生态保持得很好，有各种各样的野生动物。岛上居民生活状态相当原始，他们以手工见长，自己种植花果蔬菜、修缮房屋、打造器物、制作工具，喜欢户外运动
S：友善亲切的岛屿	岛上居民个性温和、十分友善，乐于助人，社区均自成一个密切互动的服务网络，人们重视互助合作，重视教育，关怀他人，充满人文气息

【测评过程】

（1）选择 3 座岛屿，把最想去的岛屿排在第一位。

依次写下来：①＿＿＿＿＿＿；②＿＿＿＿＿＿；③＿＿＿＿＿＿。

（2）你不愿意选择哪座岛屿？

写下你不愿意选择的岛屿名称：＿＿＿＿＿＿＿＿＿＿。

（3）小组讨论与分享。

（4）再次进行选择。

【测试分析】

表 2-31 中的 A、C、E、I、R、S 6 座岛屿分别代表了 6 种职业类型。

选择 A 岛，表示你是一个非常有创造力的人，富有想象力和创造性，追求美、多样性、变化性，喜欢表达自我，拥有很明显的艺术气质。

选择 C 岛，表示你是一个做事有组织、有计划、细致、准确的人，喜欢有条理、程序化的工作，并且能够虚心接受比自己能力更强的人的安排和指挥。你适合做法律、金融、会计等需要耐心的事务型工作。

选择 E 岛，表示你是一个有抱负、雄心勃勃的人，你的交流和说服能力很强，擅长向别人推销自己的产品和想法，有很强的领导能力和社会影响力。你更擅长管理型工作。

选择 I 岛，表示你喜欢探索、分析和理解事物，拥有智慧和独立的个性，具有分析和判断的能力，非常适合做研究性质的工作。

选择 R 岛，表示你是一个实用型的人，喜欢非常具体的任务。你的动手能力强，喜欢做体力工作和户外活动，你更喜欢和物打交道，更适合做技术型工作。

选择 S 岛，表示你一定拥有良好的人际交往能力，喜欢帮助别人解决问题，也非常热心于为他人服务，并且对人充满了兴趣。你适合做以助人为主要工作职责和目的的工作。

6 座岛屿的描述以及矛盾关系如下：

A 岛——艺术型 vs C 岛——常规型
E 岛——企业型 vs I 岛——研究型
R 岛——实用型 vs S 岛——社会型

6 座岛屿的总体特征及对应喜欢的活动和职业如表 2-32 所示。

表 2-32　6 座岛屿的总体特征及对应喜欢的活动和职业

岛屿代号与名称	总 体 特 征	喜欢的活动	喜欢的职业
A 岛——艺术型（Artistic）	属于理想主义者，具有独创的思维方式和丰富的想象力，直觉强烈，感情丰富	喜欢创造和自我表达类型的活动，如音乐、美术、写作、戏剧	总体来讲，喜欢"非精细管理的创意"类和创造类的工作，如音乐家、作曲家、乐队指挥、美术家、漫画家、作家、诗人、舞蹈家、演员、戏剧导演、广告设计师、室内装潢设计师
C 岛——常规型（Conventional）	追求秩序感，自我抑制、顺从，防卫心理强，追求实际，回避创造性活动	喜欢固定的、有秩序的活动，如组织和处理数据等。愿意在一个大的机构中处于从属地位，并希望确切知道工作的要求和标准	总体来讲，喜欢有清楚的规范和要求的，按部就班、精打细算、追求效率的工作，如税务专家、会计师、银行出纳、簿记员、行政助理、秘书、档案文书、计算机操作员
E 岛——企业型（Enterprising）	为人乐观，喜欢冒险，行事冲动，对自己充满自信，精力旺盛，喜好发表意见和见解	喜欢领导和影响别人，或为达到个人或组织的目的而说服别人，成就一番事业	总体来讲，喜欢那种需要运用领导能力、人际能力、说服能力来达成组织目标的职业，如商业管理者、市场或销售经理、营销人员、采购员、投资商、电视制片人、保险代理、政治运动领袖、公关人员、律师
I 岛——研究型（Investigative）	自主独立，好奇心强烈，敏感，并且慎重，重视分析与内省，爱好抽象推理等智力活动	喜欢独立的活动，如独自去探索、研究、理解、思考那些需要严谨分析的抽象问题，独自处理一些信息、观点及理论	总体来讲，喜欢以观察、学习、探索、分析、评估或解决问题为主要内容的工作，如实验室工作人员、物理学家、化学家、生物学家、工程师、程序设计员、社会学家
R 岛——实用型（Realistic）	个性平和稳重，看重物质，追求实际效果，喜爱实际动手进行操作实践	愿意从事事务性活动，如户外劳作或操作机器，而不喜欢待在办公室里	总体来讲，喜欢与户外、动植物、实物、工具、机器打交道的工作内容，如农业、林业、渔业、野外生活管理业、制造业、机械业、技术贸易业、特种工程师、军事工作
S 岛——社会型（Social）	洞察力强，乐于助人，善于合作，重视友谊，热情关心他人的幸福，有强烈的社会责任感，总是关心自己的工作能对他人及社会做多大贡献	喜欢与别人合作的活动，帮助别人解决困难	总体来讲，喜欢帮助、支持、教导类工作，如牧师、心理咨询员、社会工作者、教师、辅导员、医护人员以及其他各种服务型行业人员

写出排在前 3 位的兴趣字母组合，再对照表 2-33 所示的"测试结果与职业匹配对照表"得出兴趣类型所匹配的职业。

每个人都是多种兴趣类型的组合，可以根据排在前 3 位的兴趣组合来匹配职业。例如，你的职业兴趣排前 3 位的是 RIA，那么 IRA、IAR、ARI 也可以作为参考。

表 2-33 测试结果与职业匹配对照表

人格类型的字母组合	匹配的职业
RIA	牙科技术员、陶工、建筑设计员、模型工、细木工、制作链条人员
RIS	厨师、林务员、跳水员、潜水员、染色员、电器修理、眼镜制作、电工、纺织机器装配工、服务员、装玻璃工人、发电厂工人、焊接工
RIE	建筑和桥梁工程、环境工程、航空工程、公路工程、电力工程、信号工程、电话工程、一般机械工程、自动工程、矿业工程、海洋工程、交通工程技术人员、制图员、家政经济人员、计量员、农民、农场工人、农业机械操作、清洁工、无线电修理、汽车修理、手表修理、管工、线路装配工、工具仓库管理员
RIC	船上工作人员、接待员、杂志保管员、牙医助手、制帽工、磨坊工、石匠、机器制造、机车（火车头）制造、农业机器装配、汽车装配工、缝纫机装配工、钟表装配和检验、电动器具装配、鞋匠、锁匠、货物检验员、电梯机修工、装配工、托儿所所长、钢琴调音师、印刷工、建筑钢铁工作、卡车司机
RAI	手工雕刻、玻璃雕刻、制作模型人员、家具木工、制作皮革品、手工绣花、手工钩针纺织、排字工作、印刷工作、图画雕刻、装订工
RSE	消防员、交通巡警、警察、门卫、理发师、房间清洁工、屠夫、锻工、开凿工人、管道安装工、出租汽车驾驶员、货物搬运工、送报员、勘探员、娱乐场所服务员、起卸机操作工、灭害虫者、电梯操作工、厨房助手
RSI	纺织工、编织工、农业学校教师、某些职业课程教师（如艺术、商业、技术、工艺课程）、雨衣上胶工人
REC	抄水表员、保姆、实验室动物饲养员、动物管理员
REI	轮船船长、航海领航员、大副、试管实验员
RES	旅馆服务员、家畜饲养员、渔民、渔网修补工、水手长、收割机操作工、行李搬运工、公园服务员、救生员、登山导游、火车工程技术员、建筑工作、铺轨工人
RCI	测量员、勘测员、仪表操作者、农业工程技师、化学工程技师、民用工程技师、石油工程技师、资料室管理员、探矿工、煅烧工、烧窑工、矿工、炮手、保养工、磨床工、取样工、样品检验员、纺纱工、漂洗工、电焊工、锯木工、刨床工、制帽工、手工缝纫工、油漆工、染色工、按摩工、木匠、农业建筑工作、电影放映员、勘测员助手
RCS	公共汽车驾驶员、一等水手、游泳池服务员、裁缝、建筑工作、石匠、烟囱修建工、混凝土工、电话修理工、爆破手、邮递员、矿工、裱糊工人、纺纱工
RCE	打井工、吊车驾驶员、农场工人、邮件分类员、铲车司机、拖拉机司机
IAS	普通经济学家、农场经济学家、财政经济学家、国际贸易经济学家、实验心理学家、工程心理学家、哲学家、内科医生、数学家
IAR	人类学家、天文学家、化学家、物理学家、医学病理、动物标本剥制者、化石修复者、艺术品管理者
ISE	营养学家、饮食顾问、火灾检查员、邮政服务检查员
ISC	侦察员、电视播音室修理员、电视修理服务员、编目录者、医学实验技师、调查研究者
ISR	水生生物学者、昆虫学者、微生物学家、配镜师、矫正视力者、细菌学家、牙科医生、骨科医生
ISA	实验心理学家、普通心理学家、发展心理学家、教育心理学家、社会心理学家、临床心理学家、目标学家、皮肤病学家、精神病学家、妇产科医生、眼科医生、五官科医生、医学实验室技术专家、民航医务人员、护士
IES	细菌学家、生理学家、化学专家、地质专家、地理物理学专家、纺织技术专家、医院药剂师、工业药剂师、药房营业员
IEC	档案保管员、保险统计员
ICR	质量检验技术员、地质学技师、工程师、法官、图书馆技术辅导员、计算机操作员、医院听诊员、家禽检查员

续表

人格类型的字母组合	匹配的职业
IRA	地理学家、地质学家、声学物理学家、矿物学家、古生物学家、石油学家、地震学家、气象学家、原子和分子物理学家、电学和磁学物理学家、设计审核员、人口统计学家、数学统计学家、外科医生、城市规划师、气象员
IRS	流体物理学家、物理海洋学家、等离子体物理学家、农业科学家、动物学家、食品科学家、园艺学家、植物学家、细菌学家、解剖学家、动物病理学家、作物病理学家、药物学家、生物化学家、生物物理学家、细胞生物学家、临床化学家、遗传学家、分子生物学家、质量控制工程师、地理学家、兽医、放射性治疗技师
IRE	化验员、化学工程师、纺织工程师、食品技师、渔业技术专家、材料和测试工程师、电气工程师、土木工程师、航空工程师、行政官员、冶金专家、原子核工程师、陶瓷工程师、地质工程师、电力工程量、口腔科医生、牙科医生
IRC	飞机领航员、飞行员、物理实验室技师、文献检查员、农业技术专家、生物技师、动植物技术专家、油管检查员、工商业规划者、矿藏安全检查员、纺织品检验员、照相机修理者、工程技术员、工具设计者、仪器维修工
CRI	簿记员、会计、记时员、铸造机操作工、打字员、按键操作工、复印机操作工
CRS	仓库保管员、档案管理员、缝纫工、讲述员、收款人
CRE	标价员、实验室工作者、广告管理员、自动打字机操作员、电动机装配工、缝纫机操作工
CIS	记账员、顾客服务员、报刊发行员、土地测量员、保险公司职员、会计师、估价员、邮政检查员、外贸检查员
CIE	打字员、统计员、支票记录员、订货员、校对员、办公室工作人员
CIR	校对员、工程职员、海底电报员、检修计划员、发报员
CSE	接待员、通讯员、电话接线员、售票员、旅馆服务员、私人职员、商学教师、旅游办事员
CSR	运货代理商、铁路职员、交通检查员、办公室通讯员、簿记员、出纳员、银行财务职员
CSA	秘书、图书管理员、办公室办事员
CER	邮递员、数据处理员、办公室办事员
CEI	推销员、经济分析家
CES	银行会计、记账员、法人秘书、速记员、法院报告人
ECI	银行行长、审计员、信用管理员、地产管理员、商业管理员
ECS	信用办事员、保险人员、各类进货员、海关服务经理、售货员、会计
ERI	建筑物管理员、工业工程师、护士长、农场管理员、农业经营管理人员
ERS	仓库管理员、房屋管理员、货运站监督管理员
ERC	邮政局长、渔船船长、机械操作领班、木工领班、瓦工领班、驾驶员领班
EIR	科学、技术和有关周期出版物的管理员
EIC	专利代理人、鉴定人、运输服务检查员、安全检查员、废品收购人员
EIS	警官、侦察员、交通检验员、安全咨询员、合同管理者、商人
EAS	法官、律师、公证人
EAR	展览室管理员、舞台管理员、播音员、驯兽员
ESC	理发师、裁判员、政府行政管理员、财政管理员、工程管理员、售货员、职业病防治、商业经理、办公室主任、人事负责人、调度员
ESR	家具售货员、书店售货员、公共汽车驾驶员、日用品售货员、护士长、自然科学和工程的行政领导
ESI	博物馆管理员、图书馆管理员、古迹管理员、饮食业经理、地区安全服务管理员、技术服务决策者、超级市场管理员、零售商品店店员、批发商、出租汽车服务站调度
ESA	博物馆馆长、报刊管理员、音乐器材售货员、广告商、导游、（轮船或班机上的）事务长、飞机上的服务员、船员、法官、律师

续表

人格类型的字母组合	匹配的职业
ASE	戏剧导演、舞蹈教师、广告撰稿人、报刊、专栏作者、记者、演员、英语翻译
ASI	音乐教师、乐器教师、美术教师、管弦乐指挥、合唱队指挥、歌星、演奏家、哲学家、作家、广告经理、时装模特
AER	新闻摄影师、电视摄影师、艺术指导、录音指导、丑角演员、魔术师、木偶戏演员、骑士、跳水员
AEI	音乐指挥、舞台指导、电影导演
AES	流行歌手、舞蹈演员、电影导演、广播节目主持人、舞蹈教师、口技表演者、喜剧演员、模特
AIS	画家、剧作家、编辑、评论家、时装艺术大师、新闻摄影师、演员、文学作者
AIE	花匠、皮衣设计师、工业产品设计师、剪影艺术家、复制雕刻品大师
AIR	建筑师、画家、摄影师、绘图员、雕刻家、环境美化工、包装设计师、绣花工、陶器设计师、漫画工
SEC	社会活动家、退伍军人服务官员、工商事务代表、教育决策者、宿舍管理员、旅馆经理、饮食服务管理员
SER	体育教练、游泳指导
SEI	大学校长、学院院长、医院行政管理员、历史学家、家政经济学家、职业学校教师、资料员
SEA	娱乐活动管理员、国外服务办事员、社会服务助理、一般决策者、宗教教育工作者
SCE	部长助理、福利机构职员、生产协调人、环境卫生管理人员、戏院经理、餐馆经理、售票员
SRI	外科医师助手、医院服务人员
SRE	体育教师、职业病治疗者、体育教练、专业运动员、房管员、儿童家庭教师、警察、引座员、传达员、保姆
SRC	护理员、护理助理、医院勤杂工、理发师、学校儿童服务人员
SIA	社会学家，心理咨询者，学校心理学家，政治科学家，大学或学院的系主任，大学或学院的教育学教师，大学农业教师，大学法律教师，大学工程和建筑课程的教师，大学数学、医学、物理教师，大学社会科学、生命科学教师，研究生助教，成人教育教师
SIE	营养学家、饮食学家、海关检查员、安全检查员、税务稽查员、校长
SIC	描图员、兽医助手、诊所助理、体检检查员、娱乐指导者、监督缓刑犯的工作者、咨询人员、社会科学教师
SIR	理疗员、救护队工作人员、手足病医生、职业病治疗助手

【训练2-7】职业能力倾向测试

日常生活和职业活动的观察与研究都证明，人的职业能力各不相同，有人善于言语交谈，有人善于操作，有人善于理论分析，有人善于事务性工作。每个人都有自己独特的能力结构。社会上的职业也是多种多样的，各种职业对从业者的能力要求亦各不相同，有的需要语言能力，有的需要计算能力，有的需要动手能力，大多数职业需要几种能力的综合。

职业能力倾向测试是个人进行自我探索、明确自身能力特点的工具，也是企事业单位招聘、选拔、培养各类人才的常用工具。

职业能力倾向测试是通过一组科学编排的测试题，对一个人的语言能力、数学能力、空间判断能力、观察细节能力、书写能力、运动协调能力、动手能力、社会交往能力和组织管理能力等9种能力进行综合测评，这9种能力的定义与特征描述如表2-34所示。

表2-34 9种能力的定义与特征描述

组 别	职业能力名称	能力定义与特征描述
第1组	语言能力	理解语言的意义及与其关联的概念，并有效地掌握它的能力。对语言相互关系及词、句子、段落、篇章的理解能力。也包括善于清楚而正确地表达自己的观念和向别人介绍自己想法的能力
第2组	数学能力	能迅速而准确地运算，并具有在快速准确地进行计算的同时，进行推理、解决应用问题的能力

续表

组别	职业能力名称	能力定义与特征描述
第3组	空间判断能力	具有对立体图形以及平面图形与立体图形之间关系的理解与判断能力，包括能看懂几何图形、对立体图形的三个面的理解力，识别物体在空间运动中的联系，解决几何问题
第4组	观察细节能力	对物体或图形的有关细节具有正确的知觉能力，对于图形的明暗、线的宽度和长度能做出区别和比较，对其细微差别进行比较辨别的能力
第5组	书写能力	对词、印刷物、账目、表格及各种票据的细微部分具有正确知觉的能力。能直观地比较、辨别与校对词和数字，有发现错误或校正的能力
第6组	运动协调能力	眼、手、脚、身体能够迅速准确和协调地做出准确的动作和运动反应，手能跟随眼所看到的东西正确而迅速地做出反应动作，具有正确控制的能力
第7组	动手能力	快速而正确地活动手指，用手指很准确地操作细小东西的能力，随心所欲地、灵巧地活动手及手腕的能力
第8组	社会交往能力	能觉察他人的情绪意向，有效地理解他人和善于同他人交际的能力。具有协同工作或建立良好人际关系的能力
第9组	组织管理能力	为了有效地实现目标，灵活地运用各种方法，把各种力量合理地组织和有效地协调起来，组织和安排各种活动的能力

根据以下关于"职业能力倾向测试"的内容完成职业能力倾向测试和测试结果分析。

1. 职业能力倾向测试过程

职业能力倾向测试分为9组，每组包括6项测试，共有54个测试项，每项测试结果分为5个等级：强、较强、一般、较弱、弱。表2-35中的数字表示该项能力倾向的最高水平，表中数字与等级对应关系为：5对应强，4对应较强，3对应一般，2对应较弱，1对应弱。每项测试的得分为1~5，分值越接近5，说明在该项能力中越突出，反之，分值接近1，说明该项能力较弱。

请根据自己的实际情况，完成表2-35中的每项测试，每项测试只能有一个测试结果，在每个测试项最接近的程度对应的数字1、2、3、4、5位置画一个圆圈"○"，也就是对应的职业能力得分；没有画圆圈"○"，表示得分为"0"分。每一组测试完成后，分别统计出5个等级的得分和，并填入每组对应"分数小计"行等级对应的单元格中。

表2-35 职业能力倾向测试

组别	测试项	强	较强	一般	较弱	弱
第1组	①善于表达自己的观点	5	4	3	2	1
	②阅读速度快，并能抓住中心内容	5	4	3	2	1
	③清楚地向别人解释难懂的概念	5	4	3	2	1
	④对文章的字、词、段落的理解、分析和综合能力	5	4	3	2	1
	⑤掌握成语词汇量的多少	5	4	3	2	1
	⑥读书期间的语文成绩	5	4	3	2	1
	分数小计					
第2组	①目测能力（如测量长、宽、高等）	5	4	3	2	1
	②解应用题的速度	5	4	3	2	1
	③笔算能力	5	4	3	2	1
	④心算能力	5	4	3	2	1
	⑤使用工具（如计算器、算盘等）的计算能力	5	4	3	2	1
	⑥读书期间的数学成绩	5	4	3	2	1
	分数小计					

续表

组　别	测　试　项	强	较强	一般	较弱	弱
第3组	①作图能力	5	4	3	2	1
	②画三维立体图形	5	4	3	2	1
	③看几何图形的立体感	5	4	3	2	1
	④想象盒子展开后的平面形状	5	4	3	2	1
	⑤想象立体物体的能力	5	4	3	2	1
	⑥玩拼板游戏	5	4	3	2	1
	分数小计					
第4组	①发现相似图形中的细微差异	5	4	3	2	1
	②识别物体的形状差异	5	4	3	2	1
	③注意到多数人所忽视的物体细节部分	5	4	3	2	1
	④对物体的细微描述	5	4	3	2	1
	⑤观察物体的图案是否正确	5	4	3	2	1
	⑥善于发现与改正计算中的错误	5	4	3	2	1
	分数小计					
第5组	①快速而正确地抄写资料（如姓名、日期、电话号码等）	5	4	3	2	1
	②阅读过程中发现错别字	5	4	3	2	1
	③发现计算错误	5	4	3	2	1
	④发现图表中的细小错误	5	4	3	2	1
	⑤在图书馆很快地查找分类信息	5	4	3	2	1
	⑥持久工作的能力（如较长时间地抄写资料）	5	4	3	2	1
	分数小计					
第6组	①操作机器的能力	5	4	3	2	1
	②玩电子游戏或瞄准打靶	5	4	3	2	1
	③运动中身体的协调和灵活性	5	4	3	2	1
	④打球（如篮球、排球、乒乓球、羽毛球等）的姿势与水平	5	4	3	2	1
	⑤手指的协调性（如打字、珠算等）	5	4	3	2	1
	⑥身体平衡能力（如走平衡木、闭眼单腿站立等）	5	4	3	2	1
	分数小计					
第7组	①灵巧地使用手工工具（如榔头、锤子等）	5	4	3	2	1
	②灵巧地使用很小的工具（如镊子、缝衣针等）	5	4	3	2	1
	③弹乐器时手指的灵活度	5	4	3	2	1
	④动手做一件小手工艺品	5	4	3	2	1
	⑤很快地削水果（如苹果、梨）	5	4	3	2	1
	⑥修理、装配、拆卸、编织、缝补一类活动	5	4	3	2	1
	分数小计					
第8组	①善于在陌生的场合发表自己的意见	5	4	3	2	1
	②去新场所并结交新朋友	5	4	3	2	1
	③口头表达能力	5	4	3	2	1

续表

组别	测试项	强	较强	一般	较弱	弱
第8组	④善于与人友好交往并协同工作	5	4	3	2	1
	⑤善于帮助别人	5	4	3	2	1
	⑥擅长做别人的思想工作	5	4	3	2	1
	分数小计					
第9组	①善于组织集体活动	5	4	3	2	1
	②在集体活动或学习中，经常关心他人的情况	5	4	3	2	1
	③日常生活中能经常动脑筋，想出与别人不一样的好点子	5	4	3	2	1
	④冷静、果断地处理突然发生的事情	5	4	3	2	1
	⑤在工作中你认为自己的工作能力	5	4	3	2	1
	⑥善于解决朋友与同事之间的矛盾	5	4	3	2	1
	分数小计					

将表 2-35 中每组测试的各等级的小项得分填入表 2-36 中，同时计算出每组的合计得分和平均分，各组的平均分=合计得分÷6。

表 2-36 职业能力倾向测试得分统计表

组别	职业能力名称	各等级的小项得分					合计得分	平均分
		强	较强	一般	较弱	弱		
第1组	语言能力							
第2组	数学能力							
第3组	空间判断能力							
第4组	观察细节能力							
第5组	书写能力							
第6组	运动协调能力							
第7组	动手能力							
第8组	社会交往能力							
第9组	组织管理能力							

2．职业能力倾向测试结果分析

根据测试结果，得到平均分排前 5 位对应的优势职业能力，如表 2-37 所示。

表 2-37 平均分排前 5 位对应的优势职业能力

得分排序（降序）	组别	职业能力名称	平均分	说明
1				
2				
3				
4				
5				

根据表 2-37 所示的平均分排前 5 位对应的优势职业能力与表 2-38 "职业能力与最适宜从事职

业对照表"所列的职业，可以发现自己适宜从事的职业。

表2-38　职业能力与最适宜从事职业对照表

组　别	职业能力名称	最适宜从事的职业
第1组	语言能力	外销员、商务师、导游、演员、导演、编辑、播音员、节目主持人、教师、律师、审判员等
第2组	数学能力	会计、银行职员、保险公司职员、税务员、审计员、统计员、自然科学家、计算机工程师等
第3组	空间判断能力	技术员、工程师、服装设计师、艺术家、家具设计师、建筑师、摄影师、家电维修专家、自然科学家、军官、司机等
第4组	观察细节能力	技术员、工程师、电工、房管员、咨询师、运动员、教练员、导演、图书馆员、会计、银行职员、保险公司职员、审计员、统计员、编辑、播音员、自然科学家、计算机工程师等
第5组	书写能力	教师、公务员、社会科学家、秘书、打字员、编辑、银行职员、咨询师、经理、记者、作家等
第6组	运动协调能力	运动员、教练员、演员、工人、农民、服装设计师、家具设计师、美容师、电工、司机、服务员、导游、医生、护士、药剂士、导演、警察、战士等
第7组	动手能力	医生、护士、药剂士、运动员、教练员、自然科学家、工人、农民、技术员、工程师、服装设计师、家具设计师、艺术家、美容师、售货员、服务员、保育员、摄影师、演员、导演、战士等
第8组	社会交往能力	采购员、推销员、公共关系人员、外销员、商务师、编辑、调度员、经理、服务员、房管员、导游、咨询师、银行信贷员、税务员、审计员、保险公司职员、演员、导演、教师、社会科学家、公务员、秘书、警察、律师等
第9组	组织管理能力	调度员、导游、教练员、导演、教师、经理、公务员、商务师、保育员、咨询师、税务员、秘书、律师、警察等

根据测试结果，得到平均分排后5位对应的弱势职业能力，如表2-39所示。

表2-39　平均分排后5位对应的弱势职业能力

得分排序（降序）	组　别	职业能力名称	平　均　分	说　明
1				
2				
3				
4				
5				

根据表2-39所示的平均分排后5位对应的弱势职业能力与表2-38"职业能力与最适宜从事职业对照表"所列的职业，可以发现自己不适宜从事的职业。

然后将5项优势职业能力及适宜从事的职业、5项弱势职业能力及不适宜从事的职业填入表2-40中。

表2-40　职业能力倾向测试结果

项目名称	对应内容
5项优势职业能力	
适宜从事的职业	
5项弱势职业能力	
不适宜从事的职业	

【训练 2-8】运用 SWOT 分析法分析个人的优势、劣势、机会和威胁

在进行 SWOT 分析前,我们先评估自己的优势和劣势。每个人都有自己的长处和短板。

第一步,找出自己的优势和劣势。

每个人都有不同的特征,而这些特征代表了不同的优势和劣势,不同的优势和劣势也代表着我们在职场中适合什么工作。例如,做技术工作的人,一般需要较强的逻辑思考能力,需要能够沉得下心来,因此就不太适合那种非常活跃的性格。

例如,我的优势在于有一定的销售工作经验、目标明确,有较强的沟通和实践能力,有对销售工作的热情和期待,有冷静沉着的性格……

我的劣势是过于急躁,急于表现,管理能力差,动手能力差……

第二步,找出自己的职业机会和威胁。

我的机会是销售工作市场机会多,我的威胁是同行竞争激烈,等等。

通过个人的 SWOT 分析,你对自身情况可做到了然于胸,并将对应内容填入表 2-41 中。

表 2-41 个人 SWOT 分析

优 势		劣 势	
什么是我最优秀的品质		我的性格有什么弱点	
我曾经学习了什么		经验或者经历还有哪些缺陷	
最成功的是什么		我最失败的是什么	
机 会		威 胁	
什么样的环境是我的机会		什么样的环境是我的威胁	
什么样的行业、职业、组织		什么样的行业、职业、组织	

【训练 2-9】认知自我

从三个方面认知自我:了解你的兴趣、了解你的性格、了解你的能力。

1. 了解你的兴趣

了解你的兴趣,并让你的兴趣能够成为你的工作,你需要做好以下几步:

步骤一:盘点你的兴趣。

在一张纸上写下你所有觉得有趣的事情,能写多少就写多少。

步骤二:选择你的兴趣。

选择的标准有以下四条:

(1)选择那些能够转化为你的能力的兴趣。例如,演讲就可以转化为你的能力,但是玩游戏,对于大部分人来说,就未必能够转化为能力。

(2)选择那些与职场最贴近的兴趣。生活的兴趣可以怡情,职场的兴趣才能兴家。

(3)选择与职业核心能力相符的兴趣。例如,你想当一名程序员,程序员的核心能力是写代码,研究程序,那你就要选择做研究的兴趣。

(4)选择能够帮助你培养一技之长的兴趣。有些兴趣,只是某个职业能力的一部分,如演讲,它只是讲师的一项能力要求。但是弹钢琴这项兴趣,却是你成为钢琴师的全部。从职业发展前景来看,如果你能够把弹钢琴这项兴趣培养好,那你的职业前景肯定比只练好演讲更好。

步骤三:组合你的兴趣。

通过组合你的兴趣来选择职业。如果你的职业兴趣很多,如写作、培训、咨询等,怎样把你的职业兴趣"养"大呢?通过组合你的兴趣,把你的职业定位在培训,同时,写作、咨询等兴趣可以帮助你把培训这个职业兴趣"养"大。这样,就不会为了做自己喜欢的事情,而放弃自己其他的兴趣了。

步骤四：转换你的兴趣。

确定了自己的职业兴趣后，由于能力不足、经验不足等原因，也许还不能靠兴趣开展工作，但是可以通过学习、培训等方式，不断提升自己在兴趣这方面的能力。当你能够做好它的时候，就能够促使你觉得有趣的事情正在向你热爱的职业转变。

步骤五：稳定你的兴趣。

习惯的养成，需要时间的积累。当我们不断做着自己感兴趣的事情时，我们就会不断地感受到快乐，久而久之，我们的兴趣就养成了，也就养大了。

2. 了解你的性格

（1）了解你的性格属于什么类型。名著《西游记》中对唐僧师徒4人的四种性格刻画得出神入化，唐僧师徒4人正是代表了四种不同的性格类型：唐僧属于完美型，孙悟空属于力量型，猪八戒属于活泼型，沙僧属于和平型。这四种类型（力量型、活泼型、和平型、完美型）的性格相关内容如表2-42所示。通过对照表2-42中的特征、外表、动作、爱好等内容，了解一下你是属于什么类型的性格。

表2-42 性格的类型

性格类型	力量型	活泼型	和平型	完美型
特征	外向、有行动力、傲慢、坚决、有挑战精神、直率、热情、精力旺盛、不怕困难、敢于面对	外向、有影响力、善于言辞、乐观、有趣、灵活、富有想象、反应迅速、注意力容易转移	内向、可爱、亲切友好、喜欢聆听、随和、有耐心、忠诚、善于忍耐、情绪不外露	内向、有条理、善于思考、谨慎、逻辑性强、喜欢批评、孤僻、认真、守规矩、原则性强
外表	眼睛炯炯有神，表情严肃有力，喜欢黑色的服装	表情丰富，喜欢大笑，喜欢穿鲜艳的衣服，手势多，肢体语言丰富	眼神呆滞，脸部表情一般没有变化，穿着朴素，不喜欢张扬	没有笑容，焦虑、忧郁，眼神闪烁，穿衣讲究，爱干净
动作	快而有力	快而夸张	慢而拘谨	慢而优雅
内在需求	成就感	新事物	舒适区	可靠的
口头禅	哇，马上干！	哈，太棒了！	嗯，好的。	是吧？沉默……
爱好	工作狂	好玩的娱乐活动	没有特别的爱好，享受个人的安静	爱好不多，喜欢研究

（2）了解你的性格适合什么职业。不同的性格类型适合的职业如表2-43所示，了解一下你的性格适合什么职业。

表2-43 不同的性格类型适合的职业

序号	性格类型	适合的职业
1	力量型	教育训练、演艺人员、大众传播、设计师、广告创意、媒体客户经理、业务员、客户服务、节目制作、公共关系、娱乐服务、行销企划、柜台接待、旅游服务
2	活泼型	教师、主持人、教育行政人员、咨询人员、公关人员、销售人员、市场人员、培训人员、政府机关人员
3	和平型	教师、辅导员、社工、柜台接待、特别助理、顾问、行政人员、秘书、总务人员、幼教人员、公务人员、非营利事业组织人员
4	完美型	深入研究、继续深造、艺术家、作家、导演、程序设计师、投资理财人员、管理顾问、编辑、经营企划专员、土地开发员、法务、稽核人员、成本控制人员、会计、精算师、银行办事员、证券分析师、科技公司的品管、制程、开发、研究人员、制造业里面对机器、零件、生产流程的工程人员

3. 了解你的能力

能力是后天可以改变的，通用能力、专业能力和自我管理能力这三种能力的定义和细分能力如表 2-44 所示。

表 2-44 三种能力的定义和细分能力

能力分类	定义	细分能力
通用能力（可迁移能力）	人们进行各种活动所需的基本能力	按照处理资料、与人打交道、处理事物三种标准，通用能力包括以下内容： ①凡是能从观察、解释、研究中得到的事实、资讯、观念等皆属于资料，处理资料通常包括以下能力：综合能力、整合能力、分析能力、收集能力、计算能力、处理能力、比较能力 ②与人相处、共事通常包括以下能力：顾问能力、磋商能力、教导能力、督导能力、娱乐能力、说服能力、说明能力、遵从教导能力 ③处理事物通常包括以下能力：建构能力、精密工作能力、操作与控制能力、发动与操作能力、操纵能力、接触处理能力等
专业能力	顺利完成某种专门活动所必备的能力	音乐能力、绘画能力、数学能力、运动能力、设计能力、外语能力等
自我管理能力	指受教育者依靠主观能动性，按照社会目标，有意识、有目的地对自己的思想、行为进行转化控制的能力	自我反省能力、学习管理能力、行为管理能力、情绪管理能力、目标管理能力、时间管理能力、角色认知能力、激励管理能力、形象管理能力、心智管理能力、心态管理能力等

对照表 2-44 的各项细分能力，看看你具备哪些能力；再对照表 2-43，结合四种性格类型适合的职业，看看你适合哪些职业。

模块 3　环境分析与职业认知

没有人会甘于平庸，每个人都有追求成功的欲望。在求职择业过程中，机会对每个人都是均等的，就看你如何把握它。

职业是一个人安身立命之本、施展抱负之基、成就自我之途。合理有效的职业生涯规划在每个人的职业生涯中起着决定性作用。

【分析思考】

【案例3-1】你不理职，职不理你

【案例1】庄同学毕业于××××大学的广告专业，大×的时候，在一家单位实习时，因为一个有着独特创意的广告，该公司参加网络广告大赛获得了一等奖。毕业后，在一家外企的应聘会上，他凭借着这一张获奖证书，成了该平面设计广告公司的员工。开始上班的第二天，上班签到的时间已过，他九点多才赶到公司，慢腾腾地走进办公室，一脸的傲气，这让经理非常不满。经理问他，你知不知道我们公司的作息时间？他回答，不就是迟来上班一会儿吗？只要能创作出好的广告作品就行。不！经理斩钉截铁地回答他，没有铁的工作纪律与好的工作作风，何来的好作品问世？凭着一股"盛气"和"傲气"，他在这里只干了三天，就被公司炒鱿鱼。

【案例2】一家大型公司正在举行招聘会，其丰厚的待遇吸引了前来应聘的大学毕业生。有三位大学毕业生崔同学、祝同学、苑同学均通过了面试第一关。主考官端坐在桌子前，正在进行着最后的测试。他出了一道题目，让这三个同学来回答，题目为：用不足三十个字来形容你与公司之间的一种关系。崔同学看了又看，挥笔就在纸上写到：公司是一棵大树，我是大树底下的一片荫凉，有道是，大树底下好乘凉。祝同学是这样写的：公司是太阳，我是地球，地球绕着太阳转。苑同学想了又想，提笔写到：公司是大海，我是水珠，我只有放进大海里才能永远不干。主考官当即拍板，录取了苑同学。

【案例启示】

案例1中的庄同学，看起来有点不知天高地厚的感觉，他认为自己有才能、有本事，忽略了公司的组织纪律，忘却了职场的工作作风，一派懒散、不拘小节的样子，让上司无法接受。事实上，不想当"自由人"就得进职场约束自己，这也是涉身职场起码的要求，做不到的话，那就只能被上司炒鱿鱼。

案例2中的苑同学认为公司与个人是大海和水珠的关系，一颗小水珠，在我们眼里实在是太渺小了。但是，有谁会想过，那波澜壮阔的大海是由无数颗小水珠构成的呢？要想得到大海的认同，你就得以小水珠的身份出现，一个能将自己比作小水珠放进大海里的人，他的心态自然是最低的。

求职的路上艰险重重，去掉那些孤傲自大和心地浮躁吧，试试做一颗小水珠的感觉，也就是放低心态。你不理职，职不理你；你若爱职，就得低调。

【案例3-2】人在职场，要看透这3件事

在线观看电视剧《第二次也很美》，了解一下剧中安安、许朗、王蕾三个角色的专业能力、工作实力、工作积极性、人际关系及其格局，认真阅读以下"人在职场，要看透这3件事"相关内容，了解人在职场要看透的是哪3件事。

人在职场，要看透这3件事

电视剧《第二次也很美》中讲述了一个毕业就结婚、结婚就生子的"毕婚族"90后全职主妇安安在儿子5岁时离婚，后来与单亲爸爸律师许朗在误会、和解之间互相治愈，安安实现了当漫画家的梦想，许朗也建成了自己的律师楼，最终，两家人变成了幸福的一家人的故事。

其实这部热播剧不仅是部情感剧，更是部职场剧，它告诉我们：人在职场，要看透这3件事。

1. 你的专业，就是你的实力

安安做全职太太6年后，因离婚而重返职场，到一家漫画工作室做第二助理。

可上班第一天，安安就无意中打死了同事的宠物鼠，得罪了这位同事，加上她空降而来又受到老板的青睐，所以备受同事们嫉妒。

刚入职场就被同事们嘲讽、排挤，安安如履薄冰。

为改善与同事的关系，她花尽了心思。

别人都不愿意"七夕节"去出差，她去；朋友去日本旅行，她把朋友带回来的樱花饼送给每位同事。

安安努力讨好同事，可同事们并不买账。

许朗给安安上了一课，他告诫安安："在一个职场里，一间办公室里，不论你长得有多么讨人喜欢，也不论你送别人多少小礼物，都不重要。最后要看的是专业，用你自己的专业能力，给你的团队提高工作效率，帮公司赚钱，少给人家惹麻烦，多带来一些便利。如果你把在幼儿园和那些家庭主妇打交道的那一套方法用在这儿，没戏。"

许朗的话很扎心，可真相就是这么残酷。

好好修炼你的专业，成为一个有价值的人，才是王道。

许朗是个很专业的律师，他打的官司几乎没输过，上司见了他都笑脸相迎，求着他接案子。

你的专业，就是你的实力，就是你行走职场的底气。

所以许朗才有勇气怼老板："以后不要把乱七八糟的案子推给我！"

2. 你的格局，就是你职场的高度

安安初入漫画工作室，别的同事都对她不友好，只有小妖热心帮她。

安安把小妖当作朋友，小妖母亲病重，安安还热心帮忙联系脑科专家，彻夜守在医院。

可万万没想到，安安连载的宠物系恋人漫画被盗，后来真相大白，竟然是小妖所为。

原来小妖嫉妒安安刚来就能做长篇连载漫画，而她做了三年第一助理，老板还没让她做自己的长篇连载漫画。

更何况母亲病重，需要一笔高额费用治病，所以她才铤而走险。

知道是小妖背叛了自己，安安很伤心，但却选择了冰释前嫌，她在这个连载的作者署名中加上小妖，让小妖继续完成创作并连载发表。

"做人留一线，日后好相见。"

后来安安职场遇挫而一蹶不振，在最落魄的时候，是小妖鼓励她重新开始，小妖带着安安去续签了宠物系恋人的合约，安安"触底反弹"，开启了职场上坡路。

格局即结局，没有格局的人，在职场上走不远。

安安前夫俞非凡的崇拜者王蕾就是个没格局的人。

王蕾和安安师出同门，本来绘画水平并不比安安差，可是，在"星漫奖"漫画大赛中，怕安安赢得第一，王蕾抓住评委大王老师的把柄，以此威胁大王老师在初赛中淘汰安安。

失败后，王蕾又生一计，在"星漫奖"决赛现场，她用安安儿子做诱饵将安安反锁在杂物间，导致安安无法到现场参加比赛，最终王蕾获得了冠军。

投机取巧或许能带来一时的利益，可是，所有命运馈赠的礼物，早已在暗中标好了价格。

"出来混，迟早要还的。"

最终，王蕾丑事暴露，身败名裂。

3. 你的积极主动里，藏着你的未来

漫画界最知名的青山大师要出最后一本漫画，想在各大工作室中选一个人合作，大家都很期待这次合作。

可青山大师看了所有的提案，都没有合作意向。

安安看了青山大师的采访视频，顿悟青山大师的漫画意图，她想抓住这个机会，可当她赶到时，被青山大师的助手拦下，她压根就没机会见青山大师。

看到青山大师上厕所，于是安安在厕所门外放上一个"正在维修"的指示牌，自己则进厕所找青山大师。

可青山大师并不想听安安的提案，安安急中生智，一语中的说出青山大师的想法，青山大师这才给安安5分钟的时间。

正是这宝贵的5分钟，最终让青山大师采纳了安安的提案，安安得到了赴国外创作这本漫画的机会，令人羡慕不已。

【案例启示】

在职场中，上司和同事对待你的态度，取决于你的专业程度，取决于你为公司创造的价值。毕竟，职场是个做事的地方，要用业绩说话。

如果你有价值，上司会依赖你、信任你，同事会尊重你，可能你做什么都是对的，哪怕你顶撞上司，上司都会宽容你。相反，如果你没本事、没价值，上司绝不待见你。对他来说，你可有可无，哪怕你情商再高，他也不会多看你一眼。

一个人在职场能走多远，最终就看他的格局大不大。有格局的人，职场之路会越走越宽；没有格局的人，一手好牌也会打烂。

其实，哪有什么运气好，你的运气就藏在你积极主动的态度里，机会总是垂青那些积极主动的人。只有积极主动，你才能把握机遇，得到自己想要的，收获精彩的人生。而消极被动，你就会得过且过，随波逐流，错过一个又一个的机会，人生之路只会越走越窄。

人生最大的遗憾，不是"我不能"，而是"我本可以"。如果你自己不扬帆，没人会帮你启航，当你开始主动，世界都会为你让路。

精彩的影视剧里，常常蕴藏着一个个职场规则。要想在职场中如鱼得水，请仔细品味并努力实践。愿你早日看透这些职场真相，愿你的职业之路越走越宽，愿你赢在职场。

【案例3-3】谁的职场不委屈，哪份工作不辛苦

在线观看演员孙俪、罗晋主演的电视剧《安家》，了解一下剧中房似锦、徐文昌、宫蓓蓓三个角色在职场中的工作情况，身临其境体会职业人的艰辛，然后阅读以下内容。

谁的职场不委屈，哪份工作不辛苦

演员孙俪、罗晋主演的电视剧《安家》中讲述了在一家房产中介公司门店发生的故事，道尽了职业人的艰辛。

孙俪饰演的房似锦，空降到上海静宜店担任店长，不过，是和老店长徐文昌（罗晋饰演）一起担任双店长。她刚入职，下属都不服，更有老油条故意给她下马威，把10年没卖出去的跑道房推给了房似锦。

除此之外，在工作中，她也受尽客户的责备和刁难。

有一次，她带着一对老夫妇去办业务。下车的时候，那位男客户猛地一关车门，一下子把她的手指夹住了，房似锦疼得钻心，当场眼泪都要流出来了。

可这对老夫妇毫不在意房似锦的伤势，他们没有一句道歉，反而急着催促房似锦赶紧办手续。

房似锦没时间处理伤口，只好咬牙坚持，忍痛帮老夫妇办了手续。

其实，不仅是房似锦，人在职场，谁没有遭受过委屈呢？

工作中，受领导责骂、被客户训斥，这已经是见怪不怪的小事了，更有甚者，明明自己工作很努力，却被无端裁员。

谁的职场不委屈？没受过委屈的员工，不足以谈职场。

职场很冷酷，不是你矫情的地方，没有人为你的委屈买单，职场不相信眼泪，要哭，回家哭。

别以为只有普通员工会遭遇各种不公平，其实，那些硕士、博士、职场精英们，也一样会有自己的委屈。

电视剧《安家》中，海清饰演的宫蓓蓓是一位知名的妇产科专家，她身怀六甲，准备生二胎，可还照样加班加点，给病人做手术，一忙就到深夜。

宫蓓蓓两口子都是博士，工作了七八年，在上海还买不起一套大房子。一家三口和公公婆婆挤在一套小房子里，连个书房都没有，甚至别说书房了，连个书桌都没地方放。

为了给学生改论文，她只好躲进厕所，坐在马桶上操作计算机。

没有一份工作不辛苦，也没有一份工作不委屈。

无论你是普通职员，还是公司高管，也不管你是职场新人，还是资深员工，没有谁会一帆风顺的，谁都会经历各种各样的磨难。

这是职场常态，也是人生常态。

工作如此艰辛，那我们为什么还要努力工作呢？

我们努力工作，很多时候不是为了自己，而是为了家人，这是我们的责任。

努力工作吧，拥有一份可观的收入，你才有能力照顾好自己，守护住家人。

当你努力工作，你会发现，回报你的不仅仅是金钱。

房似锦走上房产中介之路，要感谢徐文昌。

四年前房似锦揣着1520元钱，一个人到上海打工，住不起酒店，天又下着大雨，她躲在ATM机旁边躲雨，打算就这么过一夜，徐文昌正好路过看到她。

徐文昌得知她的窘况后主动帮她租了最便宜的房子，还给她买了食物，并送给她一个安全插销。

徐文昌的举动温暖了房似锦的心，正因为受徐文昌的影响，房似锦进入了房产中介行业，并成为职场精英。

看着自己因为认真工作，带给别人温暖，还成了别人的职场引路人，徐文昌特别欣慰。

很多时候，你努力工作，还会收获一些意外的惊喜。

房似锦在工作中，和客户韩信大哥认识，两人后来情同兄妹。

【案例启示】

有人说，上班和工作，是两个完全不同的概念。

上班，是被生活所迫，勉强、不情愿、被动去做的事情；而工作，是积极、有奋斗目标并能实现自身价值、让你乐在其中的事情。

工作，给我们温饱，让我们实现自我价值，让我们在喜欢的领域遨游，体会别人体会不到的快乐。工作，真的很快乐！

这时候，你曾经遭受的种种委屈，都化成了你成长的养分，陪伴你在职场一路精进。

没有一份工作不委屈，也没有一份工作完全令人满意，我们要做的，就是熬过去！

努力工作，一定有回报，回报或许会迟到，但并不会缺席。

你写下的每一个字，搬过的每一块砖，熬过的每一个夜，流下的每一滴汗水，都功不唐捐。

【学习领会】

3.1 区分就业、职业和事业

我们不妨先来区分一下，就业、职业和事业三者的区别和联系。

1. 就业

就业包括就业的条件、收入条件、时间条件，这些是最基本的需求。

每个人涉及工作都是从满足基本的生存问题开始的，这是马斯洛需求层次理论的观点。所以好多上班族都希望自己能够找个工作轻松、收入高、离家近的工作。显然，这是很难的。

2. 职业

首先，了解一下什么是职业。

职业是指人们为获取一系列的需要（既包括物质报酬的需要，也包括精神及心理方面的需要）而从事参与社会分工，利用专门的知识和技能，为社会创造物质财富和精神财富的社会工作。

职业阶段，人自身追求更高的层次和需求（如尊重和理解），实现自我价值的最大化。例如，你刚进公司的时候，只需要把本职工作做好，时间久了之后，你也想往管理方面发展，而不是局限于手里的基本工作和工资，想得到更多的认同和成就感。

其次，我们看看职业分类有哪些。

社会分工是职业分类的依据。在分工体系的每一个环节上，劳动对象、劳动工具以及劳动的支出形式都各有特殊性，这种特殊性决定了各种职业之间的区别。

各国的国情不同，其划分职业的标准有所区别。但总的来说，职业有三种分类方法。

（1）按脑力劳动和体力劳动的性质、层次进行分类。这种分类方法把工作人员划分为白领工作人员和蓝领工作人员两大类。白领工作人员主要从事专业性和技术性的工作，包括农场以外的经理和行政管理人员、销售人员、办公室人员。蓝领工作人员主要包括手工艺及类似的工人、非运输性的技工、运输装置机工、农场以外的工人、服务性行业工人。这种分类方法明显地表现出职业的等级性。

（2）按心理的个别差异进行分类。这种分类方法是根据美国著名的职业指导专家霍兰德创立的"人格—职业"类型匹配理论，把人格类型划分为六种，即现实型、研究型、艺术型、社会型、管理型和常规型，与其相对应的是六种职业类型。

（3）依据各个职业的主要职责或"从事的工作"进行分类。这种分类方法较为普遍，共分为8个大类，分别是：①专家、技术人员及有关工作者；②政府官员和企业经理；③事务工作者和有关工作者；④销售工作者；⑤服务工作者；⑥农业、牧业、林业工作者及渔民、猎人；⑦生产和有关工作者、运输设备操作者和劳动者；⑧不能按职业分类的劳动者。

目前市场上常见职业的分类如表 3-1 所示。

表 3-1 目前市场上常见职业的分类

序　号	职业类型	相应的职业
1	公关/市场营销	公关专员、市场经理、营销经理、渠道经理、产品/品牌经理、客户代表/营销代表、市场助理/专员、市场策划、市场营销、推广/合作、市场调研/分析、设计与策划、广告文案/设计/媒体策划
2	贸易销售	国内贸易、国外贸易/涉外业务、报关员、销售经理/区域经理/商务经理、销售工程师/销售代表、销售助理、跟单员/业务员、商务代表/商务助理/业务助理
3	财务类	注册会计师、会计、出纳、审计经理、注册审计师、统计、计划、稽核、财务分析、成本分析/核算

续表

序号	职业类型	相应的职业
4	行政/人力资源管理	人力资源专员、行政专员、培训专员、招聘专员、薪酬福利专员、绩效考核专员、企业文化专员、劳动关系专员
5	文职类	图书情报/资料/文档管理、文秘、资料/文档撰写/编辑、计算机操作员/打字员/文员/校对、前台、收发员/话务员/后勤、翻译
6	物流/运输	物流专员/助理、供应链专员、物料专员、仓库管理员、供应商管理、海/空运操作、船务人员、快递员、调度员、理货员
7	客服类	客服专员/助理（非技术）、售前/售后技术支持工程师
8	信息技术类	硬件工程师、软件工程师、ERP技术开发、ERP技术应用、系统集成工程师、数据库工程师、计算机辅助设计工程师、信息技术专员、项目执行/协调人员、技术支持工程师、计量工程师、标准化工程师、品质工程师、系统测试工程师、软件测试工程师、硬件测试工程师、测试员、系统管理员/网络管理员
9	互联网	互联网软件开发工程师、多媒体/游戏开发工程师、网络工程师、网站策划、网站编辑、网页设计/制作、网络信息安全工程师
10	通信技术	通信技术工程师、有线传输工程师、无线通信工程师、电信交换工程师、数据通信工程师、移动通信工程师、电信网络工程师、通信电源工程师
11	建筑工程	建筑工程师、建筑结构工程师、土木/土建工程师、公路工程师、桥梁工程师、港口工程师、隧道工程师、岩土工程师、电气工程师、给排水/暖通工程师、城市规划与设计师、室内外装潢设计师、园艺/园林/景观设计师、测绘/测量师、建筑制图师、工程造价师/预结算、建筑工程管理、建筑工程验收、工程监理、施工员、智能大厦/综合布线、招商专员、合同管理工程师、配套工程师、招标工程师、工程审计专员、安装工程师、报批报建工程师
12	金融	资产评估/分析、风险控制、信贷管理员、信用调查/分析人员、进出口/信用证结算、外汇交易、清算人员、客户专员、银行柜员、银行卡、电子银行业务推广、证券/期货/外汇经纪人、证券分析师、股票/期货操盘手、金融/经济研究员、投资/理财顾问、投资银行业务员、融资专员、拍卖师、保险精算师、保险代理/经纪人、理财顾问/财务规划师、保险核保员、保险理赔员、保险客户服务员、保险内勤
13	房地产	房地产开发/策划师、房地产评估师、房地产中介/交易员、房地产销售员、房地产开发/策划主管、房地产销售主管

3. 事业

事业是职业人的最高境界，其目的是实现人生的最大价值，与其他无关。最好的关系转换就是：把工作转化为职业，把职业转化为事业。

苹果公司的老板说："苹果公司不能承诺给任何人提供一份终身工作，甚至连5年也不能。但是我们能承诺，你在苹果公司工作期间，你将不断受到挑战，你能不断学习和进步，这段职业生涯可以使你在当地甚至在全世界的人才市场上都有竞争力，都有很高的市场价值。"

现实中大多数人在求职的时候，问得最多的就是"月薪多少""经常加班吗""做五休二吗""包吃包住吗"，而不是"你们公司需要什么样的人才""我能在这个岗位上锻炼什么"。

记住，学习力比学历重要，创造力比财富重要。

把眼光放长远，在本职领域做一个有竞争力的人才，做一个无人替代的人才，才会让你在圈子里立于不败之地。拥有了核心价值，你才会有更多的话语权和选择权。届时就是你选择别人，而不是被别人选择。

3.2 环境分析

目前大学生做职业规划要面对接触社会较少、对职业环境了解不够的问题，在求职的过程中，存在盲目性，缺乏针对性。因此，清醒地认识职业环境，对大学生来讲是非常必要的。人才竞争日趋激烈，大学生就业难等现状，都使我们的就业环境看起来不容乐观，而且现在毕业的大学生日渐增多，市场需求量渐趋饱和。不过，政府越来越重视学生就业，只有不断地提高自己的专业能力，才能在千万应聘者中脱颖而出。

成功与失败的区别在于，成功者选择了"正确"，而失败者选择了"错误"。我们常常能够看到一些天赋相差无几的人，由于选择了不同的方向，人生之路也就迥然相异。我们要做一个成功者，就要选好自己的方向。毫无疑问，职业生涯规划会给我们的发展带来更明确的方向。

1. 职业环境分析

所谓职业环境分析，就是要认清所选职业在社会大环境中的发展状况、技术含量、社会地位、未来发展趋势等。进行职业环境分析的意义是，通过职业环境分析弄清职业环境对职业发展的要求、影响及作用，对各种影响因素加以衡量、评估并做出反应。例如，关注当前热点职业有哪些？发展前景怎样？社会发展趋势对所选职业有什么影响？要求如何？等等。

（1）市场环境分析。对于市场的需求，要考虑行业和地区两个方面。例如，大城市由于机会比较多，更容易吸引应届生，应届生则要在做职业规划的时候弄清楚选择大城市的利弊。想进入已经非常热的行业也要慎重，这种行业往往已经进入买方市场，用人单位更挑剔，要求也更严格。

应届生在做职业规划时要弄清楚自己想要从事的职业在各个地区的不同状态。如果真的是想从事某个职业，那就应该选择去更适合自己的地区发展。

（2）行业环境分析。行业环境分析也就是对想要从事的目标行业环境进行分析，包括发展状况、受什么影响最明显、行业的优势和问题，还有就是行业前景。

在分析行业环境时，社会大环境的发展趋势是不可忽视的。随着时代发展，有些行业已经是"夕阳西下"，有些行业却是"旭日初升"，还有些则是"如日中天"。有些行业受到保护，有些行业被限制，有些行业则被大力支持。如近年来和环保有关的行业就受到国家支持，如果你规划时选择了高污染的行业，那么必将不利于你的职业发展。

（3）企业环境分析。企业实力既包括企业的外在竞争力，也包括企业的内在发展动力。当然，一个正处于上升阶段的企业必然有更强的竞争力。但有明确的战略目标，充满活力和战斗力，即便是个小公司，也是可以考虑的。企业文化和企业制度则是你能否在其中长久工作下去的重要影响因素。一个好的企业，应当让员工感到快乐和受尊重，激发员工的工作积极性，并且能够有比较合理的晋升途径和更好的职业培训。你能够在其中成长，为企业做出贡献，并且在做出贡献后能够获得相应回报。

企业前景是你的职业期望实现的现实条件。一个良好的发展前景，既是企业的幸运，也是员工的幸运。做职业规划时，要看重这一点。一个目前状态尚佳但已经没有上升空间的企业，不建议将其列入规划中。

2. 社会环境分析

所谓社会环境分析，就是对我们所处社会的政治环境、经济环境、法治环境、科技环境、文化环境等宏观因素的分析。社会环境对我们的职业生涯乃至人生发展都有重大影响，所以可以通过对社会大环境包括国际、国内与所在地区 3 个方面的分析，来了解和认清国际、国内和自己所在地区的政治、经济、科技、文化、法治、政策要求及发展方向，以更好地寻求各种发展机会。

总体来说，我们现在正处于一个非常好的宏观环境，社会安定、政治稳定、经济发展迅速，并与全球一体化接轨，法治建设不断完善，文化繁荣，尖端技术、高新技术突飞猛进。因此，在这个大前提之下，我们需要特别注意职业环境的变化。

对社会环境的分析一般从四个维度进行：社会背景环境、行业环境、组织内部环境和岗位环境。

(1) 职业所处的社会背景环境。

社会背景环境分析就是对大学生职业发展的宏观环境及其发展变化趋势进行分析。

①区域状况及经济发展水平。地域环境不一样，地区的经济发展水平不同，当地的文化环境也就不同，人才储备、发展空间、竞争状态更是不同。选择在经济发达城市或经济欠发达城市就业各有利弊。大学生应结合自己的实际情况，综合考虑区域优势，选择适合自己的区域。

②社会文化环境。社会文化环境通常是指在一定社会形态下的教育水平、道德规范、宗教信仰及世代相传的风俗习惯，体现国家或地区社会文明程度的精神财富的总和。在良好的社会文化环境中，个人在工作、学习、生活等方面能得到更好的教育和熏陶，从而为职业发展打下良好的基础。

③社会职业价值观念。目前我国社会职业价值观念的特征为多元并存、新旧交替。了解和分析社会整体的职业价值取向，有利于自我职业价值观的确立和调整，有利于明确自己的职业选择方向和制定适应社会发展的职业生涯规划。

④科学技术的发展。科技的发展会带来理论的更新、观念的转变、思维的变革、技能的补充等，而这些都是职业生涯规划中不可或缺的要素。

(2) 职业所处的行业环境。

在做选择的时候，要知道自己今后想进入哪个行业，就要调查清楚行业内对人才的基本要求、储备和竞争的状况等。

①行业发展现状分析。随着经济和社会分工的不断发展，社会行业的数量、种类、结构和要求等也在不断发生变化。行业发展还将会继续随着社会的发展而不断发生变化，因此要求我们在做职业生涯规划和就业选择的时候，要驻足现在，放眼长远，用动态的眼光审视行业的发展方向。

②行业发展前景分析。在了解目标行业发展阶段的同时，还需要进一步明确自己的目标行业是属于新兴行业还是传统行业。不能以行业的发展时间长短来判断一个行业的未来，而应该看这个行业是否具有较强的生命力，是否有强大的资金技术支持，是否有相关国家政策、法律法规的鼓励和支持，以及综合当前国内外形势等因素，结合自身的兴趣和爱好等做出理性的判断和选择。

(3) 职业所处的组织内部环境。

对一个组织、一个单位、一个公司进行组织内部环境分析时，一般要分析组织内部的人员状况、实力与规模、结构和组织文化。

①组织内部人员状况。在确定自己的目标单位后，可以通过浏览单位网络、与单位普通员工访谈或到单位实地进行考察等方式，了解领导人的领导风格、教育背景、处世方式以及员工的工作情绪、热情程度和员工间默契程度等，分析目标单位的工作氛围，与自己的预期值进行比较，从而做出正确的选择。

②组织实力与规模。对组织实力与规模的调查包括对组织的人员规模、设备条件、经济实力、发展前景等进行分析。这些信息一般可以从该组织的网页、一些相关报道、行业排行中获得，并且也可以进行实地考察。

③组织内部结构。组织内部结构的基本架构，是资质管理的重要组成部分，关系到员工的能力培养、发展方向和晋升机会。要了解目标组织的内部结构特点，并结合自己的理想抱负和奋斗目标进行具体分析，选择适合自己的组织结构，确定当下及未来自己在组织中的位置。

④组织文化。组织文化是指在一定的政治、经济、文化背景条件下，组织在生产与实践过程中所创造或逐步形成的价值观念、行为准则、作风和团体氛围的总和。企业文化的人文力量，可以为员工创造一个具有和谐的人际关系，能够充分发挥各自能力、实现自我价值，具有丰富多彩生活的宽松的工作环境。

(4) 职业所处的岗位环境。

每个入职者都有必要在做规划时对岗位职责、工作要求、薪资情况、岗位流动状况等进行了解。所有的工作岗位都有两个最基本的要求：一方面是通用要求，包括基本的知识要求和素质、能力要求；另一方面是其他要求，包括特殊的专业技能要求等。

3. 自身环境分析

人的职业生涯发展有着不同的可能性，每个人都最终会有自己的职业归宿。而最直接影响个人职业选择的莫过于自身的生活环境。为此，在制定自己的职业生涯规划时必须考虑和分析自身的环境，分析影响自己职业生涯规划的内在因素。

(1) 家庭因素。大学生在做个人职业生涯发展规划时，应充分考虑自己的家庭背景，分析家庭状况可能给自己提供的机会，以及可能会给自己造成的负担，以免今后产生工作与家庭的冲突。

(2) 专业知识。在做职业生涯规划时应该尽量考虑将来尽可能地应用自己的专业知识。由于目前的就业形势、职业发展趋势和各职业能力要求的变化，通用型人才具有普遍的适应性和更广阔的发展空间，因此应该在学习专业知识的时候，努力学习新知识，特别是一些通用知识，提高自己的实际操作能力，这样才能提高自己的适应能力和工作能力。

(3) 个人经历。为了使自己的职业生涯规划更加合理、更具有可行性，必须在求学阶段尽可能地增加自己的社会阅历和人生经历。

(4) 社会关系。要仔细分析自己周围可利用的社会资源，如学校的整体环境资源、老师的资源、同学的资源，以及自己的前辈们所能提供的资源。这些资源不仅仅是财力、物力上的支持，更是经验上、智力上和精神上的支持。因此，大学生应该学会如何发现和利用自己周围环境的可利用因素，这也是一项基本的生存技能。

4. 职业环境分析的途径和方法

对于大学生来说，了解职业环境的最好途径和方法就是实践。实践出真知，只有通过实践，才能形成理性认识，从而指导自己的学习和生活，逐步调整自己的职业生涯规划，使自己的职业生涯规划更加趋于合理。

可以通过以下几种形式对职场进行分析，做到早定位、早准备。

(1) 充分利用网络资源。利用网络资源不仅仅是为了获取招聘信息，更多的是要了解职业环境，并为职业生涯规划决策服务。可以通过互联网获取很多信息，如了解用人单位的基本概况、行业排行、单位的发展状况、用人标准等。

(2) 生涯人物访谈。了解职场社会，对职场人士进行访谈，是最直接、最易操作的一种方式。大学生可以根据自己的专业或者兴趣选择不同职业的人士进行访谈与调查，借鉴他们的成功经验，吸取他们的教训，避免今后自己走弯路。可以将他们的生涯规划道路与自己的规划进行比较，不断地调整自己的职业生涯规划。

(3) 参观、实习。大学生可以利用寒暑假，主动联系工作单位进行实习，亲身走进企业，将自己的所学运用到实际的工作环境中去，并从实际工作中寻找自身所学与实际能力要求之间的差距，有针对性地改进和提升，加强自身对职场的认识和理解，从而增加阅历、积累经验、增长才干，用职场中的所学所感指导今后自己的职业生涯规划。

5. 组织环境分析

进行全面的组织环境分析是我们"知彼"的核心，毕竟你所选择的这个组织将与你息息相关。况且，在面试过程中，考官一般都会比较欣赏那些对本行业、本企业"有心"的人。

组织环境分析包括行业环境分析和企业环境分析。

(1) 行业环境分析。

行业环境分析包括对目前从事或拟从事的目标行业的环境分析，其内容包括行业的发展状况，国际、国内重大事件对该行业的影响，目前行业的优势与问题，行业发展趋势等。

行业与职业不同，行业是企业的集合。从事同类产品生产销售的企业或提供类似服务的企业达到一定的数量才能形成一个行业。例如，家电行业，就包括生产电视机、空调、冰箱、洗衣机等不同类型具体产品的若干家企业。在同一行业内，可以从事不同的职业。例如，同在保险行业，可以是保险业务员，也可以是人力资源部经理。

在分析行业环境时，一定要结合社会大环境的发展趋势。由于科学技术的飞速发展，会使某些行业如同夕阳坠落，逐渐萎缩、消亡；更有许多极具发展前途的朝阳行业不断出现、发展起来。同时还要注意国家政策的影响，要了解国家对某一行业是支持、鼓励和引导，还是限制、控制和制约。要尽量选择那些有前景、发展空间较大的行业。例如，我国近年来狠抓环境保护，推行可持续发展战略，保护生物多样性，在农业生产中控制化学制品的使用，开发"绿色食品"，等等，使环境保护产业如初升朝阳，充满生机，促使环保设备生产、环保技术咨询等行业迅速发展，提供了大量就业岗位。而这时如果不了解情况，为了一时利益，盲目进入那些污染后果严重的行业谋职，必将给自己的职业生涯造成严重的不良后果。

（2）企业环境分析。

企业环境分析尤为重要。个人在选择企业时应通过个人可以接触到的一切渠道进行了解，例如，可以通过公司所在地的新闻出版机构的新闻线索，来了解该企业产品及服务的详细情况和财务状况；通过有关书籍和企业发展史、当地各种商业活动、企业人物获奖的细节，也能了解到可供参考的资料信息；另外，公司门户网站上介绍公司价值观念的那些主页也会透露一些企业文化的有关线索；还可以通过参观或参加面试时的谈话资料来充分了解和考虑各种因素。

企业环境分析包括：用人单位的声誉和形象是否良好？企业实力怎样？在本行业中的地位、现状和发展前景怎样？所面对的市场状况如何？产品和服务在市场上的发展前景怎样？能够提供哪些工作岗位？是否适合自己？有无良好的培训机会？企业领导人怎样？企业管理制度怎样？是否先进开明？企业文化是否与自己吻合？福利待遇是否完善？等等。具体包括以下3个方面：

①企业实力。企业在社会中的地位和声望如何？企业目前的产品、服务和活动范畴是什么？企业的发展领域在哪些方面？发展前景如何？战略目标是什么？技术力量和设施是否先进？在本行业中是否具备很强的竞争力？是在发展扩张，还是倒退紧缩？是否处于一个很快就会被吞并的地位？谁是竞争对手？企业目前的财务状况如何？要仔细观察是真正在"做大""做强"，还是空有其壳？有没有长久的生命力？企业的组织结构是怎样的？是扁平的还是等级制的？等等。

②企业领导人。企业主要领导人的抱负及能力是企业发展的决定性因素之一，很多成功的大企业都有一位出色的企业家作为掌舵领航人。因此，要了解：企业主要领导人是真心要干一番事业，还是想捞取名利？管理是否先进开明？他有足够的能力带领员工开创新天地吗？他有没有战略眼光和措施？他尊重员工吗？

③企业文化和企业制度。除了很好的福利、吸引人的薪酬、舒适的工作环境和出色的管理之外，优秀的企业还会创造积极的企业文化，让员工感到快乐和受尊重，从而使员工工作更有创造性。员工与企业相互配合是否良好的关键在于企业文化的好坏。因此，在求职时选择什么样的企业文化氛围让你觉得最舒服，才是至关重要的。

企业制度涉及的范围比较广，包括管理制度、用人制度、培训制度等，尽可能了解这些信息，了解企业在组织结构上的特征与发展变化趋势，分析这种安排对自己的未来可能带来什么样的影响。特别要注意企业用人制度如何，例如，能否提供教育培训机会？提供的条件是什么？自己将来有没有可能在该企业担任更高级的职务或担负更大的责任？个人待遇提升的空间有多大？是基于能力还是工作年限？企业的标准工作时间是怎样的？是固定的还是可以变通的？当然也还要考虑企业提供的薪酬和福利待遇与行业内其他公司的差别。

总之，通过以上分析，应梳理出一条清晰的线索，确定自己的职业生涯在这个企业中有没有足够的发展空间，衡量自己的目标能够在该企业得以实现的可能性。

3.3 职业认识

1. 职业的含义

根据中国职业规划师协会的定义，职业是性质相近的工作的总称，通常指个人服务社会并作为主要生活来源的工作。在特定的组织内它表现为职位（即岗位），我们在谈某一具体的工作（职业）时，其实也就是在谈某一类职位。每一个职位都会对应着一组任务，作为任职者的岗位职责。而要完成这些任务就需要这个岗位上的人，即从事这个工作的人，具备相应的知识、技能、态度等。

职业是人们在社会中所从事的作为谋生手段的工作。从社会角度看，职业是劳动者获得的社会角色，劳动者为社会承担一定的义务和责任，并获得相应的报酬。从国民经济活动所需要的人力资源角度来看，职业是指不同性质、不同内容、不同形式、不同操作的专门劳动岗位。

职业是参与社会分工，利用专门的知识和技能为社会创造物质财富和精神财富，获取合理报酬作为物质生活来源，并满足精神需求的工作。

其含义如下：

第一，与人类的需求和职业结构相关，强调社会分工。

第二，与职业的内在属性相关，强调利用专门的知识和技能。

第三，与社会伦理相关，强调创造物质财富和精神财富，获得合理报酬。

第四，与个人生活相关，强调物质生活来源，并满足精神生活。

现代的职业含义，是指人们在社会中所从事的相对稳定的作为主要生活来源并以此为社会服务和体现自我价值的专门工作。需要从四个方面把握此含义：第一，职业必须是社会分工产生的，为社会所承认的有益的工作；第二，职业必须是相对稳定的，不是可有可无的，也不是临时的，有一定的连续性；第三，职业必须是"为群服务"的，是服务于社会也是社会所必须的，从而也是个人发展和实现人生价值的主要渠道；第四，职业是能够"为己谋生"的，是个人愿意以此作为获取生活资料的主要来源。

2. 区分"职位"、"工作"、"职业"和"职业生涯"的含义

有关"职位"、"工作"、"职业"和"职业生涯"这几个词的含义，在理论上仍然存在着一定程度的争议，我们可以大致将它们定义如下：

（1）职位是和分配给个人的一系列具体任务直接相关的。因此，职位和参与工作的个人相对应，有多少参与工作的个人，就有多少个职位，例如，小张是某俱乐部足球队的前锋。

（2）工作是由一系列相似的职位所组成的一个特定的专业领域，如前锋。

（3）职业是在不同的专业领域中一系列相似的服务，例如，运动员是一种职业。

（4）职业生涯这个概念的含义曾随着时间的推移发生过很多变化。在 20 世纪 70 年代，职业生涯专指个人生活中和工作相关的各个方面。随后，又有很多新的意义被纳入"职业生涯"的概念中，其中甚至包含了生活中关于个人、集体以及经济生活的方方面面。从经济的观点来看，职业生涯就是个人在人生中所经历的一系列职位和角色，它们和个人的职业发展过程相联系，是个人接受培训教育以及职业发展所形成的结果。

3. 职业的分类

职业分类作为制定职业标准的依据，是开展职业教育培训和人才评价的重要基础性工作。2022 年人力资源和社会保障部向社会公示了新修订的《中华人民共和国职业分类大典》（以

下简称大典）。此次大典修订工作，是2021年4月由人力资源和社会保障部、国家市场监督管理总局、国家统计局联合启动的，也是自1999年颁布首部国家职业分类大典以来的第二次全面修订。此次大典修订，遵循客观性、科学性、创新性原则，对2015年版大典确立的8个大类总体结构不做调整，对社会各方面反映的意见，秉承求真务实、理性实证的科学精神进行研究论证，写实性描述各职业（工种）的具体内容，优化更新大典信息描述，以充分反映经济社会和科技发展带来的实际业态变化。具体来说，围绕数字经济、绿色经济、制造强国和依法治国等要求，专门增设或调整了相关中类、小类和职业。与此同时，根据实际，取消或整合了部分类别和职业，例如，将报关专业人员和报检专业人员2个职业，整合为报关人员1个职业；取消了电报业务员等职业。

此次2022年新版大典特别是新增职业的发布，对于增强从业人员的社会认同度、促进就业创业、引领职业教育培训改革、推动经济高质量发展等，都具有重要意义。

《中华人民共和国职业分类大典》运用科学的职业分类理论和方法，参照国际标准，借鉴国际先进经验，充分考虑我国社会转型期社会分工的特点，按照以"工作性质相似性为主、技能水平相似性为辅"的分类原则，将我国职业分类体系调整为：大类8个、中类79个、小类449个、细类（职业）1636个。与2015年版大典相比，增加了法律事务及辅助人员等4个中类，数字技术、工程技术人员等15个小类，碳汇计量评估师等155个职业（含2015年版大典颁布后发布的新职业）。

8个大类、79个中类职业的具体名称如表3-2所示。

表3-2 8个大类、79个中类职业的名称

职业大类名称	职业中类名称
第一大类 党的机关、国家机关、群众团体和社会组织、企事业单位负责人	1-01 中国共产党机关负责人
	1-02 国家机关负责人
	1-03 民主党派和工商联负责人
	1-04 人民团体和群众团体、社会组织及其他成员组织负责人
	1-05 基层群众自治组织负责人
	1-06 企事业单位负责人
第二大类 专业技术人员	2-01 科学研究人员
	2-02 工程技术人员
	2-03 农业技术人员
	2-04 飞机和船舶技术人员
	2-05 卫生专业技术人员
	2-06 经济和金融专业人员
	2-07 监察、法律、社会和宗教专业人员
	2-08 教学人员
	2-09 文学艺术、体育专业人员
	2-10 新闻出版、文化专业人员
	2-99 其他专业技术人员
第三大类 办事人员和有关人员	3-01 行政办事及辅助人员
	3-02 安全和消防及辅助人员
	3-03 法律事务及辅助人员
	3-99 其他办事人员和有关人员
第四大类 社会生产服务和生活服务人员	4-01 批发与零售服务人员
	4-02 交通运输、仓储物流和邮政业服务人员
	4-03 住宿和餐饮服务人员

续表

职业大类名称	职业中类名称
第四大类 社会生产服务和生活服务人员	4-04 信息传输、软件和信息技术服务人员
	4-05 金融服务人员
	4-06 房地产服务人员
	4-07 租赁和商务服务人员
	4-08 技术辅助服务人员
	4-09 水利、环境和公共设施管理服务人员
	4-10 居民服务人员
	4-11 电力、燃气及水供应服务人员
	4-12 修理及制作服务人员
	4-13 文化和教育服务人员
	4-14 健康、体育和休闲服务人员
	4-99 其他社会生产服务和生活服务人员
第五大类 农、林、牧、渔业生产及辅助人员	5-01 农业生产人员
	5-02 林业生产人员
	5-03 畜牧业生产人员
	5-04 渔业生产人员
	5-05 农、林、牧、渔业生产辅助人员
	5-99 其他农、林、牧、渔业生产及辅助人员
第六大类 生产制造及有关人员	6-01 农副产品加工人员
	6-02 食品、饮料生产加工人员
	6-03 烟草及其制品加工人员
	6-04 纺织、针织、印染人员
	6-05 纺织品、服装和皮革、毛皮制品加工制作人员
	6-06 木材加工、家具与木制品制作人员
	6-07 纸及纸制品生产加工人员
	6-08 印刷和记录媒介复制人员
	6-09 文教、工美、体育和娱乐用品制造人员
	6-10 石油加工和炼焦、煤化工生产人员
	6-11 化学原料和化学制品制造人员
	6-12 医药制造人员
	6-13 化学纤维制造人员
	6-14 橡胶和塑料制品制造人员
	6-15 非金属矿物制品制造人员
	6-16 采矿人员
	6-17 金属冶炼和压延加工人员
	6-18 机械制造基础加工人员
	6-19 金属制品制造人员
	6-20 通用设备制造人员
	6-21 专用设备制造人员
	6-22 汽车制造人员
	6-23 铁路、船舶、航空设备制造人员
	6-24 电气机械和器材制造人员
	6-25 计算机、通信和其他电子设备制造人员
	6-26 仪器仪表制造人员

续表

职业大类名称	职业中类名称
第六大类 生产制造及有关人员	6-27 再生资源综合利用人员
	6-28 电力、热力、气体、水生产和输配人员
	6-29 建筑施工人员
	6-30 运输设备和通用工程机械操作人员及有关人员
	6-31 生产辅助人员
	6-99 其他生产制造及有关人员
第七大类 军队人员	7-01 军官（警官）
	7-02 军士（警士）
	7-03 义务兵
	7-04 文职人员
第八大类 不便分类的其他从业人员	8-00 不便分类的其他从业人员

4. 职业的特征

职业作为一种劳动，它既有一般劳动形式的特点，也在产生和发展的过程中逐渐形成了可以与其他劳动形式相区别的特点，主要表现在以下几个方面。

（1）社会性。从其产生来看，职业是社会发展到一定阶段后，随着社会分工而逐渐产生的，没有社会分工就没有职业；从其组织结构看，任何一个职业都不是孤立的，它是社会整体中的一个子系统，与其他职业及其系统有着紧密的联系；从其服务面向来看，职业是社会所必需的、服务社会的专门工作。可见，职业的社会性非常明显地存在于各个环节中。

（2）经济性。从事职业，于公于私都具有经济性。对个人而言，职业是个人获取生活资料的主要途径；对社会而言，个人从事职业也是促进社会经济发展的重要环节。

职业活动中既满足职业者自己的需要，同时也满足社会的需要，只有把职业的个人功利性与社会功利性结合起来，职业活动及其职业生涯才具有生命力和意义。

（3）稳定性。职业的产生、发展和消亡是一个较长的周期过程，受多种因素的综合影响。职业必须具有在一定时期内的相对稳定性，临时性的活动不能称之为职业。但在今天，职业的稳定性有所降低，一些职业随着技术更新速度的加快，其消亡周期在缩短。

（4）技术性。职业的技术性是指不同的职业具有不同的技术要求，每一种职业往往都表现出相应的技术要求。尽管各种职业所需要的知识、技术差别较大，但绝对不存在没有知识、技术的职业。在进入知识经济时代后，各行各业对知识、技术的要求相对更高了，各种职业的技术含量也不断增加。因此，职业的技术性更加突出。

（5）专门性。任何一个职业都是要不断发展和完善的，因此，职业的专门性也会越来越强，专业化程度越来越高。例如，公认的专业化程度高的职业有医生、律师、工程师及教师等，社会对这些职业的要求也越来越高，它们都具有其他职业不可替代的特点。一些传统职业，看似专业性不强，但随着社会的发展，对其要求也不断提高，例如，环卫工作也不仅是打扫卫生，更主要的是垃圾分类、处理等，其技术性要求越来越高。

（6）群体性。首先，职业具有一定规模，是群体的共同行为，达不到一定数量，从业人员的劳动不能成为职业。其次，从业者之间具有千丝万缕的联系，从业者相互合作、齐心协力，共同承担社会责任，内部的不同岗位责任明确、目标一致，具有群体认同感，通过群体的努力共同完成职业要求。

（7）规范性。每种职业都有一定的从业标准和职业道德，即所谓的"行有行规"，如对知识、技术的要求，具体职业操作流程和质量标准，应承担的责任和义务等。

职业的规范性应该包含两层含义：一是指职业内部的操作规范性，二是指职业道德的规范性。不同的职业在其劳动过程中都有一定的操作规范性，这是保证职业活动的专业性要求。当不同职业在对外展现其服务时，还存在一个伦理范畴的规范性，即职业道德。这两种规范性构成了职业规范的内涵与外延。

（8）时代性。职业的时代性是指职业由于科学技术的变化，人们生活方式、习惯等因素的变化，导致职业打上那个时代的"烙印"。职业是不断发展变化的，新的职业不断产生，旧的职业不断消亡。时代不同而职业有所不同，每个时代都有自己的特色职业。

（9）多样性。社会分工越来越细，职业的种类也必将越来越多，且具有多样性的特点。而随着社会的发展，一些职业的专业性越来越强，需要的知识、技术越来越深，职业的差别也越来越大，已很难再出现精通各个岗位或领域的专家，这也是职业多样化的结果。

（10）发展性。职业的发展性强调职业对于人自身的发展体现出的价值，人通过将自己的智慧和精力奉献给所从事的职业，使自己的人生价值得以体现。可以说，职业是个人发展的舞台，任何人的发展都离不开职业。人的不断发展和进步，也正是职业对其提出的新的要求，需要不断适应新的变化。

3.4 未来职业的发展趋势

未来职业的发展趋势是越来越智能化、集成化。高精尖的职位和低技术含量的职位呈现出明显的两极分化。简单来讲就是高端职位需求越来越大，而低端的职位因为劳动力短缺而被智能化和自动化所取代。例如，ChatGPT 的出现将对客户服务、翻译、营销等岗位产生影响。

随着科技的快速发展和应用，未来的工作岗位将会发生巨大变化。自动化、机器学习、人工智能等技术的出现，已经开始在许多领域带来了变革。这些技术对工作的影响不仅是提高效率和降低成本，更是对劳动力需求、职业结构、教育和培训提出新的挑战。

职业发展到今天，进入了一个新的时期。新知识、新技术层出不穷，相应的产业结构将加快调整和升级，职业也因此表现出一些新的发展趋势。

（1）面向第三产业类的职业、与高新技术有关的职业更加发达。

随着社会的发展，以服务为主的第三产业类职业将得到全面发展，在产业结构中的比重将得到很大提高。根据统计，在发达国家第三产业的产值占 GDP 的比重已达 60%~70%，而我国第三产业的产值仅占 GDP 的 40%左右（2022 年占比为 39.9%），这说明我国第三产业的发展空间非常大。相应的职业必将不断扩大规模，越来越发达。

科学技术突飞猛进，高新技术产业、高效益产业、轻型产业、洁净型产业的比重越来越大，大量新技术、新工艺、新设备运用到各产业领域，这也必将带动相关职业得到突飞猛进的发展。

（2）职业的综合化、智能化、专业化程度越来越高。

从职业的专业化程度方面分析，职业中的知识要求越来越丰富、技术含量将越来越高。现代教育之所以要普及，要与生产劳动相结合，人的平均受教育年限越来越长，都是因为职业需要越来越多和越来越新的知识、技术，而高新技术产业的相关职业更是离不开强大的智力、技术、人才支持。而且，一个职业所需要的知识、技术已经不是单一的了，而是越来越丰富和复杂，需要从业者具备综合职业能力。

（3）传统职业将萎缩，新的职业将不断涌现。

任何一个职业都要不断发展，甚至消亡，新的职业也会不断涌现。当前，职业的发展、变化及更替将更加迅速。现代大生产的显著特点之一是市场竞争激烈，产品更新换代速度加快，必将不断催生新的职业。

随着科技更新的日新月异，越来越多的高精尖技术诞生，对于人才的需求和技能的需求越来越高。经济的发展推动着科技的进步，给未来的职业发展提供越来越多的新兴岗位，而且这些岗位的需求也会远高于普通的职位，如自动驾驶、无人飞机、智能设备乃至于元宇宙等。这些一方面给社会提供了一系列新的高端岗位，另一方面也推动了人才的升级。

机器学习和人工智能的应用将改变职业结构。传统的职业模式可能被颠覆，新的职业模式将出现。例如，许多工作将被重新设计，以更好地利用机器学习和人工智能的优势。此外，新兴领域，如虚拟现实、区块链和物联网等，也将成为新的职业机会。

未来，技术将成为工作的一部分，但人类仍将是不可或缺的。人类具有的创造力、情感、沟通能力等，是机器无法替代的。未来的工作将是人类和技术的共存，需要我们做好准备，积极应对挑战。

不管职业的发展趋势怎么样，不断提升自己，提升自己的核心竞争力，让自己变得不可替代才是职业发展规划的正确方向。

【交流探讨】

【探讨3-1】如何把握"新领"新机遇、适应"新领"职业

【探讨思考】

认真阅读以下"把握'新领'新机遇、适应'新领'职业"的内容，然后思考以下问题：

（1）对"新领"职业是否有一定了解？你能说出几个"新领"职业？

（2）借助互联网了解一下当年网约配送员的就业规模达到了多少人，物联网行业人才需求是多少人。

（3）"新领"职业的人才需求量快速增长，你认为大学专业的开设与课程设置应如何尽快适应"新领"职业的发展？

（4）"新领"职业带动在线教育快速发展，也出现了"在线学习服务师"这个"新领"职业，对于以下说法你是否赞成？——"在线学习服务师更像是带着学员修行的老师，是'督学''伴学''成长设计师'这样的角色。一名合格的在线学习服务师不仅能解决学员提出的碎片化问题，还可以主动为学员设计个性化的教学方案。"

（5）你是否有在线学习的经历？评价一下在线教学的教师，是否为你设计了个性化的教学方案？是否为你制订了整体优化的学习计划？

（6）为适应"新领"职业，在知识更新和终身学习方面，你有何看法？

把握"新领"新机遇、适应"新领"职业

1. 迎来"新领"新机遇

IBM前执行董事长罗梅蒂曾给那些由自动化和人工智能等新兴技术带来的新职业起了一个名字——"新领"，和人们耳熟能详的"蓝领""白领"相对应。"新领"职业是伴随着人工智能产业兴起而出现的，随着新兴产业的发展，"新领"职业的种类正在不断丰富。在科技进步引领行业加速变革的今天，"新领"职业在带来数以万计新工作岗位的同时，也为我们提供了打开通往智能时代大门的一种渠道。

2. 体现新职业领域趋势

家住山东济南的晓涵最近在一家网课平台上报名了游戏原画课程，她说，"我现在一边学习一边思考职业转型。虽然学习过程很艰辛，但只要肯下功夫，我就一定能有所成就！为自己加油！"作为一个纯粹的技术"小白"（零基础学员），晓涵一直在认真学习，她的目标是在2020年完成NACG（国家动漫游戏人才）信息化工程师专业人才认证的考核，未来她希望自己可以成为一名

优秀的自由画师。近年来，越来越多像晓涵一样的年轻人从传统行业走向新兴行业，谋求在新的职业领域一展抱负。

"新领"职业是指由新一轮工业革命兴起带动出现的智能化、数字化、信息化的工作模式。"新领"职业是和人工智能最直接相关的一类工作，就像电气革命创造了电力工人、铁路工人、汽车司机等新职业一样，信息革命也衍生出了程序员、网络电商等"新领"职业。

3. 带动新兴产业发展

截至2020年，我国仅数字化管理师从业人员已超过200万。国家信息中心分享经济研究中心发布的《中国共享经济发展报告（2020）》显示，2019年以新业态形式出现的平台企业员工达到623万人，同比增长4.2%，平台带动的就业人数约7800万人，同比增长4%。

网约配送员也已正式成为新职业，几百万名"外卖小哥"有了新的职业名称。相关数据显示，2018年，中国在线餐饮外卖收入增长了57%。2019年，外卖平台"美团外卖"的外卖单日完成订单量甚至突破3000万单。未来，随着"互联网+"的深化发展，相关部门预计网约配送员的就业规模将超过1000万人，收入水平还将进一步提高。

物联网产业规模的快速增长也释放出了巨大的人才需求。调查显示，未来5年，物联网行业人才需求缺口总量超1600万人，物联网人才的培养已成为推动物联网产业发展的主要动力。

4. "新领"职业带动在线教育方兴未艾

"近年来，越来越多的老师掌握了线上授课的技能，这为在线教育提供了重要的人才储备。今年的在线英语教育产业已经初具规模了。"星辰教育创始人兼首席执行官说，"我们2016年进入英语在线教育行业，从一开始只有一名老师、一门课，到现在提供各类别英语课程，组建百人以上的线上教学团队，只用了不到4年时间。"

"我以前是一名线下的英语老师，因为业务需要，2019年年底开始接触和管理在线学习服务师团队。"星辰教育教研服务负责人A说，"在线学习服务师作为国家拟增加的新职业，对我们非常重要。"

A认为，在线学习服务师并不是简单的答疑者和客服工作人员，也区别于传统意义上的老师。"在线教育已经不是'师傅领进门，修行靠自身'的时代了。"A说，"在线学习服务师更像是带着学员修行的老师，是'督学、伴学、成长设计师'这样的角色。"一名合格的在线学习服务师不仅能解决学员提出的碎片化问题，还可以主动为学员设计个性化的教学方案。此外，在线学习服务师还能运用数据分析方法，总结教学规律，发现教学中存在的问题并使用大数据为大批量的在线用户制订整体优化的学习计划。

5. 掀起全民学习热潮

在物联网领域工作多年的姚麒，目前在上海做销售。从接触物联网到现在，姚麒在探索技术知识的路上一直没有停下脚步。"当今是数字化时代，物联网技术更新很快，不学习就有一种要掉队被淘汰的危机感。"姚麒说。

巢军是一位物联网工程技术员，作为一名物联网应用技术专业毕业生，巢军在大学期间积极参加物联网技能大赛，展现了自身的专业技能。通过不断进行知识储备，他改进和研发了多种物联网产品，成果获得多家企业青睐。如今，巢军深耕物联网教育行业，以寻找未来的发展机遇。他说，"凭借自身的知识和技能，保障物联网教学的高品质、参与未来人才的培养，是我最引以为豪的事情。"

人力资源和社会保障部相关负责人表示，根据调研发现，目前96%以上的职场人士希望学习新职业。其中，提升职业发展空间、涨薪、掌握新技能、掌握一门副业成为职场人士学习新职业的主要原因。相关调研发现，90%以上企业希望通过"新领"职业技能的培训，提升员工成长空间，给企业注入新动力。

"新领"职业应社会需求而生，目前许多产业都在逐步向以"智能"为导向的便捷场景展开，从而孕育出更多以高新技术为基础的'新领'职业。职业教育是为适应社会发展而进行的针对职业技能人才的培养教育，在未来"智能经济"的推动下，相信市场和行业变化会催生更多元的岗位和职业的迭代及升级。

（资料来源：人民日报海外版；作者：杨俊峰；时间：2020年5月。本文引用时内容有删减）

【探讨3-2】互联网带来哪些新职业

【探讨思考】

认真阅读以下"互联网带来哪些新职业"的内容，围绕以下话题展开讨论：

（1）对互联网带来的新职业，你了解多少？

（2）在网上购物、在线教育、影视特效制作等领域也出现许多的新职业，列举这些领域中你知道的新职业。

互联网带来哪些新职业

"三百六十行，行行出状元"。当互联网"连接一切"时，这"三百六十行"早已被突破。

旅游体验师帮你选景：你到景区"看"人山人海，"旅行体验师"则正在畅游新开发的海岛，撰写网络游记推广景区，从事着"最美的工作"。

网络数据分析师帮你分析数据：你在网游世界打得热血沸腾，"网络数据分析师"正通过数据分析了解游戏受欢迎程度、需求期待和广告收益等，让精准营销成为可能。

网络砍价师替你省钱：你网购淘不到便宜货，"网购砍价师"凭着对商品行情的了解和伶牙俐齿，帮你实现"再便宜一点"的愿望，并收取服务费……

互联网"职业版图"正在不断被刷新。据人力资源和社会保障部公布的2015年版《中华人民共和国职业分类大典》，其中与互联网相关的新职业就有十余项，包括网络与信息安全管理员（从事网络及信息安全管理、防护、监控工作的人员）、计算机软件测试员（使用计算机及附属设备、测试工具、测试用例，验证计算机软件产品功能、性能及参数的人员）、信息通信信息化系统管理员（从事信息通信信息化系统和通信业务支撑系统使用、维护和管理等工作的人员）、数字媒体艺术专业人员（在广播、电视、网络、电影、会展、娱乐等领域，从事数字艺术、媒体、游戏、动画、图形与图像、界面、交互设计的专业人员）、电子音乐编辑（使用计算机等设备和工具，从事音乐创作、录音和制作的专业人员）等。旅行体验师、网购砍价师、网游陪练、网店装修师等互联网新职业，则属互联网"职业新生代"，从"小荷才露尖尖角"到成为一项国家认可的正式职业，还有相当长的路要走。

新技术　新应用　新生活

"融职业"大显魅力

近几年，国内热播的电影，如《流浪地球》《少年派的奇幻漂流》等，都大量运用数字手段和特效，让人耳目一新。

精彩画面背后，是"数字媒体艺术"这一互联网新职业带来的高科技魔力。这一新职业，因其在互联网领域使用的广泛性和成熟度，被正式列入了2015年版《中华人民共和国职业分类大典》。

数字媒体艺术专业人员究竟要干些什么呢？

简单说，就是信息的可视化传播。数字媒体艺术，涉及拍摄前期和后期的众多数字化实现手段，也涉及在新媒体上的传播方式。在计算机、手机等新媒体传播信息终端，都有数字媒体可视化的用武之地。

"融职业"正成为互联网新职业的一大鲜明特点，从事数字媒体艺术这一行，技术能力和艺术鉴赏力缺一不可，创新也十分关键。

互联网新职业的主要特点是和新技术紧密结合，将高科技、新媒体手段与传统艺术表现形式嫁接，为受众带来新的浏览和欣赏体验。像自媒体、创客等，有些已经成形，有些还没有明确界定。但这些新职业的发展趋势已十分明显，并会成为未来的经济现象。

新需求　新体验　新分工
"精服务"渐成趋势

这些年来，从互联网崛起到"BAT"（B指百度、A指阿里巴巴、T指腾讯，是中国三大互联网公司百度公司Baidu、阿里巴巴集团Alibaba、腾讯公司Tencent首字母的缩写）等一批业界领先企业不断壮大。软件测试工作逐渐被重视，软件测试是对软件质量的保证，测试的不只是有没有缺陷、页面是否错误等问题，用户体验也很重要，用得顺不顺手同样值得认真考量。

走过成长期，软件测试员被列入2015年版《中华人民共和国职业分类大典》，成为国家正式认可的新职业，直接反映了互联网时代的新需求。

社会分工和服务的细化、个性化、分众化，专业人才的涌现，是社会发展的一大趋势。网络新职业的出现，是整个社会分工细化在互联网领域的表现，也为人们提供了一个观察互联网发展轨迹的独特窗口。

新业务　新经验　新前景
"新生代"大有可为

专家分析，随着时代发展、科技进步而不断刷新的互联网"职业版图"，是互联网领域对产业结构、就业结构以及人力资源配置变化的具体反映。

这些互联网新职业中，如前面提到的数字媒体艺术专业人员、计算机软件测试员等岗位已相对成熟，开始进入社会分工层面；有的新职业则出现不久，还要经历挑战与考验。例如，收纳师通过网络展示、咨询家庭收纳设计，还可以上门，帮助客户充分利用家庭空间；网游陪练陪游戏玩家打网络游戏，帮助提升技术和游戏等级；App技术开发工程师专门为App设计编写程序；网店装修师为网店装饰提供视觉建议和服务；等等。

由互联网发展而产生的新职业，将对我国的人才培养模式、就业生态、行业结构产生长久而深远的影响。

以人才培养机制为例，过去的文本教育可能变成情境教育，注重通过具体事件的营造来培养学习能力，强调学以致用，帮助从业者学会根据具体市场需求发挥才能。

互联网新职业方兴未艾，将对我国就业生态带来某种程度的影响，不仅以GDP为导向解决就业问题，而且以民生为重点。一个人可能没有进入传统的就业体系，但因互联网提供了工作和收入的新模式，实际的民生问题也能够得到缓解。

不能忽视的是，互联网新职业正处在发育期，也存在诸多不规范现象和灰色地带。一个成熟的职业会有全套的职业描述、职业规范、职业守则等。正处在探索过程中的网络新职业，确实面临难以固定化和规范化的困难。劳动监管部门、工商执法部门可以通过相应的政策，对新的职业行为做出一些界定。用人单位和劳动者也需加强对自身权利、义务的认识，强化法律意识。

（资料来源：人民日报；作者：吴姗；时间：2015年11月。本文引用时内容有删减）

【探讨3-3】新时代　新领域　新作为

【探讨思考】

认真浏览以下"参考资料"的详细内容，围绕以下话题展开讨论：

（1）近几年公布的这些新职业，有你中意的吗？

（2）这些新职业中，哪些职业与你所学专业关系最密切？你对这些与所学专业关系密切的职业了解多少？其主要任务是什么？

（3）你的职业目标中，对哪几个新职业最感兴趣？

【参考资料】

近年来,伴随人工智能、物联网、大数据、云计算、电子竞技等新兴产业的发展,新职业也层出不穷。

2019年4月,人力资源和社会保障部、国家市场监督管理总局、国家统计局向社会发布了13个新职业信息。这是自2015年版《中华人民共和国职业分类大典》颁布以来发布的首批新职业。这13个新职业包括人工智能工程技术人员、物联网工程技术人员、大数据工程技术人员、云计算工程技术人员、数字化管理师、建筑信息模型技术员、电子竞技运营师、电子竞技员、无人机驾驶员、农业经理人、物联网安装调试员、工业机器人系统操作员、工业机器人系统运维员。

2020年2月,人力资源和社会保障部与国家市场监督管理总局、国家统计局联合向社会发布了智能制造工程技术人员、工业互联网工程技术人员、虚拟现实工程技术人员、连锁经营管理师、供应链管理师、网约配送员、人工智能训练师、电气电子产品环保检测员、全媒体运营师、健康照护师、呼吸治疗师、出生缺陷防控咨询师、康复辅助技术咨询师、无人机装调检修工、铁路综合维修工和装配式建筑施工员等16个新职业。这是自2015年版《中华人民共和国职业分类大典》颁布以来发布的第二批新职业,此次公布的新职业主要集中在新兴产业和现代服务业两个领域。

2020年7月,人力资源和社会保障部联合国家市场监督管理总局、国家统计局正式向社会发布一批新职业,包括区块链工程技术人员、城市管理网格员、互联网营销师、信息安全测试员、区块链应用操作员、在线学习服务师、社群健康助理员、老年人能力评估师、增材制造设备操作员等9个新职业。这是自2015年版《中华人民共和国职业分类大典》颁布以来发布的第三批新职业。这批新职业主要涉及预防和处置突发公共卫生事件领域、适应高校毕业生就业创业需要的新业态领域以及适应贫困劳动力和农村转移就业劳动者等需要的促进脱贫攻坚领域。

2021年3月,人力资源和社会保障部会同国家市场监督管理总局、国家统计局向社会正式发布了集成电路工程技术人员、企业合规师、公司金融顾问、易货师、二手车经纪人、汽车救援员、调饮师、食品安全管理师、服务机器人应用技术员、电子数据取证分析师、职业培训师、密码技术应用员、建筑幕墙设计师、碳排放管理员、管廊运维员、酒体设计师、智能硬件装调员、工业视觉系统运维员等18个新职业信息。这是自2015年版《中华人民共和国职业分类大典》颁布以来发布的第四批新职业。

2022年新版大典(公示版)的一个亮点,就是首次标注了数字职业(标注为S)。数字职业是从数字产业化和产业数字化两个视角,围绕数字语言表达、数字信息传输、数字内容生产三个维度及相关指标综合论证得出。标注数字职业是我国职业分类的重大创新,对推动数字经济、数字技术发展以及提升全民数字素养具有重要意义。新版大典中共标注数字职业148个。新版大典沿用2015年版大典做法,标注了绿色职业220个(标注为L)。新版大典中,既是绿色职业又是数字职业的有46个(标注为L/S)。

【探讨3-4】自由职业是否是大势所趋

如今,身边越来越多的人选择离开职场,成为自由职业者。为什么不愿意在职场待了,反而选择更为灵活,但没有基本保障的自由职业呢?

认真阅读以下"自由职业是否是大势所趋"的内容,围绕以下话题展开讨论:

(1)为什么越来越多的人选择离开职场?
(2)为什么说自由职业可能是未来职场的趋势呢?
(3)如何建立起自己的自由职业?

自由职业是否是大势所趋

如今,身边越来越多的人选择离开职场,成为自由职业者。为什么不愿意在职场待了,反而选择更为灵活，但没有基本保障的自由职业呢？自由职业是否是未来的趋势呢？如何建立起自己的自由职业呢？

1. 为什么越来越多的人选择离开职场

自由职业者真正的发展，是因为互联网的普及。在我们还用着诺基亚的时代，其实就出现了很多自由职业者，那个时候还是 PC 互联网的时代，直播、短视频等新业态还在萌芽之中。但有一批人，靠着文字成为新时代的宠儿。他们在起点、纵横中文网等平台，靠笔墨指点江山，纵横想象力，发布网络小说，一时间成为时代的宠儿。

那个时候，还没有多少人把自媒体当回事，很多人就是觉得互联网这个东西好玩而已。直到移动互联网的出现，整个自由职业市场才跟着爆发了：一小部分有才华的人，靠着在微信、微博分享自己的文字、生活，成为第一批移动互联网时代的自媒体。他们凭借自己的才华，依托于微信公众平台，快速脱颖而出，积累了数以百万计的粉丝，成为新时代的自由职业者，甚至拥有了自己的公司。直到现在，自媒体仍然是很多人离开职场、成为自由职业者的首选。

而后，随着直播平台的兴起，各路主播纷纷杀出：直播打游戏的游戏主播、以聊天唱歌为主的娱乐主播、专门带人猎奇的另类主播……甚至还出现了专门为主播服务的直播公司，直播这一个"来钱快"、成就一夜奇迹的"自由职业"，开始被大家广为了解。

而后，爆红的短视频、各类垂直媒体的兴起，又发展出了新业态：一夜爆红的短视频博主、专注于销售商品的带货博主……

在消费者市场，互联网对用户时间和金钱的抢占，开始蚕食实体消费市场。

随着移动互联网的发展，人们的距离在互联网上被无限拉近，两个远在天南地北的陌生人，可以依靠网络瞬间了解彼此，这也诞生了另一个不小的群体——微商。

和自媒体、网红不同的是，微商深知自己不具备这样的才华，于是他们剑走偏锋，干脆利用微信做起了生意。

千万别小看微商群体，到 2019 年时，全国已经有 3000 万人加入了微商这个大家族。

在微商刚刚兴起的时候，很多三无产品看重了微信社交关系链的红利，他们广招代理商，设计阶梯制的奖励制度，销售劣质的三无产品，一度遭到大家的唾弃。

当然啦，时代在进步，微商也在进步。

从刚开始的低质，微商逐渐发展出了社交电商，开始走正规产品代理的途径，甚至造就了这一行的上市公司——云集。

而越来越多的资本也注入"社区团购""社交电商"等领域，进一步促进了微商这一自由职业的发展。

当然，真正使自由职业发展起来的，仍要归功于移动互联网和通信技术的发展。

在以前，很难想象一个人将一份工作完全交给一个陌生人来完成，这个过程没办法监督，结果传输难度也很大。

但现在，人们可以通过视频交互来探讨方案，可以通过社交软件非常方便地实现多端在线编辑文档，这也极大促进了企业的管理效率。

企业可以直接聘用外部水平优秀的自由职业者进行工作，例如，现在有很多自由的设计师、文案、运营推广、编程人员，他们在远程为企业提供支持，交付的结果高于内部水准，但成本更低。

所以，也就出现了非常多以技术工作为生的自由职业者，他们为客户提供服务，收取服务费用，依靠长期客户为生，真正实现了 SOHO（"Small Office, Home Office"的简称，意思是居家办公）办公。

此外，蓝领市场更是自由职业者的天下。货拉拉司机、专车司机、家政保洁、催乳师、上门维修等，这些蓝领不再受公司束缚，而是依托于平台，自由接单，凭个人能力赚钱，形成了如今庞大的服务市场……

当然，说回到为什么选择自由职业，其实原因也很简单：一方面时间自由，不用再每天固定时间上下班，而是有相对自由的时间和空间，也不必担心今天请个假，全勤奖就会被扣掉；另一方面相对收入不菲，自由职业凭本事赚钱，这也就意味着优秀的人可以拿到更高的薪水，获得更高的回报。

这恰好也是自由职业的魅力所在——相对职场而言，自由竞争，能者居上，更加公平。既然自由职业有这么多优点，自由职业是否是未来发展的趋势呢？

2. 为什么说自由职业可能是未来职场的趋势

这个问题可以从以下几个方面来看。

（1）从技术手段上。

随着无线通信技术的发展，已经实现了人与人相对高效的连接；而 5G 技术，更是推动了整个互联网业态的升级，推动了物联网实现的可能性。

在这个场景之下，未来将会有一大批岗位被替代：无人驾驶汽车替代司机，基础的程序性岗位被替代（如银行柜台、高速路口收费员、收银员等）。

另一方面，新技术的发展也会彻底打破地域限制，让整个移动办公变得更加高效和便捷。以后人们可能足不出户就能到一个虚拟的办公室工作，跟同事实现无缝对接和沟通。也就是说，人们以后可以不再遵循坐班的制度，而选择更为自由和开放的场景进行办公。

（2）从社会观念看。

随着社会的发展，"90 后"逐渐成为社会的新生力量，而更为"剽悍"的"00 后"也即将进入职场。相比于"70 后"和"80 后"的务实，这两代群体显然更加崇尚开放和自由。

他们不愿意将自己束缚在某一个特定的工作上，他们更愿意去尝试新的事物，通过新的方式去探索新的发展点。

正是在这个趋势之下，很多"90 后"在工作几年后选择离开职场，开工作室、从事自由职业或者创业。生活经济压力较小的他们，显然拥有了比待在职场更多元化的选择。

另外，国内的消费观念也正在发生巨大的变化。

以前，大多数人爱好面子、追求大牌，不愿意使用国产品牌，把工作室等同于小作坊。而现在，随着消费升级，人们的观念也随之发生改变。更多的人愿意使用朋友推荐的产品，而不是非得挑选大牌；对品质的看重已经渐渐胜过了品牌；小众文化的兴起，也催生了各种不同工作室的兴起……

逐渐多元化的消费选择和职业选择，使得很多时候找一份维持生计的工作已经不再是人生的最佳选择。

（3）政策的支持。

事实上，随着自由职业大趋势的发展，政策对于自由职业也是非常支持的。曾有人大代表提出将自由职业纳入正式的社会职业体系的建议。

此外，税务局目前也开放了个人开发票的选项，自由职业者可以直接在税务局注册账号，就可以合法开票纳税，为其他人或者企业提供服务。

这也就意味着，更多的自由职业将会合法化，成为这个社会的一分子，如民宿房东、自由撰稿人、自由摄影师等。

在这种业态之下，未来的企业管理，也许只需要更少的人员，就可以实现更加高效的运转。更多人可以投入更多时间到自己的生活中去，从而减少在办公室中无谓的时间浪费。毕竟，自由职业的本质，实际上一定程度提升了职场工作的效率。

3. 如何建立起自己的自由职业

事实上，在当今时代，虽然很多人并未从事自由职业，但却有不少的职场"斜杠青年"：在上班的时候，他们是职场精英，叱咤风云；下班后，他们又转变为另外一种身份——文案策划、程序设计、二手房中介等。越来越多的人有了职场危机意识，在为自己的职场生存寻找破局之路，为未来职业自由做好计划。

如何建立起自由职业呢？

（1）看你的项目是否有长期价值。

什么是长期价值？长期价值是指你的项目不是课程分销那种"短命"项目，不是消耗完自己的朋友圈就结束了。而是说，你可以通过这个项目长期变现，如写作、摄影、营销策划、编程等技能，这些在未来很长一段时间都能给你带来价值，甚至能够让你的身价增值，这种项目是有底气让你离职做自由职业的。

（2）要培养自己的运营思维。

有的自由职业者，不管是做什么工作的，都"死"在了客户获取上面。要么是依托于平台或者客户介绍，没有自己的运营意识；要么就是依托于目前已有的一两个客户，一旦这一两个客户不合作了，以后就没事可干了……

所以，建议每个自由职业者，都应该想办法培养自己的营销和运营技能，只有解决客户来源的问题，才能安心做好自由职业。

（3）一定要学会自律和适应孤独。

自由职业是个孤独的职业，有时间一定要多去外面看看，一个人待久了，各种社交能力都会退化，甚至会影响到自己的生活。

当然了，大多数时候，作为一个自由职业者，你需要适应孤独，也可以享受这种独处的魅力。

【训练提升】

【训练3-1】调研企业招聘信息与获取岗位需求

（1）根据专业人才培养方案，了解专业定位，获取本专业面向的岗位。

（2）编制岗位需求调研方案，主要包括确定调研职位名称、调研城市名称、调研方式、调研内容、调研时间范围等。本活动采取的调研方式为网上调研，主要调研对象为前程无忧、智联招聘等知名的专业招聘网站，调研内容主要包括岗位职责和任职要求。

（3）明确团队成员分工，确定每位团队成员负责调研的城市或职位，并确定调研企业的数量，例如，每位成员获取50家企业的岗位需求信息。

（4）参考以下"方法指导"资料所介绍的方法，搜索与浏览相关企业招聘信息。通过浏览企业招聘信息，收集城市名称、企业名称、职位名称、岗位需求、任职要求等数据，并使用Excel电子表格逐条记录下这些数据。

（5）对各企业的岗位需求、任职要求描述进行合并、调整、优化，得到本专业所面向岗位的通用岗位职责描述，也得到各企业在知识、技能、素养等方面的共性要求。

（6）撰写本专业岗位需求调研报告，重点阐述岗位职责和任职要求，同时预测本专业的人才需求数量与就业趋势，对本专业课程开设与能力培养提出建议。

【方法指导】

（1）打开"前程无忧"招聘网站首页。

启动浏览器，在地址栏中输入前程无忧官网网址，然后按Enter键，打开"前程无忧"招聘网站首页，如图3-1所示。

图 3-1 "前程无忧"招聘网站的首页

（2）搜索"网页设计师"职位的招聘信息。

在"前程无忧"招聘网站首页的"关键字"文本框中输入"网页设计师"，单击"选择地区"按钮＋，打开"选择地区"页面，在该页面中单击选择"深圳"，如图 3-2 所示，然后单击"确定"按钮返回首页，设置的搜索条件如图 3-3 所示。

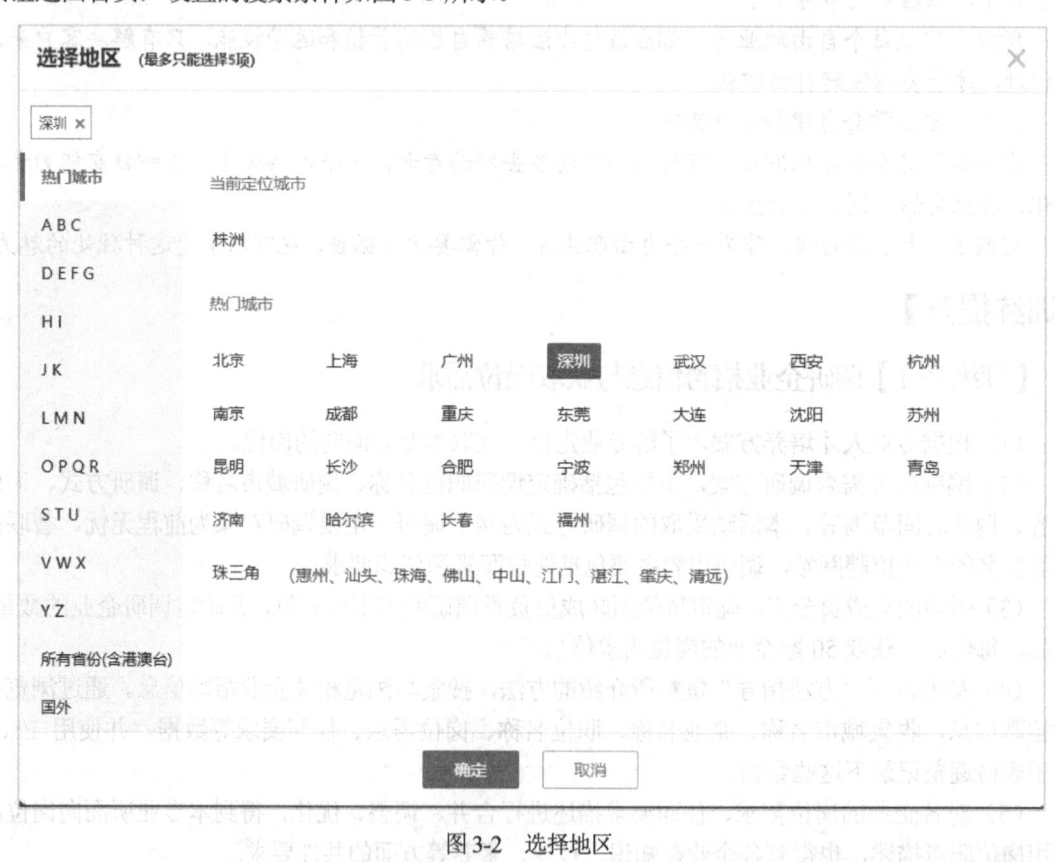

图 3-2　选择地区

图 3-3　设置的搜索条件

在首页中单击"搜索"按钮，部分搜索结果如图 3-4 所示。

单击一个"网页设计师"超链接，打开如图 3-5 所示的页面，该页面的主要内容包括职位信息、公司信息等。

图3-4 工作地区为深圳的"网页设计师"职位的部分搜索结果

图3-5 "网页设计师"职位的相关信息

(3)招聘信息的"高级搜索"。

在"前程无忧"招聘网站首页单击"高级搜索"超链接,打开"前程无忧"网站的"高级搜索"页面,如图3-6所示。

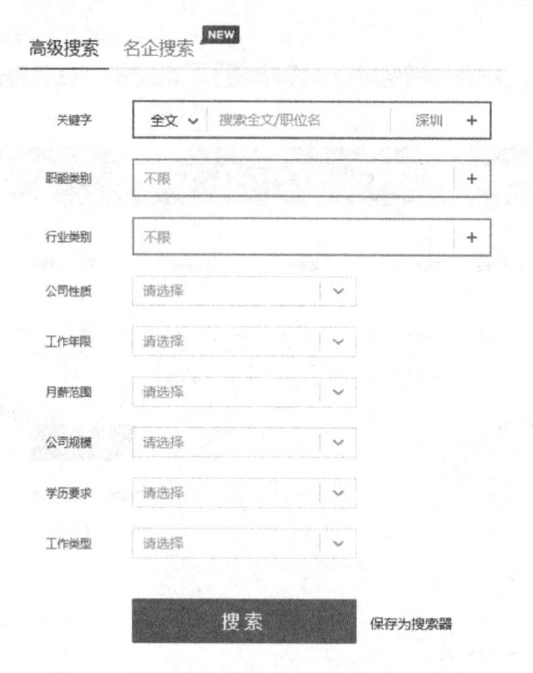

图 3-6　前程无忧网站的"高级搜索"页面

在"职位名"对应的文本框中输入"网页设计师";"工作地区"选择"深圳";在"职能类别"行单击右侧的+按钮,打开"选择职能"页面,在该页面选择"计算机/互联网/通信/电子"类别中的"前端开发"职能类别,如图 3-7 所示,然后单击"确定"按钮返回"高级搜索"页面。

图 3-7　"选择职能"页面

在"行业类别"行单击右侧的+按钮,打开"选择行业"页面,在该页面中选择"计算机/互联网/通信/电子"类别中的"互联网/电子商务"行业,如图 3-8 所示,然后单击"确定"按钮,返回"高级搜索"页面。

"高级搜索"的前 3 项设置结果如图 3-9 所示。

单击下方的"搜索"按钮,部分搜索结果如图 3-10 所示。

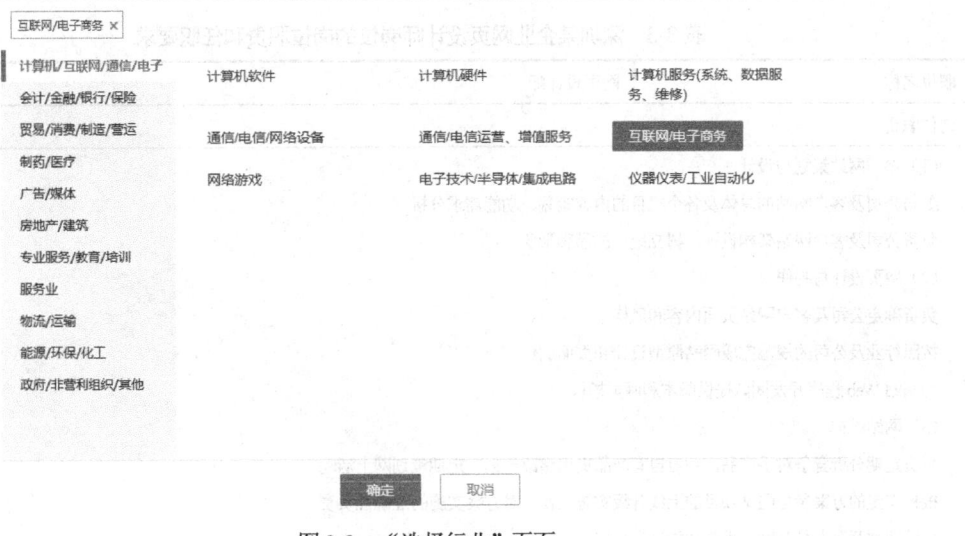

图 3-8 "选择行业"页面

图 3-9 "高级搜索"的前 3 项设置结果

图 3-10 "高级搜索"的部分搜索结果

• 113 •

经过信息搜集和整理,深圳某企业网页设计师岗位的岗位职责和任职要求如表3-3所示。

表 3-3 深圳某企业网页设计师岗位的岗位职责和任职要求

职位名称	网页设计师
岗位职责	
(1) 参与网站策划与设计 参与公司及客户网站的总体及各个栏目的内容策划、功能需求分析 负责公司及客户网站架构设计,树立统一的品牌形象 (2) 网页设计与制作 负责确定公司及客户网站页面内容和风格 按照行业及公司的规范完成网站原型设计和页面制作 为网站 Web 程序开发团队提供脚本和网页模板 (3) 网站维护 负责定期分析竞争对手产品,并对自有产品提出整改计划,定期策划网上活动 根据审定的方案参与网站项目的上线升级实施工作,对方案实施的准确性负责 协助网站开发人员对网站程序功能进行测试 (4) 与其他相关人员的协调与沟通 与团队其他成员进行有效沟通,了解其他团队成员工作情况、工作进度,定期进行技术交流与分享 与客户进行有效沟通,了解客户有效需求,以便对网站进行更新	
任职要求	
(1) 知识与技能 熟悉网站制作与设计流程,能跟踪最新的网页设计与制作技术 熟练运用 HTML5、CSS3、JavaScript 等 Web 开发技术,制作符合 Web 标准的网页 熟悉常用图像制作软件和 Flash 制作技术,能够使用 Dreamweaver 等工具制作网页 (2) 素质要求 沟通协调能力:正确理解别人的感受和想法,善于倾听,能够理解他人思想和行为背后的原因 团队合作:愿意与他人合作,主动与其他成员进行沟通交流,分享信息、知识和资源,愿意帮助其他成员解决所遇到的问题,无保留地将自己所掌握的技能传授给其他成员 思维能力:头脑灵活、思路清晰,具备缜密的逻辑思维能力以及耐心细致的观察能力,处理事务有清晰的条理性,工作重点明确,具备较强的执行能力,学习能力强,有创新意识 坚韧性:处于较大的工作压力下或产生可能会影响工作的消极情绪时,能够有效地控制自己的情绪,通过建设性的工作化解工作压力或消极情绪	

模块4 明确职业定位与确立职业目标

职业生涯目标规划就是明确自己想成为什么样的人，担任怎样的职业角色，具体来讲，就是想在职业生涯中获得怎样的职位和职称，成为专家还是事务性的工作者。

一个人事业的成败，很大程度上取决于有无正确适当的目标。没有目标就如同驶入大海的孤舟，四野茫茫，没有方向，不知道自己将走向何方。目标，犹如海洋中的灯塔，引导我们避开生活中的险滩暗礁，走向成功。

当一个人在头脑中对自己的职业发展方向有清晰的概念时，他的生命才会更有意义和方向，而这也许是人生中最珍贵的财富之一。所以说，目标对人生有巨大的导向作用。目标是指引我们获取生活中想要获得的东西的路标。有了目标，生命才更有意义；有了目标，生活才更充实；有了目标，人生才更幸福。

职业发展方向与职业发展目标是不同的概念。职业发展目标是在职业发展的方向上确定不同的职业发展阶段达到的发展目标。职业发展方向就如同一棵树，而职业发展目标则是这棵树身上的不同部分。

【分析思考】

【案例4-1】第一份工作决定职场前途

认真阅读以下"杜娟与齐茉的第一份工作"内容，然后思考以下问题：

（1）如果你选择第一份工作，你是倾向杜娟的做法还是齐茉的做法？你认为谁成功胜算大一些？

（2）你选择第一份工作时，如果摆在你面前的有两项工作选择：一份是烦琐艰辛的工作，另一份是舒适轻松的工作，你会如何选择？

杜娟与齐茉的第一份工作

杜娟大学毕业后，在一家大公司找到一份文员的工作，虽然这份工作没有多少含金量，工资也不高，好在舒适又体面，也不用承受多大压力。

初入职场，有很多东西要学，杜娟也算勤勤恳恳，可是一年以后，一切都熟悉了，就觉得工作跟玩似的，无非就是做做表格、复印一些文件、帮经理跑跑腿，无聊又无趣，根本没有任何上升空间。

眼看着同时入职的新人一个个升了职加了薪，或者变成部门里的骨干，可杜娟还是拿着当初的薪水，还是一个无关紧要的人物。很多次，她想要调岗，去做物流，或者跑销售，但一打听，这些工作都挺烦挺累，加班是常态，更别想有时间坐在办公室里聊天了。放弃目前舒适的工作去受罪，杜娟实在不甘心，于是，只得一边羡慕别人一边继续纠结。

杜娟在文员的岗位上一干就是三年，后来部门大换血，新的领导带来了新的文员，迫不得已，她只得接受人事部的调岗决定。好在，有几个岗位可以选择，她选择做计划员，这份工作虽然不及文员轻松，但含金量颇高，很受公司重视，而且工资也高出很多。

刚开始，杜娟觉得自己因祸得福，一次人事变动，让自己有了更好的工作。可是好景不长，她就开始叫苦不迭了。这份工作要求了解公司产品，随时跑生产现场，和各个部门协调，还有大量的数据录入工作，杜娟忙得脚不沾地、焦头烂额，别说坐下来聊天休息，连喝口水的时间都没有，就连周末也是电话不断，都是些急需处理的棘手问题。

两个月下来，杜娟人瘦了一圈，觉得自己天天都被放在火上烤，想想觉得真不划算，还不如做文员呢，于是打了辞职报告，重新在另一家公司找了一份文员的工作。虽然偶尔也会羡慕别人拿高薪，嫉妒别人升职，但她再也不敢轻易换工作了。

和杜娟比起来，齐茉的运气似乎要差一些，大学毕业后，一直找不到合适的工作，最后，不得不在一家小公司做销售。作为一个没经验、无背景的新人，最初的艰辛可想而知。每天天不亮就起床，一边吃早餐一边在脑海里演练和客户见面的情景，坐公交还在翻看客户资料，打电话说到嗓子哑，感冒了还得出差。

如此辛苦，头几个月也没多少业绩，还经常被其他同事抢了单。齐茉觉得特别委屈，无数次萌生辞职的念头，但转念一想，连个普通的销售员都做不好，还能做什么呢？天底下又哪有轻松挣钱的工作？

无路可退，齐茉只得咬牙坚持。慢慢地，齐茉积累了不少客户，也适应了职场上的激烈竞争，不再觉得苦和累，并凭着骄人的业绩做了部门主管。

后来，齐茉不想过这种无规律的生活，于是主动申请调岗，到人事部做个小职员。虽然新工作需要从头学习，但尝试过做销售的艰辛，这点困难根本不算什么，她不但很快胜任，还一路升迁到了经理的位置。

【案例启示】

根据职业方向选择一个对自己有利的职业和得以实现自我价值的单位，是每个大学生的良好愿望，也是自我实现的基础，但第一步的迈出要相当慎重。就人生第一个职业而言，它往往不仅是一份单纯的工作，更重要的是它会初步使你了解职业、认识社会，一定意义上它是你的职业启蒙老师。

老师、家长和职场前辈都不厌其烦地告诉我们，先就业再择业，别挑剔第一份工作，因为它只是一个跳板，积累了一定的经验，你就可以往高处跳。事实是，我们如果一开始做了舒适的工作，就会像杜娟那样，再也不愿尝试艰辛的工作，自然也就失去了往高处跳的机会；如果一开始做那种烦琐艰辛的工作，像齐茉那样，以后的每份工作则都可以轻松胜任。

初入职场，对一切都不甚了解，但有一种初生牛犊不怕虎的精神，一定会想方设法做好第一份工作，而这个过程会成为一种惯性：你习惯了舒适，就不想再艰辛；你习惯了艰辛，就不怕艰辛。而所有的好工作，都不会很舒适。

所以，我们的第一份工作一定要挑剔再挑剔，剔掉那些轻松、舒适、没发展的，挑选烦琐、艰辛、压力大、有挑战的，只有这样的工作才是通往成功的阶梯。

人生成功的秘密在于机会来临时，你已经准备好了！机遇对于任何人来说都是平等的，千万别在机遇面前说抱歉！

【案例4-2】山田本一的夺冠秘密

认真阅读以下案例内容，然后思考以下问题：
（1）案例中日本马拉松选手的夺冠经历给了我们哪些启示？
（2）你是否曾经也有过类似的"把长远目标具体化、细分化"的成功经验？
（3）谈谈你打算如何进行职业目标的分解。

【案例内容】

1984年，在东京国际马拉松邀请赛中，名不见经传的日本选手山田本一出人意料地夺得了世界冠军。当记者问他凭什么取得如此惊人的成绩时，他说了这么一句话：凭智慧战胜对手。当时许多人都认为这个偶然跑到前面的矮个子选手是在故弄玄虚。马拉松赛是体力和耐力的运动，只要身体素质好又有耐性就有望夺冠，爆发力和速度都还在其次，说用智慧取胜确实有点勉强。两年后，意大利国际马拉松邀请赛在意大利北部城市米兰举行，山田本一代表日本参加比赛，这一次，他又获得了世界冠军。记者又请他谈经验。山田本一性情木讷，不善言谈，回答的仍是上次那句话：用智慧战胜对手。这回记者在报纸上没再挖苦他，但对他所谓的智慧迷惑不解。10年后，这个谜终于被解开了，在他的自传中是这么说的：每次比赛之前，我都要乘车把比赛的线路仔细地看一遍，并把沿途比较醒目的标志画下来，如第一个标志是银行，第二个标志是一棵大树，第三个标志是一座红房子……这样一直画到赛程的终点。比赛开始后，我就以百米的速度奋力地向第一个目标冲去，等到达第一个目标后，我又以同样的速度向第二个目标冲去。40多千米的赛程，就被我分解成这么几个小目标而轻松地跑完了。起初，我并不懂这样的道理，我把我的目标定在40多千米外终点线上的那面旗帜上，结果我跑到十几千米时就疲惫不堪了，我被前面那段遥远的路程给吓倒了。

【案例启示】

目标也有动力效应，曾有研究机构做过一个实验：让3组人分别步行去10千米以外的3个村子。第一组的人不知道村庄的名字及距离，跟着向导走即可。现实表现是：刚走了两三千米就有人叫苦，走了一半时有人几乎愤怒了，越往后走他们的情绪越低落。第二组的人知道村庄的名字和路程，但路边没有里程碑，他们只能凭经验估计行程时间和距离。走到一半的时候，大多数人就想知道他们已经走了多远，比较有经验的人说："大概走了一半的路程。"于是大家又簇拥着向前走，当走到全程的四分之三时，大家情绪低落，觉得疲惫不堪，而路程似乎还很长，当有人说"快到了"时大家又振作起来加快了步伐。第三组的人不仅知道村子的名字、路程，而且公路上每一千米就有一块里程碑。人们边走边看里程碑，每缩短一千米大家就会开心一点，行程中情绪也一直很高涨，很快就到达了目的地。

日本马拉松选手给了我们这样的启示：只有把长远目标具体化、细分化，才能最终达到我们的人生目标。

时间正向的目标划分，仿佛是可行性分析，反推则类似于可操作性的分析。其实无论是反推还是正向地拾级而上，我们都可以清晰地看到目标是一个链条，而不是一个终点，每一个子目标都是为最终实现总目标服务的，目标的分解其实是在对目标的可行性进行分析和量化。这个过程我们还可以看到的是，目标的确定是个复杂的过程，它会受到各种因素的影响。通过对目标的分解可以完成其可行性的细化分析，但与此相反的是又要完成对各个子目标的系统组合。分解犹如可行性分析，而组合则是可实施方案。

【案例4-3】职业并没有高低贵贱之分

认真阅读以下"中国女焊工刘霞逆袭成清华博士，攻克顶级技术难题"内容，结合清华大学博士刘霞的职业选择与岗位成才之路，思考你未来的职业方向和职业目标。

中国女焊工刘霞逆袭成清华博士，攻克顶级技术难题

俗话说得好，"人不可貌相"，对于一个人的职业以及身份也是一样的。当提到焊工这一身份时，人们总会产生许多偏见，也并不看好这一职业。但真正成功的人真的会在乎自己所从事的工作吗？所谓"术业有专攻"，说的就是这个道理。如果说一个来自清华的博士从事焊工这一职业，或许很多人都不相信，甚至根本不会将这两个名词联系到一起，但确实有一个人颠覆了你的认知，以清华博士的身份从事着大多数人并不看好的工作！

被迫选择焊接专业

这个人名叫刘霞，其实她的本意并不是做焊接工作，因为在她看来，这个工作极其简单，并没有什么挑战性，甚至在上大学选择专业时她还刻意避开了这个专业。但不曾想，由于分数不理

想，她最终被调剂到了这个专业，开启了她的焊接生涯。

在多数人的眼中，这一工作的特点表面上就是"脏乱差"，而且需要一定的体力，因此从事焊接工作的人一般都是男性，而这个外表文文弱弱的刘女士却从事着这个职业，让人们很是吃惊。

在经过四年的本科学习之后，刘霞对焊接工作有了更深刻的认知，同时焊接领域的各种未知技术也深深吸引着她。工作后，刘霞致力于解决焊接过程中出现的技术问题，经过多年沉淀，她积累了很多经验，同事在工作当中遇到的许多技术难题都能被她轻松解决，她也由此得到了许多人的认可。

新老传承，初遇难题

但事情并不总是一帆风顺的，由于老一代焊接工人的接连退休，年轻一代的工人们面临着巨大的考验与技术难题，而刘霞就是年轻一代工人的代表。二十一世纪初，在焊接行业面临的众多技术难题中，最艰难的莫过于焊接过程中所需转子的自主研发，这是对年轻一代能否挑起大梁的一次严峻考验！

由于刘霞工作经验丰富，是年轻一辈中的佼佼者，她自然而然成为这项工程的主要负责人。那时，焊接领域的转子技术几乎都被国外垄断，国内根本没有这方面的专家，可以说刘霞等人是摸着黑往前走。刘霞以往事业上的一帆风顺，让她产生了一丝骄傲情绪，导致她对技术选择的判断出现错误，第一次研究尝试以失败告终。经历过这次失败之后，她重整旗鼓，再次出发，不断完善项目方案。

成功破解转子自主研发问题

为了保障安全，在进行焊接工作时必须穿上帆布工作衣，到了夏天，工人们必须忍受超过40℃的高温，整个焊接过程异常艰难，而刘霞带领的团队就是在这种环境之下展开研发工作的。在"内忧外困"之下，她的团队在历经七十余次失败之后，成功解决了焊接工程中的"低压异种钢转子"技术难题，为世界焊接行业做出了巨大的贡献。

解决了这个核心问题之后，她的团队乘胜追击，不断努力，这才使得该技术于2008年真正投入生产过程中，这也意味着在这个领域我国不再受制于人，将核心技术牢牢掌握在自己手中。

再遇难题

没过一年，国内焊接行业又面临一个重大难题，那就是"华龙一号百万千瓦核电汽轮机低压转子"的技术研发。由于此次所要研发的转子无论是尺寸还是重量上都要求更高，难度自然更大。但这个团队并没有因为眼前的挑战变得更加艰巨而产生丝毫畏惧，因为失败对他们而言早已是"家常便饭"，他们也正是在一次次失败中总结经验，不断成长的。整个团队勠力同心，在不到一年的时间里就攻克了这一难题，同时极大促进了这项技术的商业化应用进程。

获得高度评价，德国专家"登门造访"

由于技术难度较大，这项技术得到了高度评价，被国内知名专家赞誉为"世界领先"。这项技术甚至还吸引了一些德国专家的来访，德国专家的"登门请教"也从侧面表明我国的这项技术在世界上已经居于领先地位，这一切都得益于刘霞所带领团队的不懈努力以及他们勇于创新的精神。

不满现状，进一步深造

成功的人都有一个特质，那就是在取得阶段性成就之后，并不会满足于现状，而是继续向着自己的梦想不断奋进。刘霞也不例外，她没有沉浸于这项技术的成功之中，而是刻苦钻研焊接领域的其他技术难题，不断增强自己的学习能力，前往清华大学读博，进一步深造。她的逆袭之旅诠释了什么才是努力，验证了平凡的岗位也能造就不平凡的人生。

传授技术，培养新人

多年来，她都坚守在工作的第一线，兢兢业业工作，刻苦钻研技术难题。她也深知，好的技术一定要传承下去，只有这样，一个行业才能永远兴旺。因此，她在不断学习、增强自身本领的同时，还不忘将自己手中的技术传给下一代人，为祖国培养新一代焊接领域的优秀人才。每每有人向她请教，她都会毫无保留地将自己手中的技术传授给后来者，耐心细致地为后辈们讲解。她善解人意的品质得到了大家的一致认可，许多后生都亲切地称她为"师姐"。

【案例启示】

虽说焊接是一个非常枯燥而且非常辛苦的工作，但是来自清华的博士能够从事这个工作，这对我们何尝不是一种启发呢？职业并没有高低贵贱之分，每个人要做的就是在自己所选择的行业里充分发挥自己的光和热，将自己的价值发挥到最大，只有这样，社会各行各业才会迎来新的辉煌。当下，我国正处于实现中华民族伟大复兴中国梦的关键时期，只有出现更多像刘霞这样的人，我们的中国梦才能更早地实现。

【学习领会】

4.1 区分职业定位、职业目标和职业计划

职业规划看似在空想未来，其实有很多决策都是有理有据的，而我们学习职业规划的目的，就是要把自己的职业方向和未来的规划做得更加有理有据。

职业规划是对职业生涯进行持续的、系统的计划的过程，它包括职业定位、职业目标设定和职业计划三个要素。

1. 职业定位

职业定位，就是清晰地明确一个人在职业上的发展方向，它是人在整个职业生涯发展历程中的战略性问题，也是根本性问题。

职业定位有三层含义：一是确定自己是谁，适合做什么工作；二是告诉别人你是谁，你擅长做什么工作；三是根据自己的爱好、特长、能力以及个性将自己放在一个合适的工作岗位上。

职业定位也就是确定你的职业方向，包括具体职业类型、细分行业、所在城市等，简单来说，就是确定自己要做什么事情。帮助我们确定自己未来要从事工作的行业、城市，乃至具体的工作类型，也就是确定我们的职业方向，这一点是至关重要的。

我们的职业定位和时代机遇息息相关。我们每个人都只是时代洪流中的一粒沙，用自己的努力推动时代，同时又被整个时代的洪流裹挟着前进。所以，想要获得好的职业发展机遇，就必须学会顺势而为，选择一个未来有较大发展机会的行业，然后从中选择出适合自己的岗位。

2. 职业目标

做好职业定位（即选择职业方向）之后，就要考虑职业目标的设定了。

职业目标是给我们自己的职业设定一个目标，有利于帮助我们在职业发展的道路上不断努力和进步，朝着实现目标的方向发展。我们可以在招聘网站上寻找对应行业的管理岗位未来的发展路径，例如，三年经验——主管，五年经验——经理，十年经验——总监。可以按照这个晋升速度，为自己的职业发展设定合理的目标。

美国哈佛大学有一个非常著名的关于目标对人生影响的跟踪调查，对象是一群智力、学历、环境等条件差不多的年轻人，调查结果发现：27%的人没有目标；60%的人目标模糊；10%的人有清晰但比较短期的目标；3%的人有清晰且长期的目标，并能把目标写下来，经常对照检查。25年的跟踪研究结果显示，他们的状况及分布现象十分有意思。那些3%有清晰且长期目标的人，25年来他们都朝着同一方向不懈地努力，25年后，他们几乎都成了社会各界的顶尖成功人士，他们中不乏白手创业者、行业领袖、社会精英。那些10%有清晰短期目标者，大都在社会的中上层。他们的共同特点是，短期目标不断被达成，状态稳步上升，成为各行各业的不可或缺的专业人士，如医生、律师、工程师、高级主管等。而那些占60%的目标模糊者，几乎都在社会的中下层面，

他们能安稳地工作，但都没有什么特别的成绩。剩下的 27% 是那些 25 年来都没有目标的人，他们中很多人都是失败者。

这个实验可以说明：目标与人生的成败有多么至关重要的关联。你是不是经常因为无所适从而感到忧心忡忡？没有目标的人就像失去方向的航船，大海茫茫，不知道终点在哪儿。而一旦有了目标，你的精神就有了支撑，不管有多大的困难，都会有坚强的意志和魔力坚持下去。

那么我们如何知道自己的职业目标是什么呢？

首先，确定职业价值观。其次，设定的职业价值观遵循 SMART 原则，即目标明确性（Specific）、目标的可衡量性（Measurable）、目标的可实现性（Attainable）、目标的相关性（Relevant）、目标的时限性（Time-based），在合理的范畴内，设定一个合理的、明确的、具体的目标。最后，学会"以终为始"（从结果出发）的目标管理方法，想想 20 年后的自己是什么样子。

3. 职业计划

设立好职业目标、找到了职业方向，接下来考虑如何实现这个目标。

职业计划（即通道设计），简而言之，就是你如何达成这个目标，要经历哪些过程、学习哪些东西等。它是将职业目标进行拆分，并整理出合适的实现步骤，从而帮助我们更合理地实现自己的职业目标。

毕竟职业规划并不是一个简单的事情，里面包含了太多的未知因素，所以我们必须制订可实施的计划。刚入行—基础技能学习—技能和职位晋升—资源积累—职业的再次晋升……一步步的目标实现过程中，需要有系统的规划和学习。

所以，首先我们要为职业发展划分阶段。例如，第一阶段（1 年），通过学习和实习，进入目标行业和岗位；第二阶段（1~2 年），积累经验，学习专业知识，提升竞争力；第三阶段（3~5 年），通过项目成果获得职位的晋升，开始接触管理；第四阶段（5~8 年），升职并负责更大的项目和业务，为团队负责……把每个阶段需要的时间和具体需要实现的目标定下来，从而为后续的计划铺路。基于这样的拆解，我们可以针对每个阶段的目标都进行规划。接下来我们就可以进一步拆分月度计划和季度计划了，落实到可执行的层面，合理又清晰。

了解这几点之后，我们就可以逐个击破，设计自己的职业规划：

（1）根据自己的天赋、性格、兴趣等，确定自己的内在优势，了解这些优势可以用到什么样的工作里面。

（2）根据详尽的数据分析报告，结合招聘网站和自己的意愿，了解行业的发展状况、从业者的收入和职业发展空间，从而确定自己想要从事的具体行业和细分岗位，即有明确的、可行的职业定位。

（3）合理设定自己的职业目标，并通过有效拆解目标，制订可行的计划，从而实现目标。

4.2 关于目标

事业的成功，是由无数个大大小小的目标组成的，上一个目标是下一个目标的基础，下一个目标是上一个目标的延续。

1. 目标及其作用

目标，指的是在一定时期内，人生可以实现的事情。

目标有三大作用：第一个作用是作为克服困难、继续努力学习的精神支柱；第二个作用是作为航标，引领自己的行动方向；第三个作用是发挥领导力，成为带动周围人共同前行的标杆。

2. 小目标与大目标

如果我们把大目标的实现看作无数小目标实现后的集合体，就可以把目标大致分为两种：短时期内我们可以实现的目标叫作小目标；需要花费较长职业生涯才能达成的目标叫作大目标。小目标可能随着不断积累，逐渐变成大目标，也可能会在积累过程中发展出新的目标。

大多数人，先是专心致志地完成眼前的工作，从中把握每一次机会，持续做到一定水平，在积累小目标的过程中才找到了自己的大目标。也有少数人，从一开始就抱有宏大的、可以作为人生主题的目标，通过小目标的不断累积，使大目标更为具体化、可视化。

无论是哪种情况，只有不断朝着小目标努力、努力、再努力，完成一个个小目标，大目标才有可能实现。

3. 主动目标和被动目标

回顾孩童时代，你是否有过这样的经历：
- 天生喜欢绘画，倾注了极大的热情，始终如一坚持这一目标。
- 在父母的建议下参加钢琴培训，不断设定目标并努力。
- 在父母的安排下为了考出好成绩而参加补习班。

随着时间的流逝，这3种行为会呈现两种走向：主动目标和被动目标。

第一种叫作天生喜欢，"不忘初心，方得始终"，从小就确立了绘画这一职业目标，这是主动目标。

第二种是从小学习钢琴并坚持长期练习，这一活动已经变成了孩子的责任，希望有一天能成为钢琴家，这也是主动目标。

第三种在考试结束后，考试合格的目标随之消失，可能会变得讨厌或放弃学习，属于被动目标。

主动目标是自己主动下定决心、真心实意制定的，被动目标是自己屈从于外在压力而不得不制定的、并非出自内心本意的目标。

人们在孩提时代，不论通过什么方式，只有真正凭借自己的意愿，树立一定时期内人生可以实现的主动目标，才真正属于我们人生最初的目标。职场上，道理与此相同，有的人为了自己喜欢的工作，可以废寝忘食、乐此不疲，孜孜不倦沿着主动目标持续深耕，逐步成为专家型人才。

4. 目标循环的实现环节

目标的循环实现包括为了达成目标采取的行动、行动的结果、客观看待、自问自答、设定新目标等5个环节，这5个环节不断循环且呈螺旋式前行发展；目标的维度从为了自己、为了周围的人、为了行业，直到为了整个社会的人层层递进、逐步深入。职场生涯中的成功，往往眷顾那些有计划、有准备、有目标的人。让我们遵循这些方法，制订一个清晰的计划，为了实现心中的目标而努力前进吧。

5. 目标的发展方向

多数情况下，目标是沿着两种方向发展的：随着自律性的提高而发展；随着社会性的提高而发展。

（1）随着自律性的提高而发展。

所谓自律，指自我约束，自己决定自己的目标前进方向。随着自律性的提高而发展的目标，意味着扩大自己可以做决定、做选择的主动目标的范围。

开始阶段，人们选择一个环境，如进入一家公司，根据公司的规则、制度进行职业活动，同时积极开发自身能力。当达到一定专业深度，获得一定程度自由度后，自律性目标由模糊变得清晰，就开始做自己想做的事情，承担制定目标的全部责任，在未知的环境中砥砺前行。

还有的人，找一些能够成为行动模范的人，如所在公司的前辈、行业内的成功人士，以他们的做法为参照，也能最终做出自己的决定。

(2) 随着社会性的提高而发展。

目标的社会性,是以自己为起点,不断扩大自己所担负的责任范围。随着社会性的提高而发展的过程,经历了从利己的以自我为中心,到利他的以他人为中心的目标变化。

6. 制定目标时的注意事项

制定目标时的注意事项如下:

(1) 尽量分解目标,因为将大目标分解为很多比较容易达到的小目标,可以使人容易实现将来的大目标。

(2) 不求快速达到目标,因为"求快"就会对自己造成压力,欲速则不达。

(3) 不求制定很多目标,因为"求多"会让自己无力承担,丧失累积的勇气。

(4) 不中断,因为一旦中断,会影响累积的效果和意志,功亏一篑。

4.3 关于职业生涯目标

1. 职业生涯目标的定义与类型

职业生涯目标是指个人在选定的职业领域内未来时点上所要达到的具体目标,包括短期目标、中期目标和长期目标。

职业生涯目标的确定包括人生目标、长期目标、中期目标与短期目标的确定,它们分别与人生规划、长期规划、中期规划和短期规划相对应。一般情况下,我们首先要根据个人的专业、性格、气质和价值观以及社会的发展趋势确定自己的人生目标和长期目标,然后再把人生目标和长期目标进行分化,根据个人的经历和所处的组织环境制定相应的中期目标和短期目标。

(1) 人生规划:整个职业生涯的规划,时间长至40年左右,要设定整个人生的发展目标,如规划成为一个拥有数亿资产的公司董事。

(2) 长期规划:5~10年的规划,主要设定较长远的目标,如规划30岁时成为一家中型公司的部门经理,规划40岁时成为一家大型公司副总经理,等等。

(3) 中期规划:一般为2~5年内的目标与任务,如规划到不同业务部门做经理,规划从大型公司部门经理到小公司做总经理,等等。

(4) 短期规划:2年以内的规划,如2年内掌握哪些业务知识等。

在确定以上各种类型的职业生涯目标后,就要制定相应的行动方案来实现它们,把目标转化成具体的方案和措施。这一过程中比较重要的行动方案有职业生涯发展路线的选择、职业的选择以及相应的教育和培训计划的制订等。

2. 职业生涯目标设立的原则

目标决定人生的未来,关乎事业的成败。当我们已经厘清自己的愿景和人生目标后,就需要用更具体可行的目标来一步步向前推进。相信在目标的引领下,你的人生和事业必将更加精彩辉煌、风光无限。

人生的愿景和目标是多元的,整体目标的实现根本上还是在于职业生涯的目标实现。那么你的职业生涯目标该如何规划呢?它应该包括哪些内容呢?最有效的方法就是借助 4.1 节提及的 SMART 原则来设定好目标,该原则是在职业生涯规划目标设定中被普遍运用的法则。

(1) 明确性(Specific)。

用具体的语言清楚地说明要达成的行为标准,即要求目标清晰,切中特定的工作指标,这样才可以对行为产生导向作用。明确的目标几乎是所有成功人士和成功团队的一致特点。很多人不成功的重要原因之一就是目标定得模棱两可,或没有将目标有效地传达给相关人员。

例如,目标"我要事业有成"就无法清晰地引导我们的具体行为,因为不够具体。但"工作

15年后成为公司高管"或者"40岁时成为教授"就是很具体的目标了，有利于引导行动。

（2）可衡量性（Measurable）。

可衡量性是指目标应该是明确的，即目标必须是可以用指标量化的，而不是模糊的。应该有一组明确的数据，作为衡量是否达成目标的依据。如果设定的目标没有办法衡量，就无法判断这个目标是否实现。

目标的衡量标准遵循"能量化的量化，不能量化的质化"。在评估目标时有一个统一的、标准的、清晰的、可度量的标尺，杜绝在目标设置中使用形容词等做概念模糊、无法衡量的描述。对于目标的可衡量性应该首先从数量、质量、成本、时间、上级或客户的满意程度五个方面来进行考虑。如果仍不能进行衡量，可考虑将目标细化，细化成分目标后再从以上五个方面衡量。如果仍不能衡量，还可以将达成目标的工作进行流程化，通过流程化使目标变得可衡量。例如：

模糊的表达：我要多花些时间看望父母，多和孩子沟通。

可衡量的表达：我每月要至少看望父母3次以上，每星期与孩子在一起沟通的时间不少于5个小时。

模糊的表达：我希望这几年收入有所提高，能晋升到满意的职级。

可衡量的表达：5年内，我的年现金收入（或年薪）要达到15万元，我在公司要当上人力资源总监或副总经理。

（3）可实现性（Attainable）。

可实现性是指目标在付出努力的情况下可以实现，难易度要适中。一方面要能够达到，即不能难到超出了自己的能力范围，长久的挫败感会让目标失去动力效应；另一方面也不能是太容易实现的，唾手可得的目标其实也很难产生激励作用，同样缺少吸引力。

职业生涯规划目标的设定不只是你自己的事，它同时还依托于具体的职业平台——你的老板和公司对你是否可以达成目标都会有影响，所以要坚持与公司相关负责人协商，确保既对公司的整体目标有利，又能达成你的个人目标。要制定出跳起来"摘桃子"的目标，不能制定出跳起来"摘星星"的目标。例如，一个刚刚工作的大学毕业生设定的目标如下：

不切实际的表达：我要在2年内成为分公司的总经理！

可实现的表达：我要在2年内成为公司的销售经理。

（4）相关性（Relevant）。

目标的相关性是指实现此目标与其他目标的关联情况。如果这个目标与其他的目标完全不相关，或者相关度很低，那即使达到了这个目标，意义也不是很大。

因为毕竟职业生涯规划目标的设定，是要和人生目标相关联的，是要有利于职业生涯的整体提升的，不能跑题。那么要怎样平衡这种关联性呢？可从以下几点来考虑：

①个人目标与所在公司、部门目标相联结；

②个人目标与家庭目标和期望相联结；

③长期、中期、短期目标相联结；

④个人发展、经济事业、兴趣爱好、和谐关系四大目标系统平衡关联；

⑤目标之间彼此不冲突。

（5）时限性（Time-based）。

目标特性的时限性是指目标是有时间限制的，若制定一个没有时限的目标无异于没有目标。例如，"我将在2025年10月31日之前完成某事。""2025年10月31日"就是一个确定的时间限制。没有明确的时间限定的方式可能会造成无限拖延，在工作上可能会造成无法评估，也会带来考核的不公正，伤害工作关系，伤害下属的工作热情。在公司内，上下级之间对目标轻重缓急的认识程度不同，上司着急但下属不知道，到头来上司暴跳如雷，而下属觉得委屈。

无论是制定个人的职业生涯规划目标或绩效目标，还是团队的工作目标，都必须符合上述原则，五个原则缺一不可。另外，在设定目标时还需要回答"达不成怎么样"这个问题。简而言之，就是如果达不成应该有一定的惩罚机制，否则如果目标达成与没达成一个样，那人们对这个目标也就无所谓了。

我们的人生中需要目标，当有了明确的目标，就找到了人生努力的方向和持续动力的出路。树立目标的最大价值在于可以避免浪费时间，避免漫无目的地盲干，使你能集中精力去达到理想的目标。

4.4 实现职业生涯目标的途径

4.4.1 职业生涯目标的构成因素

从不同的维度来分析，目标可以划分出不同的种类。对职业生涯目标进行分类时，先对职业生涯目标的构成因素做一个了解。杰弗里·H. 格林豪斯提出了以下三个方面的构成因素。

1. 概念目标与行动目标

概念上的职业生涯目标只是对人们想参与的工作经历的一种本质性的概括，但还没有指明是哪种具体的工作或职位，这从总体上反映了个人的重要价值观、兴趣、才能和对生活方式的偏好。例如，某大学生的职业生涯目标是能够和自己所学的国际贸易专业对口，并且工作能够给他提供很大的锻炼和提升空间；工作的自由度大，能够和各种各样的成功人士打交道，并且能够有到世界各地出差的机会，这样就可以周游世界；公司最好在发达城市，这样各种机会都会相对较多。这就是一份对职业目标的概念性描述，体现了对工作性质、氛围和环境的要求，还在一定程度上体现了生活方式。行动目标其实就是把概念目标具体化为具体工作或岗位。行动目标是实现概念目标的一个具体手段，但不是终极目标。例如，上述概念目标其实就有很多种岗位可以满足和实现。

2. 表现功能与手段功能

目标表现功能即一个人通过相关工作经历而表现他的才能，从而获得成就感及生活方式的满意程度。目标的手段性功能，是指当一个目标实现了，就会引导下一个目标的产生。

3. 短期目标与长期目标

职业生涯目标的构成因素里天然包含时间要素，并且通过时间长短切割为短期目标与长期目标，目标也就自然体现了概念、行动、表现和手段因素。

从职业生涯目标构成因素中我们可以看到，职业生涯目标不会是单维度的，在目标的制定中其实是多维度的组合。

4.4.2 职业生涯目标的分解

职业生涯目标的分解从不同的维度来分析，可以划分出不同的种类。职业生涯目标分解其实就是按照不同维度对目标进行具体化，让职业生涯目标从概念目标、长期目标变成行动目标和短期目标，通过目标分解和量化，让目标的可操作性和可行性更加清晰明了。事实证明，倘若一个职业目标不可被分解的话，那么它的可行性往往是值得怀疑的。

现在我们先从两个维度分解职业生涯目标，然后再来看其组合。

1. 按性质可分解为外职业生涯目标和内职业生涯目标

美国职业心理学家施恩教授最早把职业生涯分为外职业生涯和内职业生涯。外职业生涯是指从事职业时的工作单位、工作地点、工作内容、工作职务、工作环境、工资待遇等因素的组合及其变化过程；内职业生涯是指从事一项职业时所具备的知识、观念、心理素质、能力、内心感受等因素的组合及其变化过程。与此相对应，职业生涯目标自然也就可以分为外职业生涯目标和内职业生涯目标。

（1）外职业生涯目标。

外职业生涯是指在职业生涯过程中所经历的职业角色（职位）及获取的物质财富的总和，它是依赖于内职业生涯的发展而增长的。

结合外职业生涯的内涵来看，外职业生涯目标主要侧重于职业过程的外在标记，主要包括工作成果目标、经济收入目标、工作地点、工作环境目标和职务提升目标、工作成果目标及其他目标等。外职业生涯目标大多指职业从外部获得的，是别人能给予我们的目标。

（2）内职业生涯目标。

内职业生涯是指在职业生涯发展过程中通过提升自身素质与职业技能而获取的个人综合能力、社会地位及荣誉的总和，它是别人无法替代和窃取的人生财富。

内职业生涯目标侧重于职业生涯过程中知识与经验的积累、观念与能力的提高和内心感受。这些因素的获得途径不是来自外部，而是自己要通过自身努力去获得和掌握的。而且这些因素既然是从内获得而非他人给予的，所以一旦拥有就是真正属于个人的，不可能被他人拿走和转移。

内职业生涯目标包括以下多个目标：

①能力发展目标。能力发展目标是指对自己在职业能力方面的预期发展要求，包含对自己的专业能力和一般能力、可迁移能力等的发展目标，诸如对自己的专业领域的能力、沟通协调能力、管理能力等的具体发展要求。

②心理素质目标。心理素质目标主要包括能经受挫折，正确对待成功，能够做到临危不惧、宠辱不惊。心理素质可以通过情绪智力的培训加以提高。

③观念提升目标。观念主要是指对人、对事的态度和价值观。观念目标是指自己在工作、学习中逐步形成的观念或态度。

④工作成果目标。这一目标是指发现和应用新的管理方法创造新的业绩等。工作成果本身属于外职业生涯目标，但在取得工作成果的过程中取得的知识、经验等则都属于内职业生涯目标，它重在强调取得工作成果时的内心收获或成就感。

⑤内心感受目标。自己对所从事的职业和工作的认可度。

内职业生涯目标和外职业生涯目标的关系如下：

二者之间实际上是一种表里互补互促的关系。在一定程度上我们可以说，当外部目标实现时，大多情况下其实也就是内部目标获得成功的过程，而内部目标实现则是外部目标达成的必要条件之一。

①联系：内职业生涯目标的发展带动外职业生涯目标的发展，外职业生涯目标的实现可以促进内职业生涯目标的实现。

②内职业生涯目标可以通过别人的帮助而实现，但并不是靠别人强加或赐予的，而主要是通过自身主观努力追求、不断探索而获得的。外职业生涯目标关注客观条件因素，侧重于职业过程的外在的、可以看得见的、可明确衡量的标记。

2. 按照时间维度可划分为短期职业目标、中期职业目标、长期职业目标和人生目标

因为时间跨度不同，职业生涯目标可以有多种划分方式，但总体上体现的是阶梯递进式思维方式。阶梯递进式思维方式，指的是时间方向是由近及远，将职业生涯目标划分为短期目标、中期目标、长期目标和人生目标。这种思维方式其实形象的比喻就是将我们一生的职业生涯用时间来做切割，短期目标就仿佛一个个的台阶，通过实现短期目标带领我们拾级而上，从而最终实现人生目标。在阶梯式递进中，短期目标和长期目标之间其实形成了一个链状结构，由短期目标构成中长期目标，然后又由中长期目标最终构成人生目标，而且我们可以看到短期目标是服从于长期目标的。需要说明的是，所谓长短其实不是既定的，只是相对而言，在这里结合大学生的实际情况做如下划分。

（1）短期职业目标：通常指1～2年的目标。

短期目标一般指在1～2年内的目标，是中期目标和长期目标的具体化。其主要特征有：服从和服务于中期目标；目标明确、具体、切合实际且具有可操作性；明确规定目标具体完成的时间；目标可能是自己选择的，也可能是组织安排、被动接受的；目标要适应环境，适当提高一点，通过努力能够达到。短期目标是实现长期目标的保证，没有短期目标，长期目标也就不能实现。特别是在职业生涯发展过程中，通过短期目标的达成，能体验到达到目标的成就感和乐趣，鼓舞自己为了取得更大的成就而向更高的目标前进。

短期目标必须清楚、明确、现实、可行；短期目标就仿佛是构成人生目标的一条条相互连接的链条，通过这个具体的可操作的步骤最终实现人生目标。每一个短期目标都设立输出目标和能力目标。输出目标是为达到长远目标而设定的具体实施目标，是能以标准衡量是否完成的目标。能力目标则是为达到输出目标所需要的相应能力。

（2）中期职业目标：一般指3～5年的目标。

中期目标一般为3～5年内的目标和任务，它相对长期目标要具体一些。其特征主要有：与长期目标保持一致；需要对目标实现的可能性做出评估；必须是结合自己的意向及组织的要求来制定的目标；除定性外，还要有数据等来做出定量说明；符合自己的价值观，能增强自己的成就感。

中期职业目标往往是一些需要在一定周期实现的目标，订立这个目标要符合周期，并便于检测。例如，学习一些相关技能、接受一些相关的培训等都需要一定的时间周期。其特点为：相对于短期目标而言虽有较明确的时间限制，但是可以有一定的弹性调整，是结合自我评估和生涯机会评估的要求来制定的目标，对实现的可能性可评估；可以用明确的语言来定量说明；一定程度反映自我价值观。

（3）长期职业目标：5～10年的目标。

长期目标一般指时间为5年以上的目标，通常是粗线条、不具体、可以随着形势的变化而变化的。长期目标为人生指明了方向，可鼓舞斗志，防止短期行为。例如，规划30岁时成为一家中型公司的部门经理，规划40岁时成为一家大型公司副总经理等。它的主要特征是：目标是个人认真选择的，目标与社会需求相吻合；目标有可能实现，但难以确定实现的具体时间，在一定的时间范围内实现都可以被视为达到了目标；目标符合自己的价值观，能鼓舞自己，为自己的选择而自豪。长期目标需要个人经过长期艰苦努力、不懈奋斗才有可能实现。确立长期目标时要立足现实、慎重选择、全面考虑，使之既有现实性又有前瞻性。

但是，每个规划的个体还是要根据自己的情况来确定时间周期。例如，同样是要在某职业领域取得成就，如在销售行业可能5年就算较长的周期了，而在科研领域这个时间就不算长。其实长期目标通常由于对外部环境变化的预测难度大，故而往往不具体。其特点为：目标尽可能与社会发展需求趋势相结合；着眼于未来，不能拘泥于当下现实；一般较清晰地体现自我价值观；能用语言进行定性说明；时间限制不是十分明确。

（4）人生目标：一个人一生的职业生涯的发展目标。

先通过职业生涯目标的选择方法，明确你的人生最终目标是什么。最终目标只有与自己的价值观相符才是有效的，并且最终目标一经确立就不要频繁更改。

一旦你确定了人生发展的最终目标，就要根据个人的经历和所处的环境将最终目标细化成长期、中期和短期目标。首先，把最终目标分解为若干个长期目标，每个阶段都有一个具体的目标；其次，把每一个长期目标继续分解成各个中期目标；最后，继续将中期目标分解为短期目标。短期目标更具体，对人的影响也更直接，是长期目标的组成部分。

上述目标是层层递进的关系，故而具体实施时也就自然是从短期目标开始，最终是为了实现人生目标。一般来说，短期目标服从和服务于中期目标，中期目标服从和服务于长期目标，长期目标又服从和服务于人生最终目标。

按照阶梯递进划分出来的目标链条，又可以按照递减的方式来制订相应的行动计划，时间方向则恰好反过来，由远及近，从人生目标反推到当下该做什么。例如，按照生涯目标来分别制订出10年、5年、3年、1年计划，再制订出月、周、日计划。

职业发展目标的实现不可能一蹴而就，正如俗话所说："一口吃不成胖子。"任何一个目标都是无法一步达成的，如果分成许多小的目标，就不需要天天想着那个离你很遥远的大目标而沮丧了，而只是想着离你最近的那个目标，行动起来就会更有动力，同时，当达到这些小目标的时候，也会进一步增加自信心。就像玩游戏过关一样，一关一关地过了，随着时间的推移，你的人生目标一定会水到渠成地实现。古人说："不积跬步，无以至千里；不积小流，无以成江海。"事实上，大成就是由小成就所累积而成的，大目标是由许多小目标的实现来逐步达成的。

因此，当你明确了职业目标以后，你还要懂得将它分解。我们需要根据观念、知识、能力差距将职业生涯长期的远大目标分解成许许多多相互之间有关联的、清晰具体的小目标，直至将目标分解为某个确定日期可以采取的具体措施。目标分解是将目标量化成可操作的清晰而又具体的实施方案的有效手段，是我们在现实环境和美好愿望之间建立起来的桥梁。

4.4.3 职业生涯目标的组合

职业生涯目标组合是指找到目标间的逻辑关系，然后将各个目标按照内在逻辑关系组合起来的过程，这有助于我们厘清不同目标的关系，有步骤、有计划地加以实施。职业生涯规划中要考虑先完成什么目标，后完成什么目标，以什么目标为主，以什么目标为辅。

职业生涯目标组合呈现的是对职业生涯的综合实施和系统性管理。目标组合不是要多头并进，而是通过组合有利于对生涯目标进行及时调整，体现的是系统推进、整体建构的思维方式。通过目标组合，整理出目标之间的逻辑关系，各个子目标之间虽然会有一定的排他性，但其实都是为人生目标服务的，会呈现出一定的互补性和因果性。目标组合的方法有很多种，这里只简单介绍三种组合，即按功能组合、按时间组合和全方位组合。

1. 按功能组合

按照各个子目标之间的关系，功能组合有两种。

（1）因果型组合。

因果型组合即目标的功能体现了因果关系，内职业生涯目标和外职业生涯目标之间就是典型的因果关系，只有当内职业生涯目标中的知识、能力、观念、身心素质实现了，外职业生涯目标才可能达到；反过来看，工作职务、环境和待遇等的提高恰恰是内职业生涯目标实现的结果。清楚了这一因果关系，就能有效地整合目标。例如，只有当你的学识、能力素养达到了相应的层次，职位才能到达相应的级别，待遇也就与之匹配，这就是一个典型的因果关系。但是，现实中因果关系的实现则不会是这样一一对应的单一路径。由于其他因素的干扰，很多事情不一定具备因就一定会得到果，能力、学识达到了不一定就能够晋升，但可以肯定的是没有因一定不会出现果。

（2）互补关系。

互补关系即目标之间从功能上能够实现互补，可以组合在一起。例如，一个高校教师的职业目标是成为一名优秀的高校教师，那么他的专业职务目标、学历目标和科研目标就形成了一种相得益彰的互补关系。又如，一个会计专业的学生要想成为一个优秀专业会计，那么注册会计师证书这个目标和其职业目标就是很好的功能互补关系。

2. 按时间组合

按时间组合的原则其实就是根据实现目标的时间长短来进行组合。例如，长期目标和短期目标可进行连续组合，同时短期目标则可进行并行式组合。

（1）连续组合。

连续组合就是按照时间长短进行的组合，短期目标进行链式或阶梯状的连接，当连续的短期目标逐个实现后，才能一步步实现中期目标和长期目标。

（2）并行式组合。

并行式组合主要是指两个目标之间是一种平行关系，当外部环境给个体发展提供了多种可能性时，这样就会产生多个不同方向的职业发展目标，此时若规划者有足够的精力来应对，就可以齐头并进。这种组合方式是一种居安思危的做法，但是需要较强的时间管理能力和坚韧的毅力。例如，一个法律专业的大学生，同时自修国际贸易专业的课程，这就是典型的并行式组合。这种组合方式为职业发展方向提供了更多的可能性和更宽的发展路径。

3. 全方位组合

这里的全方位就是与生涯规划的主旨相吻合。生涯规划与职业规划不同，生涯规划是我们整个人生的发展历程的规划，目标是让我们尽可能系统地考虑到多方面的因素，从而让自己适得其所。目标的全方位组合，实际上也就是要我们超越职业领域这个视野，关注事业与家庭的均衡，涵盖人生的全程来通盘考虑，尽可能实现自我、职业、家庭的协调发展。可见，职业生涯规划的视野不只在职业领域，生活也囊括其中；职业生涯只是我们生涯的一个部分，当然通常也是很重要的一个组成部分。

4.4.4 职业目标的实现

大多数身处职场的人都怀揣自己的职业理想，梦想早日实现自己的职业目标。那么，如何实现自己的职业目标呢？

1. 定目标

首先，你得有一个自己的职业目标。

定目标不能盲目，定得太低没有意义，定得太高又不切实际。如何定目标呢？最简单的方法就是找一个参照标杆，如公司里的某个人担任的某个职位。例如，你刚刚大学毕业，二十二三岁，公司有个副总三十五到四十岁之间，你就可以给自己定个目标：三十五岁做到副总的职位。

2. 找差距

目标定下来之后，你就要找出自己的现状跟目标之间的差距。这个差距是指职位上的差距和能力上的差距两个方面。不管差距有多大，都没有关系，有差距是正常的。

例如，你刚刚大学毕业参加工作，要想升到副总的职位，从现在到副总的台阶大概是基层员工、主管、部门副经理、部门经理、总监、副总。假设每个阶段需要两年时间，到副总的级别差不多是十年左右的时间，也就是说三十五岁做副总的目标是可行的。

这个时候你再去找每上升一个台阶，在专业能力上的差距是什么，在管理能力上的差距是什么，在见识上的差距是什么，在待人接物方面的差距是什么，在言谈举止方面的差距是什么。总之，把你认为存在的差距都找出来。

3. 列计划

差距找出来了，下面就要列出弥补差距的计划来。

我们已经假设两年一个台阶了，所以这个大计划的时间节点也就算定了下来，现在要做的是，这两年内的计划是怎样的。在这两年内要弥补的差距有多大？有哪些方面？这些方面要齐头并进还是各个击破？等等。想明白这些问题，就知道计划怎么列了。

4. 寻方法

有了计划，接下来就得寻方法。时间有了，内容有了，用什么方法呢？这要根据自己的精力、财力等进行综合考虑。

第一种途径：向上学。

一方面向这个岗位的上一任管理人员学习（如果他/她没有离职的话）。上一任管理人员对这个岗位的业务特点、难点、关键点等都非常熟悉，能够快速把你带入这个角色，这应该算是最简捷、高效、迅速了解这个岗位基本业务技能和素养的途径。另一方面向你的上级学习。一般来讲，上级对所管辖的业务单元都会比较熟悉，更重要的是上级对你这个岗位有更加明确清晰的期望和要求，更便于你找到差距、认识不足，以鞭策你尽快提高业务能力。这个学习途径的优点是能够快速掌握岗位基本的、核心的业务技能；不足之处在于很可能受到传授人经验和固定思维的限制而影响自身潜力的发挥。

第二种途径：横向学。

很多企业，横向上都会有相似甚至相同的岗位，如分厂厂长岗、车间主任岗、班组长岗等，多向这个岗位上其他有经验的同事学习，学习他们如何管人、如何理事、如何应对突发紧急情况等是不错的选择。这种做法的好处在于，可以从不同的人身上学到不同的经验，并加以甄别和综合运用，在相互交流的过程中促进彼此的成长；但有的人如果思想不开放，可能不愿意传授更多东西。

第三种途径：向外学。

可以通过参加与自己业务相关的培训班来学习。一些企业也会定期组织不同职级人员的能力提升班，培训相关的业务知识。一般情况下，培训班所学到的知识相对更全面一些；缺点是外部培训市场鱼龙混杂，讲师能力参差不齐，需要注意甄别后再加以应用。

第四种途径：网上学。

现在的网络越来越发达，尤其是移动互联网可以让大家随时随地查找自己想要了解的信息。这种学习方式的优点是及时、快速；缺点也很明显，那就是不全面、不系统。

第五种途径：书上学。

有的问题别人解释不清楚，网上解释不明白，这就需要从书本上去学，最好的方式是就一个问题同时买几本书来互相参考着读。例如，同一个问题，教科书里怎么说，管理专家怎么说，实践者怎么说，这样做可以更客观地认识这个问题，同时也便于更好地理解相关的术语和名词。这种方式的优点是系统性更好，缺点就是需要更多的耐心和时间来读书。

5. 抓执行

万事俱备，只差执行了。务必做到自律，做到知行合一，而不能光说不练，否则很难达成目标。职业道路上的每一步都是艰难的，每一个台阶都是奋斗出来的，不是靠"请客吃饭"或"轻轻松松，敲锣打鼓"就能够实现的，一定是撸起袖子干出来的。

4.5 明确职业定位

1. 职业定位的作用

职业定位准确，就会持久地发展自己。很多人事业上发展不顺利不是因为能力不够，而是选择了并不适合自己的工作。很多人并没有认真地思考一下"我是谁""我适合做什么"，也因为不清楚自己要什么，而无法体会如愿以偿的感觉。很多人把时间用在追逐不是自己真正适合的工作上，随着竞争的加剧会感觉后劲不足。准确定位，可以获得更加长足的发展。

职业定位准确，就会善用自己的资源。集中精力发展，而不是"多元化发展"，这是职业发展的一个规律。很多人多年来涉足很多领域，学习很多知识，可能每一项都没有很强的竞争力。

职业定位准确，就会排除外界的干扰，就不会轻易地放弃。过去，有的人选择工作，用现实的报酬作为准则，哪里钱多去哪里，什么时尚去哪里，你会发现头几年可能在待遇上会有一些差距，但是后来薪酬差距并不大，风水轮流转，今天时尚的过几年不时尚了，从前挣钱容易过几年挣钱不容易。有的人凭借机遇获得一个好职位，但是轻易地放弃了。给自己准确定位，你就会理性地面对外界的诱惑。

职业定位准确，就会让合适的用人单位招聘你，或者让你的上司正确培养你，或者让你的所有关系帮助你。很多人在写简历和面试的时候，不能准确地介绍自己，使得面试官无法迅速地了解你。有的人在职业上摇摆不定，使得单位不敢委以重任；有的人经常换工作，使得朋友们不敢积极相助。定位不准，就好像游移的目标，让人看不清真实的面目。

我们会逐渐发现，职业中的诱惑越来越多，竞争越来越多。如果你不能给自己准确定位，那么可能出现的情况是有了机遇看不到，找到的又不是适合自己的；或者找错了大方向，改变起来很难；或者得到的又轻易失去，走了好多弯路；或者精力分散，失去自己的优势地位。

2. 职业定位的原则

职业定位应遵守如下准则：

（1）择己所爱。

从事一项你所喜欢的工作，工作本身就能给你一种满足感，你的职业生涯也会从此变得妙趣横生。兴趣是最好的老师，是成功之母。调查表明，兴趣与成功概率有着明显的正相关性。在设计自己的职业生涯时务必注意：考虑自己的特点，珍惜自己的兴趣，择己所爱，选择自己所喜欢的职业。

（2）择己所长。

任何职业都要求从业者掌握一定的技能，具备一定的能力条件。而一个人一生中不可能将所有技能都全部掌握，所以在进行职业选择时你必须择己所长，从而更好发挥自己的优势。要运用比较优势原理充分分析别人与自己，尽量选择冲突较少的优势行业。

（3）择世所需。

社会的需求不断变化着，旧的需求不断消失，新的需求不断产生，新的职业也不断产生。所以在设计你自己的职业生涯时，一定要分析社会需求，择世所需。最重要的是，目光要长远，能够准确预测未来行业或者职业发展方向，再做出选择。择业时不仅仅要考虑有社会需求，而且要考虑这个需求是否长久。

（4）择己所利。

现阶段职业是个人谋生的手段，其目的在于追求个人幸福。所以你在择业时，首先考虑的是自己的预期收益——个人幸福最大化。明智的选择是在由收入、社会地位、成就感和工作付出等变量组成的函数中找出一个最大值。这就是选择职业生涯中的收益最大化原则。

3. 职业定位的"四定"原则

（1）"定向"。

方向定错了，距离目标会越来越远，可能还要走回头路，付出较大的代价。

在通常情况下，职业方向由本人所学的专业确定。但现实的情况是，很多人毕业后，并不能完全按照自己所学的专业来选择工作，"学非所用"的情况比比皆是。在这种情况下，就需要认真考虑，选择适合自己的职业岗位。有些大学生在学校里读了双学位，拿了几种职业等级证书，就业时就会比别人有更多机会。

（2）"定点"。

所谓"定点"就是确定职业发展的地点。例如，有些人毕业后选择去大城市，有些人选择到中小城市，还有些人则选择去边疆、大西北，这些都无可厚非。但应该综合多方面因素进行考虑，不可凭一时冲动。例如，有的人毕业留在大城市，认为那里经济发达，薪资水平较高，但忽略了竞争激烈、观念差异、心理承受能力，还有气候、水土等因素，结果时间不长又要跳槽。如果频繁更换工作地点，今天在这儿，明天到那儿，对职业生涯弊多利少。

(3)"定位"。

择业前要对自己的水平、能力、薪资期望、心理承受力等进行全面分析，做出较准确的定位。不可悲观，把自己定位过低；更不要高估自己，导致期望值过高。不要过分在意公司的名气、薪资的高低，只要这家公司、这项专业岗位适合自己，是自己所向往和追求的，就应该去试一试，争取被录用。确立从基础做起，逐步积累经验，循序渐进，谋求发展的思想理念，这样对你的职业生涯会有好处。

解决好职业生涯设计中"干什么""何处干""怎么干"这三个最基本的问题，职业生涯发展就会比较顺利。

(4)"定心"。

除了前述"三定"，其实还有很重要的"一定"，就是"定心"。心神不定，朝三暮四，怎能准确地"定向""定点""定位"呢？因此，无论做什么，都需要"定心"。

4．职业定位的方法

定位是自我定位和社会定位两者的统一，一个人只有在了解自己和了解职业的基础上才能够给自己做准确定位。

(1)要了解自己。

主要是了解自己的核心价值观念、动力系统、个性特点、天赋能力、缺陷等。方法：可以自我探索，可以请他人做评价，可以借助心理测验充分地了解自己。

(2)要了解职业。

包括职业的工作内容、知识要求、技能要求、经验要求、性格要求、工作环境、工作角色等。方法：询问业内的专家达10名以上，参照业内成功人士。

(3)要了解自己和职业要求的差距。

需要仔细地比较各个方面要求的差距。你可能会有多种职业目标，但是每个目标带给你的好处和弊端不同，需要根据自己的特点仔细地权衡选择不同目标的利弊得失，还要根据自己的现实条件确定达到目标的方案。

(4)要确定如何把自己的定位展示给面试官和上司。

确定了自己的职业取向和发展方向之后，你需要采用适合的方式传达给面试官或者上司，以获得入门和发展的机会。

5．职业定位的误区

(1)误区1：定位会使自己变得僵化。

其实定位不是静态的，而是动态的。当自我发生重大变化，当外部环境发生重大变化的时候，都需要重新定位。

(2)误区2：很多想要的会得不到。

我们要的很多，要做技术还要做管理，要有挑战还要休闲……人们担心定位会让自己受到限制。其实定位并不是确定一个固定的位置，而是确定和目标的距离。你可以确定多种目标，只是你要知道自己距离各种目标的远近程度，要知道达到目标需要付出怎样的努力。

(3)误区3：定位让自己失去机会。

这个误区较多体现在毕业生身上，如经常到处投放简历，甚至发给谁了都不知道；会取得很多的证书，认为这样得到的机会更多。其实，这样的漫天撒网更可能耗费你的时间和精力，而没有获得实质性的机会。

（4）误区4：应该让旁观者给自己定位。

其实，真正知道自己想要什么、喜欢什么、习惯做什么的是自己，领导、同事、朋友、家人都只能提供参考意见，并不能真实地了解你的"心"。所以，在定位这个问题上，首先要自己了解自己，然后再借助别人的帮助。

6. 职业定位的影响因素

（1）个人需求。

根据马斯洛的需求层次理论，人的需求按照从低到高的顺序依次为生存需求、安全需求、社交需求、尊重需求、自我实现需求。需求不同，决定着人们的职业追求和职业定位不同。

（2）职业价值观。

职业价值观是人们对某一职业的社会地位和成败得失的价值判断，是人生目标和处世哲学在职业定位方面的具体体现。

（3）职业期望。

职业期望也称职业意向，是人们希望从事某种职业的态度倾向，也就是个人对从事某一职业希望得到的回报和报偿。职业期望是个人职业价值观的直接反映。

（4）受教育状况。

第一，不同的教育程度决定着人们职业发展的不同能力；第二，人们接受教育的专业种类是职业发展最基本的立足点和出发点；第三，所在的院校不同，接受的教育思想不同，都会影响人们的职业定位与职业发展。

（5）家庭环境。

家庭的环境氛围和家庭成员的言传身教，经过长期的潜移默化，会使人形成一定的价值观念和行为模式；人们还会从家庭中自觉或不自觉地学习和掌握一定的职业知识与职业技能，进而影响人们的职业理想与职业定位。

（6）社会环境。

分为两个层次：一是宏观因素，包括政治形势、经济体制、社会文化、职业价值观等，它决定着人们职业选择与转换的自主权与相关决策；二是微观因素，包括本人就读的学校、单位、社区、家族关系、人际关系等，它决定着人们职业选择和转换的具体情境。

【交流探讨】

【探讨4-1】如何为自己的职业发展"定向"和"定位"

认真阅读以下"方法指导"材料，然后思考以下问题：

（1）你是否赞成"规划职业生涯，就是一个为自己的职业发展'定向'和'定位'的过程"的说法？

（2）你是否赞成"规划职业生涯要先'定向'再'定位'"的说法？

（3）你是否赞成"任何职业生涯规划都不是一劳永逸的，需要根据检查、评估结果，进行修正和适当调整"的说法？

（4）你是否赞成"规划的职业生涯目标不能太简单，也不能太大或太空，结合自身特征和社会环境制定适合自身的目标，才会对职业发展有更好的作用"的说法？

【方法指导】

规划好自己的职业生涯，就是为自己的人生找到一个可以追求的目标，在心里描绘出一片属于自己的蓝天，就会知道该往哪里去努力，而不是漫无目的地横冲直撞，或者犹豫不决没有方向。

为自己规划一个既符合自身情况和条件，又满足社会需求的职业生涯，并不是一件容易的事。规划好职业生涯，需要以敏锐的洞察力为基础，认清自我、认清环境、客观评价，把自己的美好愿望变成努力奋斗的目标。

职业规划就是根据自己的现状，确定既符合自身能力特点，又符合社会需求的职业。在规划职业生涯的时候，需要认清自我和社会环境，才能找准职业定位。

看清楚我是谁，需要从自己的职业兴趣、性格特点、能力倾向和自身所掌握的专业知识技能等方面进行自我评估。浓厚的兴趣是人追求成功的动力，性格特点能够明确自己适合什么样的岗位，能力倾向和知识技能是职业发展取得进步的保证，通过评估找到自己的兴趣爱好、专业特征和突出优势，明确自己能做什么、会做什么、想做什么。

每个人都要在社会中生存，做好职业生涯规划，还要对社会环境和自身环境因素进行评估。首先要考虑社会对职业的需求，然后考虑自身环境因素对职业发展的影响。这需要通过大量数据对社会经济形势和就业趋向进行深入研究，同时融入自身地域关系和人脉关系，做出综合分析和判断。

规划职业生涯，就是一个为自己职业发展定向和定位的过程，需要根据自己的兴趣爱好、职业特征和专业能力，明确职业发展方向和职业目标，要先"定向"再"定位"。

1. 定向

怎样定向？根据自己的兴趣爱好和专业能力找方向。分别列出自己的职业兴趣和职业技能，从中找到职业兴趣与专业能力的重合点，把产生的交集部分当作自己的职业发展方向。定向的范围不宜过于狭窄，可以宽泛一些，同时还要考虑社会需求。

2. 定位

有了职业发展方向，接下来要做的就是确定具体的职业目标。方向可以是宏观的，目标则需要缩小范围。例如，确定了自己的职业发展方向是法律，就要对法律方向进行详细分类，其中包括律师、司法人员、法律研究人员等多种职业发展目标，需要根据自己的分析判断进行选择。

3. 评估和调整

在职业生涯规划过程中，无论自身还是社会环境都在随着时间的推移而发生变化，并且很多事情是不可预料的，需要在实施过程中不断检查、评估和调整。

正确的评估可以检查职业生涯是否恰当，检查实现目标的可能性，还可以确定自己的努力方向。经常结合自身的个性特征和社会环境变化，对职业生涯规划设计进行评估，有利于及时发现自身特点与实现目标的匹配度是否存在变化。

任何职业生涯规划都不是一劳永逸的，需要根据检查、评估结果，进行修正和适当调整，使之更加符合自身职业特征和社会需求。修正目标的重点是细节和具体策略，细节会影响职业目标的实现，具体策略则会将修正的结果落实到实际行动中，确保取得成功。

规划的职业生涯目标不能太简单，也不能太大或太空。结合自身特征和社会环境制定适合自身的目标，才会对职业发展有更好的作用。规划好职业生涯可以更好地了解自己，了解社会的需要和发展，更好地挖掘自己的潜能，增强自己的实力。所以，为了职业梦想去努力才会事半功倍。

【探讨4-2】从行业、区域、企业、人岗匹配四个方面分析如何确定职业发展方向

（1）根据所学专业，你打算选择哪一个行业？

（2）根据就读学校所在城市与家庭所在区域，你更倾向选择哪些区域或城市就业？

（3）求职时，国有企业、集体企业、外资企业、中外合资企业和民营企业中，你比较愿意去哪类企业就业？你选择企业时，会更多关注哪些主要因素？

（4）就业时你认为"人岗匹配"重要吗？你认为人与岗位的哪些要素需要匹配？

【方法指导】
1. 选对行业——行业是否和国家的政策扶持导向高度关联

职业发展目标和计划的设定，是一个需要通盘考虑的问题，是外在大环境与个人发展计划相配套的产物。不可否认的是，个人的职业发展与整个行业的背景息息相关。行业的背景决定了发展所能达到的理论范围，其实也决定了个人的努力所能达到的发展深度。

确定行业的定位，首先需要考虑的是该行业是否得到国家相关政策的扶持和引导。在这方面，需要关注国家的行业经济动态，甚至要了解一下行业经济的世界格局和发展趋势。这就好比做金融投资一样，在掌握国内行业政策因素的情况下，还需要考虑国外的行业发展趋势，来做出综合性的判断。例如，2016年12月，国务院印发《"十三五"国家战略性新兴产业发展规划》，在这个规划中特别提到，战略性新兴产业发展要实现的目标之一是：到2020年，战略性新兴产业增加值占国内生产总值比重达到15%，形成新一代信息技术、高端制造、生物、绿色低碳、数字创意等5个产值规模10万亿元级的新支柱，并在更广领域形成大批跨界融合的新增长点，平均每年带动新增就业100万人以上。由于能源短缺和科技的快速发展，世界经济的主体在今后会逐渐转向节能环保和高新技术制造的发展方向。

我们在选择行业定位的时候，如果能首先考虑到这些外部大环境，那么我们在行业中的发展是有一个很好的环境大背景作为支撑的，今后的职业发展空间也会是比较开阔的。

如何找到更有发展前景的职业呢？这就需要结合行业的发展阶段来进行判断了。时代在发展，行业也有周期，个体想要踩中职业发展的机会，必须选对行业，找到规模足够大、有潜力、值得加入的行业。

一个行业从开始出现到逐渐兴盛，再到稳定成熟进而衰退，有其自身规律。作为从业者，如果不能在红利期进入，个人的职业发展肯定会受到一定的阻碍，简单来说就是工作比较难找、升职空间比较有限。

所以，在选择行业的时候，需要考虑清楚以下几点：

（1）这个行业的规模足够大。

如果身处一个比较小众的行业，甚至快到"夕阳"阶段的行业，作为从业者真的会比较难受。就像现在的传统纸媒行业，本身行业规模有限，又受到网络的冲击，那么从业者本身也很难"吃"到红利，工作起来压力很大。

（2）这个行业处在上升期。

处于上升期的行业，一般是在行业的中早期阶段，这一阶段人才需求相对较大但供给不足，这时候入行门槛较低，而且为了吸引人才，企业提供的薪酬也会比较可观。如果你恰好在这个阶段进入一个即将飞速发展的行业，未来的成长速度将值得期待。

（3）这个行业在你所在城市有不错的发展机会。

职业的选择，本身也要考虑工作地域，所以还得看一个行业在自己想去的城市是否有不错的发展机会，或者退而求其次寻找这个行业在哪些城市有比较好的机会。

对于上述选择行业的原则，我们可以从哪些途径获取相关信息呢？

首先要利用的就是搜索引擎，例如，在百度搜索未来十年最有前景的行业，可以了解到很多对未来行业的预测和分析（需要理性判断、甄别，避免被误导）。当然，我们还可以去招聘网站查询行业薪酬等情况。通过这些信息，我们能够了解当下热门的行业，从而帮助自己做出更加理性的决策。

此外，想要了解某个具体行业未来的发展趋势，还需要关注知名专业机构定期发布的行业研究报告。

当然，这些信息都比较碎片化，而且都相对笼统，所以需要进行整理：

首先，罗列出通过资料搜集到的未来十年有不错前景的行业；其次，通过招聘网站的报告，或者搜索相关岗位，了解这个行业的企业、薪酬、人才需求等；最后，研究专业的行业报告，了解其未来的市场空间、目前的主流企业及分布、人才缺口等，找到适合的切入点。

2. 选好区域——是否为工作所在地区倡导的支柱产业

在考虑世界经济和国家政策导向的大背景下，接下来需要考虑的是工作所在地区的产业配套问题。国家的产业政策是跨区域的均衡分布格局，每个区域会根据自身的特点和优势，优先选择适合本地区的产业发展战略。

以上海为例，除了贯彻国家的产业发展战略规划，上海还结合本地区的特点和发展优势，优先发展高端服务业，如文化创新、金融服务、国际航运、多媒体技术、新型旅游业、集成电路研发等产业。在做行业定位时，优先选择这些行业，个人的职业发展前景将更为广阔。

3. 选准企业——企业在该行业中所处的地位是否高以及产品市场前景是否好

在选择所在发展行业的具体企业时，需要重点考虑的是该企业在行业内部所处的地位，以及产品的定位是否符合行业客观发展的需要。看一家企业在行业内的地位，除了看该企业的规模和实力之外，更多要看它的经营理念和企业文化。决定一家企业是否有足够的发展潜力，重点要考察这家企业是否有先进的企业文化和管理模式。或者可以说，一家有社会使命感的企业，即使现在还仍然弱小，但只要具备正确的管理模式和经营思路，它就有很大的自我发展空间。

了解一家企业的产品的市场发展前景，其实就是预测这家企业未来的发展前景，需要考虑的是该企业的产品是否具有一定的超前性和可预见的市场规模。也就是说，一家企业的产品在未来所占的市场份额，决定了这家企业在今后行业格局中所占的份额和地位。

4. 人岗匹配——个人能力与价值观和企业岗位要求与文化之间的契合程度如何

当我们完成了行业定位和企业选择之后，接下来需要考虑的是个人能力素养与岗位胜任能力的匹配程度。

每家企业在岗位上的胜任能力标准都是不同的，所以在确认个人能力素养是否胜任某个岗位时，需要认真思考岗位胜任力的具体标准有哪些。这些标准大多从企业岗位描述中可以看到，例如，需要具备哪方面的专业背景和培训经历，需要哪些相关的工作背景，需要掌握哪些专业的工作技能等。

需要强调的是，岗位胜任标准是可见的，每家成熟的企业都有相关的胜任力模型，是比较硬性的指标。例如，岗位胜任力模型内容包括了和工作技能相关的指标，如逻辑思维、智力因素、人际沟通能力、团队精神、领导力、组织管理能力、执行力等方面的描述，这些都是可以通过相应的专业学习和技能培训去达成的。

但是，有些岗位胜任力标准可能是隐形的，属于软性指标，有时不会以文字形式直接反映出来。这些隐形的部分更多的可能是和心理素质有关，如心理健康、认知因素、宽容心、抗挫折压力能力、情绪管理能力等。这些心理因素往往容易受到周边环境和他人的影响。所以，对于判断个人是否适应岗位的要求，有时候心理的因素也是很关键的。

有些岗位除了必要的专业能力之外，有时还需要有比较强的心理素质才能胜任。例如，有的营销类岗位需要经常出差或者经常加班，对于有些抗压、抗挫折能力弱的人来说，就不一定适合。有些属于服务性质的岗位，对于那些缺乏耐心和宽容度，或者容易受环境影响而情绪不稳定的人来说，长期从事这类工作也会比较困难。

个人价值观和企业文化之间的匹配度，是选择一个企业的重要问题。每家企业的文化，代表了这个企业的工作环境和人际氛围。人具有社会性特征，不可能脱离环境和群体独自生活。不可否认的是，一家企业的工作环境和人际氛围也是会影响到员工的工作情绪的。所以，作为个人要先梳理自己的价值观、理念和内心需求到底是什么，哪些是自己最看重的，哪些是自己无法接受的。例如，有的人比较具有进取心，竞争意愿强烈，有很强的自我实现欲望，如果到了一个等级秩序严密、人浮于事、岗位发展空间有限的工作环境，可能就无法发挥出个人的能力特长。同理，有的人注重人际关系和谐、轻松自由的工作氛围，期望有较高的工作自主性和弹性工作时间，如果进入一个注重工作流程规范、企业文化严谨、重视绩效和时间管理、人际关系比较冷漠的工作环境，无形中的压力就会比较大，同样也无法做出应有的成绩。

所以，在选择企业和岗位前，需要做一个自我评估，充分挖掘自身能力和价值观与企业文化和岗位胜任力之间的契合点，也就是找到一个最佳平衡点，一个和自己内心需求比较吻合的工作环境和人际氛围。只有这样，个人的发展才能跟随企业的发展步伐，获得同步的发展。

以上所提到的个人发展与企业之间的关系，包括行业选择与地区产业配套、国家政策导向等，其实是高度匹配和互相影响制约的关系。

如果个人在职业定位时能把外在的环境因素做一个整体性的考虑，那可以说我们已经为个人的职业发展选择了一个很好的外部环境，这是一个大方向上的选择；再加上个人的持续努力，那么今后的职业发展是有充分的外部环境支持来提供保证的。

【探讨4-3】感觉迷茫时，应该做些什么来找对自己的方向

认真阅读以下"感觉迷茫时，应该做些什么来找对自己的方向"内容，围绕以下话题展开讨论：

（1）在你的成长过程中，是否有过迷失方向的感觉？产生迷茫感觉的原因是什么？
（2）根据你的成长经历，谈谈如何认知自我，走出迷茫，找到正确的人生方向。

感觉迷茫时，应该做些什么来找对自己的方向

每天按部就班地工作、生活，某天突然觉得生活沉闷无趣，觉得眼前的一切都不是你想要的，但你又说不清楚自己到底想要什么。就好像在一团迷雾中行走，不知道自己该走向哪里。

如果你遇到这样的情况，那么你大概率是遇到了人生的"迷茫期"。

每个人在成长的过程中，都难免会有失去目标、举棋不定的时候。如果你正处于这样的阶段，别害怕，这不过是寻找自我的路途中必须经过的一关。

1. 为什么有时会感觉迷茫

感觉迷茫一般来说有两个原因：

（1）没有清晰的自我认知，所以不清楚未来的目标。

仔细想想，你真的了解自己吗？你不妨试着回答以下问题：

你是谁？你想成为什么样的人？你喜欢做什么事情？你适合什么样的工作？你的未来要追求什么？

不少人可能无法顺利回答这些问题。想想看，你都不了解自己，不知道自己想要什么，怎么可能不感到迷茫呢？

所以说，对自己没有清晰的认知，是我们感到迷茫的重要原因。

只有认识自我，清楚自己想要的到底是什么，才能更好地做出选择。

（2）你面临的选择太多，不知道该怎么选才是对的。

除了对自身缺乏充分、正确的认知，迷茫的另一个原因是我们面临太多的选择，但却无法确定哪一个选择才是"最优解"。

想想看，大学毕业之后，是继续深造还是早点开始工作？

工作之后，进"996"［指早上9点上班、晚上9点下班，中午和傍晚休息1小时（或不到），

每天工作10小时以上，并且一周工作6天的工作状态。"996"违反国家法定劳动时间规定，此处仅指劳动时间强度较大的情形]类企业奋斗，还是找一份朝九晚五的工作？

留在家乡还是去北上广深一线大城市？

每一个选择都各有优劣，你哪边都放不下，一山望着一山高，当然也会觉得迷茫。

2. 如何找到自己正确的人生方向

迷茫的时候，我们该怎么做，才能找到正确的人生方向呢？

想要走出迷茫，最重要的就是建立起清晰的自我认知。以下将从兴趣、性格、能力这三个方面入手，来描绘我们的"自我画像"，然后建立长期目标，用来指引我们当下的行动。

（1）了解自己的兴趣。

做自己喜欢的事情时，我们才愿意投入更多的时间和精力，也才会拥有更多的创造性。

从事喜欢的工作，你才更容易取得成功。

不妨想想看，你到底喜欢做什么呢？如果你一时之间没有答案，可以借助"霍兰德职业兴趣代码"来做一个简单的判断。

每个人都有自己的兴趣爱好。例如：

有的人喜欢和事物打交道，不善与人沟通、交流（现实型R）；

有的人喜欢思考研究问题，对一些哲学、科学问题充满兴趣（研究型I）；

有的人喜欢过有序的生活和工作，希望确切地了解工作的要求和标准，不喜欢随意变动（常规型C）；

有的人善于自我表达，喜欢音乐、艺术、绘画，思维活跃（艺术型A）；

有的人喜欢和朋友表达自己的观点，说服和领导他人（管理型E）；

有的人则富有爱心，喜欢帮助他人，乐此不疲（社会型S）。

"霍兰德职业兴趣代码"指出，不同兴趣对应着不同的兴趣代码，也对应着不同的潜能和职业培养。

例如，如果你的兴趣代码是SIC，就意味着你的主要兴趣领域是S（社会型），次要领域是I（研究型）和C（常规型）。

那么你在选择职业时，首先选择的领域可以放在社会型上，如心理咨询师、社会工作者、教师等职业；其次在此基础上再筛选I型和C型的相关工作。

总的来说，你的职业选择和能力培养，最好与自己的兴趣相对应，这样你才能事半功倍，逐步达成自己的目标。

感兴趣的读者可以做一下"霍兰德职业兴趣测试"，这是能直观认识自我的途径之一。定期与自我"对话"，我们才不会被迷茫困住。

（2）了解自己的性格。

要一个内向的人强行做社交类工作是非常痛苦的，要一个外向的人天天伏案工作也是非常痛苦的，想要找到正确的人生方向，选择适合自己性格的工作也非常重要。

迈尔斯-布里格斯性格分类指标（MBTI）指出，人的性格多种多样，其中可以细分为能力倾向维度：外向（E）、内向（I）；信息接受维度：感觉型（S）、直觉型（N）；信息处理维度：思考型（T）、情感型（F）；行动方式维度：判断型（J）、知觉型（P）。

而每一个性格代码都有着不同的含义。例如：

外向型（E）的人善于从外部寻找解决问题的答案，遇到问题喜欢找人诉说；内向型（I）的人则善于自我调节，遇到问题喜欢自己独自解决，较少求助于他人。

感觉型（S）的人观察事物比较细致，注重细节，他给你指路，会具体到每一个指向性事物；而直觉型（N）的人则比较抽象，让他指路，会较为抽象，往往用左右、前后等词汇来形容。

思考型（T）的人比较客观，就事论事，较少考虑情感因素；而情感型（F）的人则比较喜欢换位思考，注重他人感受，做事容易瞻前顾后。

判断型（J）的人喜欢按计划办事，自我要求严格；知觉型（P）的人则喜欢灵活变通，不喜欢被束缚。

假设，某个人的性格代码是 ESFP，意味着这个人性格特点是友善、外向、包容，喜欢与人共事，思维灵活，具备迎接挑战的能力，同时也意味着在职业选择上他可以从事帮助人、服务人的工作，如教师、心理咨询和社工等。

通过 MBTI 职业性格测试，可以轻松获得自己的性格代码，并以此为参照，从容选择最想做的事情。

（3）清楚能力边界。

不知道大家有没有听说过股神巴菲特的"能力圈"理论？

可以说巴菲特一生的成就离不开"在能力圈内做事"这个原则。他认为，自己不懂的事情就不要去做。于是，巴菲特投资几十年来，对科技互联网企业一直非常谨慎，哪怕错过很多投资机会，他也不愿意投资自己不懂的事情。他甚至公开声称，绝对不碰比特币，给出的理由非常简单：因为不懂。

投资高手需要在能力圈内做事，作为普通人的我们更是需要清楚自己的能力边界，以免把自己宝贵的时间浪费在一些看似可能成功，实则没有什么希望的事情上。

例如，你完全不懂投资知识，就不要给自己定下在股市里大赚 100 万元的目标；如果你完全不懂企业运营，就不要要求自己辞职之后马上就能开一家公司；更简单来说，如果你还不会走，就别想着翻着跟头跑。

踏踏实实走好自己能力范围内的每一步，才不会庸人自扰，才会走得更远。

当然，清楚自己的能力边界并不意味着要故步自封，我们可以通过学习、实践来不断学习新知识，来拓宽自己的能力范围。

做有把握的事情，我们才不会深陷迷茫。

（4）建立长期目标。

想要避开迷茫的困扰，一定要建立长期目标，为什么这么说呢？看看图 4-1。

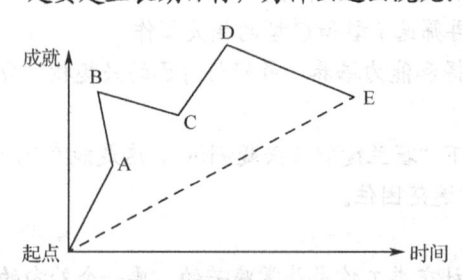

图 4-1 成长过程中的几个目标点

假设 E 点是你的人生追求，如果你早早知道这个目标，你可以从起点开始奋起直追，直达终点。两点之间直线最短，知道长期目标，你就可以避免一些无用功，高效取得成功。

可是，如果你在迷雾中行走，那你可能就像图中那样，从起点开始，兜兜转转去了 A 点、B 点、C 点、D 点这些可能无关紧要的地方，白白消耗了自己的青春。

想要不迷茫，我们的人生就一定要有一条主线，可以根据这条主线，来安排你的阶段性计划，把庞大的目标拆解成切实可行的每一小步。

举个例子，假设有个职场新人的长期目标是"拥有一家年收入 100 万元的公司"，他可以把这个目标拆解为寻找创业的点子、学习相关的知识、积累自己的人脉、正式开始创业。

年收入100万元这个目标,也可以进行细致的拆解,例如,第一年赚5万元,第二年赚15万元,第三年赚30万元,第四年赚60万元,第五年可以冲刺100万元。

围绕着长期目标推进自己的人生,每一步都会有所收获,又怎么会深陷迷茫呢?

迷茫并不可怕,这不过是我们前进路上必经的阶段。想要摆脱迷茫,首先必须对自己有清晰的认知。通过探索自己的兴趣、性格和能力,我们能构建起清晰的"自画像",这能帮助我们认清自己到底喜欢什么、想要什么、能做什么。

接着,还要建立长期的目标,并把宏大的目标拆解成切实可行的每一小步,来引领我们此刻的行动。

认识自我,付出行动,相信我们都会走出迷茫,迎接曙光。

(资料来源:知乎,本书引用时内容有删减)

【训练提升】

【训练4-1】职业生涯规划目标的设立

设立职业生涯规划目标能让你勇敢地去追逐梦想,去了解自己。当我们不知道要什么、如何去要时,可以通过设立职业生涯规划目标加以明确。建议找一个时间,静静地坐下来,拿起你的纸与笔,一步一步来做。也许,你没有一次做完所有的步骤,没有关系,第二天再找一个时间,继续你未完的内心历程。建议在一周内完成这个练习,然后经常拿起来看看,你会慢慢发现,你的眼光开始变得敏锐起来,你能在生活、工作、人际关系中快速地发现有助于实现自己目标的因素,并引为己用。几周内,你的内心会越来越稳定而有方向感。别人会开始注意到你的改变。几个月内,你会发现自己的一些目标在一步一步变为现实。你在无形中,走到一个令自己与他人惊讶的高度。

步骤1:先开始编织美梦,包括你想拥有的、你想做的、你想成为的、你想体验的。

现在,请坐下来,拿一张纸和一支笔,动手写下你的心愿。在你写的时候,不必管那些目标该用什么方式去达成,尽量写即可。

直到你觉得没有什么可以写的时候,你可以看看下面几个问题并回答它们,这些问题会引导你去了解自己内心深处的渴求。这会花上你一些时间,但你现在的努力,将为下一步丰盛的收获打下基础。

(1) 在你的生活中,你认为哪五件事情最有价值?

(2) 在你的生活中,有哪三个最重要的目标?

(3) 假如你立刻成为百万富翁,在哪些事情上,你的做法会和今天不一样?

(4) 有哪些事是你一直想做,但却不敢尝试去做的?

(5) 在生活中,有哪些活动,你觉得最重要?

(6) 假如你确定自己不会失败(拥有充实的时间、资源、能力等),你会敢于梦想哪一件事情?

回答完这些问题后,把你所列出的所有目标分成以下六个类型:

(1) 健康。

(2) 修养/知识。

(3) 爱情/家庭。

(4) 事业/财富。

(5) 朋友。

(6) 社会。

步骤2:审视你所写的,预期希望达成的时限。

你希望何时达成呢？有实现时限的才可能叫目标，没时限的只能叫梦想。

步骤 3：选出在这一年里对你最重要的四（也可以增加到六）个目标。

从你所列出的目标里选择你最愿意投入的、最令你跃跃欲试的、最能令你满足的四件事，并把它们写下来。现在建议你明确地、扼要地、肯定地写下你实现它们的真正理由，告诉自己能实现目标的把握和它们对你的重要性。如果你做事知道如何找出充分的理由，那你就可能充分发挥自己的潜能，因为追求目标的动机比目标本身更能激励我们。

步骤 4：核对你所列的四个目标是否与以下形成结果的五大规则相符。

（1）用肯定的语气来预期你的结果，说出你希望的而非不希望的；

（2）结果要尽可能具体，还要明确给出完成的期限与项目；

（3）事情完成时你要能知道完成了；

（4）要能抓住主动权，而非任人左右；

（5）是否对社会有利。

步骤 5：列出你已经拥有的各种重要的资源。

当你进行一个计划，就得知道该使用哪些工具。列出一张你所拥有资源的清单，里面包括自己的个性、朋友、财物、教育背景、时限、能力以及其他。这份清单越详尽越好。

步骤 6：当你做完这一切，请你回顾过去，思考有哪些资源你运用得很纯熟。

回顾过去，找出你认为最成功的两三次经验，仔细想想是做了什么特别的事才造成事业、健康、财务、人际关系方面的成功，请记下这个特别的原因。

步骤 7：当你做完前面的步骤后，现在请你写下要达成目标本身所具有的条件。

【训练 4-2】探析择业的方向与目标

在收集企业招聘信息时，有一条招聘信息你比较感兴趣，相关内容如下：

【企业名称】×××教育科技有限公司

【职位名称】销售代表/销售业务员

【职能类别】渠道/分销专员/销售工程师

【岗位职责】

➢ 负责智慧校园产品智能讲台的销售工作，完成公司下达的任务。

➢ 负责市场及客户资料的收集整理。

➢ 负责客户需求的调研及反馈。

➢ 负责客户售前服务工作。

➢ 按照要求进行客户分类管理以及详细记录客户联系情况。

➢ 按照要求制订销售工作计划。

➢ 经过系统培训后熟练讲解智能讲台产品。

➢ 渠道开发，掌握片区销售网络。

➢ 能积极做好新产品的铺市推广工作，执行公司促销活动。

➢ 能按照公司协议规定，及时与客户对账和结款，确保货款正常回收。

➢ 能与客户建立良好的客情以及合作伙伴关系。

【岗位要求】

➢ 20～35 岁，大专及以上学历，男女不限，具备良好的沟通能力以及语言组织能力，普通话流利。

➢ 熟练掌握 Office 办公软件，能熟练处理市场数据并运用于工作。

➢ 3 年以上的销售工作经验，有一定的客户资源者及从事过教育或互联网行业销售者优先。

> 具备完成任务的身体条件和素质，抗压能力强，能吃苦耐劳。
> 阳光开朗，主动性强，善于沟通，有明确的目标，品行端正。

【工资待遇】
> 底薪 2000 元+高额提成+奖金。
> 工作时间：每天 7 个小时，5 天工作制，周末双休，加班可调休。
> 公司购买五险一金。
> 提供国家规定的法定节假日、婚假、年假等。
> 节日福利。

【公司信息】
公司是一家致力于教育智能化研究和开发，专注互联网、物联网、人工智能、云计算、区块链技术在教育智能化方面应用开发的高科技公司，拥有科技研发中心——成都分公司，并与科研院所和企业合作，共同开发云智慧校园、云智慧教室和大型立体综合教学场，具有强大的科研能力和市场竞争力。已经开发的智慧教学核心产品——全球首款多屏融合式 AI 讲台成为智慧校园建设的基础产品，为开启教育技术装备 3.0 时代，打通智慧校园建设"最后一公里"具有十分重要的意义。

根据以上招聘信息，结合你的专业能力、性格特点、兴趣爱好等，从价值认同、生存性、成长性、社会功能性四个方面探析该招聘岗位是否符合你择业的方向与目标。

【参考材料】
择业时，要认真思考择业的目标与方向。

1. 价值认同

你要选择的职业和公司是否与自己坚守的价值观相符合？这点非常重要。根据马斯洛的需求层次理论，人们在满足基本的生理需求之后，便会增加更高层次的精神需求。而一旦自己所选择的职业和公司从一开始就存在价值观方面的分歧，那么当谋生这一基本功能实现以后，你会发现自己无法进一步得到更高层次需求的满足，那么你的所有努力便会功亏一篑。所以，在择业的时候，必须确定价值的认同度，切不可只看到眼前的待遇等因素就匆忙做决定。

2. 生存性

生存性是指这份工作可以养活自己，这是择业必须考虑的因素。这里面包括工作地点、工作时间、工资待遇、行业前景等。

▲ 工作地点决定了你必备的生活条件，如买房或者租房、交通工具、附近生活设施和学区的情况等。

▲ 工作时间的长短会影响你的个人时间分配，例如，工作时间太长，那么个人自由支配的业余时间太短，就不适合那些热衷于休闲娱乐等业余生活的人。

▲ 工资待遇主要与个人的家庭条件有密切关系，而且工资的弹性和增长性也是要重点考虑的方面之一。如果从事一份工作 10 年、20 年，其待遇一成不变，那么这份工作的生存性便很低。

▲ 行业前景决定了这份职业的可持续性，是"夕阳行业"，还是"朝阳行业"，对于个体的机会成本影响巨大。

3. 成长性

成长性关注的是个体，思考的是自我对这个公司、这份职业的兴趣度有多少，自我在这个公司和这份职业中的发展空间有多大。

▲ 兴趣不仅决定了你对这份职业的专注和投入程度，也决定了你从这份职业中将获得多少幸福感。请记住以下两句格言：

兴趣是最好的老师。

天才，就是强烈的兴趣和顽强的入迷。

▲ 发展空间对于个人很重要。一个可成长性强的职业和公司可以给个体提供广阔的发展平台，包括强有力的支持系统、宽松的创新环境、富有激励的成长体系等。个体在这里可以通过努力获得自己所梦想的所有成就、财富与生活！

4. 社会功能性

这里指的是这份职业、这个公司能够给予个人的社会功能多少能量和支持。换句话说，个体在这个公司中能够获得多少社会功能，包括：

▲ 社交能力、范围和情感体验。通过这份工作，可以让自己融入怎样的社会阶层和圈子？拥有怎样的社交生活和情感体验？获得怎样的社会资源和利益？

▲ 与生活的融合度和幸福感。这份工作与自己的生活融合度是否紧密？是否成为生活不可或缺的一部分，还是一种阻碍？工作中的幸福感如何？

▲ 个体对组织的归属感、荣誉感、获得感、幸福感。个体在组织中是快乐、愉悦、和谐的，还是痛苦难耐的？个体对集体的依附性如何？组织对个体的关照力如何？

【训练4-3】职业定位测试

职业锚理论是由美国著名的职业指导专家施恩教授在1978年提出的。职业定位测试（职业锚测试）测量的是个人内心深处价值观、能力和动机的整合，帮助个人在面临职业选择时认清"真实的自我"。

职业定位测试就是最佳职业定位，是一个人在长期的职业生涯实践中通过内外部条件、因素的比较，自觉主动选择最有利于自身发展和能做出最大贡献的职业定位。职业定位测试主要适用于对自己的职业有所了解的在职员工。

表4-1给出了40个问题，根据你的实际情况，从数字1到6中选择符合你情况的描述。这里的数字1~6表示得分，其中，数字1表示这种描述完全不符合我的想法，数字2表示我偶尔会这么想，数字3表示我有时会这么想，数字4表示我经常这么想，数字5表示我频繁这么想，数字6表示这种描述完全符合我的日常想法。提醒：除非你非常明确，否则不需要做出极端的选择。

表4-1 职业定位测试

题号	测评内容	得分					
		1	2	3	4	5	6
1	我希望做我擅长的工作，这样我的内行建议可以不断被采纳						
2	当我整合并管理其他人的工作时，我非常有成就感						
3	我希望我的工作能让我用自己的方式，按自己的计划去开展						
4	对我而言，安定与稳定比自由和自主更重要						
5	我一直在寻找可以让我创立自己事业（公司）的创意（点子）						
6	我认为只有对社会做出真正贡献的职业才算是成功的职业						
7	在工作中，我希望去解决那些有挑战性的问题，并且胜出						
8	我宁愿离开公司，也不愿从事需要个人和家庭做出一定牺牲的工作						
9	将我的技术和专业水平发展到一个更具有竞争力的层次是成功职业的必要条件						
10	我希望能够管理一个大公司（组织），我的决策将会影响许多人						
11	如果职业允许自由地决定自己的工作内容、计划、过程，我会非常满意						

续表

题号	测评内容	得分 1	2	3	4	5	6
12	如果工作的结果使我丧失了自己在组织中的安全稳定感，我宁愿离开这个工作岗位						
13	对我而言，创办自己的公司比在其他的公司中争取一个高的管理位置更有意义						
14	我的职业满足来自我可以用自己的才能去为他人提供服务						
15	我认为职业的成就感来自克服自己面临的非常有挑战性的困难						
16	我希望我的职业能够兼顾个人、家庭和工作的需要						
17	对我而言，在我喜欢的专业领域内做资深专家比总经理更具有吸引力						
18	只有在我成为公司的总经理后，我才认为我的职业人生是成功的						
19	成功的职业应该允许我有完全的自主与自由						
20	我愿意在能给我安全感、稳定感的公司中工作						
21	当通过自己的努力或想法完成工作时，我的工作成就感最强						
22	对我而言，利用自己的才能使这个世界变得更适合生活或居住，比争取一个高的管理职位更重要						
23	当我解决了看上去不可能解决的问题，或者在必输无疑的竞赛中胜出时，我会非常有成就感						
24	我认为只有很好地平衡了个人、家庭、职业三者的关系，生活才能算是成功的						
25	我宁愿离开公司，也不愿频繁接受那些不属于我专业领域的工作						
26	对我而言，做一个全面管理者比在我喜欢的专业领域内做资深专家更有吸引力						
27	对我而言，用我自己的方式不受约束地完成工作，比安全、稳定更加重要						
28	只有当我的收入和工作有保障时，我才会对工作感到满意						
29	在我的职业生涯中，如果能成功地创造或实现完全属于自己的产品或点子，我会感到非常成功						
30	我希望从事对人类和社会真正有贡献的工作						
31	我希望工作中有很多机会，可以不断挑战我解决问题的能力（或竞争力）						
32	能很好地平衡个人生活与工作，比达到一个管理职位更重要						
33	如果在工作中能经常用到我特别的技巧和才能，我会感到特别满意						
34	我宁愿离开公司，也不愿意接受让我离开全面管理的工作						
35	我宁愿离开公司，也不愿意接受约束我自由和自主控制权的工作						
36	我希望有一份让我有安全感和稳定感的工作						
37	我梦想着创造属于自己的事业						
38	如果工作限制了我为他人提供帮助和服务，我宁愿离开公司						
39	去解决那些几乎无法解决的难题，比获得一个高的管理职位更有意义						
40	我一直在寻找一份能够最大限度地减少个人和家庭之间冲突的工作						

从表 4-1 的 40 道题中挑出 3 个得分最高的项目（如果得分相同，则挑出最感兴趣、最符合日常想法的 3 项），在每个项目得分的后面再加 4 分，例如，第 40 题得了 6 分，则该题应当再加 4 分，变为 10 分。将每一题的得分（其中三项应多加 4 分）填入表 4-2 中，然后按照"列"进行分数累加，得到每列的总分。

表 4-2　项目得分统计

类型	TF 型		GM 型		AU 型		SE 型		EC 型		SV 型		CH 型		LS 型	
	题号	得分	题号	得分	题号	得分	题号	得分	题号	得分	题号	得分	题号	得分	题号	得分
得分项	1		2		3		4		5		6		7		8	
	9		10		11		12		13		14		15		16	
	17		18		19		20		21		22		23		24	
	25		26		27		28		29		30		31		32	
	33		34		35		36		37		38		39		40	
总分																

先将表 4-2 中的统计结果按得分值从高到低排序，得到排序结果。再与同学进行交流，列出"别人眼中的你"的排序结果。最后综合评判给出一个排序，结合以下的职业锚类型的说明判断你的职业锚情况。

附：职业锚类型的说明。

（1）技术/职能型职业锚（TF 型）。

始终不肯放弃的是在专业领域中展示自己的技能，并不断把自己的技术发展到更高层次的机会。希望通过施展自己的技能以获得别人认可，并乐于接受来自专业领域的挑战。可能愿意成为技术/职能领域的管理者，但管理本身不能给你带来乐趣，极力避免全面管理的职位，因为这意味着你可能会脱离自己擅长的专业领域。

（2）管理型职业锚（GM 型）。

始终不肯放弃的是升迁到组织更高的管理职位，这样你能够整合其他人的工作，并对组织中某项工作的绩效承担责任。你希望为最终的结果承担责任，并把组织的成功看作是自己的工作。如果目前在技术/职能部门工作，你会将此看成积累经验的必须过程，你的目标是尽快得到一个全面管理的职位，因为你对技术/职能部门的管理不感兴趣。

（3）自主/独立型职业锚（AU 型）。

始终不肯放弃的是按照自己的方式工作和生活，希望留在能够提供足够的灵活性并由自己来决定何时及如何工作的组织中。如果你无法忍受任何程度上的公司的约束，就会去寻找一些有足够自由的职业。你宁可放弃升职加薪的机会，也不愿意丧失自己的独立自主性。为了能有最大限度的自主和独立，你可能创立自己的公司，但你的创业动机与创造/创业型职业锚的人的动机是不同的。

（4）安全/稳定型（SE 型）。

始终不肯放弃的是稳定的或终身聘用的职位。你希望有成功的感觉，这样你才可以放松下来。你关注财务安全（如养老金和退休金方案）和就业安全。你对组织忠诚，对上级领导言听计从，希望以此换取终身聘用的承诺。虽然你可以达到更高的职位，但你对工作的内容和在组织内的等级地位并不关心。任何人（包括自主/独立型职业锚的人）都有安全和稳定的需要，在财务负担加重或面临退休时，这种需要会更加明显。安全/稳定型职业锚的人总是关注安全和稳定问题，并把自我认知建立在如何管理安全与稳定上。

（5）创造/创业型职业锚（EC 型）。

始终不肯放弃的是凭借自己的能力和冒险愿望，扫除障碍，创立属于自己的公司或组织。你希望向世界证明你有能力创建一家企业。现在你可能在某一组织中为别人工作，但同时你会学习并评估未来的机会，一旦你认为时机成熟，就会尽快开始自己的创业历程。你希望自己的企业有非常高的现金收入，以证明你的能力。

（6）服务型职业锚（SV型）。

始终不肯放弃的是做一些有价值的事情，例如，让世界更适合人类居住，解决环境问题，增进人与人之间的和谐，帮助他人，增强人们的安全感，用新产品治疗疾病等。你宁愿离开原来的组织，也不会放弃对这些工作机会的追求。同样，你也会拒绝任何使你离开这些工作的调动和升迁。

（7）挑战型职业锚（CH型）。

始终不肯放弃的是去解决看上去无法解决的问题、战胜强硬的对手或克服面临的困难。对你而言，职业的意义在于允许你战胜不可能的事情。有的人在需要高智商的职业中发现这种纯粹的挑战，如仅仅对高难度、不可能实现的设计感兴趣的工程师。有些人发现处理多层次的、复杂的情况是一种挑战，如战略咨询师仅对面临破产、资源消耗尽的客户感兴趣。还有一些人将人际竞争看成是挑战，如职业运动员，或将销售定义为非赢即输的销售人员。新奇、多变和困难是挑战的决定因素，如果一件事情非常容易，它立马会变得令人厌倦。

（8）生活型职业锚（LS型）。

始终不肯放弃的是平衡并整合个人的、家庭的和职业的需要。你希望生活中的各个部分能够协调统一向前发展，因此你希望职业有足够的弹性允许你来实现这种整合。你可能不得不放弃职业中的某些方面（例如，晋升带来跨地区调动，可能打乱你的生活）。你与众不同的地方在于过自己的生活，包括居住在什么地方、如何处理家庭事务及在某一组织内如何发挥自己。

模块5　职业生涯规划与决策

人每天都要面临各种选择——选择生活、选择路线、选择未来，每一个选择的背后都是对耐心的考量。而站在职业生涯决策十字路口的我们，又该如何战胜职业决策困难呢？

生活中，我们常听到这样几句话，"我有选择恐惧症""我好纠结""我太难了"，网购、点餐、选课、交友……都面临着不同程度的选择。而当我们站在职业生涯决策的十字路口，需要做出一个影响人生发展方向的重大决策时，又该如何权衡和取舍呢？

诺贝尔曾经说过："有什么样的选择，就有什么样的人生。"的确，人生实际上是一个不断选择的过程，我们现在就读的学校、所学的专业，实际上就是过去选择的结果。我们现在所做出的选择，又在继续决定着我们的未来。职业生涯的选择是人生事业发展的关键点之一，直接关系到人生事业发展顺利与否。只有找到最适合自己的职业，充分发挥自己的优势，才能彻底地掌控自己的命运，展现辉煌的人生。

【分析思考】

【案例5-1】探讨马雁28年的职业生涯

认真阅读以下"工作28年，马雁迎来了人生第三次转折"内容，然后探讨以下问题。

（1）文中提到的马雁，其28年职业生涯可以划分为哪几个阶段？以表格形式列出每个阶段的起止时间、工作单位、工作岗位或职位、主要工作成绩以及实现的阶段目标。

（2）你认为马雁成功的秘诀是什么？马雁的28年职业生涯有哪3次转折？3次转折是否存在换工作单位、跨专业就业的现象？

工作28年，马雁迎来了人生第三次转折

时光倒回，初入职场

1991年，23岁的马雁从中科大计算机应用专业毕业，被分配到了黄山电子有限责任公司工作。这是一家大型国有企业，工作轻松，待遇不错，还是铁饭碗，她的工作让周围的朋友很羡慕。

当时马雁的工作内容是研发电算化财务软件：20世纪90年代，市场上金蝶、用友软件还没有成熟问世，国内大部分企业的财务还是采用手工记账，效率低、容错差。

很多企业想要淘汰简陋的手工记账，但苦于国内没有引进成熟的电算化系统，只能"自力更生"，组织人手自主研发电算化财务软件。

当时的马雁怎么也料想不到，计算机专业毕业的她，后半生却与财务结下了不解之缘。

作为所在国企中"自研软件"大军中的一员，马雁因为扎实的编程专长以及缜密的逻辑思维，很快被长期接洽的财务领导看中，入职不久，她就被调到了财务科计算机室，专心研究及编制会计电算化软件，帮助企业甩掉手工账。

自此，马雁迎来了人生第一次转折。

"我终于找到了热爱一生的事业。"说起这段经历，她的眸子里闪着光。

十年磨砺，初露锋芒

初入财务部，马雁就明白，想要成为一名合格的财务人，仅凭一腔热情是不行的，还要熟练掌握财务工作技能。

工作中学习到的财务技能，已渐渐不能满足她，她知道，想要获得更快速的成长，必须主动出击。

于是，她开始利用几乎所有工作之余的时间，从基础开始，自学财务知识。

"从经济学原理到数学公式,从概率学到统计学,从成本核算到税务法则,每搞懂一个新领域,就像打开一扇新世界的大门,我能感知到自己在不断地进步,对未来的路也更加坚定、明晰。"

凭借自身果敢坚韧的性格,她啃下了一本本大部头专业会计学著作。

1997年,她顺利考取了"会计师资格证",成为当时公司里一起报考的财务人员中唯一一个一次性考过的。

2001年,马雁辞去国有大型企业会计电算化工作,这一年,刚好是她参加工作的第十年,手握"会计学"和"计算机工程"两本证书,以及深厚的财务知识储备,她顺利加入"荣事达-美泰克中美合资公司",担任财务部报表主管职务。

破局而出,迎接新的战场

2004年,一家中韩合资企业邀请马雁担任财务总监,这家企业开出的薪资待遇非常诱人,马雁考虑再三,还是决定留下来。不久后,美的正式并购荣事达,马雁以"外来军"的身份进入美的集团,担任美的集团成本管控经理。

"未来的路还很长,不用着急当大官,现在想来,很庆幸自己做了正确的决定。"

自此,马雁迎来了人生第二次转折。

十五载,一身战绩,未来何向

自2004年正式加入美的,历经15载,马雁亲眼见证美的的高速发展,更亲自带领团队不断完善美的的财务管理体系,以支持美的的业务扩张。

"美的的商业模式中,财务对企业发展占很大的主导性,我们的财务体系借鉴了很多西方企业的财务管理经验,简单来说,就是财务引导核算,预算指导业务。"

企业的发展,像一场没有硝烟的战争,里面包含了众多马雁的青春和成长。

如今,已身居美的财务总监的她,一个人的时候,常在想,很庆幸自己当初选择了财务这条路,那么未来呢,人生还有没有新的可能?

突破瓶颈,柳暗花明

早在2016年,马雁就曾参加了教育培训机构高顿财税学院的《非财务经理的财务课程》,2019年3月,马雁无意中看到GFTT(GFTT为高顿企业内部非财培训师认证计划)课程的介绍,马上被吸引住了。

"马总,你讲的有些财务知识太专业了,我们不是财务出身,听不太懂。"

想起自己经常在企业内部给业务做培训的场景,她已经在美的做了9年的内训,对所有财务知识信手拈来,可是面对业务人员却总有使不上力的感觉。

2019年5月,马雁正式报名了GFTT,成为广州第六期的学员。

第一天开课,试讲环节,她主动为小组成员做记录,因为其开朗的性格以及精彩的试讲,被同学们推举为小组长,更受到了搭档的高度赞扬,被评为"金牌搭档"。

"我们这群人来自不同的地方,怀揣着不同的目的学习GFTT。有的同学是为了做好内训工作;有的同学和我一样希望成为职业讲师;有的同学是企业决策者,为了推进公司业财融合。虽然目的不同,但是最后我们成为志同道合、共同进步的朋友。"

被问到对GFTT课程印象最深刻的地方,马雁坦言:"高顿的讲师,真的是大师中的大师,有幸成为高顿的门生,并在迷茫期遇到GFTT,我非常幸运。参加GFTT,让我发掘了自己的讲师天赋,原来自己守着一座宝藏,但是不懂得开掘方法。"

工作28年,马雁迎来了人生第三次转折。

孜孜以求,不忘初心

学习结束后,马雁乘胜追击,自发在企业内部组织实战演练。

实战中,她准备了超万字的演讲资料,不再像原来一样照本宣科,而是用更形象的比喻和案例为业务讲述专业的财务知识。

"我第一次真正感受到了业务对我的讲课内容的认可,他们听懂了,还和我讨论了很久,坚定了我成为职业讲师的决心。现在的我,对未来充满希望,好像又回到了28年前刚入行时特别求知的阶段。我很喜欢这样的自己。"马雁微笑着说。

【案例提示】

马雁工作28年,经历了以下3次人生转折:

1991年,23岁的马雁从中科大计算机应用专业毕业,被分配到了黄山电子有限责任公司工作。

1997年,她顺利考取了"会计师资格证",成为当时公司里一起报考的财务人员中唯一一个一次性考过的。

2001年,马雁辞去国有大型企业会计电算化工作,这一年,刚好是她参加工作的第十年。

2004年,马雁以"外来军"的身份进入美的集团,担任美的集团成本管控经理。自2004年正式加入美的,历经15载,马雁亲眼见证美的的高速发展,更亲自带领团队不断完善美的的财务管理体系,以支持美的的业务扩张。

2019年5月,马雁正式报名了GFTT,成为广州第六期的学员,培训结束后顺利成为一名职业讲师。

【案例5-2】探析林同学的生涯决策平衡单

基本情况:林同学,女,某大学教育技术学本科专业三年级学生,性格外向,开朗活泼,喜欢与人交往,口头表达能力很强,是学院学生会干部,组织能力强。还有一年就要毕业了,她考虑自己的职业有3个发展方向:中学信息技术教师、销售经理、考取计算机专业硕士研究生。

以下是她的具体想法:

※中学信息技术教师

林同学认为这个职业是她的本专业,有最大的专业优势,工作也比较稳定,但目前社会需求量并不大。

※销售经理

林同学希望用5年的时间能实现这个目标,认为这个职业符合自己的性格、兴趣的需要,同时她也有利用暑期和课余时间兼职做过一些销售的经历,她认为可以利用自己的专业来帮助自己做好销售工作。

※考取计算机专业硕士研究生

林同学的父母都是老师,他们希望林同学能够继续深造,以后到大学担任计算机专业教师。但林同学认为,虽然高校教师工作稳定,收入也高,但她不喜欢计算机专业的教学工作,且考研也有一定的困难。

表5-1是林同学利用生涯决策平衡单做出的职业决策的结果。

表5-1 利用生涯决策平衡单进行职业决策

考虑因素		重要性的权数(1~5)	加权分数					
			中学教师		销售经理		大学教师	
			+	−	+	−	+	−
个人物质方面的得失	1-1 符合自己的理想生活方式	5		3	9		5	
	1-2 适合自己的处境	4	8		9		7	
	1-3 有较高的社会地位	3	5			3	9	
	1-4 工作比较稳定	5	9		9		9	

续表

考 虑 因 素		重要性的权数 (1~5)	加 权 分 数					
			中学教师		销售经理		大学教师	
			+	-	+	-	+	-
他人物质方面的得失	2-1 优厚的经济报酬	4	5		8		9	
	2-2 足够的社会资源	5	8		7		9	
个人精神方面的得失	3-1 适合自己的能力	4	8		9		7	
	3-2 适合自己的兴趣	5	5		9			8
	3-3 适合自己的价值观	5	6		9			5
	3-4 适合自己的性格	4	7		9		6	
	3-5 未来发展空间	5		3	9		9	
	3-6 就业机会	4	3		8		9	
他人精神方面的得失	4-1 符合家人的期望	2	6		5		9	
	4-2 与家人相处的时间	3	7		4		9	
加权后合计			312	30	399	54	384	65
加权后得失差数			282		345		319	

综合平衡之后，市场销售经理是较为符合林同学的职业生涯目标。在进行职业选择时，林同学最为看重的是：是否符合自己的兴趣、职业价值观，职业是否有发展空间，是否是自己的理想生活的需要等。

【案例启示】

生涯决策平衡单为我们提供了一个衡量各种价值在我们心目中比重的机会，让我们直观地看到了自己想要的价值，同时用量化的方法呈现出来，它是一个很好的决策工具。当然这并不是说一定要按照总分的高低进行决策，决策既是一个理性分析的过程，同时也是一个情感投入的过程。乔布斯曾经说过："要追随你的内心和直觉，它会把你带到你想去的地方。"因此，决策的过程其实是理智与情感的综合考虑的过程，既要追随内心真实的愿望，又要考虑外界现实环境的条件。

【学习领会】

5.1 关于职业生涯规划

1. 职业生涯规划

古语有云："吾生也有涯，而知也无涯。"对于职场中的人来说，职业也是有期限的，这就是职业生涯。

职业生涯规划（简称生涯规划），又叫职业生涯设计，是指个人与组织相结合，在对一个人职业生涯的主观和客观条件进行测定、分析、总结的基础上，对自己的兴趣、爱好、能力、特点进行综合分析与权衡，结合时代特点，根据自己的职业倾向，确定其最佳的职业奋斗目标，并为实现这一目标做出行之有效的安排。

职业规划就是对职业生涯乃至人生进行持续的、系统的计划的过程。一个完整的职业规划由职业定位、目标设定和通道设计三个要素构成。

2. 职业生涯规划的期限

职业生涯规划的期限一般划分为短期规划、中期规划和长期规划。

（1）短期规划。为3年以内的规划，主要是确定近期目标，规划近期完成的任务。

（2）中期规划。一般为3～5年，主要是规划3～5年内的目标与任务，要在近期目标的基础上设计中期目标。

（3）长期规划。其规划时间一般为5～10年，主要设定较长远的目标。

3．职业生涯规划的主要原则

职业生涯规划的主要原则如下：

（1）清晰性原则。目标措施是否清晰明确？实现目标的步骤是否直截了当？

（2）变动性原则。目标或措施是否有弹性或缓冲性？是否能依据环境的变化而进行调整？

（3）一致性原则。主要目标与分目标是否一致？目标与措施是否一致？个人目标与组织发展目标是否一致？

（4）挑战性原则。目标与措施是否具有挑战性？还是仅保持其原来的状况而已？

（5）激励性原则。目标是否符合自己的性格、兴趣和特长？能否对自己产生内在激励作用？

（6）合作性原则。个人的目标与他人的目标是否具有合作性与协调性？

（7）全程原则。拟定生涯规划时必须考虑到生涯发展的整个历程，做全程的考虑。

（8）具体原则。生涯规划各阶段的路线划分与安排必须具体可行。

（9）实际原则。实现生涯目标的途径很多，在做规划时必须考虑到自己的特质、社会环境、组织环境以及其他相关的因素，选择确定可行的途径。

（10）可评价原则。规划的设计应有明确的时间限制或标准，以便评价、检查，使自己随时掌握执行状况，并为规划的修正提供参考依据。

4．个人职业生涯的阶段

个人职业生涯和主要目标可分为以下六个阶段。

（1）探索阶段：学生。

在这个阶段的主要目标是发现兴趣、学习知识，开发工作所需的技能，同时也发展价值观、动机和抱负。

（2）进入阶段：应聘者。

这个阶段的主要目标是进入职场得到工作，成为单位的新员工。

（3）新手阶段：实习生、职场新人。

要学会自己做事、被同事接受，学习面对失败，学习处理混乱、竞争和冲突，学习自主。在这个阶段的主要目标是了解单位，熟悉操作流程，接受组织文化，学会与人相处，并承担责任，发展和展示技能与特长，迎接工作的挑战，在某个领域形成技能、创造力和革新精神。

（4）持续阶段：任职者、主管。

个人绩效可能提高，也可能不变或降低。在这个阶段的主要目标是选定一项专业或进入管理部门，保持竞争力，继续学习，力争成为专家或职业经理；或是更新技术，提高培训和指导的能力，转入需要新技能的新工作，开发更广阔的工作视野。

（5）瓶颈阶段：高层经理。

在这个阶段已经接近顶端，此时的主要目标是再度评价自己的才干、动机和价值观，进一步明确职业抱负和个人前途，接受现状或争取更高发展，建立与他人的人际关系，成为一名良师益友，学会发挥影响力与指导力，扩大、发展或深化技能，选拔和培养接班人。

（6）急流勇退阶段：生涯开发停滞或衰退者将面临困境。

在这个阶段的主要目标是学会接受权力、责任、地位的下降，并接受因此而转变的新角色，培养工作之外的兴趣，寻找新的兴趣源，评估自己的职业生涯，着手计划退休，可从管理者转向咨询角色，在公司外部的活动中找到自我的新定位。

每个人所选择的道路不一定和别人一样。因此，分析你的需求和长期及短期目标，并认识到可能面临的阻碍，如自己的知识基础、观念、思维方式、技能和心理素质，制订自己的提升计划，向外界寻求帮助，这些都将有利于个人职业生涯的规划。

5. 职业生涯科学设计的前提

树立正确的职业生涯发展信念是事业成功的基本前提，所以，在制定职业生涯规划时，首先就要确立人生志向，期望人生取得更大发展，这是制定职业生涯规划的关键。

（1）正确的职业理想，明确的职业目标。

职业理想在人们职业生涯设计过程中起着调节和指南作用。一个人选择什么样的职业，以及为什么选择某种职业，通常都是以其职业理想为出发点的。任何人的职业理想必然受到社会环境、社会现实的制约。社会发展的需要是职业理想的客观依据，凡是符合社会发展需要和人民利益的职业理想都是高尚的、正确的，并具有现实的可行性。大学生的职业理想更应把个人志向与国家利益和社会需要有机地结合起来，到祖国和人民最需要的地方发挥光和热，留下无悔的青春记忆。

（2）正确进行自我分析和职业分析。

首先，要通过科学认知的方法和手段，对自己的职业兴趣、气质、性格、能力等进行全面认识，清楚自己的优势与特长、劣势与不足。避免设计中的盲目性，使设计高度适宜。其次，现代职业具有自身的区域性、行业性、岗位性等特点。要对该职业所在的行业现状和发展前景有比较深入的了解，如人才供给情况、平均工资状况、行业的非正式团体规范等。还要了解职业所需要的特殊能力。

（3）构建合理的知识结构。

知识的积累是成才的基础和必要条件，但单纯的知识数量并不足以表明一个人真正的知识水平。人不仅要具有相当数量的知识，还必须形成合理的知识结构。没有合理的知识结构，就不能最大限度发挥其创造的功能。

（4）培养职业需要的实践能力。

综合能力和知识面是用人单位选择人才的依据。一般来说，进入岗位的新人，应重点培养满足社会需要的决策能力、创造能力、社交能力、实际操作能力、组织管理能力和自我发展的终身学习能力、心理调适能力、随机应变能力等。

（5）参加有益的职业训练。

职业训练包括职业技能的培训、对自我职业的适应性考核、职业意向的科学测定等。可以通过"三下乡"活动、大学生"青年志愿者"活动、毕业实习、校园创业及从事社会兼职、模拟性职业实践、职业意向测评等进行职业训练。

6. 职业生涯规划的步骤

大学毕业生告别校园走向社会，第一步就要为自己的职业生涯做一个科学合理的规划。职业生涯设计应结合主观和客观条件，遵循以下步骤：

（1）确定志向。

志向是事业成功的基本前提，没有志向，事业的成功也就无从谈起。俗话说："志不立，天下无可成之事。"立志是人生的起跑点，反映着一个人的理想、胸怀、情趣和价值观，影响着一个人的奋斗目标及成就的大小。所以，在制定生涯规划时，首先要确立志向，这是制定职业生涯规划的关键，也是你的职业生涯中最重要的一点。

（2）自我评估。

自我评估的目的是认识自己、了解自己。因为只有认识了自己，才能对自己的职业做出正确的选择，才能选定适合自己发展的职业生涯路线，才能对自己的职业生涯目标做出最佳选择。一般来说，自我评估主要包括对个人的需求、能力、兴趣、特长、性格、气质、学识、技能、智商以及组织管理、协调、活动能力等方面的分析，以确定什么样的职业比较适合自己，自己具备哪些能力。

大学毕业生职业规划中，进行准确的自我评估非常重要，这一工作其实并不是即将毕业的大学生才应考虑的问题，所有在校大学生都应该注重这方面的观察和总结。对自己的评估应包括兴趣、性格、技能、特长、思维方式等，要将自我认识与他人评价相结合。

（3）分析客观条件与评估生涯机会。

职业生涯机会评估主要是评估各种环境因素对自己生涯发展的影响，包括对长期机会和短期机会的评估。短期的规划比较注重组织环境的分析，长期的规划更多地注重社会环境的分析。

在制定个人的职业生涯规划时，要对各种职业环境和组织环境进行分析，分析环境条件的特点、环境的发展变化情况、自己与环境的关系、自己在这个环境中的地位、环境对自己提出的要求，以及环境对自己的有利条件与不利条件等。通过社会环境的分析，结合本人的具体情况，评估有哪些长期的发展机会；通过对组织环境的分析，评估组织内有哪些短期的发展机会。只有调整好自身条件与客观条件的匹配度，才能在职业发展规划中趋利避害，使职业生涯规划更具实际意义。

（4）职业方向定位。

通过自我评估及生涯机会评估，结合生涯发展愿望，可初步确立个人的职业发展方向，如具体的行业/领域、职业、职位、希望发展的高度等。

明确的职业发展方向是大学毕业生走向社会、实现就业的第一要素，明确方向也是事业成功的基本前提。先确定自己想要什么，然后沿着这个方向去努力。

（5）确立职业生涯目标。

职业生涯目标的确定是职业生涯规划的核心，一个人事业的成败，很大程度上取决于有无正确且适当的目标。没有目标如同驶入大海的孤舟，四野茫茫，没有方向，不知道自己走向何方。只有树立了目标，才能明确奋斗方向，目标犹如海洋中的灯塔，引导你避开险礁暗石，走向成功。

职业生涯目标的设定是以自己的最佳才能、最优性格、最大兴趣、最有利的环境等信息为依据的，通常包括人生目标、长期目标、中期目标与短期目标的确定，它们分别与人生规划、长期规划、中期规划和短期规划相对应。首先要根据个人的专业、性格、气质和价值观以及社会的发展趋势确定人生目标和长期目标，然后再把人生目标和长期目标进行细化，根据个人的经历和所处的组织环境制定相应的中期目标和短期目标。

从目前的就业环境来看，选择职业发展目标时，切忌贪高贪快。要保证目标适中，同时也不可过高或过低，并将长期目标和短期目标结合起来，通过不断实现短期目标，最终实现长期目标。

（6）制定行动方案与实施计划。

在确定了生涯目标后，行动变成了关键的环节。没有达成目标的行动，目标就难以实现，也就谈不上事业的成功。这里的行动是指落实目标的具体措施，主要包括工作、训练、教育、轮岗等方面的措施。例如，为达成目标，在工作方面，你计划采取什么措施提高你的工作效率；在业务素质方面，你计划学习哪些知识、掌握哪些技能来提高你的业务能力；在潜能开发方面，你计划采取什么措施开发你的潜能；等等。这些都要有具体的计划与明确的措施，而且这些计划要特别具体，以便于定时检查。

确定了职业发展目标后，要通过一系列发展规划来确保目标的实现，并把发展目标转化成具体的方案和措施。这一过程中比较重要的行动方案有职业生涯发展路线的选择、职业的选择，以及相应的教育和培训计划的制订。

（7）职业生涯评估与反馈。

职业生涯的评估与反馈过程是个人对自己的不断认识的过程，也是对社会的不断认识的过程，是使职业生涯规划更加有效的有力手段。

影响职业生涯规划的因素有很多，有的变化因素是可以预测的，而有的变化因素难以预测。要使生涯规划行之有效，就必须不断地对生涯规划进行评估与修订。其修订的内容包括职业的重新选择、职业生涯路线的重新选择、人生目标的修正、实施措施与计划的变更等。

（8）根据个人需要和现实变化，不断调整职业发展目标与计划。

俗话说"计划赶不上变化"，社会在不断发展，时代在不断进步，职业规划也要随时间的变化而及时进行调整，以适应社会的需要和发展。

职业生涯规划能够顺利落实，还必须遵守一些基本原则，即实事求是、切实可行、与组织目标协调一致。

5.2 职业决策

1. 决策

决策是人们为各种事情出主意、做决定的过程。它是一个复杂的思维操作过程，是信息搜集、加工，最后做出判断、得出结论的过程，是在多项选择间的权衡利弊的过程，其中心环节是抉择，即对各种方案做出优劣判断，进行取舍。

2. 生涯决策

生涯决策是指对生涯事件的选择和决定的过程。做决定是人成长过程中的重要环节，一些重要决定甚至可能成为影响一生的里程碑。生涯方向和目标定位以及道路选择对生涯发展起着决定性作用，因此，生涯选择中体现出的生涯决策能力就显得更为重要。

生涯决策是个人根据各种条件并经过一系列活动以后进行的目标决策，以及为实现目标而制定优选的个人行动方案。在掌握足够多的关于自我和职场信息的基础上，在多项选择之间权衡利弊，以达成价值最大化。

3. 职业决策

职业决策是一个复杂的认知过程，这个过程综合了个人对自我的认识，以及对教育和职业等外在因素的判断。通过此过程，决策者充分运用有关自我和职业环境的信息，仔细考虑各种可供选择的职业前景，做出职业行为的公开承诺。从这个概念我们可以看出，职业决策是一个过程，而不单单是一种结果。"决策"和"选择"的区别在于：选择只是决策的一个阶段，决策是包含提出问题、确定目标、设计和选择方案的完整过程。

4. 职业发展决策

职业发展决策是指个体在职业发展规划过程中，为选择职业发展方向、确定职业发展目标、明确职业发展规划要点，从而进行的科学决策过程。

职业发展决策是职业发展规划中的重要环节，是形成职业发展规划的前提。职业发展决策主要包含以下内容。

（1）选择和优化职业发展方向。

职业发展方向应在一定的职业发展范围内，即在若干个可行的职业发展方向中进行比较、评估，遵循现实条件下的满意原则，从中选择和优化出最合理的职业发展方向。

（2）在职业发展方向上确定不同阶段的职业发展目标。

职业发展目标从属于职业发展方向，是职业发展方向上不同阶段所要达到的目标，这一点与其他的决策是有差异的。

（3）明确职业发展规划的要点。

即明确在实现未来职业发展目标的过程中需要解决的问题和要做的事情，这是职业发展规划方案中的主要内容。而明确这些内容则需对内外环境进行综合评估，因此它属于决策的范畴。

5.3 生涯决策风格

每个人都有自己的个性，性格决定一个人的做事和说话风格。生涯决策也一样，不同的人会有不同的风格类型。决策风格不同的人在进行职业生涯规划的时候会做出不同的选择：有些人会理性地评估手中的信息并做出决策；有些人可能仅凭冲动或直觉仓促下结论；有些人则是犹豫不定，迟迟无法做出决策或者虽然做出决策但又因为种种原因最后放弃了这个决策。

职业生涯专家认为决策风格是在后天的学习经验中逐渐形成的，每个人的经验不同，所形成的决策风格也不一样。决策风格可划分为五种类型：理智型、直觉型、依赖型、回避型和自发型，如表 5-2 所示。

表 5-2 生涯决策风格简介

决策风格	关键特征	"摘桃子"的对应表现	参加招聘会时的对应表现
理智型	周全的探求、逻辑性评估	经过慎重比较	会提前关注招聘信息，了解有哪些企业来参加招聘，选好自己心仪的企业，做好相应的准备
直觉型	依赖直觉和感觉	感觉这个最大	不提前看招聘信息，直接参加招聘会，凭感觉选择，觉得哪家企业比较好就去投简历
依赖型	寻求他人的指导建议	别人说这个大	看同学们去哪一家企业应聘，大家都去，那我也要去
回避型	试图回避做出决策	不管这个，先干别的	在招聘会场走一圈，感觉每家企业都差不多，不知道该选哪一家，那就等下场招聘会再看看吧
自发型	渴望尽快完成决策	不管哪个大，摘了再说	看到还不错的企业就尽早签约，尽快结束选择焦虑过程

五种类型的决策风格详细说明如下。

（1）理智型：这类决策者通常深思熟虑，具有较强的逻辑思维能力，会评估决策的长期效用并以事实为基础做出决策。对未来的预见性更强，在分析时通常从全局出发，考虑到问题所带来的各种后果，在应对问题时通常具有常人不具备的冷静思考能力。

理智型决策风格是比较受推崇的决策方式，强调全面地收集信息，经过理智思考和冷静的分析判断，这也是其他风格的个体需要培养的一种良好的思考习惯。但理智型的决策风格也并不是理想的、完美的方式，即使采用系统、逻辑的方式，也会出现因为害怕承担决策的后果而不能整合自己和他人重要观点的困扰。

（2）直觉型：这类决策者的决策主要以自我判断为导向，在信息有限时能够快速做出决策，当发现错误时能迅速改变决策。比较注重自己当时内心的感受，对后果的预见以及后果的应对欠缺思考。但是他们决策时间短，也不易纠结，在信息有限时具有较强优势。然而，由于以个人直觉而不是理性分析为基础，这类决策发生错误的可能性比较大，因此易造成决策不确定性，使人们丧失对直觉型决策者的信心。

（3）依赖型：这类决策者允许他人参与决策并共同分享决策成果，比较看重他人的意见及建议，但缺乏自己的主见，自己承担责任的能力弱，会受到他人的正面评价，因此也容易丧失机会，也可能因为简单模仿他人的行为导致负面的反应。

（4）回避型：这类决策者通常害怕做出决策，其决策风格是拖延、不果断，面对决策问题会产生焦虑，不能承担做决策的责任，倾向于不考虑未来的方向，不去做准备，不知道自己的目标，也不思考，更不寻求帮助。这样的决策者只有在他们意识到自身的决策风格及其可能造成的危害后，努力调整，增强职业规划的意识和动机，才能从根本上得到帮助。必须清楚的是，大多数情况下，回避不仅解决不了问题，还会让问题更复杂、更难控制。

（5）自发型：这类决策者决策效率高，以尽快完成决策为特点，决策时也容易因缺乏深思熟虑而造成失误。自发型的个体往往无法容忍决策的不确定性以及由此带来的焦虑情绪，因此自发型决策是一种具有强烈即时性并对快速决策的过程很有兴趣的决策风格。

自发型决策者常会基于一时的冲动，在缺乏深思熟虑的情况下做出决策，此类决策者通常会给人果断或者过于冲动的感觉。

以上五种典型的决策风格中，每种决策风格都有不同的优缺点和特征，请你判断自己属于哪一种决策风格。

5.4 职业发展决策的基本过程

1．信息收集，找出制定职业发展决策的依据

任何决策都必须建立在信息收集的基础上。通过信息收集可使我们对决策目标逐步清晰，而缺乏充分的信息收集将难以做出最优的决策，因此，信息收集过程不仅是职业发展决策的基础，也是职业发展决策的重要环节。

决策前需要收集大量的信息，这些信息包括：

（1）个人信息。即自我个性方面的信息，如气质、性格、职业兴趣、职业价值观、能力等，以及这些个性特征与职业选择的关系。

（2）外部环境信息收集。外部环境信息包括家庭背景、家庭社会资本、家庭心理环境和职业本身的生命周期、行业信息、职业本身信息等，以及这些信息与职业选择的关系。

2．初步筛选，确定备选职业方向

在充分收集信息的基础上，我们需要对众多的职业进行初步的筛选，确定几个可能的职业发展方向，以便进行充分评估。

在对个性特征与职业关系进行分析的基础上，经过比较和综合，排除了与我们的个性特征不匹配的职业，初步确定了个人职业发展范围，包括若干个自我职业发展的方向。这些工作为进行以后的职业发展决策奠定了良好的基础，它使得我们可以在有限的范围内进行深入分析和比较。

3．分析评估，确定最优职业发展方向

在这个阶段我们将借助生涯决策平衡单模型，对备选的职业发展方向进行全面、深入的综合分析比较，权衡利弊，综合考虑，两利相权从其重，两害相权从其轻，最后将依据现实条件下的满意原则确定一个最合理的职业发展方向。这个阶段也称为职业选择定位阶段，即选择、确定一个最合理的未来职业发展方向。

4．确定职业发展目标与路径

职业发展方向与职业发展目标是不同的概念，职业发展目标是在职业发展的方向上确定不同的职业发展阶段要达到的发展目标。

职业发展方向就如同一棵树，而职业发展目标则是这棵树身上的不同部分。在确定了最合理的职业发展方向后，还要进行综合分析，进一步确定职业发展不同阶段的目标，即确定职业发展目标，这是我们制定职业发展规划方案的基础之一。

5．检验评价，明确职业发展规划方案的要点

首先对已经选出的最优职业发展目标进行检验，如果该职业发展方向存在不足，则回到上个阶段重新进行分析评估，直到确定最合理的职业发展方向为止；如果经过检验已经是最合理的职业发展方向，则需要明确职业发展规划的要点，即明确职业发展规划方案的主要内容。

我们可以采用 SWOT 职业决策分析模型，对最合理的职业发展方向进行评估，并根据评估的结果进一步确定职业发展规划方案的主要内容。

5.5 职业生涯决策方法

在我们进行理性决策的过程中，当进行到评价阶段时，往往会面对几个备选方案而难以取舍，怎样才能对它们进行可行性、价值性等方面的分析，使用最佳的判断对保留下来的选择予以排序并对职业做出选择呢？以下介绍的几个常用的生涯决策方法或工具将帮助我们很快权衡利弊，理清思路。

5.5.1 CASVE 循环

决策风格是影响决策效果与决策效率的一个重要因素，经典决策理论认为，理性的决策将导致更高的决策满意度。我们应该尽量培养理性决策的习惯，提高自己的决策能力。

CASVE 循环就是一种职业生涯规划决策技术，包括沟通、分析、综合、评估和执行五个阶段，如图 5-1 所示，为决策提供了一整套可操作的体系和方法，对我们进行实际的职业决策很有帮助和参考的意义。

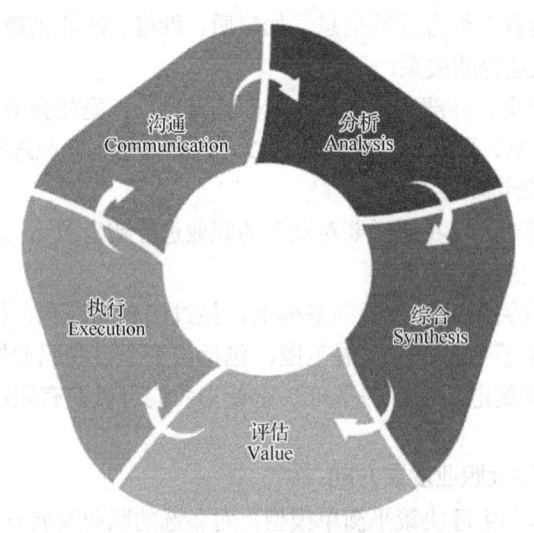

图 5-1 CASVE 循环

1. 沟通

沟通需要识别问题的存在，这是"意识到我需要做出一个选择"的阶段。在这个阶段，出现了一种强烈不安的感觉，以至于你必须改变或做决定。这种感觉来源于内在和外在的压力。这是一个发现问题，明白自己需要对差距进行思考并采取行动弥补的阶段。例如，"我需要在毕业后找到一份工作，我的父母说，如果我不尽快做出一个决定的话，就会有问题（外部信息），这让我焦虑又紧张（内部信息），是到了理清头绪的时候了（意识到需要做出选择了）。"

2. 分析

分析需要考虑各种可能性，这是"了解我自己和我的各种选择"的阶段。在这个阶段，在明确问题以后，对当前的信息、资源进行分析：开始把自己拥有的资源进行整理，尽可能了解在第一阶段造成差距的所有因素。例如，在分析自我情况和职业环境情况之后，能一下子说出你的特性吗？你想过自己可能从事的具体职业吗？你了解这个职业所需的工作能力吗？等等。

3. 综合

综合需要形成可能的选项，这是一个"扩大并缩小我的选择清单"的阶段。在这一阶段，综合实际上发生在两个层面上：先尽可能多地找到消除差距的各种选择，然后将选择的范围缩小。这是"综合细化"的过程。

4. 评估

评估需要对各选项进行排序，这是一个"选择最佳方案"的阶段。评估是一种抉择，抉择必然涉及取舍。这一阶段有两个步骤：一是针对各个方案评估利弊得失；二是排列出优先级。

5. 执行

执行需要采取行动解决问题，这是一个"实施我的选择"的阶段。在这一阶段，我们将根据制订的行动计划，把思考转换为行动。

6. 沟通再循环

CASVE 循环是一个不断循环的过程。在执行阶段结束后，生涯决策者又回到沟通阶段，以确定已经选取的方案是不是好方案，现实与理想状态间的差距是否已经消除。这是一个"了解我已经做了一个好的选择"的阶段。如果反馈不理想，再继续进行新一轮的循环，直到问题得到解决。

CASVE 模型提供了一个有用的决策工具，用系统的方法来思考这几个步骤，能够使你成为一个更有效率的人。

5.5.2 生涯决策中的 SWOT 分析法

SWOT 分析法是一种能够较客观而准确地分析自我的方法，利用这种方法可以从中找出对自己有利的、值得发扬的因素，以及对自己不利的、需要避开的问题，找出解决的办法，并明确以后的发展方向。

所谓 SWOT 分析，即基于内外部竞争环境和竞争条件下的态势分析，就是将与研究对象密切相关的各种主要内部优势、劣势与外部的机会和威胁等，通过调查列举出来，并依照矩阵形式排列，然后用系统分析的思想，把各种因素相互匹配起来加以分析，从中得出一系列相应的结论，而结论通常带有一定的决策性。

在生涯决策的 SWOT 矩阵模型中的 S 代表个人内部的强项和优势；W 代表个人内部的弱项和劣势；O 代表外部环境给予的机会；T 代表外部环境造成的威胁，如图 5-2 所示。

	积极因素	
内部个人因素	优势（S）	机会（O）	外部环境因素
	劣势（W）	威胁（T）	
	消极因素	

图 5-2 SWOT 矩阵模型

一般来说，我们在进行职业生涯决策分析时，应遵循以下 6 个步骤。

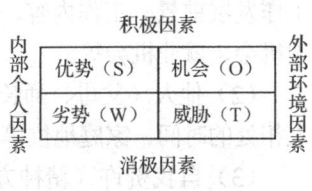

（1）评估自己的优势。即个体可控并可以利用的内在积极因素，例如，什么是我最优秀的品质，我曾经学习了什么（专业和技能），我曾经做过什么（实践经历），最成功的是什么（能力）等。每个人都有自己独特的技能、天赋和能力。请你列出喜欢做的和擅长做的事情。

（2）评估自己的劣势。即个体可控并努力改善的内在消极因素，例如，我的性格有什么弱点，经验或者经历上还有哪些缺陷，最不擅长的是什么等。一个人不可能做到样样精通，你可以找出自己不是很喜欢做的事情和你的弱势。找出你的不足与发现你的长处同样重要，因为你可以基于自己的长处和不足做出两种选择：一是努力去改正你常犯的错误，提高你的技能；二是放弃那些你不擅长的技能和不适合的职业。

（3）找出你的职业机会。即个体不可控但可以利用的外部积极因素，例如，社会环境对你的发展目标的支持，地理位置优越，专业发展带来的就业机会的增多等。找出这些外界能够帮助你走向成功的积极因素，将为你提供广阔的职业前景。

（4）找出你的职业威胁。即个体不可控但可以使其弱化的外部消极因素，例如，同专业毕业生带来的竞争，专业领域发展限制，就业形势严峻等。找出这些消极的不利因素也是同样重要的，因为这些威胁会影响到你的第一份工作和今后的职业发展。如果将来就职的公司处于一个常受到外界不利因素影响的行业里，那么这个公司能提供的职业机会将是很少的，而且没有职业升迁的机会。

（5）进行 SWOT 分析。可以采用多种方法来确定自身的优势与劣势、机会与威胁。目前最常使用的是关键提问法，即连续不断地向自己提问，从答案中进一步了解自己和外部环境。例如，我最有希望的前景在哪里？我所在专业领域中目前最先进的技术是什么？我是否尽了最大努力来让自己向它靠近？什么样的培训和继续教育能够让我获得更多的机会？其他的学历能否增加我的优势？技术市场的变化、政策的变动、人们生活方式的变化是否给我带来机会？等等。

（6）提出改良的策略。当认真、客观地列出所有因素，做完详尽的 SWOT 分析后，我们就可以清楚地看到自己的竞争力和发展机会，从而能够制定出恰当的职业目标，同时还能清晰地认识到自己的不足和外在威胁，从而为提升自己提供良好的现实依据，制定出一个连贯的、实际可行的个人职业策略。

5.5.3 生涯决策平衡单法

决策平衡单经常被应用于问题解决和职业规划中，用以协助决策者系统地分析每一个可能的选项，判断分别执行各选项的利弊得失，然后依据其在利弊得失上的加权计分排定各个选项的优先顺序，以执行最优先或偏好的选项。

设计生涯决策平衡单的目的是协助决策者做出重大决定。它可以帮助决策者具体地分析每一个可能的选择方案，考虑各种方案实施后的利弊得失，最后排定优先顺序，择一而行。

决策平衡单的方法和技术是通过打分的方式，来量化各项职业选择方案的分数，帮助决策者进行职业生涯目标的决策。生涯决策平衡单主要是将重大事件思考方向集中到以下四个主题上。

（1）自我物质方面的得失。包括个人收入、工作的难易程度、晋升机会、工作环境的安全、工作发展前景、工作内容、休闲时间、生活变化、对健康的影响、足够的社会资源、能提供的培训机会、就业机会等。

（2）他人（父母、师长、配偶等）物质方面的得失。包括家庭收入、择偶及建立家庭、与家人相处的时间、家庭地位等。

（3）自我赞许（精神方面）的得失。包括自己的能力、兴趣价值观、心理需求（自尊、自我实现）以及生活方式的改变、工作成就感、自我实现的程度、兴趣的满足、挑战性、社会声望的提高等。

（4）他人（父母、师长、配偶等）赞许（精神方面）的得失。包括他人的成就感、自豪感、依赖以及家人的支持。

职业决策平衡单的操作步骤如下：

步骤一：设计自己的生涯决策平衡单，确定职业决策时需要考虑的因素，判断各个职业选项的利弊得失。平衡单中提供决策者思考的重要得失集中于四个方面，分别是：自我物质方面的得失、他人物质方面的得失、自我赞许（精神方面）的得失、他人赞许（精神方面）的得失。生涯决策平衡单样表如表 5-3 所示。

步骤二：利用职业决策平衡单进行职业生涯目标决策。列出职业生涯发展的若干个职业选项，分别填到表 5-3 中。

表 5-3 生涯决策平衡单样表

职业选择 考虑因素		重要性 的权重 （1~5）	加权分数					
			职业 选项1		职业 选项2		职业 选项3	
			+	-	+	-	+	-
自我物质方 面的得失	1-1 个人收入							
	1-2 工作的难易程度							
	1-3 晋升机会							
	1-4 工作环境的安全							
	1-5 休闲时间							
	1-6 生活变化							
	1-7 对健康的影响							
	1-8 就业机会							
	1-9 未来发展							
	其他							
他人物质方 面的得失	2-1 家庭收入							
	2-2 家庭地位							
	2-3 与家人相处的时间							
	其他							
自我赞许 （精神方面） 的得失	3-1 生活方式的改变							
	3-2 工作成就感							
	3-3 自我实现的程度							
	3-4 适合自己的兴趣							
	3-5 适合自己的性格							
	3-6 适合自己的价值观							
	3-7 工作压力							
	3-8 挑战性							
	3-9 社会声望的提高							
	3-10 职业安全感							
	其他							
他人赞许 （精神方面） 的得失	4-1 父母							
	4-2 师长							
	4-3 配偶							
	其他							
加权后合计								
加权后的 得失差数								

步骤三：确定各项考虑因素的权重。在第一栏"职业选择考虑因素"中，根据对决策者而言职业选择的重要性和迫切性，赋予它权重，加权范围为1~5倍，填写到"重要性的权重"一栏。权重越大，说明你越重视该因素。

步骤四：评分。根据每个方案中的要素进行评分，优势为得分（+），缺点为失分（-），计分范围为 1 分～10 分，1 分为最差，10 分为最好。

步骤五：计算出各个职业选项的得分。决策者须逐一计算各个职业选项在"得"（正分）与"失"（负分）的加权计分与累加结果，并计算各个职业选项的总分。

将每一项的得分或失分乘以权重，得到加权后的得分或失分，分别计算出总和（加权后的得分总和及加权后的失分总和），最后加权后的得分总和减去加权后的失分总和即为"加权后的得失差数"，并以此分数来做出最终的决定。

步骤六：排定各个职业选项的优先顺序。比较每个职业选项的加权后的得失差数，排定优先次序，总分最高的那个职业选项就是最适合自己的职业目标。

步骤七：反思。看着自己已经评分完毕的选项进行反思。反思以下几个问题：
①这个结果是不是明晰了我原先模糊的选择？
②我是否认可这个结果？
③如果我对这个结果还不太认可，那么原因何在？
④有没有什么重要的因素我没有考虑到？
⑤上面这些因素的重要程度需要重新考虑一下吗？

步骤八：必要的话你可以再调整自己的决策平衡单，直到你认可评估结果。

5.5.4 决策树法

决策树法利用了概率论的原理，并且利用一种树形图作为分析工具。其基本原理是用决策点代表决策问题，用方案分枝代表可供选择的方案，用概率分枝代表方案可能出现的各种结果，经过对各种方案在各种结果条件下损益值的计算比较，为决策者提供决策依据。

决策树法是常用的风险分析决策方法。该方法是一种用树形图来描述各方案在未来收益的计算、比较以及选择的方法，其决策是以期望值为标准的。人们在未来可能会遇到好几种不同的情况，每种情况均有出现的可能，人们目前无法确知，但是可以根据以前的资料来推断各种自然状态出现的概率。在这样的条件下，人们计算的各种方案在未来的经济效果只能是考虑到各种自然状态出现的概率的期望值，与未来的实际收益不会完全相符。

如果一个决策树只在树的根部有一决策点，则称为单级决策；若一个决策不仅在树的根部有决策点，而且在树的中间也有决策点，则称为多级决策。

决策树法对于职业犹豫者在做职业决策时提供了有效的帮助。

5.6 职业生涯决策的影响因素分析

职业生涯决策之所以复杂，主要在于对决策起到重要影响的因素较多，并且这个过程又是动态发展的，故而生涯决策是一个较为复杂的过程。下面主要从三个方面考察对职业生涯决策起到影响的因素。

1. 个体因素

从自然属性向社会属性的过渡来看，个体因素大致有如下几个方面。

（1）年龄。

年龄对个体职业选择的影响主要在于职业心理方面的成熟度，不同年龄阶段的人对职业的态度和认知、对挑战的勇气、对胜任力的判断都不同，故而对职业的选择也不同。舒伯将职业生涯划分为成长阶段、探索阶段、建立阶段、维持阶段和退出阶段，清晰地揭示了年龄与职业生涯的关系，不同年龄阶段对职业发展的要求也是不同的。通常情况下，因为年轻人的生理、心理尚不稳定，在职业选择时显示出一定的冲动性和新奇性。到了中年，随着社会阅历与经验的增加，自我认知与对环境的判断也更为清晰，此时的职业目标相对清晰，决策的针对性和稳重程度提高。进入老年后，心态趋于稳定保守，职业决策中大多求稳。

（2）性别。

随着科技的进步与社会的发展，性别对人们在择业时的影响似乎在降低，受传统的职业观的影响在减少。但是，由于生理因素及男女的"社会角色期望"差异的存在，在职业选择中还是存在性别因素的影响。现实择业中，我们还是可以看到，女性在择业中对婚姻、家庭与事业的关系考虑的比重仍然较大，对她们在职业领域的投入程度和发展期望都有较大影响。

（3）健康状况。

健康其实一直是我们决策的前提，但也是常被人忽略的因素。健康对职业决策的影响首先表现为职业对生理条件的要求，例如，钢琴演奏家、舞蹈演员、专业运动员、飞行员等职业对身体条件就有特殊的要求。身体健康状况对职业的限制还表现在职业发展进程中，如像科学家这样的职业往往到一定年纪才会出成绩，但若没有较好地维护身体健康，则会影响职业发展；运动员的职业生涯一方面受生理年龄制约较大，另一方面其职业发展会极大地受伤病限制。

（4）个性特征。

这里主要指性格和气质，表现为对现实的稳定态度和习惯的行为方式，带有浓厚的个性色彩。气质是人心理动力方面的特征，表现在情绪体验的快慢、强弱、隐显及动作灵敏、迟钝等方面。气质、性格对个人职业决策甚至职业发展都发挥着持续作用。例如，一个沉默寡言、不善于交际的人，与营销、公关类等工作的匹配度就较低。对于这个因素对职业的影响，霍兰德的"人—职匹配"理论诠释得最为系统。他建立的人格类型与职业类型的理论，将二者都分别划分为现实型、研究型、艺术型、社会型、管理型、常规型六个类型，若能实现人格类型和职业类型匹配或者近似匹配，那么就会极大地发挥个人的潜能，提高工作效率，反之则会影响职业发展。

（5）兴趣。

兴趣是人积极探索某种事物的认识倾向，是最好的老师，是人的动机产生的重要主观原因。兴趣在职业决策时产生的影响首先表现为它是人们进行决策的一个重要依据，毕竟让一个人从事一辈子都不感兴趣的工作无疑是一种折磨。兴趣的影响还表现为对职业发展的作用，研究表明，人们取得较好职业发展的领域往往是他们一直保持高度兴趣的领域，浓厚的职业兴趣可以使人保持较好的工作活力，提高工作效率，更能较好发掘人的潜力。数据显示，若一个人对其工作有兴趣，就可以保持持续的高效率而不感到疲劳；若缺乏兴趣者，只能发挥其才能的 20%～30%，而且精疲力竭。可见，兴趣会一定程度引导我们的职业选择，更是我们强大的内驱力。当然，兴趣不是一成不变的，也可以后天培养，但真正的兴趣都是发自内心的。

（6）能力。

能力是人顺利完成某项职业活动的必要条件，包括完成的具体方式和必需的心理特征。能力与知识相比较，能力属于动态系统，而知识属于经验系统，二者相互促进。能力分为一般能力和特殊能力。不同职业对人的能力的强弱、大小与结构的要求是不同的。每一特定职业都既要求人的一般能力，也要求人有一定的专业技能，例如，一名会计就要求既要有一定的抽象能力、观察能力、逻辑分析能力，又要具备会计领域的专业技能。故而在进行职业决策时，个人的能力对其职业选择起到了直接的决定性作用。对自我能力的正确判断也往往决定着职业选择与发展的成败，若能力与职业不匹配的话，往往带来职业不适感，缺少发展空间。一个不具备领导才能的人，即便处于领导岗位上也只能是"主帅无能，累死三军"的局面。

（7）价值观。

价值观是一个人意识系统的核心部分，是我们在生活、工作中最看重的原则、标准和品质，往往指向我们一生中最重要的东西，是个体行为背后的最深层动机。每个人在进行职业生涯抉择时，其价值观都起到了最深层的核心作用。例如，有人想成为一个在某一领域的知名学者，也有人想成为一名企业家，这些不同的目标都会影响其职业的选择。或许还会有人说，我没有什么人生目标，只想多挣钱，或者只想安安稳稳地生活，但实际上这也是一种人生目标，同样会影响对职业的选择。

（8）教育文化情况。

个人教育状况很大程度上影响着个人择业方向和获得心仪职业的概率。教育状况对个人获得就业机会、获得较大职业发展等方面都有直接的影响，如很多人进入职场主要是因为其专业能力。此外，在一定的等级管理中，高学历和较多的教育经历都为个人获得一个较高职位创造了条件。并且从今后职业发展方向上看，在加薪、升职等方面，具有较高文化程度的人也有更多的机会和更大的优势。

2. 环境因素

环境因素通过影响择业者的心态而影响其职业选择，可以从个体接触范围的由近及远与从小到大来看。

（1）家庭因素。

正常情况下，家庭对人一生的影响至关重要，个人价值观、行为模式的形成都受到家庭潜移默化的影响。家庭的教育对我们认知世界起到重要作用，父母的职业及其态度言行都对孩子职业认知、职业选择倾向甚至职业技能的形成产生重要影响，这就是为什么会有书香世家、艺术世家、商人世家的现象的原因。同时，良好的家庭教育会让孩子在择业、就业中处于有利地位，这就是全世界都存在的"代际传递效应"。职业选择的前奏在当下现实中是专业选择，但是我们很多学生在填报志愿时家庭的影响力起到了很大的作用；毕业择业时，家庭的影响力也很大。今后职业发展过程中，家庭因素无疑会成为我们职业发展决策中一个很重要的因素。

（2）同龄人及其他相关群体。

择业中同龄人的作用不可小视，同龄人的价值观、思维方式等对个人择业的偏好会有影响。此外，大学生所处的择业氛围也会对学生产生影响，往往在一个较好的择业氛围中，其择业的勇气、信心、积极性及经验、技巧等都会增强，成功率也相应提高。大学生因为社会阅历浅、独立性不够，自我意识、分析、评价往往片面，做职业生涯抉择时因缺乏自主的勇气，会一定程度依赖于家长、亲友的建议甚至安排和决定。

（3）企业、行业环境因素。

职业抉择中对企业和行业的考察往往会成为自我进行决策的一个主要依据，企业的发展前景和行业盛衰对职业选择起到重要的导向作用。企业本身的内部环境也会影响人们的职业选择，培训机会和人际环境现在已经被大多数人认可为选择企业的一个重要参数，毕竟培训机会及其他锻炼机会已成为影响个人职业发展空间的一个重要因素。人际环境代表了团队的战斗力，一个好的人际环境，利于增强团队的战斗力，更利于提升个人职业生活质量。

（4）社会环境。

个人始终处于社会这个大环境之中，社会的政治、经济、文化环境对个人职业选择的影响力毋庸置疑。首先，社会的整体发展决定了个人职业选择的可能性与发展的空间，难以想象一个处于战火纷飞年代的青年会以艺术作为其支撑生存的职业。其次，社会评价也对个人职业选择起到重要的导向作用，例如，"（20世纪）50年代的军人，（20世纪）70年代的工人，（20世纪）90年代的个体户，21世纪的IT精英"，这就是典型的社会发展在个人职业选择中留下的烙印。再次，社会发展宏观上决定着人力资源需求的规模和规格，总体上决定了职业需求的数量和质量，也是个人进行职业决策的重要依据。例如，随着产业结构的调整，信息产业、生物工程、环保工程等领域得到大力发展，无疑提供了更多的就业机会，也自然对个体职业生涯选择起到了导向作用。

3. 其他因素

（1）信息因素。

整个决策过程就是一个信息加工处理的过程，信息的全面性、准确性一定程度上决定了决策的科学性。在整个职业抉择过程中，信息代表着机会与可能性，信息为人们提供环境的发展动向，从而为决策者提供依据。信息的掌握情况对个体职业生涯决策质量起到非常重要的影响，二者关系犹如战场上的统帅对敌情掌握的众寡决定了战役能否取得胜利。

（2）即时影响因素。

大学生职业决策过程中，不排除还会受到一些其他的即时性因素的影响，如机遇、情绪、具体决策情境等。以机遇为例，在系统的职业生涯决策过程中，也不排除一些意外的、偶然的机会影响个人职业选择的方向和进程，机遇这类即时性因素不具有稳定性和可预见性，对我们的职业决策有时会产生巨大影响，但是不稳定。若能及时抓住机遇，也会收获意外的喜悦。

职业生涯决策过程是一个动态发展的过程，影响因素也很复杂。我们应充分关注好这些主要的方面，正确把握好自我，认清环境状况，培养科学决策能力，从而努力克服不利影响，尽可能选择适合自己的职业。

回顾你迄今为止所做的五项重大决定，分析哪些因素对你的决策产生了影响，并分析影响程度。

【交流探讨】

【探讨5-1】"一核双驱"做好职业规划，让你一路顺风顺水

认真阅读"方法指导"材料，思考以下问题：
（1）这里所说的"一核双驱"是指什么？
（2）你自己的核心优势是什么？
（3）初步分析你的性格特点、兴趣倾向、职业观念、所学专业的核心知识技能有哪些。
（4）初步认知行业定位、企业匹配、路径设计、向上管理的含义。

【方法指导】

"一核"指的就是个人的核心优势。

"双驱"指的是一个人的内在自我驱动和外在成长驱动。内在自我驱动包括性格特点、兴趣倾向、知识技能和职业观念；外在成长驱动包括行业定位、企业匹配、路径设计和向上管理。

"一核双驱"职业生涯管理模型是一个完整的系统，任何一个要素都不能缺少。

1. 找到核心优势

说到核心优势，很多人都会变得不知所措，根本不知道自己的核心优势是什么，认为自己没有任何优势。其实，每个人身上都有自己的优势，只是你还没有发现而已。

做职业规划最重要的一点就是找到自己的核心优势，明确自己的职场核心竞争力，这是你未来职业发展规划的一个切入点。

只有找到这个核心优势，并以此为中心，规划自己未来的职场发展方向，未来在职场中才能发挥自己的优势，才会有竞争力。

2. 内在自我驱动

找到自己的核心优势后，需要结合内在自我驱动，做好自己的职业定位。

（1）性格特点。

每个人的性格都是不同的。有的人性格活泼开朗，喜欢与人交流；而有的人天生不爱说话，

性格内向老实。在做职业规划的时候，需要结合自己的性格特点进行选择。例如，不喜欢说话的人，放在销售岗位上就并不合适。

(2) 兴趣倾向。

兴趣是最好的老师，如果在做职业规划的时候，将兴趣倾向考虑进去，不仅在工作中能够有所发挥、为你加分，还能提高你的工作积极性和主动性。

(3) 职业观念。

每个人都有自己的职业观念，不管选择什么职业，最好都不要违背自己的职业观念。因为良好的职业观念具有指引作用，你会主动地改变自己，提高自己的职业修养。

(4) 知识技能。

在做职业规划的时候，这一点至关重要，结合自己现有的知识技能，清楚现在自己的工作水平，才能在工作中发挥价值，为公司创造更多的利益。

所以，在做职业规划的时候，这几个内在因素都要考虑进去，才能选择出最适合自己的工作职位。

3. 外在成长驱动

在做职业规划的时候，不仅要考虑自己的喜好等内在原因，还要考虑外在的一些因素，做到两者结合，选择最适合自己的和最适合当下发展的职业。

(1) 行业定位。

首先要考虑的就是行业，因为行业不同，未来的发展前景也会有很大的差别。例如，同样是做线上运营，在互联网行业和医疗行业就会有很大的不同。行业选择不当，也是容易出错的地方，但很多人对此问题却没有足够的重视。

(2) 企业匹配。

在选择公司的时候，不同的公司会有差异。例如，选择小公司，小公司的人比较少，各方面的工作能力都会得到锻炼和提升；而选择大公司则不同，大公司人才济济，管理成体系化，未来发展的职业前景比较明确。

所以，在做职业规划的时候，要从"业务模式"来思考，选择一个适合自己的公司和岗位，否则前面所有的努力都会前功尽弃。

(3) 路径设计。

做好职业规划，明确了自己未来的发展方向，接下来就要进行路径设计，给自己制定未来5年、10年的职业发展目标，并做好规划，让自己获得更多升职、加薪的机会，不断向上成长。

(4) 向上管理。

彼得·德鲁克在《卓有成效的管理者》一书中说：工作想要卓有成效，下属发现并发挥上司的长处是关键。我们大部分人对于管理的思维定式是向下管理、向上负责。这个思维定式导致管理者在管理责任、社会责任与经济绩效之间的混乱。我们应该修正我们的管理思维定式，正确的是：向上管理，向下负责。一个人的管理对象其实只有一个人，这个人就是你的直接上司。因为管理需要资源，而资源的分配权力在你的上司手上，这也是由管理的特性决定的。当你从事管理工作的时候，你所需要做的就是获得资源，这样你就需要对你的上司进行管理。因此，懂得借用领导的时间和资源，建立良好的工作关系，相互之间不断提高对彼此的期望，做好向上管理，不仅可以成就自己，同时也能成就领导。

在职场中，如果你不做好自己的职业规划，一味埋头苦干或者随心所欲，未来的发展不会有任何改善，与同龄人之间的差距也会越来越大。职业规划可以帮助你找到适合自己的成长路径，让你少走弯路，避开职业发展道路上的"坑"。

改变习惯，刷新认知，规避风险，快速逆袭，力争成长为出类拔萃的职场精英。

【探讨 5-2】关于职业生涯规划，你是否存在误解

认真阅读"方法指导"材料，说明你是否赞成以下观点并说说你的理由：
（1）在校期间的职业生涯规划不切实际。
（2）对职业规划，计划没有变化快。
（3）面对就业形势，先就业再择业。
（4）一开始没有规划好，后期再规划就没有意义。

【方法指导】

"职业生涯规划"一词很早就进入了人们的视野，很多大学也开设了相关课程——"职业生涯规划"或"大学生就业指导"。尽管是一门必修课，但在学生中却没有引起足够的重视。很多学生在职业规划课堂上看其他书籍，更有甚者干脆不去上课，觉得不是自己的专业课，就没那么重要。

那么究竟为何连这些即将走向社会、步入工作岗位、急迫需要明确职业定位的一群人，对职业生涯规划也如此不重视呢？现在的大学生、职场人士对职业生涯规划有怎样的误解呢？

误解一：在校期间的职业生涯规划不切实际

大部分大学生认为，在学校里进行职业生涯规划只是自己一厢情愿的一些想法，不切合实际，真正到毕业求职时可能根本用不上。

事实上，职业生涯规划在人生发展道路中应该实施得更早。随着新高考政策的推进，越来越多的学生需要在高一阶段就做好选科决定，而这一决定将直接影响学生未来专业及院校的志愿填报。只有规划了职业方向，才能明确专业方向；而只有确定了专业方向，才能决定选择哪些专业。这一系列连锁反应环环相扣。试问：没有在最开始就做好长期的职业规划，如何适应新高考政策呢？又怎能在起跑阶段找到自己正确的跑道呢？因此，进入大学后再考虑职业规划问题，其实已是滞后行为。如果在大学期间依然盲目学习，毕业后很可能会发现，自身的知识储备及能力已很难匹配到理想职业。而这一系列的选择和规划是需要专业人士去做整体设计的，它并不是纸上谈兵，而是通过科学专业的分析，给出具有很强的前瞻性和指导意义的方案。

误解二：计划没有变化快

很多人认为，职业规划只是做个未来计划，但计划总归是计划，计划好的事情不一定能得到有效的实施，所以意义不大。有这样想法的人一定是混淆了"计划"和"规划"的区别，没有搞清楚"规划"和"变化"之间的关系。

计划是基于自身主观意识的一种安排，是在事情没有发生前，依据个人经验，预设好什么时间通过怎样的方法做什么事情。而规划是为了达成某种目标，对人物主体做出战略管理，是将主观因素和客观因素做整体考虑的一种统筹安排。规划会将外界的不确定因素考虑周全，并制定出相应的应急预案，灵活调整，总之就是考虑到各种因素带来的各种问题并逐一解决，从而达成战略目标。规划更具长远性、全局性、战略性、方向性。因此，由于客观因素或主观因素发生变化而无法实施的只能是计划，而不是规划。

误解三：先就业再择业

据调查，部分大学生在毕业求职时面临没有目标、没有方向、没有自己喜欢的职业等问题，他们被社会和家长催促着，盲目地走向了工作岗位。这时还幻想着工作一段时间后，也许就知道自己适合做什么、擅长做什么、感兴趣的点在哪里了，到那时再选择其他职业也不迟。

但实际上，若毕业后的第一份工作自己都不喜欢、不适合，那工作的每一天都是一种煎熬。慢慢地，很多人会发现随便找一份工作之后就陷入了一个死循环：没有搞清楚自己喜欢什么职业，只知道自己不喜欢什么，结果工作能力不但没有得到提升，还会对工作产生厌倦，当开始意识到这是个问题时，大把的时间已经浪费掉了。

所以，尽早做好职业生涯规划，对一个人的职业生涯走势至关重要。

误解四：一开始没有规划好，后期再规划就没有意义

很多人认为，职业规划肯定要一开始就做好，已经工作几年甚至更长时间之后，职业就已经基本定型，这时再去做职业规划就已经来不及了。

其实职业生涯是一个很广泛的概念，它是从职业的兴趣培养到职业的选择，再到职业能力的获得，从就职到最终退出职业劳动这样一个完整的职业发展过程。而职业生涯规划是对一个人职业生涯的主客观条件进行测定、分析、总结，并在此基础上对其兴趣、爱好、能力、特点进行综合分析和评定，结合时代特点，根据其职业倾向，确定最佳的职业奋斗目标，并为实现这一目标做出行之有效的安排。

在职业生涯初期就做好规划当然是必要的，但面临求职困境的当代职业人并不仅限于大学毕业生。数据表明，由于最初没有做好职业规划或受到不可抗力因素的影响，20~30岁面临失业，或人到中年想要转型的人员已高于社会平均水平的6.1%。虽然在这一时期做职业规划的难度会相对增大，但却是更加迫切、更加重要的一环。它决定着一个人接下来的工作、生活走向，甚至会影响晚年生活的规划。不管之前的职业经历多么蜿蜒曲折，个人能力和职场价值是否得到了提升，为接下来的职业发展做出一个正确的规划还是非常必要且意义重大的，也几乎是解决再次求职、转行、转型等问题的最佳方案。

【探讨5-3】面对多种选择，你会举棋不定吗

认真阅读"方法指导"材料，围绕以下话题展开讨论：
（1）在商场购物或在美食城吃小吃，面对多种选择，你是如何快速做出选择的？
（2）在未来的职场，如果你也遇到类似举棋不定的选择，你会怎么办？

【方法指导】

小郝不喜欢现在的工作，觉得干起来没意思，可是他也不知道自己喜欢什么。他感觉外面有特别多的机会和可能性，真怕自己选错而走了弯路。

不知道自己喜欢什么，有这个情况说明小郝是处于职业的早期，没有完成探索。所以小郝不用特别纠结，只要行动就好了。不要把时间浪费在纠结上，而应清晰定义自己的问题，然后去找答案。

真正的职业规划，其实要花很长时间去找答案。你不喜欢现在的工作，你喜欢的是什么？你觉得没意思，没意思的原因是什么？你觉得外面有特别多的机会，你看到的又是什么？怕选错而走弯路，你觉得什么是弯路？针对这些问题，你要学会自己分析，不要纠结。已经确定你不喜欢现在的工作，现在你的情况是什么样的？你往前走一步，只要那一步是比现在的情况更好的，就可以了。

不要觉得自己会走弯路，真正的弯路其实是你没有在每一天的工作中增加见识和能力，因为这样怎么走都是弯路。只要是工作，都能获得一定的价值。如果工作真的无法获得价值，那么这份工作并不适合你。

例如，现在你走进一家美食城，有100多个窗口卖各种各样的小吃，你都没吃过，这个时候你会怎么办？我想大部分人都会转一圈，选一个还不错的试试，如果有大众点评之类的信息你还会看看大家是怎么评价的，增加选对的概率，但这些都不能保证你一定能吃到那个最美味的。所以，其实没有那个最好的选项，你只能找到那个看着还不错的去尝试、去迭代，然后走向下一个目标。

【探讨5-4】判断哪种职业更适合你自己

认真阅读"方法指导"材料，了解职业发展五要素，然后思考以下5个问题，初步判断哪种

职业更适合你自己。

【问题1】你喜欢什么工作？对于喜欢的工作，你愿意持续投入精力吗？

【问题2】你喜欢的工作能让你发挥优势、越干越好吗？

【问题3】你喜欢的工作，你认为值得干吗？

【问题4】你喜欢的工作所在的行业未来5年会越来越好吗？你的技能在行业中稀缺吗？

【问题5】如果当前喜欢的工作对应的工种消失了，你有能力和资源应对变化吗？你为自己抗风险的能力打几分？

当弄清楚这5个问题后，想必你一定会对自己想要做的工作、想要应聘的岗位有一个清晰的认知，并投身到适合自己的岗位中去。

【方法指导】

在求职过程中，很多人都会有一种沮丧感，这种沮丧主要来自相互冲突的欲望：我既想要A，又想要B，还想要C。那么，如何判断哪种职业适合自己呢？可以从职业发展五要素——喜欢干、擅长干、值得干、发展趋势和抗风险——进行分析判断。

1. 喜欢干

喜欢干，就是热爱做什么，是在做事情的时候能沉浸其中，是真正发自内心且享受的事情，而且不计较投入。想一想：你会提前很久就开始感到期待的事情是什么？

2. 擅长干

擅长干，是指那些通过你的能力容易做到、进步得很快，或者很容易就有耐心坚持到最后的事情。这里的能力包括通用能力（组织能力、管理能力、计划能力、表达能力、思考能力、写作能力等通用的技能）、专业知识（你所学到的一些专业的知识）、核心才干（个人相对比较稳定的内在特质）。

3. 值得干

值得干，即与一个人内在的价值观相符，可以是做什么能得到报酬，可以是通过什么得到精神上的满足感。每个人的价值观、追求的东西都是不同的。

4. 发展趋势

发展趋势，是指是否属于高价值和稀缺的领域。有些人在做职业选择的时候什么热门做什么，但走不远，有些人却越做越好。所以，判断一件事情的发展趋势如何，关键在于你已经掌握了在这个领域工作的能力，并清楚自己在这个领域是否稀缺。

5. 抗风险

你要了解，在整个职业生涯中自己会遇到哪些风险，如体能下降、能力下降、职业天花板、行业不景气、整个社会的风险等。

【探讨5-5】如何择业

罗素说："选择职业是人生大事，因为职业决定了一个人的未来，选择职业就是选择未来的自己。"据调查，现在很多企业的离职率持续走高，人才的流动与流失已经成为不少企业的一种常态。这里面有很多原因，但"青年人对自己'职业锚'探索不够"应该是重要原因之一。

在《选对池塘钓大鱼》这本书里，作者雷恩·吉尔森将"钓鱼"和"生涯规划"进行比较分析，他举了一个例子：你刚刚大学毕业，摆在你面前的有两份工作，一份工资待遇高，但与自己的兴趣并不吻合，另一份工资待遇低，却是自己喜欢的，你该如何选择呢？大多数人的答案是：我会选择自己喜欢的工作。但是，一旦面对现实，当收入水平的差距超出了我们的心理承受能力时，大多数人都会心理失衡，这时大多数人真实的想法是：先接受那份待遇高而自己不感兴趣的工作，积累一定的财富后，再去追求自己的兴趣爱好也不迟。为了一点点的差距，我们放弃选择一个正确方向的机会是否合适？事实上，低薪水本身就是对个人心态的一种考验，许多人为了得到高薪的工作，往往习惯性地模糊自己的追求和兴趣，并且强迫自己和他人相信这就是最佳的选择。

认真阅读以下"如何择业"内容，思考以下问题：

（1）毕业求职时，如果摆在你面前的有两份工作：一份工资待遇高，但与自己的兴趣并不吻合；另一份工资待遇低，却是自己喜欢的。你会如何选择呢？

（2）择业从自我剖析与定位开始，你认为应从哪几个方面进行自我剖析呢？

（3）你是否赞成"没有最好的工作，只有最适合你的工作"这一观点？

（4）怎么理解"修身、齐家与治国，缺一不可"这一说法？

如何择业

无论是已经进入社会谋职的人还是未毕业的在校生，每个人都渴望成功，但却很少有人知道如何择业。时兴创业热潮的时候，一些没有商业才能的人纷纷去开办公司，而大学生毕业时，也优先选择经济发达地区和知名企业，然后才考虑专业及个人所长。这种一窝蜂随波逐流的职业选择方式，欠缺对自身特点和环境的认识，往往造成职业生涯的进退两难局面，更不用说未来在事业上的正向发展。

每年毕业季，无数高校毕业生在求职招聘的战场上角逐厮杀。有人成功，有人败北，每个毕业季都有失败者，可每个毕业季是一个结束，也是一个新的开始。我们纠结于薪资待遇，在大城市户口与职业发展前摇摆，但是，当局者迷，旁观者清。很多时候，换一个思考角度，那些问题就能够迎刃而解了。

1. 自我剖析与定位

找工作，其实就是将"你想要什么"与"你能要什么"进行比对，最终完成比对和结合的一个过程。在职业上，正所谓知彼知己，方能百战不殆，理性、客观、全面地分析个人与职业的构成要素，是制定生涯规划、进行职业选择的第一步。

如果不先认识自己、分析需求，将难以进行职业发展计划。自我剖析与定位是确定人生战略选择的前提。按照关键性，应该从以下三个方面进行自我剖析与定位，才能选对方向、走对路。

（1）剖析个人天赋。

个人天赋是首要考虑因素。天赋是与生俱来的人类特质，与可以后天培养、发展的兴趣不同，但我们往往不清楚自己的天赋所在，以至于无法做到出类拔萃。不同的职业有不同的天赋要求，也决定了每个员工的工作业绩，从运动员、音乐工作者的表现上可以明显地看出这一点。如果属于严谨型的人，个性上比较注重工作过程中各个环节、细节的精确性，愿意按一套规划和步骤行事，倾向于严格、努力地把工作做得完美，以看到自己出色完成工作的效果，这种性格的人适合担任会计、审计、档案管理员等。

（2）剖析兴趣爱好。

考虑完天赋因素后，就要考虑兴趣因素。在工作中找不到乐趣是大部分人转换工作的主要原因。有些人喜欢从事具体的工作，并且希望很快看到自己的劳动成果，从完成的产品中得到满足，那么从事室内装饰、园林、美容、理发、手工制作、机械维修、厨师等就非常合适。反之，若他们仅仅参与作业的过程，并在短期内得不到工作评价，在缺乏激励诱因之下，他们会逐渐丧失工作的驱动力。

（3）剖析所学专业。

最后一个因素才是个人的专业。但是对一个刚刚踏入职场的新人来说，在学校花了数年所学习的专业知识其实并不"管用"，充其量只是基础知识，更多的隐性知识要在工作中慢慢积累。为了迁就专业，有时会失去更多的机会，毕竟实际工作中的职业类别比起学校里的专业丰富得多，见树不见林反倒会错失不少触类旁通的机会。进入一个新的工作，IQ（Intelligence Quotient，智商）的确重要，这是在对方还不熟悉你的情况之下唯一接受你的指标，而 EQ（Emotional Quotient，情商）才是决定晋升的关键，这与专业无关，却与工作环境产生联系，证明了心理素质与性格要比专业在职业上的表现更值得重视。

2. 形成正确的求职观念

（1）没有最好的工作，只有最适合你的工作。

同样的岗位，不同的时间去，不同的人去，结果是完全不一样的。工作不分贵贱，择业最大的考量标准应该是是否适合自己，只有将自己摆对位置，才能真的做到"人人皆可成才，人人可尽其才"。当然，我们不都是站在巨人的肩膀上，我们对世界和时空的认识是有局限性的。因此，我们还要努力地将主动选择与被动接受、主动适应与执着坚守有机地结合起来，永远积极乐观地去奋斗，去面对未来。世上没有免费的午餐，摆正心态，积极进取，理性抉择，不贪婪，不投机。

很多应届毕业生因为准备不够充分或者个人习惯不好，在找工作时会滋生出一种投机的心态，盲目"海投"就是其中最主要的一种表现。免费而高质量的午餐，只能是小概率事件。与其分散精力，不如集中力量，做足某一个小范围的调研，以高于其他人十倍、百倍的付出，获取那唯一的职位。另外，请不要贪婪，拿的录用通知再多，最终也只能去一个。内心的选择早晚要做，早做好选择远胜于临时纠结、匆忙选择。

（2）修身、齐家与治国，缺一不可。

修身，重点在一个"省"字，不断地反省自己，重成长，轻得失。齐家，重点在一个"孝"字，孝顺长辈，尊老爱幼，工作和谐，真诚友善。治国，重点在一个"实"字，务实地完成工作，多调研，不空谈，慎决策，实干兴邦。

大学毕业生在理性分析之后，应选择胸怀天下，选择将自己的命运与祖国和人民的命运紧紧结合在一起。"入主流，上大舞台，成大事业"的口号绝非空谈，是依据几代人的宝贵经验提出来的。愿大家都能找到适合自己的位置，积极地应对个人发展。

【探讨 5-6】职业规划和选择：把自己当作公司去经营

其实职业规划和经营公司是一样的，也可以说人的"职场角色"都是将自己当作一个产品，职业规划期间一定要算准得失、平衡心态，这样才能把这个产品做好。

小组内探讨并回答以下所列出的各个问题。

1. 愿景/使命/价值观

①愿景：你最终要成为什么样的职场人士？（例如，×××领域的专家；×××类型企业的×××核心。）

②使命：你要做什么样的事？（例如，为了提升×××领域效益；为了创造×××领域的最新技术；为了变革×××行业。）

③价值观：你的行事准则是什么样的？（例如，我不做××类型的工作；我不会为了××出卖×××。）

2. 战略目标和规划

为了达成以上的愿景/使命/价值观，我 5 年/10 年内有怎样的职业规划？

①我的职业技能树是怎样发展的？

②我在这个岗位要干几年？下一个岗位要干几年？

③我要聚焦哪个专业领域？

④我要聚焦哪个省/自治区/直辖市？

⑤我的收入水平要在×年内达到多少？

备注：这部分是最难的。因为很多人会做1年规划，做1年规划是简单的，难的是针对自己的职业和想做的事情去做5年、10年的规划。

3. 创新战略

为了完成以上的战略目标和规划，我需要在哪些方面重点投入哪些资源从而突出自己的战略重心？

①我需要花多少时间去学习？学习哪些东西？学习计划是怎样的？
②我需要花多少时间去认识哪些人？
③我需要提前多长时间去准备下一份工作的面试、笔试？
④我需要多长时间更新一次自己的简历？
⑤我需要着重培养目前工作中的哪部分能力？做哪些项目？

4. 生活战略

针对我的战略规划，在×年内我的 work life balance（工作、生活平衡，两不误）接受度是怎样的？过了×年后我的要求又是怎样的？

①我打算什么时候结婚？结婚的计划、买房买车的计划又是怎样的？
②照顾亲人的需求和计划是怎样的？
③育儿的计划又是什么样子的？
④我有哪些爱好？哪些爱好又是适合在当前的工作环境下发展的？

再加上针对你自己的一些关键问题，全部都想清楚了，然后动态进行调整。不要后悔自己做的每一个决策，把自己的职场角色像一个产品一样进行打磨，把自己的人生当作公司一样去经营。

【训练提升】

【训练5-1】职业生涯规划的"七步"

作为初入职场的新人，你是否在为找不到职业目标而困惑？"满腔热血"却常常"奋斗无门"，你是否心生疑问：职场生活难道真是这个样子吗？

做好以下七步，找出自己的职业方向。

1. 我是谁

对自己进行一次深刻的反思，形成一个比较清醒的认识，将自己的优势和劣势一一列出来。

优势：_____。

劣势：_____。

2. 我想干什么

兴趣和爱好是人们工作动力的源泉。为什么有的人得到了优厚的薪酬福利，获得了理想的职位，在别人看来是一个令人羡慕的成功人士，可他自己却闷闷不乐？这很可能是他目前的职业和工作不是自己的兴趣所致。所以，在设计自己的职业生涯的过程中，必须考虑职业方向、目标和路径与自己的兴趣是否相吻合。从事与自己的兴趣和爱好相一致的职业和工作，不仅会加速自己的成功过程，而且能达到"工作并快乐着"的职业人生顺境。

每个人在不同阶段的兴趣和目标并不完全一致，随着年龄和经历的增长而逐渐固定，并最终锁定自己的终身理想。

列出自己想干的工作：

①_____。

②_____。

③_____。

3. 我能干什么

"我能干什么"是对自己能力与潜力的全面总结。一个人职业的定位最根本的还要归结于他的能力，而他职业发展空间的大小则取决于自己的潜力。对于一个人潜力的了解应该从多个方面着手去认识，如对事的兴趣、做事的韧性、临事的判断力以及知识结构是否全面、是否及时更新等。

你是左撇子还是右撇子？假如你是左撇子，就要从事左撇子最擅长的工作，而不要设法去提高自己右手的行动能力。每个人最大的成长空间在于其最终的优势领域。你可以把自己已经证明的能力和自认为还可以开发出来的潜能一一列出来，在进行职业选择时择己所长。

当工作使你感到压抑、不愉快并且成绩平平时，你干这些事的能力便是你的弱点。对于一个集体，需要克服的是"短板定理"；而对于个人，不仅要想着努力去补齐短板，而且更应该去发挥自己的长处。

个人的职业定位最终以自己的能力为基础，而职业发展空间的大小则取决于自己的潜力，所以应对自己的能力与潜力有个全面的总结。

列出自己能干的工作：

① _____。
② _____。
③ _____。

4. 环境支持或允许我干什么

环境分析是职业生涯规划的重要一环。大到国际环境、国家环境、城市环境、行业环境、经济发展等，小到企业环境、人际关系环境、家庭环境等，都应该充分考虑。例如，以你的职业实力，你完全可以在沿海发达地区的知名企业谋得一个很有发展潜力的职位，但是，"上有老、下有小"的家庭环境是否允许就值得考虑。

环境支持或允许我做什么？环境对职业选择的重要影响包括两个方面：一是客观方面，如经济发展、人事政策、企业制度、岗位需求等；二是人为主观方面，如家庭支持、朋友关系、亲戚关系等。

列出环境支持或允许自己干的工作：

支持：_____。
限制：_____。

5. 社会需要什么

社会的需求在不断演化，旧的需求不断消失，新的需求不断产生。昨天的抢手货或许今天就会变得无人问津。所以，在设计职业生涯时，一定要分析社会需求趋势，要将自己的职业方向规划在社会发展的朝阳职业上，而不是"下坡赶驴"，一步跟不上，步步跟不上。

6. 我要什么

我要什么？是更体面的职位还是安稳平静的环境？是家庭的天伦之乐还是无拘无束的生活？这就要倾听来自心灵深处的职业锚的呐喊——我究竟喜欢什么？我究竟需要什么？什么才是我最为珍惜和追求的？我为什么而奋斗？

7. 我的职业目标是什么

我的职业目标是什么？明晰了前面6个问题，就会从各个问题中找到对实现有关职业目标有利和不利的条件，列出不利条件最少、自己想做而且又能够做的职业目标，那么第7个问题自然就有了一个清晰明了的框架。最后，将自我职业生涯计划列出来，建立并形成个人发展计划书档案，通过系统的学习、培训，实现就业理想目标：选择一个什么样的单位，预测自我在单位内的职务提升步骤，个人如何从低到高逐级而上。例如，从技术员做起，在此基础上努力熟悉业务领域、提高能力，最终达到技术工程师的理想生涯目标；预测工作范围的变化情况，不同工作对自己的要求及应对措施；预测可能出现的竞争，如何应对，分析自我提高的可靠途径；如果发展过程中出现偏差，如果工作不适应或被解聘，如何改变职业方向等。

列出自己的职业目标：_____。

为了达到我的职业目标，我的行动计划是：
① _____。
② _____。
③ _____。

【训练5-2】运用职业锚量表进行职业选择

近年来，越来越多的人和企业开始关注职业生涯规划，正如"职业锚"这一名词中"锚"的含义一样，职业锚实际上就是人们选择和发展自己的职业时所围绕的中心，是个人进行职业决策时的核心因素。职业锚量表是职业规划的一种核心测评工具。

职业锚测试量表由施恩编制，职业锚测试量表包含8个因子量表，即技术/职能型、管理型、自主/独立型、安全/稳定型、创业型、服务型、挑战型、生活型，如表5-4所示。测试结果根据分数高低判断最适合自我发展的方向。

表5-4 职业锚测试量表

职业锚类型	职业锚描述	排序
技术/职能型	技术/职能型的人追求在技术/职能领域的成长和技能的不断提高，以及应用这种技术/职能的机会。对自己的认可来自自身的专业水平，喜欢面对来自专业领域的挑战。一般不喜欢从事一般的管理工作，因为这将意味着放弃在技术/职能领域的成就	
管理型	管理型的人追求并致力于工作晋升，倾心于全面管理，独自负责一个部分，可以跨部门整合其他人的努力成果。想去承担整个部分的责任，并将公司的成功与否看成自己的工作。具体的技术或功能工作仅仅被看作是通向更高、更全面管理层的必经之路	
自主/独立型	自主/独立型的人希望随心所欲安排自己的工作方式、工作习惯和生活方式，追求能施展个人能力的工作环境，最大限度地摆脱组织的限制和制约。宁愿放弃提升或工作扩展机会，也不愿意放弃自由与独立	
安全/稳定型	安全/稳定型的人追求工作中的安全与稳定感。可以预测将来的成功从而感到轻松。关心财务安全，如退休金和退休计划。稳定感包括诚信、忠诚以及完成老板交代的工作。尽管有时可以达到一个高的职位，但并不关心具体的职位和具体的工作内容	
创业型	创业型的人希望利用自己的能力去创建属于自己的公司或创造完全属于自己的产品（或服务），而且愿意去冒风险，并克服面临的障碍。想向世界证明公司是靠自己的努力创建的。可能正在别人的公司工作，但同时也在学习并评估将来的机会。一旦感觉时机到了，便会自己走出去创建自己的事业	
服务型	服务型的人是指那些一直追求自己认可的核心价值的人，例如，帮助他人，改善人们的安全，通过新的产品消除疾病。一直追寻这种机会，即使这意味着变换公司，也不会接受不允许实现这种价值的工作变换或工作提升	
挑战型	挑战型的人喜欢解决看上去无法解决的问题，战胜强硬的对手，克服无法克服的困难和障碍等。对他们而言，参加工作或职业的原因是工作允许他们去战胜各种不可能。新奇、变化和困难是他们的终极目标。如果事情非常容易，它马上会变得非常令人厌烦	
生活型	生活型的人喜欢允许他们平衡并结合个人的需要、家庭的需要和职业的需要的工作环境。他们希望将生活的各个主要方面整合为一个整体。正因为如此，他们需要一个能够提供足够的弹性让他们实现这一目标的职业环境，甚至为此可以牺牲他们职业的一些方面，如提升带来的职业转换。他们将成功定义得比职业成功更广泛。他们认为自己该如何去生活、在哪里居住、如何处理家庭事务，以及在组织中的发展道路是与众不同的	

【训练要求】

（1）在表 5-4 中 8 种职业锚类型说明文字上画出与自己相符的内容。

（2）在以上 8 种职业锚类型中，选择 3 种符合个人情况的类型，根据符合程度依次用 1、2、3 标注。

（3）为什么喜欢这 3 种职业锚类型？这 3 种类型之间是否存在矛盾之处？矛盾表明了什么？

【训练 5-3】探析个人的决策风格

1. 判断"符合"或"不符合"

表 5-5 中所列的各项情景描述句，是一般人在处理日常事务及生涯决策时的态度、习惯及行为方式。请根据你的实际情况，选择"符合"或"不符合"。与你的实际情况相符合的记 1 分，不符合的记 0 分，将你的计分结果填入表 5-5 中。

表 5-5　决策风格类型测试量表

序号	情景描述	符合计分	不符合计分
1	我常仓促做出草率的判断		
2	我常凭一时冲动做事		
3	我经常改变我所做的决定		
4	做决定之前，我从未做任何准备，也未分析可能产生的结果		
5	我常不经慎重思考就做决定		
6	我喜欢凭直觉做事		
7	我做事时不喜欢自己出主意		
8	做事时我喜欢有人在旁边，以便随时商量		
9	发现别人的看法与我不同，我便不知该怎么办		
10	我很容易受别人意见的影响		
11	在父母、师长或亲友催促我做决定之前，我并不打算做任何决定		
12	我常让父母、师长或亲友来为我做决定		
13	碰到难以做决定时，我就把它摆在一边		
14	遇到需要做决定时，我就紧张不安		
15	我做事总是东想西想，下不了决心		
16	我觉得做决定是一件痛苦的事		
17	为了避免做决定的痛苦，我现在并不想做决定		
18	我处理事情经常会犹豫不决		
19	我会多方搜集做决定所必需的一些个人及环境的资料		
20	我会对收集到的资料加以比较分析，列出选择的方案		
21	我会权衡各项可行方案的利弊得失，判断出此时此地最好的选择		
22	我会参考其他人的意见，再斟酌自己的情况来做出最适合自己的决定		

续表

序号	情景描述	符合计分	不符合计分
23	经过深思熟虑之后,我会明确决定一项最佳的方案		
24	当已经确定所选择的方案,我会展开必要的准备行动并全力以赴做好		

2. 累计各个范围的得分

累计 1~6、7~12、13~18、19~24 各个范围题号的得分,填入表 5-6 所示的"得分小计"列中。

表5-6 决策风格类型测试结果

决策类型	题组号	得分小计
直觉型	1~6	
依赖型	7~12	
回避型	13~18	
理智型	19~24	

得分最高的一组代表你的主要决策风格。

3. 职业决策的 SWOT 分析

填写表 5-7 中各个指定内容。

表5-7 职业决策的 SWOT 分析

	优势与优点	弱势与缺点
内部个人因素		
	发展机会	阻碍威胁
外部环境因素		
最大优势		
应对的策略		

4. 填写我的职业决策平衡单

在如表 5-3 所示的职业决策平衡单中填写相应的内容,得到我的职业决策平衡单。

5. 确定职业发展方向

经过平衡单分析后,最终选择的职业发展方向是:_____。

【训练 5-4】模拟大学生职业生涯规划大赛

设计职业生涯时要考虑事业与家庭、物质与精神、兴趣与工作、长期与短期之间的平衡与和谐,重点要考虑与自己的职业价值观相一致。同时,还应该为实现职业目标做好必需的精神、物质、能力以及人际关系准备。

1. 完成就业现状调查

大学生就业现状调查

1. 你的职业定位是什么？（　　）
   A. 学术、科研方向　　　　　　　　B. 商业、工业、服务业
   C. 政府机关、学校、医院等单位　　D. 其他
2. 你对自己就业前景的态度是（　　）。
   A. 非常乐观　　　　　　　　　　　B. 较为乐观
   C. 一般　　　　　　　　　　　　　D. 比较不乐观
   E. 非常不乐观
3. （多选）你会通过何种方式就业？（　　）
   A. 亲自前往用人单位介绍自己　　　B. 招聘会现场
   C. 由学校推荐　　　　　　　　　　D. 通过熟人介绍
   E. 寄发自荐材料
4. 你对自己毕业后的职业生涯制定过详细的规划吗？（　　）
   A. 完全没有想过　　　　　　　　　B. 想过但是没有进行详细的规划
   C. 想规划但是不知道如何规划　　　D. 想过并且进行了详细的规划
5. 你对自己以后的就业有清晰的规划吗？（　　）
   A. 非常清晰，知道自己将来要干什么　　B. 有过但不清晰
   C. 很迷茫，不清晰　　　　　　　　D. 完全没有想过
6. （多选）你在大学接触过的职业生涯规划教育课程有哪些？（　　）
   A. 职业生涯规划、就业指导　　　　B. 就业形势政策解读及求职技巧辅导
   C. 就业心理辅导　　　　　　　　　D. 创业辅导
   E. 职业适应能力　　　　　　　　　F. 其他
7. （多选）你期待开展的职业生涯规划教育的形式有哪些？（　　）
   A. 教师讲课　　B. 名人讲座　　C. 现场模拟　　D. 与职业人士交流
   E. 网络课程　　F. 到企业参观　G. 举办专题讨论会　H. 其他
8. （多选）你觉得自己在就业求职过程中，最具竞争实力的方面是（　　）。
   A. 学习成绩　　　　　　　　　　　B. 专业技能
   C. 实习经历　　　　　　　　　　　D. 专业证书/技能认证
9. （多选）你在大学期间的工作经历是（　　）。
   A. 学生会和社团的工作　　　　　　B. 班委等学生工作
   C. 社会实践或实习　　　　　　　　D. 学校或社会的志愿者活动
   E. 其他
10. 你在校期间参加实习的次数是（　　）。
    A. 1~2次　　　　　　　　　　　　B. 3~4次
    C. 5次及以上　　　　　　　　　　D. 0次（没有适合的机会）
11. （多选）你在找实习单位或实习过程中遇到哪些困难？（　　）
    A. 找不到实习渠道　　　　　　　　B. 寻求实习时缺乏面试方法与技巧
    C. 不了解各行业及工作情况　　　　D. 不明确实习生招聘的标准
    E. 缺乏工作技能　　　　　　　　　F. 难以适应实习工作
    G. 所在地区的实习资源匮乏　　　　H. 其他

12. 你关于实习经历对今后工作的帮助的看法是（　　）。
　　A．非常有帮助，大学期间应该多参与实习工作
　　B．专业对口实习才有帮助，非专业对口实习帮助不大
　　C．帮助比较有限，还是把学习弄好重要，很多东西还得等正式工作了慢慢学习
　　D．没什么帮助，大学期间只要努力把学业弄好就够了

2. 熟悉大学生职业生涯规划大赛参赛作品规范

认真浏览以下"大学生职业生涯规划大赛参赛作品规范"。

大学生职业生涯规划大赛参赛作品规范

一、内容要求

（一）参赛作品以参赛选手本人的职业发展规划为主题，对自我和外部环境进行全面分析，提出自己的职业目标、发展路径和行动计划。可自行选择就业（含升学）类或创业类进行规划。

（二）参赛作品应涵盖自我认知、职业认知、职业目标与路径设计、规划与实施计划、评估与备选方案等内容，适当运用职业测评等分析、决策工具及丰富的事实论据，对职业规划过程进行详尽阐述。

（三）参赛作品不得违反有关法律、法规以及公认的道德规范，不得侵犯他人知识产权，不得剽窃、抄袭他人作品。一旦发现，将取消参赛资格，情节严重者，按学校有关规定严肃处理。

二、作品形式

（一）参赛选手需同时提交《职业生涯规划书》的书面文档和电子文档。

（二）作品要内容完整、条理清晰、立意新颖、版面美观大方。

三、书面作品规格要求

（一）参赛作品书面文档要求一律使用 A4 纸打印装订，黑白、彩色均可，不提倡对参赛作品进行豪华包装。

（二）职业生涯规划大赛参赛作品必须有扉页。扉页填写参赛者的学校、二级学院/系部、专业、姓名、性别、学号、联系电话、电子邮箱等相关个人信息。

四、电子版作品规格

（一）参赛选手电子版《职业生涯规划书》必须为 Microsoft Word 格式（*.doc 或*.docx 文件），文件大小不超过 5MB。

（二）电子版演讲展示材料必须为 Microsoft PowerPoint 格式（*.ppt 或*.pptx 文件），文件大小不超过 5MB。

---

3. 编制大学生职业生涯规划

参考以下"大学生职业生涯规划模板"以及"大学生职业生涯规划范文 1""大学生职业生涯规划范文 2""大学生职业生涯规划范文 3""大学生职业生涯规划范文 4"，自行设计职业生涯规划的文档模板，完成一份让自己满意的大学生职业生涯规划。

(1)大学生职业生涯规划模板。

大学生职业生涯规划书

姓名：_____

学号：_____

班级：_____

院系：_____

完成时间：　　　年　　　月　　　日

目　录

一、自我分析
二、外部环境分析
三、职业定位
四、计划实施
五、评估调整
六、结束语

引　言

康德曾经说过："没有目标而生活，恰如没有罗盘而航行。"人生是碌碌无为、虚度韶华，还是踏踏实实、拼搏奋斗？这取决于自己，更取决于自己的人生规划。因此，要使自己的人生精彩些，首先应给自己定一个明确的目标和方向。在这快节奏的时代中，认清自己的发展方向，结合自己的特长，这样未来的路才会走得更远。

所以，对于我们来说有一份长期的规划是很有必要的。第一，职业规划书能够帮助我们对自己有清晰的认识和定位，是对未来职业进行规划的有力工具。第二，确立自己的职业生涯目标。职业生涯规划的核心是制定自己的职业目标和选择职业发展路径。人的一生如果没有目标就会随波逐流。通过对自己的总体分析和对社会的分析，对自己的优势、劣势有了清晰的判断，对外部环境和各行各业的发展趋势及人才素质要求有了客观的了解，这样我们才能根据实际，做出相应的职业选择。

作为当代大学生，我们要对自己有清醒的认识，清楚自己的优势和劣势，明确自己的兴趣，进而找准目标，通过平时的学习，不断提高和完善自己，并对自己的专业以及自己专业未来发展前景做一个全面的分析。对我个人来说，找准自己的位置，结合实际做出合理的职业规划很有必要。

一、自我分析

1. 职业兴趣——喜欢干什么

我的人才素质测评报告中，职业兴趣前三项是艺术型、社会型、现实型。我的具体情况是：

- 具有艺术创造力，喜欢以各种艺术形式来表现自己的才能，乐于创造新颖、与众不同的成果。擅长做策划工作，并能将其运用到生活中去。喜欢做艺术设计师、广告制作人、建筑师、主持人。
- 喜欢与人交往，结识朋友，坦率热情，关心社会问题，同情弱者，喜欢从事为他人服务和教育他人的工作，渴望发挥自己的社会作用。喜欢从事提供培训、启迪、帮助等的工作。适合成为一名教育工作者（教师、教育行政人员）和社会工作者（咨询人员、公务员）。
- 具有领导才能，具备经营、管理、监督的领导能力，善于全局性、系统性分析和解决问题。遇到问题会事先考虑周到，然后实施。适合做一名项目经理、企业领导、政府官员。
- 具备良好的团队合作精神，能够很好地融入集体，乐于助人，虚心好学，能够为集体增加一份活力。

2. 职业能力——能够干什么

我的人才素质测评报告结果显示我的工作优势是：

- 善于表达自己的观点，能够抓住中心内容，分析问题。
- 能够冷静果断地处理突然发生的事情。
- 学习新事物的能力比较强。
- 善于与人友好交往并协同工作。
- 善于帮助他人，组织集体活动。
- 逻辑推理能力和音乐能力比较强。
- 热情积极，有毅力，有决心，不轻言放弃。
- 有领导能力，可以在更高的职位上发挥自己的特长。

3. 个人特质——适合干什么

我的人才素质测评报告结果显示我的气质类型是多血质。

一般表现为灵活性高，情感和情绪发生迅速，表露于外，情绪情感容易产生，也容易变化和消失，活泼好动，但往往不求甚解。工作适应力强，交际广泛，容易接受新事物，容易外露，体验不深刻。愿意从事合乎实际的事业。兴趣广泛，但情感易变，如果事情上不顺利，热情可能消失，从事多样化的工作往往成绩卓越。

合适的职业：导游、推销员、节目主持人、演讲者、外事接待人员、演员、市场调查员、监督员等。

在 MBTI 测试中职业倾向于 ENFP 型，外向直觉、情感知觉。其特点表现为：

- 极为热心、极富朝气、机敏、富于想象力，几乎能够做感兴趣的任何事情。
- 对任何困难都能迅速给出解决办法并随时准备去帮助任何一个遇到难题的人。
- 常常依据自己的能力去即席成事，而不是事先准备。
- 经常能对想做的任何事情找到令人信服的理由。

适合的工作：广告客户管理、杂志编辑、电视制片人、社会工作者。

我的工作岗位特质：
- 能够在完善的条件下很好地与他人合作，营造良好的工作氛围。
- 能够提高并展示个人能力，有机会接触到各种各样有能力的人。
- 能够锻炼个人的写作、策划能力，也能为他人提供帮助。

4．职业价值观——最看重什么

我的职业价值观测评报告结果显示前三项是人际关系、安全稳定和利他主义。

人际关系主要表现在希望一起工作的大多数同事和领导人品好，相处在一起能感到愉快、自然，认为这是很有价值的事。在这个方面细化分析，可以看出：
- 希望在工作中能够和同事、领导融洽相处，具有和谐的关系。
- 希望自己的工作是具有团队协作性质的，能够以团体的形式工作。
- 希望自己的工作是服务他人的，能够帮助社会弱势群体。
- 希望自己的工作比较自由、轻松，能够在比较休闲的环境下进行。

下面几个价值观相对而言不是最大的工作动力来源，但是很有帮助：

安全稳定：工作可以提供安定的生活保障，即使经济报酬不高也没关系。

利他主义：工作的目的和价值在于直接为大众的利益和幸福尽一份力。

成就感：希望获得的工作能够有及时的成果展示，并且可以体验成就感带来的幸福。即工作是一种自我实现，而并非外在的利益的满足。

5．自我分析小结

现在我对自己有了一个比较清楚的了解，但这还不够。通过分析，我觉得成功的秘诀在于：

（1）做事要有耐心，要注重细节，做事要分顺序。

（2）学会欣赏他人，尊重他人的劳动成果，体谅他人的需要。

（3）做事不能冲动，不能过分感情用事。

（4）学习说话方式，多与人交流、沟通、接触。

（5）培养自己的动手能力，针对不同的情况做出不同的分析。

二、外部环境分析

1．家庭环境分析

家庭条件较好，父母思想比较开放，家庭和睦。家乡在内蒙古呼和浩特，城市现今发展迅速，正在开发为旅游城市，建设紧随国家步伐。邻近省份有河北、山西，拥有广阔的市场，发展前景十分优越。

2．学校环境分析

我就读的学校是内蒙古科技大学，位于内蒙古包头市。包头市是新型工业城市，是二线城市，形成了冶金、装备制造、电力等产业为主导的工业体系，并且拥有大量矿产资源。针对实际情况，我校设立了特色专业，我所在的艺术与设计学院，就业前景也十分广阔。包头市再建设需要相关人才，这有利于我们毕业后从事相关行业。

3．社会环境分析

近两年毕业生人数逐年增加，就业形势严峻，对于我们这样的普通大学毕业生来说，竞争对手主要是一些重点、一流大学的本科毕业生或学历更高的研究生。但我有信心，因为中国的建筑及道路建设都已有一定年限，需要重新修整，所以我们环境设计方向的人才是不可或缺的，就业前景还是乐观的。

4．职业环境分析

（1）行业分析。

如今中国艺术市场成为世界上最大的艺术市场之一，改革开放以后的中国经济飞速发展，提高了人们的生活水平,也提高了人们对美的要求。如今中国的艺术市场,又迎来新的机遇与挑战。

(2) 职业分析。

职业意向:艺术创作,艺术设计,平面设计,广告,多媒体设计。

5. 职业分析小结

不论是从家庭、学校、社会方面分析还是进行职业环境分析,我所学习的视觉传达设计专业都拥有非常光明的就业前景。

三、职业定位

1. 职业定位的 SWOT 分析

SWOT 分析结果如下所示。

内部环境	
优势(S)	劣势(W)
①善于与人交流,乐于助人; ②亲切,宽容,讲究实际,乐天派; ③有组织和领导能力; ④注重人际关系,有团队合作精神; ⑤做事勤劳,脚踏实地。 结论:个人的吃苦耐劳精神比较强,有利于从事视觉传达设计行业的工作	①做事不讲条理,不分顺序,不重细节; ②易厌倦,不喜欢重复; ③学习和工作没有太大的耐心; ④对于不感兴趣的事不愿花费时间审查,粗心大意; ⑤很难集中注意力干一件事,独自工作时效率低。 结论:缺乏经验,没有耐心,很难专注于一件事
外部环境因素	
机会(O)	威胁(T)
随着经济发展,国家需要新型人才、创造性人才	一流院校本科毕业生、研究生是最大的竞争者

2. 职业目标

将来从事平面设计的设计总监职位。

3. 职业发展策略

进入北京或上海的视觉设计公司。

4. 职业发展路径

助手—平面设计师—设计总监—自己创业。

四、计划实施

1. 短期计划(大学计划:2023—2026 年)

(1) 大二取得英语四级证书、计算机二级证书,大三复习考研,大四拿学士学位证、××大学研究生录取书。

(2) 学习专业知识,课余时间学习新媒体运营和英语及第二外语,看与专业有关书籍,拓宽知识面。

(3) 余下两年学好专业知识,不挂科,以足够扎实的专业知识参加研究生考试。

2. 中期计划(毕业后五年计划:2026—2031 年)

(1) 拿到硕士毕业证,和导师交流,拓宽自己的交际圈,找到自己喜欢的工作。

(2) 利用专业知识和导师一起做研究,踏实处理本职工作。

(3) 熟练掌握专业知识,培养和导师之间的关系,学习成绩优异,处于突出地位。

(4) 前三年以学习为主,重心在学习专业知识上,拥有良好的师生关系,毕业后两年踏踏实实工作,拥有晋升机会。

(5) 建立良好的人际圈。

3. 长期计划（毕业后 10 年或以上计划：2041 年及以后）

（1）2041 年以后在已有的成绩基础上自己创业，根据自己的喜好和多年的工作经验，创办自己的公司。

（2）打造属于自己的品牌，建立公司形象。

五、评估调整

职业生涯规划是一个动态的过程，必须根据实施结果的情况以及因应变化进行及时的评估与修正。

1. 评估的内容

（1）职业目标评估（是否需要重新选择职业）：假如一直得不到相应发展，那么我将尝试新的职业。

（2）职业路径评估（是否需要调整发展方向）：当出现职业不景气的时候，我就会选择其他就业前景广阔的方向。

（3）实施策略评估（是否需要改变行动策略）：如果在实际中遇到困难，我会采取积极态度面对或实施其他措施。

（4）其他因素评估（身体、家庭、经济状况以及机遇、意外情况的及时评估）：依据实际情况具体分析。

2. 评估的时间

一般情况下，我定期（半年或一年）评估规划，当出现特殊情况时，我会随时评估并进行相应的调整。

以上只是我职业生涯的大体规划。计划赶不上变化，没有不变的计划，我会根据实际情况做出相应的调整，但我不会放弃自己的目标，我会努力实现自己的理想。

如果我遇到了困难，我不会选择后退，我会勇往直前，一一解决。

对于评估的时间，我会根据需要及时进行调整，把握好大方向，随时掌握所学专业的动态。

六、结束语

我们要想成功，就要有明确的目标，而且要有实现它的强烈愿望。或许现在我们迷失了方向，或者找不到自己人生的目标，或者眼前一片茫茫不知道该往哪里走，但是我们也要重新点燃希望。因为寻找自己的人生目标，追求梦想与成功，并不比接受不幸和平庸艰难。当你不断追寻自己的人生目标时，希望或许就在前方。

在漫漫人生旅途中，许多人因自己没有高尚的追求而迷失方向，最后落得一败涂地。然而也有许多人，选好了自己的人生目标，朝着自己的目标去努力，走好了人生旅程。

可见，目标是人生大海中的航标，是大漠中的清泉。"一年之计在于春，一日之计在于晨。"良好的开端等于成功的一半，人生旅途应该从设定目标开始，你还在等什么？

（2）大学生职业生涯规划范文 1。

大学生职业生涯规划范文 1

一、前言

人生的曲折与坎坷铸就了我们对生活的百折不挠，也磨炼了我们坚韧不拔的毅力。人们常说："人无远虑，必有近忧。"如何使我们的人生更有价值，体现生命的意义？我想拟定一份职业生涯规划书是我们不可或缺的基础材料。未来掌握在自己手中。

花开花又落，春去春又回。踏着时光车轮，我已走过 20 岁的年轮边界。驻足观望，通信网络铺天盖地，知识信息飞速发展，科技浪潮源源不绝，人才竞争日益激烈，不禁感叹，这世界变化好快。身处信息世界，作为一名当代大学生，我不由得考虑起自己的未来。在机遇与挑战并存的未来社会里，我究竟该扮演一个什么样的角色呢？于是，经过一番深思熟虑之后，我决定把自己的未来设计一下。有了目标，才会有动力。

为了给自己做好这份大学生职业生涯规划书，我认真分析了自己的兴趣、特长、性格、学识、技能等各个方面，另外利用网上的职业测评软件认真地做了测评，并得到较为可信的测评报告。本规划书就是依据测评报告结果并结合自己个人的分析做出的。

二、自我分析

（一）认识自己的职业性格

我是一个热情、活泼的女孩，自信而不张扬，正直而不呆板。对待学习态度端正，对待工作兢兢业业。在自己人际交往的圈子中，我努力用真诚对待每一个人，因为我相信，"爱出者爱返，福往者福来"，只是有时心直口快，难免忽略别人的感受。我乐于交友，希望能从朋友身上学到自己所没有的优点。顽强的毅力是我的特征，虽有些倔强，但是如果认为自己实在没能力完成任务，我会适时放弃。因为我觉得适时的放弃也算是人生中的大智慧。做事毛躁是我的大缺点，缺乏细心度，容易冲动，做事雷厉风行，从不拖泥带水，但有时欠缺考虑。

我是一个完美主义者，只要是自己做的事总希望能够办得十全十美，尽管我知道这是不可能的，但我会朝那个方向靠拢。

（二）自己的兴趣爱好

总的来说我的兴趣和爱好还算比较广泛，喜欢交友、唱歌、绘画、棋艺、球类运动等。我擅长发表自己的想法，说出自己的意见与看法，并希望自己能够得到别人的认可。工作与学习当中，我会劳逸结合，使自己办事效率更高。我爱看散文与诗篇，偶尔也写作，喜欢与别人谈心，帮他们解决问题。

（三）自己的职业能力

从某方面来说我的感性能力与理性能力均等，逻辑思维能力较强，语言表达能力处于中上水平，学习语言的能力较强，如果时间投入度还可以的话，相信会有不错的成果。

（四）自我潜能

1. 我的个人能力：由于参加了一些社团工作，我发现我的社交能力与组织领导能力均有所提高，也具有一定的吃苦精神。

2. 我的相关经历：高中时的我曾担任过团支书、班长，在工作能力和胆识方面还是比较有基础的。

3. 个人品质：思想单纯而又朴实。

4. 人生格言：知识改变命运。

综上所述，只要我选择了适合自己的，我就会是最好的。我明白我不能决定生命的长度，但我可以控制它的宽度；我不能左右天气，但我可以改变心情；我不能预知明天，但我可以利用今天；我不能样样顺利，但我可以事事努力。

（3）大学生职业生涯规划范文2。

大学生职业生涯规划范文2

大学算是个小型社会，多姿多彩，也充满诱惑，随时随地都可能偏离正轨。回首时，却赫然发现时间已经蹉跎得太久了，所以为自己做个职业生涯规划是相当有必要的。

一、自我评估

1. 盘点自我优势

（1）积极主动，开朗热情，勤奋向上，有吃苦耐劳的精神；

(2) 实事求是，有目标、有主见，追求具体明确的事情，喜欢做实际的考虑；
(3) 善于交谈，懂得开导自己，并以己推人；
(4) 做事有自己的原则，让自我更完善。

2. 盘点自我劣势

(1) 兴趣广泛，但没有特专长的一面，没有注重培养；
(2) 自信心不足，对失败或没有把握的事情感到紧张；
(3) 脾气有时顺和，有时急躁，不过也在不断地调整自己的心态。

3. 分析职业定位

(1) 职业类型。

先从一名文员做起，然后通过不断的努力，争取做一名人力资源部高层人员。

(2) 职业兴趣。

对企业工作感兴趣，需要具备领导能力、决断能力，并能在压力下独立工作。

(3) 职业认知。

通过对自己的认识和分析，认为自己所学的专业还比较符合自身的个性。

二、职业生涯条件分析

1. 家庭环境分析

家庭虽并不富裕，但还能维持基本生活，家人也不会约束我什么，给予我独立发展的空间。

2. 学校环境分析

我所学的人力资源管理专业是学校刚开设两年的新专业，师资力量相对薄弱，开设的专业课程较少。

3. 社会环境分析

我国政治稳定，经济持续发展，在全球经济一体化中扮演着重要的角色。

4. 人力资源管理专业的分析

目前，人力资源管理人才比较短缺，权威机构调查显示，国内现在需要中高层人力资源专业人才的数量为600多万，市场缺口较大，就业形势比较乐观。

三、职业目标定位及其分解组合

1. 主体目标：成为人力资源部的高层管理人员

2. 目标分解

(1) 完成大学课程，顺利毕业，并考取相关的职业资格证书；
(2) 了解市场，努力培养自己各方面的能力，努力实现主体目标。

四、职业生涯规划（大学三年规划）

1. 基本目标

(1) 首要目标：竞选班干部，力争成为学生会干部，培养自己的组织、协调等方面的能力。
(2) 能力目标：掌握专业知识，了解其他方面对自己有用的知识，开阔视野。
(3) 经济目标：做兼职，提高自己的收入，同时还能积累工作经验。

2. 大一：探索期

【阶段目标】适应大学生活。

首先，要适应由高中到大学的环境和角色的转变，重新确定自己的学习目标和要求；其次，要了解自己所学专业，分析该专业是否适合自己，明确目标；再次，要积极参加各种活动，注重培养自己的沟通能力；最后，要把基础课程学扎实，顺利通过英语等级考试和计算机等级考试。

3. 大二：定向期和准备期

【阶段目标】确定自己的努力方向。

首先，要加强专业知识的学习，善于自习和收集有关专业的学习资料，大二上学期努力考取助理人力资源管理师证书；其次，要争取在假期中找与专业相关的兼职工作，更深入地了解市场，增加交流，积累工作经验；最后，要多搜集就业信息，了解该专业的就业要求，从而锻炼自己，在以后的就业中占有一定优势。

4. 大三：冲刺期

【阶段目标】力争成功就业。

进一步客观认识自己，大量搜集就业信息，了解就业形势，了解招聘单位的基本要求，以便在面试中提高自信心。求职过程中遇到挫折也不灰心，保持乐观的心态，相信自己一定会成功的。

五、评估调整

当遇到机遇时，要好好把握，争取成功；如果该专业的就业形势有变，或者因为身体、家庭等其他因素而不得不放弃该工作，那我会调整自己，适当地选择其他工作。相信通过不断的努力，规划最终一定会得以实现。

六、结束语

天行健，君子以自强不息！职业生涯规划是我对大学三年勾勒的一张蓝图，更是为自己人生的奋斗点燃的一盏心灯。

（4）大学生职业生涯规划范文3。

大学生职业生涯规划范文3

一、自我分析

1. 职业兴趣

我比较喜欢经济类职业，会计专业是一门管理学和经济学兼而有之的专业，作为一名会计专业的学生，我很热爱自己的专业。未来几年内，我将立足会计岗位，不断提高自己的会计业务水平。

2. 职业能力

在近三年的专业学习中，我对会计专业有了全面的认识，并在此基础上不断提高自己的会计业务素质。在日常学习中，我注意博览群书以开拓自己的知识面。同时，在校期间，我力争提高自己的综合素质，注重社会交往能力的提高。所以，我认为自己可以胜任会计的相关岗位工作。

3. 个人特质

责任心强，独立处事能力强，遇事冷静，专业知识较为扎实，社交能力较强，自学能力较强。

4. 职业价值观

在职业生涯中，我认为应该努力提高自己的思想道德素质，做到爱岗敬业，具有职业精神。

5. 胜任能力

本人处事较为稳重，善于思考和分析，形象思维能力较强。同时，作为一名会计专业的学生，有较为扎实的会计专业知识，可以胜任会计岗位工作。

二、职业分析

1. 家庭环境分析

家庭经济情况一般，生活水平一般。父母比较开明，能尊重我的就业选择。从这个层面上讲，家庭为我的职业发展提供了较好的环境。

2. 学校环境分析

我所在的学校在全国范围内的竞争力一般，在省内声誉较好，知名度在中上等。当前的院校专业设置中，会计专业的学生总体上就业形势较好，并且20××年我校的会计专业已经跨入省级重点建设专业行列。所以，从这个角度上讲，专业的优势可以弥补学校的劣势。

3. 社会环境分析

由于家庭的原因，将来的就业地点主要选择在×××或×××，但两个城市的经济发展水平一般，从长远角度看，不是十分有利。但从地理位置关系的角度来看，将会有利于个人的职业生涯发展。

4. 职业环境分析

（1）行业分析。

会计行业发展的现状是中低端人才供大于求，高端人才供不应求，缺乏的是会计的高端人才。想在会计行业有一定的发展，就要树立终身学习的理念。只有在现实工作中不断地总结和学习，才能胜任更高层次的位置。

（2）职业分析。

很多人认为会计的任务是负责日常的记账工作，但是实际工作中，会计很大程度上在扮演着管理的角色。会计的基本理论应用面很广，在金融和投资领域中都有应用。

（3）企业分析。

毕业后很可能会进入国企工作，由于国企的特殊性，掌握的社会资源可能较多，所以在国企工作，将有利于很快进入管理层面，也有利于后期创业。

三、职业决策

结合第一和第二部分的分析，进行本人的SWOT分析并给出具体的职业定位。

1. 内部因素的优势与劣势

单独处事能力较强，有责任心，遇事冷静，自学能力强，有一定的社会交往能力；但缺乏耐心，缺乏社会经验，性格不够坚韧，缺乏恒心。

2. 外部因素的机会与威胁

当前会计专业的就业形势较好，家庭有一定的社会资源，当前国家对高校毕业生的就业优惠政策较多；但本人的专业知识不够扎实，会计人才市场日趋饱和。

3. 职业定位

结合自身素质，特做出以下具体的职业定位：

（1）职业目标。

毕业后做一名会计职员，中期目标是做部门财务主管，长期目标是自己创业。

（2）职业发展策略。

进入企业财务部门，积累一定经验和资源，再选择一个有发展前景的企业。

四、计划与路径

1. 总体计划

分别制定了短期、中期、长期三个阶段的职业目标，即先找到工作成为一名会计从业人员，然后选择一家发展前景良好的企业就业，最后利用积累的资源进行创业，开创属于自己的一片天地。详细设计如表5-8所示。

2. 计划执行

现在能做到的是立足当前，夯实专业知识，提高个人综合素质。

表 5-8　职业生涯的详细设计

目标类型	目标分解	计划内容
短期目标	20××—20××年：完成学业，找到工作	在校期间，加强专业能力的训练和综合素质的提高，多阅读专业书籍和相关书籍，多参加社会实践活动，利用假期参加实习，全面提高综合素质
中期目标	20××—20××年，成为一名会计主管	在实际工作中不断提高自身专业素质，在5年内通过注册会计师考试
长期目标	20××年以后开始自己的创业生涯	随着社会资源的丰富，选择一个比较有前途的行业开创属于自己的事业

五、评价调整

根据实际情况及时调整自己的计划。

1. 职业目标评价调整

在职业生涯的中期目标中，如果出现较好的发展机遇，应当及时改变工作地点或者行业。

2. 发展路径调整

如果出现意外的因素，就及时改变发展路径。

3. 因素评估

在实际工作中要充分估计各种困难，更要充满信心，不为困难所阻，同时要全面考虑现实中各种发挥影响的因素。

六、结束语

对前途充满信心，对当下保持乐观，不坠青云之志，直挂云帆，开创属于自己的一片天地。

（5）大学生职业生涯规划范文4。

大学生职业生涯规划范文4

不少人都曾经这样问自己："人生之路到底该如何走？"记得一位哲人这样说过："走好每一步，这就是你的人生。"是啊，人生之路说长也长，因为这是你一生意义的诠释；人生之路说短也短，因为你度过的每一天都是你的人生。每个人都在计划自己的人生，都在实现自己的梦想：梦想是一个百花园，我只是百花园里的一棵小草，可小草也有一个大理想，于是我在这里畅想一下自己的职业生涯。

一、个人分析与角色评价

1. 个人分析

别人说我性格偏于内向，但我认为我性格具有两面性，我喜欢安静的环境，喜欢一个人学习、看书，但有时却喜欢热闹，和朋友在一起聊天，给彼此带来快乐，我会感觉很开心。我喜欢画画和运动，尤其是打乒乓球，也喜欢旅游，开阔眼界，陶冶情操。另外，我具有团队精神和协作能力，有比较强的创新意识、动手实践能力及自学能力。但我也有一个明显的缺点：优柔寡断。

2. 角色评价

父母对我的评价：良好的沟通能力，独立能力较强。

老师对我的评价：积极乐观，有上进心、责任心，学习刻苦，纪律性强。

同学对我的评价：工作能力强，责任感强，能顾全大局。

二、行业分析

未来社会发展的最终趋势将是一体化，这就注定网络的连接必不可少。现在计算机已得到广泛普及，网上购物、网络管理已成为人们交流的一种途径。服务器设备广泛应用于各大商城及商业媒体，但总的来说，其功能还不完善。因此，全自动化技术将成为网络管理的任务所在。

三、职业目标

美好愿望：事业有成，家庭幸福。

职业目标：学以致用的网络工程师、软件开发人员。

只要自己尽心尽力，能力也得到发挥，每个阶段都有切实的自我提高，即使目标没有实现，也不觉得失败，决不气馁！

四、大学期间的学习计划

学生首要的任务就是学习，在数字化、信息化的时代对计算机知识的掌握尤为重要。

1. 大学二年级

（1）认真学好专业知识，注意提高自身的综合素质，通过参加各种社团等组织，锻炼自己的能力。

（2）在课余时间从事一些与自己未来职业有关的专业类兼职工作，进一步提高自己的责任感、主动性。

（3）通过英语等级考试和全国计算机等级考试。

2. 大学三年级

（1）尝试并学习撰写简历、求职信，了解社会需求。搜集与本人目标工作有关的信息，并通过信息渠道尝试和已毕业的校友进行交流。

（2）模拟面试。积极利用学校提供的条件，强化求职技巧，进行模拟面试等训练，尽可能在准备较为充分的情况下进行演练，为自己以后找到理想的工作而努力。

（3）考取普通话等级证书、网络专业从业资格证书。

五、计划的实施

计划固然好，但最重要的在于付诸实施并取得成效。时时刻刻都不能忘记，任何目标，只说不做到头来只能是一场空。

大学是属于自己的天地，在人的一生中这样的时光并不多，好好把握将会受益终身。我要采取以下措施实现每一步计划。

（1）改掉自己偶尔情绪急躁的坏毛病，不和同学发生冲突。

（2）不计较名利，不计较利益得失。

（3）抓住每一个锻炼自己的机会，为集体做一些力所能及的事，干出一点成绩，不一定非要得到别人的肯定，重要的是给自己找一个相信自己的理由。

六、结束语

俗话说："欲行千里，先立其志。"规划好我的职业生涯，就相当于在人生之路上迈出一大步。一位哲人曾说过："没有目标的人，就像是漂泊的船只，可能永远到达不了彼岸。"有了明确可行的职业生涯规划，感觉像是在黑暗中看到了亮光，让我有目标可循，进而信心百倍、动力十足地去实现它。我不再盲目地、无目的地学习与生活，而是有计划、有步骤地生活。

"路漫漫其修远兮，吾将上下而求索。"不经历风雨怎能见彩虹。每个人心中都有一座山，雕刻着理想、信念、追求、抱负；每个人心中都有一片森林，承载着收获、芬芳、失意、磨砺。一个人，若要获得成功，必须拿出勇气，付出努力。机遇不相信眼泪，不相信颓废，不相信幻影，只相信爱打拼的人！

4．现场展示大学生职业生涯规划

模拟大学生职业生涯规划大赛，每个小组推荐一位同学，上台展示所编制的大学生职业生涯规划。

模块6 提升职业素养和综合能力

一个人的能力和专业知识固然重要，但是，要在职场获得成功，最关键的并不在于他的能力和专业知识，而在于他所具有的职业素养。所以，职业素养是一个人职业生涯成败的关键因素。职业素养主要包括职业能力、职业道德、职业行为、职业作风和职业意识等方面。职业素养是人才选用的第一标准，是职场制胜、事业成功的第一法宝。

一边是企业求才若渴，一边是大学毕业生找工作越来越难，企业究竟具备怎样的特质才能赢得大学生的青睐？而大学生又应该具备什么样的素质才能被企业所赏识？如何才能跨越横亘在企业与大学毕业生之间现实与理想的鸿沟？

【分析思考】

【案例6-1】探讨如何将岗位工作做到极致，实现岗位成才

精益求精，是宁允展对技艺的不懈追求，刻苦钻研、无私奉献的宁允展是我们最敬佩的"宁师傅"。二十多年来，宁允展一心一意搞技术，攻克了诸多技术难关。他是国内第一位从事高铁列车转向架"定位臂"研磨的工人，并把高铁转向架研磨做到了极致。

认真阅读以下"'高铁工匠'宁允展：毫厘之间见'匠心'"内容，结合"高铁工匠"宁允展的优秀事迹，探讨在日常学习和工作中如何践行精益求精的工匠精神，如何将岗位工作做到极致，实现岗位成才。

"高铁工匠"宁允展：毫厘之间见"匠心"

"工匠嘛，就要凭实力干活儿，想办法把活儿干好。"这是中车四方股份公司动车组钳工高级技师宁允展常挂嘴边的话。

宁允展是国内从事高铁列车转向架"定位臂"研磨第一人，精度小到0.05毫米，比头发丝还细；创造了10年无次品纪录，他和团队研磨的产品，装上了800多列高速动车组，奔驰10亿多千米，相当于绕地球2.5万多圈。

"定位臂"对于大部分人来讲很陌生。宁允展说，如果把高铁列车比作一位长跑运动员，转向架就是它的"腿"，而"定位臂"作为转向架上构架与车轮之间的接触部位，相当于人的"脚踝"。

磨这玩意儿有这么难？高速动车组运行时速在200千米以上时，"定位臂"的接触面要承受相当于二三十吨的冲击力，按要求，必须确保定位臂和轮对节点有75%以上的接触面间隙小于0.05毫米，否则可能影响行车安全。"定位臂"的接触面不足10平方厘米，手工研磨是保证接触面间隙精准的唯一可行方法。

可困难就在于，经机器粗加工后，"定位臂"上留给人工研磨的空间只有0.05毫米左右。磨少了，精度不达标；磨多了，动辄十几万元的构架就会报废。磨多磨少都是个难题，"定位臂"成了困扰转向架制造的难题。

宁允展主动请缨，挑战这项难度极高的研磨技术。"是党员，就该带头去攻克难题。"宁允展说。接下了任务，他就跟着了魔似的，一个星期没咋睡觉休息。也就是这一个星期，他便掌握了外方熟练工人需用数月才能掌握的技术，成为中国高铁转向架"定位臂"研磨第一人，被同事们称为"鼻祖"。

能取得这么快的突破，与宁允展的基本功扎实不无关系。"工匠嘛，手上要有'绝活儿'，不练怎么行？"宁允展说。除了在公司勤学苦练，他还有一处公开的秘密基地——他在家里专设"小

车间",30多平方米的小院子里,家用机床、电焊机、打磨机……摆满了各式各样的工具。这些工具都是他在网上还有五金市场上自费购买的,就是为了练手艺。

转向架检修加工部位容易损伤,且修复难度大、成本高一直是行业内公认的难题。宁允展琢磨着,将自己的研磨技术和焊接手法结合,看看能否发生"化学反应"——修复精度最高可达到0.01毫米,能够有效还原加工部位,这就是他独立发明的"精加工表面缺陷焊修方法"。此后,宁允展又发明了动车组排风消音器、动车攻丝引头工装、动车定位臂螺纹引头定位工装……这些发明每年能为公司节约创效近300万元。

有了绝活儿,他也不藏着掖着,宁允展将自己的经验无私地传授给同事。"让他们少走点弯路,同时力所能及地给高铁事业培养一些人才。"如今,他的徒弟都是冲在生产一线的技术骨干。

有时候,同事、妻子觉得他工作起来有些偏执、有些疯狂,但就是这样的对技术精益求精、一丝不苟,才成就了他在高铁研磨技术方面"一把手"的地位,才能保证疾驰的高铁列车的安全。

【案例6-2】大雁飞行的协作与合力

认真阅读以下"雁行千里排成行,团结协作齐飞翔"内容,然后分别探讨与回答以下问题:
(1)雁群是一个什么样的集体?大雁结队飞行的现象给了你哪些启示?
(2)大雁飞行时为什么要排成"人"字形?
(3)大雁飞行时常常发出叫声,这有什么作用?
(4)假如我们拥有大雁的精神,会怎么样?假如一个民族拥有大雁的精神,又会怎么样?

雁行千里排成行,团结协作齐飞翔

秋去春归的大雁在飞行时总是结队为伴,队形一会儿呈"一"字形,一会儿呈"人"字形,一会儿又呈"V"字形。大雁为什么要编队飞行呢?

一群编成"人"字队形飞行的大雁,要比具有同样能量而单独飞行的大雁多飞行70%的路程,也就是说,编队飞行的大雁能够借助团队的力量飞得更远。其原因是:大雁以"人"字形飞行,为首的雁在前头开路,它能帮助左右两边的大雁形成空气由前向后的流动,减少飞行的阻力,使每只大雁都能够顺利到达目的地。

大雁的叫声热情十足,能给同伴鼓舞,大雁用叫声鼓励飞在前面的同伴,使团队保持前进的信心。当一只大雁脱队时,会立刻感到独自飞行的艰难迟缓,所以会很快回到队伍中,继续利用前一只大雁造成的浮力飞行。

一个队伍中最辛苦的是领头雁。当领头的大雁累了,会退到队伍的侧翼,另一只大雁会替代它的位置,继续领飞。当有的大雁生病或受伤时,就会有两只大雁来协助和照料它飞行,日夜不分地伴随它的左右,直到它康复或死亡,然后它们再继续去追赶前面的队伍。

如大雁一般,无论在困境或顺境时都能彼此维护、互相依赖,再艰辛的路程也不惧怕遥远。在雁阵中的每一只大雁都会发出"呱呱"的叫声,鼓励领头雁勇往直前。生命的奖励是在终点,而非起点。在旅程中遭尽坎坷,可能还会失败,但只要团队相互鼓励、坚定信念,终究还是能够成功的。

【案例启示】

雁群飞行的阵势,向我们揭示了一个深刻的道理:不能没有团队精神,因为成功在于合力,在于协作。一盘散沙难成大业,捏紧拳头出击才有力量。任何一支团队,成员之间必须团结一致,大家心往一处想,劲往一处使,才能无往而不胜。团队行动的速度有多快,并不是取决于团队中走得最快的那个人,而是走得最慢的那个人。正如我们所熟悉的木桶原理一样,一个木桶的容量多少是由木桶中最短的那块木板的长度决定的。

【启示1】与拥有相同目标的人同行，能更快速、更容易地到达目的地，因为彼此之间能相互促进和推动。

【启示2】如果我们像大雁一样聪明的话，就会留在与自己目标一致的队伍里，并且乐意接受他人的协助，也愿意协助他人。

【启示3】在完成困难的任务时，轮流担任与共享领导权是有必要的，也是明智的，因为我们都是互相依赖的。

【启示4】我们必须确定从我们背后传来的是鼓励的叫声，而不是批评的叫声。

【启示5】如果我们像大雁一样聪明的话，也会互相扶持，无论在困难的时刻还是在坚强的时刻。

【案例6-3】团队合作比优秀成绩更宝贵

相关材料如下：

一家做市场策划的咨询公司招聘高层管理人员，9名优秀的应聘者经过初试，从上百人中脱颖而出，闯进了由公司老总亲自把关的复试。老总看过这9人详细的资料和初试成绩后，相当满意。然而，此次招聘只能录取3人，所以，老总给大家出了最后一道试题。

老总把这9个人随机分为甲、乙、丙三组，并指定甲组的3人调查本市婴儿用品市场，乙组的3人调查妇女用品市场，丙组的3人调查老年人用品市场。老总解释说："我们录取大家是来搞市场研发的，所以，你们必须对市场有敏锐的观察力。让大家调查这些行业，是想看看大家对一个新行业的感应能力。每个小组的成员务必全力以赴。"临走的时候，老总补充道："为避免大家盲目开展调查，我已经叫秘书准备了一份相关行业的资料，走的时候自己到秘书那里去取。"

两天后，9人都把自己的市场分析报告送到了老总那里。老总看完后，站起身来，走到丙组的3人面前，分别与之一一握手，并祝贺道："恭喜三位，你们已经被本公司录取了！"

面对大家疑惑不解的表情，老总不紧不慢地说："请大家打开那天我叫秘书给你们的资料，互相看看。"原来，每个人得到的资料都不一样，甲组的3人得到的分别是本市婴儿用品市场过去、现在和将来的分析，其他两组的也类似。老总说："丙组的3人很聪明，互相借用了对方的资料，补全了自己的分析报告。而甲、乙两组的6人却自行其事、互不联系，自己做自己的，使得报告内容很片面。我之所以出这样一个题目，其实最主要的目的是想看看大家的团队合作意识。甲、乙两组失败的原因在于，他们没有合作，忽视了队友的存在。要知道，团队合作精神在现代企业里比什么都重要，团队精神才是现代企业成功的保障！"

(1) 本案例给你的启示有哪些？最终企业老总为什么录用了丙组的3个人？
(2) 我们在团队合作共事时应如何扬长避短？
(3) 在未来的工作岗位上，我们应如何合作共事、共享成果？

【案例6-4】坚持站好最后一班岗

相关材料如下：

米琳同学大学毕业后来到南方工作，通过几轮面试，她跟其他两个女生被一家公司初步录取，试用期一个月，期满合格将被正式聘用。

在这一个月之内，米琳同学和那两个女孩都很努力，到了第二十九天时，公司按照她们三人的业务能力，一项项给她们打分。结果，米琳同学虽然也很出色，但得分仍然比另两位女生低一点。公司王经理托部下通知米琳同学："明天是你最后一天上班，后天便可以结账离岗了。"

最后一天上班时，两位留用的女孩和其他的人都关心地劝米琳同学说："反正公司明天会发给你一个月工资的，今天你就不必上班了。"米琳同学笑道："昨天的工作还有点没做完，我干完那点活儿再走也不迟。"到了下午3点，米琳同学最后的工作做完了。又有人劝她提前下班，可她只是笑一笑，不慌不忙地把自己工作过的桌椅擦拭得干干净净、一尘不染，并且和"同事"一同下班。她感觉自己很充实，站好了最后一班岗。其他员工见她如此认真，都非常感动。

最后，米琳同学到公司的财务处结账，结完账，她正要离开，正好遇见王经理。王经理对她说："你不要走，从今天起，你到质量检验科去上班。"米琳同学一听，惊住了，她不相信会有这种好事。王经理微笑着说："昨天下午我暗中观察了你很久，面对工作你有坚持的理念。正好我们公司的质量检验科缺一位质检员，我相信你到那里一定会干得很好。"

【案例启示】

有一种美丽叫坚持。滴水之所以穿石，是因为坚持；雄鹰之所以飞上蓝天，是因为坚持；石缝里的小草之所以茁壮成长，也是因为坚持。

坚持使人成功，成就辉煌。对于那些能取得杰出成就的人来说，我们不难发现他们的一个共同点，那就是坚持，只有始终坚持正确的方向才有可能达到目标。坚持未必一定能够成功，但没有持之以恒的坚持则注定会失败。一两天、一两年的坚持容易，难的是长久的坚持。

没有一种成功能一蹴而就。人生必然经历无数次的失败和挫折，经历无数次的磨难与考验。坚持能赋予人战胜困难的信心，让人积蓄力量蓄势待发，提升一个人的精神境界。

坚持并不等于固执。在正确的道路上坚持走下去才能走向成功。如果在坚持之前没有经过充分考虑，过度夸大"坚持"的作用，那就成了固执。著名意大利诗人但丁说过："走自己的路，让别人说去吧。"这句话里不仅包含着文艺复兴运动所提倡的人文主义精神，更包含着"追求真理"的决心和毅力。

坚持是一种不可多得的美德。生活中我们凡事要善始善终，更要保持一份持之以恒的责任心，这样才能不断取得意想不到的收获。

【学习领会】

6.1 职业素养

1. 职业素养的基本特征

一般来说，职业素养具有以下几个主要特征。

（1）职业性。

不同的职业，职业素养是不同的。对建筑工人的职业素养要求不同于对护士的职业素养要求，对商业服务人员的职业素养要求不同于对教师的职业素养要求。

（2）稳定性。

一个人的职业素养是在长期执业过程中日积月累形成的。它一旦形成，便产生相对的稳定性。例如，一位教师，经过三年五载的教学生涯，就逐渐形成了怎样备课、怎样讲课、怎样热爱自己的学生、怎样为人师表等一系列教师职业素养，并保持相对的稳定。当然，随着继续学习、工作和环境的影响，这种素养还可继续提高。

（3）内在性。

从业人员在长期的职业活动中，经过自身学习、认识和亲身体验，知道怎样做是对的，怎样做是不对的，从而有意识地内化、积淀和升华这一心理品质，这就是职业素养的内在性。我们常说："把这件事交给张师傅去做，有把握，让人放心。"人们之所以放心，就是因为他的内在素养好。

（4）整体性。

一个从业人员的职业素养是和他的整体素养有关的。我们说某某同志职业素养好，不仅指他的思想政治素养、职业道德素养好，而且还包括他的科学文化素养、专业技能素养好，甚至还包括身体心理素养好。一个从业人员，虽然思想道德素养好，但科学文化素养、专业技能素养差，就不能说这个人整体素养好。同样，一个从业人员科学文化素养、专业技能素养都不错，但思想道德素养比较差，我们也不能说这个人整体素养好。所以，职业素养一个很重要的特点就是整体性。

（5）发展性。

一个人的素养是通过教育、自身社会实践和社会影响逐步形成的，它具有相对性和稳定性。但是，社会发展对人们不断提出新要求，人们为了更好地适应、满足、促进社会发展的需要，总是不断地提高自己的素养，所以，素养具有发展性。

2. 职业素养的三大核心

职业素养包含职业信念、职业知识技能和职业行为习惯三大核心。信念可以调整，技能可以提升。要让正确的信念、良好的技能发挥作用就需要不断地练习、练习、再练习，直到成为习惯。

（1）职业信念。

职业信念是职业素养的核心。良好的职业素养应该包含良好的职业道德、积极的职业心态和正确的职业价值观意识，这是一个成功职业人必须具备的核心素养。良好的职业信念应该是由爱岗、敬业、忠诚、奉献、正面、乐观、用心、开放、合作及始终如一等这些关键词组成的。

（2）职业知识技能。

职业知识技能是做好一个职业应该具备的专业知识和能力。俗话说，"三百六十行，行行出状元"，没有过硬的专业知识，没有精湛的职业技能，就无法把一件事情做好，就更不可能成为"状元"了。各个职业有各个职业的知识技能，每个行业还有每个行业的知识技能。学习提升职业知识技能是为了让我们把事情做得更好。

（3）职业行为习惯。

职业行为习惯就是在职场上通过长时间的学习、改变、形成而最后变成习惯的一种职场综合素质。习惯是一种定型的行为，是长期逐渐养成的思维、语言、行为等生活方式。

6.2 职业心态

1. 积极心态与消极心态

在这个世界上，最关键的是你自己，在你的身上，时时都随身携带着一个看不见的魔盒，这个魔盒的一边装饰着四个字——积极心态，另一边也装饰着四个字——消极心态。

当遇到挫折时，积极的心态会传递给我们希望、乐观、勇气、进取等正面的信息，消极的心态传递给我们的是悲观、颓废、抱怨、我行我素等负面的信息。遇到问题，积极的心态会帮助我们渡过难关。

这一看不见的魔盒会产生两种惊人的力量：它既能让你获得财富、拥有幸福、健康长寿，也能让这些东西远离你，或剥夺一切使你生活有意义的东西。在这两种力量中，积极的心态可以使你到达人生的顶峰，并且屹立不倒，尽享人生的快乐与美好；消极的心态则会使你陷入人生的低谷，使困苦与不幸缠绕着你。

一个拥有乐观心态的人，生活无疑充满了欢声笑语，这样的人一定活得丰富多彩吧！从乐观的人的角度来讲，并不是他们的生活里没有辛酸挫折，只是他们学会了在生活中寻找快乐，他们习惯于把悲痛转化为力量，不断地提高自己，每一次的突破都是他们创造的奇迹。相反，消极心态的人，他们缺乏自信，在他们的世界里，总是把简单的事情复杂化，遇到挫折就会变得诚惶诚恐，始终找不到突破口，长期发展下去，恐慌就会占据整个心灵，让他们几近崩溃。前者与后者形成了鲜明的对比。在工作中，不同心态的人在面对同样一件事情的时候，情况也会大有不同，后者在办事效率上也会大打折扣。反观自身，我们为何不做一个积极乐观的人呢？

2. 用微笑面对生活

用微笑面对生活是一种情怀、一种态度。要善于发掘生活中的快乐，寻找使自己高兴的事，让自己的生活更积极。

每天对着自己微笑，我们会觉得心情开朗、海阔天空；每天对着别人微笑，我们会看到阳光灿烂、天高云淡；每天对着过去微笑，把所有失意留在昨天，迎接我们的依旧是艳阳和希望。

微笑是一种情怀，在我们的微笑面前，再大的困难也会变得没有那么不可战胜。苦难、失败、挫折，与消极郁闷者如影相随；而开心、阳光、成功，也会与积极微笑者一路同行。无助时，微笑可以给我们阳光般的安慰；懦弱时，微笑可以给我们波涛般的勇气；无助时，微笑可以给我们母爱般的慰藉。

微笑是乐观的象征。在学习中遇到困难，有老师的微笑为我们解惑；在生活中遇到困难，有父母和师长的微笑为我们分担；和同学闹矛盾时，有好友的微笑帮我们化干戈为玉帛。

有微笑的地方，就有爱心的绽放。把微笑送给伤痛，伤痛会悄然离我们远去；把微笑送给失败，失败会成为我们成功的动力；把微笑送给黑暗，黑暗会引领我们奔向黎明；把微笑送给过去，过去将成就我们走向美好的未来。

炎炎夏日，微笑就像一股清风拂面而来；寒冷冬日，微笑就像一缕温暖的阳光。微笑，可以让衰老者不再僵化，让失意者不再懊恼，让悲伤者不再颓废，让不幸者不再怨恨。

如果我们认为生活是美好的、欢乐的，那么，即使在寒冷的冬天我们也能感受到生活的温暖，在漆黑的午夜我们也能看到黑暗中的光明。用一种乐观的态度去面对生命，用微笑去面对我们生活中的一切，这才是我们每个人所应有的生活态度。

我们要用微笑面对生活，用微笑面对我们生活中的每个人、每件事。这样，我们就会看到灿烂的阳光，迎接我们的也才能是一路的欢声笑语。即使失败，我们也应以微笑去面对，在失败中总结经验教训，让自己变得更坚强。同样，以微笑去面对痛苦，一切烦恼才会烟消云散，重新振作起来。

6.3 团队合作与人际沟通

1. 有效沟通营造团队和谐氛围

善于沟通是优秀员工的重要职业品质。团队工作需要大家分工协作、密切配合，团队效率需要大家齐心协力、高效执行，团队困难需要大家群策群力、共同面对和解决。在团队内，如果成员之间能和睦相处、气氛融洽，那么大家就能怀着快乐的心情全身心地投入工作，就会激发员工无限的激情和创造力；相反，如果团队内成员间各怀心事、钩心斗角，充满怨气和火药味，或者各自为战、互不沟通协作，那么这样的团队就不可能有高效的创造力和凝聚力，战斗力就会大打折扣。营造和谐的团队氛围，提高员工的沟通能力是至关重要的。

沟通是协调成员步调一致的杠杆。团队的一个重要特点就是成员的步调一致，为实现共同的目标和使命而努力工作。但由于团队成员间的差异，步调不一致的情况时有发生。靠什么来统一？有效的办法就是沟通，通过沟通统一思想、统一目标和统一行动。

沟通是化解矛盾和冲突的良药，有效沟通是获取有用信息的捷径。个体的智慧、知识总是有限的，当你愿意与人沟通时，无疑就会在你的面前打开无数获取有价值信息的通道，这也许就是你思考和解决某一项目、某个难题的钥匙。

萧伯纳曾说："如果你有一个苹果，我有一个苹果，彼此交换，每人还是只有一个苹果。如果你有一种思想，我有一种思想，彼此交换，每个人就有了两种思想。"事实上，在人生的成长过程中，很多时候成功与否取决于我们是否善于与他人进行顺畅、良好的沟通，以及沟通能力的强与弱。

因此，作为团队的一员必须充分意识到沟通能力在团队建设和发展中的重要作用。正如比尔·盖茨所说："交流本身就是人类必不可少的精神需要，通过彼此之间的沟通，可以增加人与人之间的亲密感，而工作中的有效沟通更是树立团队精神的必备条件。"如果在团队中成员间不善于沟通，就无法消除工作中的障碍，这不仅影响到团队的工作效益，最终更会影响到自己的职业发展。

2．如何提高沟通技巧

（1）选择合适的沟通方式。

所谓沟通并不仅仅是面对面的交流，除了语言沟通，还可以用书信、短信等文字方式来沟通。不同的场合采用不同的沟通方式才能达到更好的效果。例如，对方正在生你的气，这时你是没有机会和他面对面交流的，搞不好会事倍功半，这个时候就要选择书信等文字方式来沟通。

（2）把握一切沟通交流的机会。

当对方很忙时，如果你不争取就会失去沟通的机会，你要及时告诉对方，你和他的交流只占用很短的时间，如"请给我一分钟的时间"，这样或许你就有了与对方交流的机会。只要你的语言够精彩，话题有足够吸引力，对方或许就会给你更多的时间来交流沟通。

（3）沟通语言言简意赅。

面对面沟通时话题要明确，语言要言简意赅，能够让对方明白你表达的意思和意图。沟通的时候，话讲了一大堆，让对方不知所云，或者你的话有歧义造成对方误解，这都是沟通的大忌。

（4）善于用眼神来交流。

在面对面沟通时，除了用语言来与对方沟通，还要善于用眼神来与对方交流，不时地看看对方的眼睛，从而判断对方是否赞同你的意见。当然，也不能一直看着对方的眼睛，这是不礼貌的。

（5）巧用肢体语言来交流。

面对面交流时，特别是在做销售推广时，不仅要会用眼神、用妙语连珠的表达来征服对方，更要学会用肢体语言来提升沟通效果。适当的时候通过肢体语言，可以达到事半功倍的效果。

（6）学会用倾听来交流。

沟通并不是你一味地讲话给对方听，沟通是双向的，是讲和听的互动过程。因此，除了要会讲，更需要会倾听，这样才能达到沟通交流的目的。在倾听的时候要不时地点头做出反应，并道出如"好""嗯""是啊""的确是这样的"等一些反馈语气词句。

有时候即使你对对方讲的话题不感兴趣，但是你又需要和对方交谈下去，那么你可以用眼睛看着对方的下巴那块倒三角区域，让对方感觉到你是在非常认真地听他讲话，这样你就可以有机会将话题引向你要讲的主题上去。

6.4 培养时间管理的习惯

1．时间管理

时间管理是指通过事先规划并运用一定的技巧、方法与工具实现对时间的有效运用，从而实现个人或组织的既定目标。简单说，时间管理就是以最少的时间投入来获得最佳的结果。

每个人都同样地拥有每天24小时。可是，为什么有的人在有限的时间里既成就了辉煌的事业，又能充分享受到亲情和友情，还能使自己的业余生活多姿多彩呢？是时间过多地偏爱他们吗？其实，关键的秘诀就在于这些成功人士善于进行时间管理。

2．珍惜时间

时间是一种重要的资源，却无法开拓、积存与取代。每个人一天的时间都是相同的，但是每个人却有不同的心态与结果，主要是因为人们对时间的态度颇为主观，不同经历与不同职务的人对时间都会保持着不同的看法，于是在时间的运用上就千变万化了。

时间总在不经意间就溜走了，许多的时间都不知道用到哪里去了，很多人在叹息时间都去哪儿了，却不知道时间就在自己的指间溜走。年轻的时候，总以为时间有很多很多，很多人就这样浪费着时间，明知道时间过去了就没有了，但依然还是看着它溜走，当真的需要时间的时候，会发现一切都回不去了。

看着自己在时间的长河里，没有留下什么成绩或有意义的东西，只留下很多遗憾的时候，都会叹息时间为什么不长久一点，却不知道时间对每个人都是公平的，只是很多人没有珍惜过时间这个不会停止的东西。

当我们走过那个曾经浪漫的年代的时候，会觉得时间其实对我们已经很好了，只是当时的我们不知道时间珍贵，只知道任意挥霍时间却不善加利用。

当我们不再冲动轻狂的时候，当我们能理解时间珍贵的时候，当我们都在怀念当初快乐时光的时候，当我们已经不再是当年那个懵懂少年的时候，当我们没有给父母任何回报的时候，当我们的父辈都离开我们的时候，当我们都在叹息岁月催人老的时候，当一切一切都变得模糊的时候，那时可曾听见时间的一声叹息？

当我们真正懂得时间去了哪里的时候，才发现原来时间都是自己不经意间浪费掉的。不要怪时间给我们的太少，时间对每个人都是一样的，不会偏向任何人。时间是最公平的，只能怪自己当初年少轻狂不懂得珍惜时间，从懵懂到叛逆，从叛逆到成熟再到理解，可惜到理解时间珍贵的时候，时间已经回不去了，才深刻理解"一寸光阴一寸金，寸金难买寸光阴"的真正内涵。

珍惜时间，不要让我们留下任何遗憾，因为时间不会给我们再来一次的机会。

6.5 培养良好的工作态度与工作习惯

1. 态度和能力一样重要

态度是能力的载体。态度端正的人，即使能力不足，也可以通过努力来弥补；而态度不端正的人，才华横溢反而有可能会成为"毒药"。卓越的能力是一把双刃剑，而端正的态度则是完美的剑术，唯有拥有完美剑术的人才能舞好能力这把剑。

端正的工作态度能够让能力有效发挥，提高工作积极性和工作效率；而不端的工作态度则会妨碍能力的发挥和发展。

卓越的能力是做好一项工作的重要条件，不具备相应的能力就无法做好相关工作、解决相关问题。但是，光有能力是远远不够的。我们常常看到很多有一身才华却在工作上无所作为的人，有的甚至一事无成。究其原因，和对待工作的态度有着密切的关系。

俗话说"态度决定结果"。一般说来，人的智力相差无几，工作成效的高低往往取决于对待工作的态度。对待工作的态度和个人能力的重要性是相当的。身在职场，员工需要端正工作态度，否则，空有才华却不认真负责地做好工作，一样得不到预期的效果。

每个人都有不同的工作轨迹：有的人成为公司的优秀员工；有的人一直碌碌无为；有的人牢骚满腹，总认为自己与众不同，而到头来却一事无成……众所周知，除了少数天才，大多数人的禀赋相差无几。那么，是什么在造就我们、改变我们？答案是"态度"！态度是内心的一种潜在意志，是个人的能力、意愿、想法、感情、价值观等在工作中所体现出来的外在表现。

在企业中，我们可以看到形形色色的人。每个人都有自己的工作态度，有的勤勉进取，有的悠闲自在，有的得过且过。工作态度决定工作成绩。我们不能保证你具有了某种态度就一定能成功，但是成功的人都有着一些相似的工作态度。

2. 做主动的员工

主动是一种积极的工作态度，知道自己是为了什么而工作；主动是不用老板告诉你，你就能出色地完成工作。一个积极主动的人，能审时度势，做形势的主人。

职场中有这么几类人：没有人告诉你，就能主动去完成任务，这是一级棒的员工；别人告诉你一次，你就能把事情做好，这是优秀的员工；在别人的监督下，能够完成自己的工作，这是合格的员工；别人拿鞭子抽着你，也做不好工作，这是最差的员工。

做主动的员工，工作上要自动自发。主动奔跑的马是跑得最快的，主动工作的员工是干得最好的。每一个员工都要明白：当你主动献出一切时，一切美好的事物就会主动向你走来。

凡是开创性的事物，一定是由主动性强的人完成的，他们也理所当然地享受鲜花和荣誉。所有有进取心的员工都应该以这样的人为榜样，自动自发，努力工作，力争创造辉煌的事业，促进个人、公司和社会的发展。

主动是不靠外力促进而自觉地推动事情的进展，而被动是等待外力推动才行动。主动是产生影响力的一种表现，被动则是等待别人对其产生影响力。进入职场后，每个人都有空间来决定做什么、要怎么做。企业大都期望员工具有主动意识，在工作中勇于承担责任，积极主动地做事，希望员工不需要过多的督促与提醒。而被动的员工，需要别人安排提醒，还总是埋怨不给他机会，认为别人不看重自己，却不知道自己应主动表现与争取。

积极主动不仅限于主动决定并推动事情的进展，还意味着人必须为自己负责。积极主动的人不会把自己的行为归咎于环境或他人。

3. 如何养成良好的行为习惯

衡量一个人的道德水平，不是听其口若悬河，而是看其是否有良好的行为习惯。习惯不同，人的机遇就不同。

（1）要从小事做起。

"勿以善小而不为"。小事情都不做，不习惯做，又怎能做成大事呢？例如，我们一些同学在离开教室时，明明看见教室里已经没有人了，可他就是不习惯随手把电灯、电扇关掉，任由电力浪费，怎么能相信他会有爱惜公物、爱护国家财产的习惯呢？再如上课铃响过了，可有的同学还在教室外面慢腾腾地走，或者人虽然进了教室，但却心不在焉，还在那里说话、呆坐，他又怎么培养自己守时、惜时的良好习惯呢？

（2）要从自己做起。

培养良好习惯是自己的事。如果我们现在不习惯尊重父母师长，不能与同学和睦相处，当我们参加工作、进入单位、走向社会时，又怎么能够习惯礼貌待人、尊重领导和同事、与大家团结协作完成各项任务呢？

（3）要从现在做起。

我们必须纠正一个观念，那就是培养良好习惯是将来的事，现在不是考虑的时候。这种想法是极端幼稚和错误的。若现在不学、不做，将来怎么会养成良好习惯呢？

培养良好习惯不只是为了成才，更重要的是为了成人。养成不良习惯贻害无穷，坏习惯就像病魔缠身一样，使你成为坏习惯的奴隶。好习惯让人终身受益，好习惯就像雏鹰的一双翅膀，能让我们在高高的蓝天上翱翔。好习惯是我们成长中最好的伙伴，能让我们在阳光下茁壮成长。今天养成好习惯，明天成就大未来！

让我们把好习惯放在心中，积极行动起来，从我做起、从现在做起、从身边的点滴做起，让它在心中生根发芽。我们要不断超越自我，自觉规范自己的行动，养成良好习惯。

4. 爱岗敬业

爱岗敬业作为最基本的职业道德规范，是对人们工作态度的一种普遍要求。爱岗敬业就是认真对待自己的岗位，对自己的岗位职责负责到底，无论在什么时候，都尊重自己的岗位职责，对自己的岗位勤奋有加。

爱岗敬业是平凡的奉献精神，它是每个人都应该具备并做到的；爱岗敬业又是伟大的奉献精神，因为伟大出自平凡，没有平凡的爱岗敬业，就没有伟大的奉献。

只有爱岗敬业的人，才会在自己的工作岗位上勤勤恳恳，不断地钻研学习，一丝不苟，精益求精，才有可能为社会、为国家做出崇高而伟大的贡献。

敬业是一种责任，责任推动社会发展，全社会的敬业行为也将推动国家和民族的发展。敬业是一种完美的工作态度，只有敬业的人，才能够满怀热情、积极主动地工作。

敬业是卓越员工成功的奥妙所在，是职场中最重要的职业竞争力。获取职业竞争力的起点首先就是敬业。一切以企业的利益为重，并在工作中磨炼意志、增长才干、丰富经验，那么你就会踏上成功的阶梯。衡量一个人能力的大小，知识占20%，技能占40%，态度占40%，所以，我们常说"态度决定一切"就是这个道理。而态度是什么？简单讲就是一个人的敬业精神。比尔·盖茨曾说："无论在什么地方工作，员工与员工之间在竞争智慧和能力的同时，也在竞争态度。一个人的态度直接决定了他的行为，决定了他对待工作是尽心尽力还是敷衍了事，是安于现状还是积极进取。态度越积极，决心就越大，对工作投入的心血也越多，从工作中获得的回报也就越多。"

成功靠的不是天资和运气，而是每天踏踏实实的努力。各行各业的成功者无不是以万分的敬业精神打造出属于自己的一片天地。对于员工来说，具备敬业精神可以促使他们尽职尽责地履行责任、圆满地完成任务。这不仅会为他们赢得生存和财富，还会为他们打开职场之路，帮助他们实现人生价值。

【交流探讨】

【探讨6-1】职业素养的自我剖析

对照以下"优秀员工必备的职业素养"材料，谈谈哪些职业素养你基本具备，哪些正在形成，还有哪些存在差距。

优秀员工必备的职业素养

（1）勇于承担责任。

工作就是一种责任，企业青睐具备强烈责任心的员工。德国大众汽车公司认为："没有人能够想当然地'保有'一份好工作，而要靠自己的责任感去争取一份好工作！"德国企业首先强调的是责任，他们认为没有比员工的责任心所产生的力量更能使企业具有竞争力的了。显然，那些具有强烈责任感的员工才能在职场中具备更强的竞争力。

（2）低调做人，高调做事。

工作中，学会低调做人，你将一次比一次稳健；善于高调做事，你将一次比一次优秀。在"低调做人"中修炼自己，在"高调做事"中展示自己，这种恰到好处的低调与高调，可以说是一种进可攻、退可守，看似平淡，实则高深的处世谋略。低调做人赢得好人缘，做事要适当高调，"将军必起于卒伍"。

（3）学会迅速适应环境。

在竞争越来越激烈的当今社会，无法迅速适应环境已经成了个人素质中的一块短板，这也是无法顺利开展工作的一种表现。能够迅速适应环境是一种能力的象征，具备这种能力的人，手中也就握有了一个可以纵横职场的筹码。不适应者将被淘汰出局，适应环境有时不啻于一场严峻的考验。

（4）化工作压力为动力。

压力是工作中的一种常态，对待压力，不可回避，要以积极的态度去疏导、去化解，并将压力转化为自己前进的动力。人们最出色的工作往往是在高压的情况下做出的，思想上的压力甚至身体上的痛苦都可能成为取得巨大成就的兴奋剂。别让压力毁了你，积极行动起来，不管何种压力都能化解。

（5）善于表现自己。

身在职场，默默无闻是一种缺乏竞争力的表现，而那些善于表现自己的员工却能够获得更多的自我展示机会。那些善于表现自己的员工是最具竞争力的员工，他们往往能够迅速脱颖而出。善于表现的人才有竞争力，把握一切能够表现自己的机会。但要注意：善于表现而非刻意表现。

（6）像老板一样专注。

作为一个一流的员工，不要只是停留在"为了工作而工作""单纯为了赚钱而工作"等层面上，而应该站在老板的立场上，用老板的标准来要求自己，像老板那样去专注工作，以实现自己的职场梦想与远大抱负。以老板的心态对待工作，要做就做企业的主人，第一时间维护企业的形象。

（7）设立工作目标，按计划执行。

在工作中，首先应该明确了解自己想要什么，然后再努力去追求。一个人如果没有明确的目标，就像船没有罗盘一样。每一份富有成效的工作，都需要明确的目标去指引。缺乏明确目标的人，其工作必将庸庸碌碌。坚定而明确的目标是专注工作的一个重要原则。

（8）做一个时间管理高手。

时间对每一个职场人士都是公平的，每个人都拥有相同的时间。但是在同样的时间内，有人表现平平，有人则取得了卓著的工作业绩，造成这种反差的根源在于每个人在对时间的管理与使用效率上存在着巨大差别。因此，要想在职场中具备不凡的竞争能力，应该先将自己培养成一个时间管理高手。谁善于管理时间谁就能赢，必须学会统筹安排时间。

（9）自动自发，主动就是效率。

自动自发的员工，善于随时准备把握机会，永远保持率先主动的精神，并展现出超乎他人要求的工作表现。他们头脑中时刻灌输着"主动就是效率，主动、主动、再主动"的工作理念，同时他们也拥有"为了完成任务，能够打破一切常规"的魄力与判断力。显然，这类员工在职场中才能笑到最后。不要只做老板交代的事，工作中没有"分外事"，想做"毛遂"就得"自荐"。

（10）服从第一。

服从上级的指令是员工的天职。"无条件服从"是沃尔玛集团要求每一位员工都必须奉行的行为准则，强化员工对上司指派的任务都必须无条件地服从。在企业组织中，没有服从就没有一切，所谓的创造性、主观能动性等都在服从的基础上才能够产生。否则，公司再好的构想也无从得以推广。那些懂得无条件服从的员工，才能得到企业的认可与重用。像士兵那样去服从，不可擅自歪曲更改上级的决定，多从上级的角度去考虑问题。

【探讨 6-2】融入团队并成为优秀的团队成员

相关材料如下：

在这个团队时代中，你不可避免地身处一个团队之中。想要很好地融入团队之中，你不仅要对团队的目标、计划等构成非常清楚，还要确定自己在团队中所扮演的角色。团队合作的基础是服务，所以你需要知道什么才是团队所需要的服务，以及如何去提供服务。

（1）确定自己的团队角色，并为团队做出贡献。

确定自己的团队角色，需要你清楚地认识自己的能力、优势和性格特点。想一想，团队在进行人员配置的时候，是因为什么选择你？你能为团队发展做什么工作？哪些是团队已经发现了的优势？你还有哪些优势没有为团队所发现？你如何能为团队创造更大的价值？

（2）找到最佳的时机介入团队事务。

你一定要知道什么时候以最合适的团队角色出现，也要知道什么时候应当保持沉默。不是团队中的每件事情都需要你的参与，有时候即使参与了你也要知道自己是以决策者还是参与者的身份来跟进事情。这样，你才可能知道什么事情该做、什么事情不该做。为了寻找最佳的时机参与团队事务，你需要对团队的目标和计划有很清楚的了解和认识。

（3）能够在不同的团队角色之间灵活转换。

随着团队目标的不断变化，个人的角色也在不断地转换。这个时候，你获得的团队所赋予的分解目标和权利也是不同的。你要去适应这种变化，而不能让团队来适应你。同时，在团队角色转换的过程中，你也要让其他成员清楚你的这个变化，以避免不必要的冲突。

（4）要适当限制自己的团队角色。

这是为了给别人更多的发展空间。团队的利益高于一切，有时候团队需要其他的人来担当本来属于你的角色，以发挥所有成员的潜力。同样，你也有可能去做自己并不擅长的事情。这个时候，从团队利益出发，你要适应这种调整，因为这样做符合团队的整体利益。你也要学会去承担别人不愿意做的工作，因为这项工作需要有人来做。

【各抒己见】

（1）在团队中，你自己是否找到了恰当的服务时机？你适应了团队角色的转变吗？

（2）在团队中，你有没有成为其他人发展的障碍？为了团队整体利益，你是否曾承担过你并不擅长的事情或者别人不愿意做的工作？

（3）在团队中，你是否曾出现过以下想法或做法：

①当团队成绩被上司表扬的时候，你是否会想："一切还不都是我做的，你们做了什么？"

②当团队没有采纳你的计划的时候，你是否会想："你们懂什么呀？乱指挥。反正我不会这么做，看你们怎么失败。"

③当因为自己的失误而影响了团队工作的时候，你是否会说："不是我不行，只是我太疏忽大意了。"

④当团队其他成员在讨论方案选择的时候，你是否会说："我无所谓，领导怎么说我就怎么做。"

⑤当同事做了本应该属于你的工作的时候，你是否会想："这是我的工作，你为什么要插手？"

【探讨6-3】两种不同的工作态度

相关材料如下：

艾诺和桑瑞是同一所学校的毕业生，她们又同时应聘进了同一家企业，担任销售助理岗位。

艾诺工作很主动、努力，在公司里，经常看到她忙碌的身影，她常说的是："多做一点没什么，把工作交给我，您就放心吧！"她的行为准则是"宁可做错，不可不做"。如果工作受挫，她总是积极主动地寻求更好的解决办法。同事们都喜欢与她接触。

桑瑞工作也不错，但不够积极主动，每天按时上下班，尽量避免行差踏错，职责之外的事情一般不做，分外事更不会主动去做。她的口头禅是："那么拼命为什么？大家不是都拿同样的薪水吗？"她的行为准则是"不求有功，但求无过"。

3年过去了……

艾诺工作还是那么积极主动、任劳任怨，而桑瑞工作也还是老样子，不好也不坏。这一年，艾诺因工作成绩突出，被提拔为销售副经理，新的挑战又开始了。

【各抒己见】

身在职场，只有主动去完成本职工作，并把本职工作做好，才可能获得更大的成功。凡事主动发问,主动做事,主动帮忙……久而久之,公司会承认你存在的价值,会发现你的影响力,而被动做事是不会有更大收获的。只有主动做事才能把事情做好,才能创造出更多的价值,从而使个人价值得以体现。

(1) 针对"宁可做错,不可不做"与"不求有功,但求无过"这两种观点,谈谈自己的看法。

(2) 你的学习或工作主动性如何?在学习上或工作中应如何加强主动性?

【探讨6-4】理发师的说话技巧

相关材料如下:

理发师带了个徒弟,徒弟学艺几个月后正式上岗。徒弟给第一位顾客理完发,顾客照照镜子说:"头发留得太长。"徒弟不语。

师傅在一旁笑着解释:"头发长,使您显得含蓄,这叫深藏不露,很符合您的身份。"顾客听罢,高兴而去。

徒弟给第二位顾客理完发,顾客照照镜子说:"头发剪得太短。"徒弟无言。

师傅在一旁笑着解释:"头发短,使您显得精神、朴实、厚道,让人感到亲切。"顾客听了,欣喜而去。

徒弟给第三位顾客理完发,顾客一边交钱一边笑着说:"花的时间挺长的。"徒弟不知该怎么接话,站在一旁手绞着衣角。

师傅笑道:"为'首脑'多花点时间很有必要,您没听说'进门苍头秀士,出门白面书生'?"顾客听罢,大笑而去。

徒弟给第四位顾客理完发,顾客一边付款一边笑着说:"动作挺利索,15分钟就解决问题。"徒弟沉默不语。

师傅笑着说:"如今,时间就是金钱,顶上功夫速战速决,为您赢得了宝贵的时间和金钱,您何乐而不为?"顾客听了,满意而去。

晚上打烊。徒弟怯怯地问师傅:"师傅,您为什么处处替我说话?反过来,我没有一次做对了。"

师傅宽厚地笑道:"不错,每一件事都包含了两重性,有对有错,有利有弊。我之所以在顾客面前鼓励你,作用有二:对顾客来说,是讨人家喜欢,因为谁都爱听吉利的话;对你而言,既是鼓励又是鞭策,因为万事开头难,我希望你以后把活儿做得更加漂亮。"

徒弟很受感动,从此,他越发刻苦学艺。日复一日,徒弟的手艺更加精湛了。

【各抒己见】

在沟通中,讲话的方法、技巧对成就事业影响非常大。与人沟通时,说话要坦诚、有分寸、有智慧、有价值并令人易于接受。坦诚是沟通的桥梁,是解决问题的最好办法。沟通中要以诚恳的态度如实地表达自己的意思,即"实话实说"。沟通要做到对象得当、时间得当、场合得当、分寸得当。

无疑,每一个人都希望自己具有从容自如的说话信心,渴望自己能展示出超凡脱俗的说话魅力。但是,我们须知,说话的信心和魅力如何,与说话的水平和技巧是休戚相关的。敢于说话而不善于说话不行,善于说话而不敢于说话也不行。只有既敢于说话又善于说话,才能如虎添翼、锦上添花,产生良好的沟通效果。

人,在鼓励中扬起生活的风帆,在鼓励中享受成功的喜悦,在鼓励中创造奇迹。鼓励他人既是处世的艺术又是做人的美德。被鼓励的人心怀感激,是对鼓励者最好的回报。

(1) 本案例故事中的理发师对不同顾客表达不同的赞美之词,既鼓励了徒弟,也让顾客高兴,这给了你哪些启示?

(2) 假设你是故事中的理发师,针对故事中不同的顾客你会如何表达赞美之词?

【探讨6-5】职场应关注哪些工作细节

"泰山不拒细壤，故能成其高；江海不择细流，故能就其深。"同样，在我们的工作中也是这个道理，凡成大事者都必须从小事做起，注意每一个细节。细节就像"一粒沙""一滴水"，把工作中的细节做好做透，日积月累，才能成就伟大事业。

浏览以下"参考材料"并熟知职场应关注的工作细节。先在小组内研讨未来在职场上应注意哪些工作细节，然后在全班分享小组观点。

【参考材料】

（1）遵守时间。

遵守时间是纪律中最基本的要求，无论我们上班、开会还是赴约都应该做到准时。遵守时间是信用的礼节，也是对他人的尊重和对工作的态度，更是一名优秀员工必备的职业操守。

（2）向你周围的人问声"早上好"。

轻声一句问候，就是打破从昨天下班后到今天早上这段时间同事关系、朋友关系甚至上下级关系的停顿状态，重新开始新的一天工作接触与交流。一句"您好"往往在向对方暗示我们已经忘记昨日的不愉快，期待着全新一天的开始。

（3）提前5分钟开始工作。

成功与失败往往只是一步之差，切不可因为自己的懒惰而与成功失之交臂。如果每天上班都能提前五分钟开始工作，对今天要做的事情进行梳理，就会有更充足的准备。成功的机会只留给有准备的人。

（4）不要以为迟到只是小事。

千万不要把迟到看作是"小毛病""小问题"，认为即使是迟到了也不过是被上司说两句，没什么大不了的。在时间就是金钱、效率就是生命的今天，一个平素拿迟到不当回事的人，肯定被人看作缺乏责任心和上进心。要想成为一名优秀的员工，既要抓大事，也不能忽视迟到这样的"小事"，要注意纠正"小节"，只有这样，才能不断提高自身素质，适应社会进步和发展的需要。

（5）让别人看到你的工作热情。

这是一个充满热情的时代，热情是我们获得成功的原动力，也是我们成就事业的源泉。想要成为一名优秀的员工，千万不要觉得有没有热情无所谓。在工作中热情饱满，并且让别人看到我们的工作热情，在职场的成功机会就会加大。

（6）先做最重要的事。

职场中虽说事情没有大小之分，不过终日面对着一堆需要完成的工作，再怎么活力四射的人也会有一种压力感。谁眼前的工作都不算少，为什么有的员工就没有这样的感觉呢？那是因为他们每天都给自己当天的工作进行一次小小的排序，懂得如何制订合理有效的工作计划，从最重要的事着手，使自己成为工作的统帅，而不是被成堆的工作搞得跟无头苍蝇似的到处乱撞。

（7）保持办公桌的整洁有序。

从日常工作习惯上看，办公桌杂乱无章并不是什么大事，但是这种表象会给人留下忙而无序的印象。事实上，杂乱的办公桌不仅会加重我们的工作负担，也会影响我们的工作质量和效率，甚至影响我们的工作热情。不管我们有多忙，都要尽量让办公桌保持整洁有序。整理好办公桌，保持干净卫生，在这样的环境下办公，我们会感觉到身心愉悦。

（8）做决断时再多考虑3分钟。

很多人习惯于不经大脑地提问，领导习惯于缜密地思考，平庸与卓越的区别正在于此。作为员工，当我们需要做决断的时候，不妨再多考虑3分钟。要知道，在职场中的任何决断都不是个人的事情，它关系着整个公司的利益。

【探讨 6-6】提高时间管理能力

时间对每一个人来说都是有限的,只有善于管理时间的人,才能让有限的时间发挥出最大效益。任何一个成功者,都是时间管理的高手。

以下的 25 个方面,哪些你做得好,哪些还需要改进,请如实回答。

(1) 每天都留出一点时间,以供做计划和思考工作如何开展。
(2) 有书面的、明确的远期、中期、近期计划,并经常检查计划执行情况。
(3) 把每天要办的事情按重要程度排序,并尽量先完成重要的事情。
(4) 在一天工作开始前,已经编好当天的工作次序,拟订好了每日计划。
(5) 用工作成绩和效果来评价自己,而不单纯以工作量来评价自己。
(6) 把工作注意力集中在目标上,而不是集中在过程上。
(7) 在获得关键性资料后就马上进行决策。
(8) 采取某些措施以减少无用资料和信息占用你的时间。
(9) 只有在不可避免的情况下才利用书面形式处理事情,一般则选用电话沟通形式。
(10) 采取某些措施以减少无用资料和刊物占用你的办公桌。
(11) 强迫自己迅速做出决策。
(12) 你认为时间很宝贵,所以从来不在对失败的懊悔和气馁上浪费时间。
(13) 经常或定期进行时间统计。
(14) 你的行动是否取决于自己,而不是取决于环境或他人的影响。
(15) 随身携带一些书籍和空白卡片,以便在排队等待时间里随时阅读或记录心得。
(16) 养成了凡事马上行动,立即就做的习惯。
(17) 尽量对每一种工作只做一次处理。
(18) 善于应用节约时间的各种工具。
(19) 积极地设法避免访客、会议、电话等干扰。
(20) 当天工作结束时,总要检查一下哪些工作没有按原计划进行,并分析原因。
(21) 在召开会议前,总要考虑是否存在取代该次会议的各种途径。
(22) 将重要的工作安排在你工作效能最佳的时间做。
(23) 将时间分段,找出自己每一天中的最佳时段。
(24) 定期检查自己的时间支配方式,以确定有无各种浪费时间的情形。
(25) 开会时,总要设法提高会议效率与效果。

在时间管理上做得好的方面,我们要继续保持;还需改进的,做出计划并立即进行整改。

【探讨 6-7】海尔公司的"日事日毕、日清日高"

相关材料如下:

海尔由一个濒临倒闭的小厂发展成为称雄国内外市场的企业集团,今天的海尔为什么这么强大、知名度这么高呢?海尔的管理为什么会做得这么好呢?其实,他们也是从每件小事做起的。

当年"海尔兄弟""真诚到永远"的大众宣言,一次次在撞击着我们记忆的神经。可爱的海尔兄弟、亲切的广告标语,让我们很多消费者在购买家电产品时都情不自禁地将目光投向了海尔产品。这就是优秀品牌的魅力,也是海尔多年来所奉行的企业文化的成功所在。

海尔提出的"日事日毕、日清日高"管理口号,即每天的工作每天完成,每天的工作都要清理,并要每天有所提高。海尔并没有将这句话停留在这么简单的意义上,而是从这句话出发,开发出了一套被称为 OEC 的管理方法,并使之成为海尔文化的一个组成部分。

海尔公司的每个人都以"日事日毕、日清日高"为工作目标，每个人都有强烈的责任心，做好每件小事、每个细节。经过多年的发展，海尔成长为享誉国内外的知名企业，并在全世界获得越来越高的美誉度。

"日清"是让员工总结自己一天的工作内容和成果，以及今日遇到的需要其他人协同解决的问题，目的是提高工作效率，不叫员工上班闲混，减少部门间的推诿扯皮等。

【各抒己见】

海尔公司"日事日毕、日清日高"的做法给其他企业哪些启示？你是否有"今日事今日毕，明日事今日计"的好习惯？还有哪些需要改进之处？

李嘉诚在管理企业的时候，最注重的就是时效性，他认为戒掉拖延症有三个方法。

（1）给工作加上期限：给每一样工作加上期限，即明确工作开始和结束的时间，根据自己的任务和工作量安排以后的工作。

（2）给自己一个专注的空间：给自己一个非常舒服的环境，起码要舒心，试想一下，身处脏乱差的环境，有心情认真工作吗？

（3）找到最高效的工作方法：人的精力是有限的，在最高效的时候尽量完成更多的工作，低谷时则快速调整自己。

小组内讨论戒掉拖延症、提高学习效率的良策。

【案例6-8】勇于负责，恪尽职守

相关材料如下：

在一家计算机销售公司里，老板吩咐3位员工去做同一件事：到供货商那里去调查一下计算机的数量、价格和品质。

第一位员工5分钟后就回来了，他并没有亲自去调查，而是向同事打听了一下供货商的情况就回来做汇报。30分钟后，第二位员工回来汇报，他亲自到供货商那里了解了一下计算机的数量、价格和品质。第三位员工90分钟后才回来汇报，原来，他不但亲自到供货商那里了解了计算机的数量、价格和品质，而且根据公司的采购需求将供货商那里最有价值的商品做了详细记录，并和供货商的销售经理取得了联系。另外，在返回途中，他还去了另外两家供货商那里了解一些相关信息，并将三家供货商的情况做了详细比较，制定出了最佳采购方案。

结果，第二天公司开会，第一位员工被老板当着大家的面训斥了一顿，并被警告如果下一次再出现类似情况公司将开除他。第三位员工，因为勇于负责、恪尽职守，在会议上受到老板的大力赞扬，并当场给予了奖励。

【各抒己见】

（1）案例故事中提到的3位员工完成同样任务，采用了不同的工作态度和处事方式，请分析其优劣。

（2）假设你也接到同样的任务，你会怎么做？

【训练提升】

【训练6-1】提升倾听能力训练

请在30秒内答完以下问题，不要因为追求速度而忽视了质量。

（1）请在纸的右上角写下你的尊姓大名。

（2）请在纸的左上方写下今天的日期（格式为：××××年××月××日）。

（3）请在左上方日期下方写下"你现在的住址"。

（4）请将你的名字圈起来。

（5）请在纸的左下方画 3 个正方形。

（6）请在每个正方形里画上加号。

（7）请在每个正方形旁边画 3 个等边三角形。

（8）请将每个三角形圈起来。

（9）请写下你的年龄，乘以 24，再加 100，结果乘以 365，请在纸的右下方写下你计算的最终结果。

（10）请在纸的背面写下你最喜欢的一首诗。

（11）请在纸的右下方你计算的数字上面写下背面你写的诗的作者。

（12）请在作者后面写下作者的朝代。

（13）请在纸的最上方写下你现在或最近正在看的一本书。

（14）请在纸的右侧竖排写下你最喜欢的电视剧的名称。

（15）请在纸的左侧竖排写下你最喜欢的电影的名称。

（16）请与你左右位置的同事握手。

（17）请认真阅读以上内容，如已阅读完毕请只做前四道题。

（18）请将以上部分自第 17 题以上对折放好，答题完毕。

【小贴士】

读完要求，就认认真真地答题了，但到第 9 题时感觉时间根本不够用，30 秒不可能答完，到第 17 题时才恍然大悟。

①如果你能从头到尾"听"纸说完，你就可以在 30 秒内将第 1～4 题答完。

②如果你能真正倾听纸的诉说，就可以写下正确的日期，如 2023 年 11 月 07 日，而不是 2023 年 11 月 7 日。

③如果你能真正明白纸所要表达的意思，就可以写下正确的"你现在的住址"六个字，而不是在五华区或者呈贡区的地址。

其实，这是一个有陷阱的训练，在一定程度上说明了我们在与对方沟通或者交流时的一些潜意识会误导我们的判断，交流时是否能等对方把话说完，又是否能真正明白对方的意思。例如，与人交流时，你是否会在别人话说到一半时就迫不及待地打断，表示自己明白接下来要表述的是什么意思，但当别人说完却发现完全不同；是否当对方完全讲完，而你理解的却仍与对方所表达的有出入等。如果学习中我们能认真倾听老师讲课，就会学得更快、更多；如果工作中能认真倾听同事讲话，使对方有种被尊重和重视的感觉，就会拉近与同事的关系，提升自己的人际关系。

【训练 6-2】交流表达训练

【训练目的】

锻炼说话的胆量和技巧，提高交流表达能力。

【训练过程】

（1）面带微笑，放松心情，充满自信地走到同学面前或走向讲台。

（2）从以下内容中选择一项自己的强项并完成，时间为 3 分钟。

①大声朗诵诗歌或名人名言。

②大声朗诵一段散文。

③讲一个有趣的故事。

④讲述一个新名词术语。

⑤简要介绍一下自己近期的学习或工作情况。

【运用技巧】

①讲话前，深吸一口气，使心情平静，面带微笑，眼神交流一遍后开始讲话。

②勇敢地讲出第一句话，声音大一点，速度慢一点，说短句，语句中间不打岔。

③当发现紧张"卡壳"时，停下来有意识地深呼吸，然后随着吐气讲出来。

④如果表现不好，自我安慰"刚才怎么又紧张了？没关系，继续平稳地讲"，同时，用感觉和行动上的自信战胜恐惧。

⑤紧张时，可以做放松练习，深呼吸，或尽力握紧拳头又迅速放松，连续重复10次。

【训练6-3】说话技巧训练

针对以下场景，分别使用祈使句、请求式肯定句、请求式疑问句告诉听者，注意语音、语调、节奏和表情等，并亲身感受不同表达方式的效果。

【场景1】有人在候车室抽烟。

【场景2】有人在办公室大声喧哗。

【场景3】有人在旅游景点随手丢垃圾。

【场景4】有人在公交车内大声打电话。

【场景5】有人在电梯贴小广告。

【场景6】有人在教室打闹。

【参考样例】

当你正忙时，有人急急忙忙走进来，请你办事，此时你可以分别用以下方式告诉对方。

第1种方式：使用祈使句"等一下"，听者容易被触怒，"我为什么要等？"

第2种方式：使用请求式肯定句"请您等一等"，听者能接受。

第3种方式：使用请求式疑问句"请您稍等，好吗"，以商谈口吻要求别人做事，听者容易接受。

【训练6-4】高效利用时间，努力成为时间管理高手

人生最宝贵的两项资产，一项是头脑，一项是时间。无论你做什么事情，即使不用脑子，也要花费时间。因此，管理时间的水平高低，会决定你事业和生活的成败。如何根据你的价值观和目标管理时间是一项重要的技巧，它使你能控制生活，善用时间，朝自己的目标前进，而不至于在忙乱中迷失方向。

从今天开始尝试做好以下事情，努力成为时间管理高手。

（1）设立明确的目标。

时间管理的目的是让你在最短时间内实现更多你想要实现的目标。必须把一个年度内的4~10个目标写出来，找出一个核心目标，并依次排列重要性，然后依照你的目标制订一些详细的计划，接下来的关键就是依照计划进行工作。

（2）要列一张总清单，把今年所要做的每一件事情都列出来，并进行目标切割。

①年度目标切割成季度目标，把每一季度要做的事情列出清单。

②季度目标切割成月度目标，并在每月初重新再列一遍，碰到有突发事件而更改目标的情形便及时调整过来。

③每一个星期天，把下周要完成的事情列出来。

④每天晚上把第二天要做的事情列出来。

（3）用80%的时间来做20%最重要的事情。

首先一定要搞清楚对你来说哪些事情是最重要的、最有生产力的。

谈到时间管理，有所谓紧急的事情、重要的事情，然而到底应先做哪些事情？当然一定是又紧急又重要的事情。通常这些都是一些突发的、令人困扰的、迫不及待要解决的问题。若你天天处理这些事情，则表示你的时间管理并不理想。

成功者花最多的时间做最重要且不紧急的事情，这些都是所谓的高生产力的事情。然而一般人都是在做紧急但不重要的事。

（4）每天至少要有半小时到一小时的"不被干扰"时间。

假如你能有一个小时完全不受任何人干扰，把自己关在自己的房间里面思考一些事情，或是做一些你认为最重要的事情，这一个小时可以抵过你一天的工作效率，甚至有时候这一小时比你三天的工作效率还要高。

（5）每一分钟每一秒钟做最有效率的事情。

你必须思考一下要做好一份工作，到底哪几件事情是对你最有效率的，列出来，分配时间做好它。

（6）同一类的事情最好一次把它做完。

假如你在做纸上作业，那么这段时间就都做纸上作业；假如你是在思考，那么就用一段时间只做思考；打电话的话，最好把电话累积到某一时间段一次打完。当你重复做一件事情时，你会熟能生巧，效率一定会提高。

（7）做好"时间日志"。

你每天要做的事情各花了多少时间，把它详细地记录下来，每天从刷牙开始，洗澡、早上穿衣花了多少时间，早上搭车的时间……把每天花的时间一一记录下来，你会发现做了哪些事，浪费了哪些时间。当你找到浪费时间的根源，你才有办法去做出改变。

模块7　职业适应与发展

职业适应也称工作适应，是指人在职业活动中，面对工作中遇到的各种问题时一系列的心理过程，包括个体对工作环境、工作任务、工作活动的适应，以及对自身行为和新的工作需要的适应。具体来说，就是人在工作生活环境中根据工作的性质和外在要求，对自身的身心系统进行评价，对职业行为进行自我调适，学习工作必备的知识和技能并应用于实际，努力达到自我与经验一致的心理过程。

对职业的适应是在对职业具有一定认识的基础上，通过对自己的职业观念、意识和行为习惯不断进行调整和改变，以适应职业的要求和变化。职业适应包括从心理到生理的适应、从职业岗位到社会生活的适应等几个方面。

（1）心理适应，包括观念和意识的适应、角色适应、情感和态度适应、意志适应以及个性适应等。

（2）生理适应，包括对工作时间、劳动强度以及紧张程度等方面的适应。

（3）岗位适应，包括对劳动制度、岗位规范的适应等。

（4）智能适应，即对工作岗位所需的知识、技术、能力的适应。

（5）人际关系的适应，包括能处理好与领导、同事等方面的关系。

职业发展是指一个人一生的工作经历，特别是职业、职位的变迁及工作理想的实现过程。它是人力资源管理的一项活动，与工作分析、人力资源计划、招聘与选拔、绩效评估、培训等有着密切的关系。目前，把企业员工的职业发展纳入企业人力资源管理的范畴已成为企业发展战略中的重要组成部分，受到国际上很多知名公司和企业的广泛重视与应用，同时也受到企业员工的普遍欢迎。

职业发展的定义有两层含义：一是对员工个人而言，在企业的工作中积累经验、得到锻炼，能达到成长、发展和满意度的愿望与要求，为了实现这种愿望和要求，他们不断追求理想的职业，设计自己的职业目标和职业计划；二是从企业的人力资源管理部门看，对员工制订个人职业计划应重视和鼓励，并结合企业的需求和发展给员工多方面的咨询和指导，还要创造条件帮助员工实现个人职业目标。

职业发展有利于开发员工的潜能，促进员工成长和发展，也有利于企业吸引人才、使用人才和留住人才。

【分析思考】

【案例7-1】区分校园人与职业人

相关材料如下：

周同学毕业之后，到一家新媒体公司做财务助理。刚入职的时候，领导和同事每天都很忙碌，没有时间指导周同学，周同学只能自己慢慢学、慢慢摸索、慢慢"上道"。

老同事一起去吃饭，也不会叫上周同学，周同学瞬间感觉自己很孤独。在上学的时候，同学们都是一起去吃饭，现在那些老同事自己去吃，好像故意孤立自己一样，这让周同学心里觉得很不舒服。

一次，周同学需要单独完成一份财务报表，由于领导没有交代上交的时间，周同学便想着能拖就拖，拖的时间越长越好。

但是等到领导马上想要报表的时候，周同学却慌了，便说领导没说具体的提交时间，这让领导很反感。

除此之外,周同学还到处与人说是领导没将时间说明白,大家都觉得周同学是个喜欢推卸责任、讲人坏话的人,因此渐渐疏远他。本来就不适应职场的周同学无法忍受这样的环境,只能被迫辞职,重新择业。

【案例启示】

周同学犯的最大错误是以为职场和学校一样,将在学校中的生存逻辑用在了职场当中,这是职场新人的大忌!

【案例7-2】把职业当事业

相关材料如下:

年轻的新任总裁上任伊始,便向助手提出了一个问题:"你是企业的元老了,那么你能否告诉我,谁是我们企业里最优秀的员工?"

助手胸有成竹地回答:"最优秀的员工,应该是南方区销售总监艾奇先生。"

"哦?"总裁似信非信地看着助手,问道,"他有什么优秀之处?"

助手说:"虽然他只是一名资质一般的员工,但是进入公司不久,他就表现出了一种工作上的激情。他不仅对企业忠诚,而且非常敬业,当然更重要的是,他是一位把职业当事业的员工。"

"把职业当事业?"总裁重复了一句,脸上充满了兴趣,"快给我说说,他是如何把职业当事业的?"

助手笑了笑,说:"总裁,我想与其由我来向您讲述他的故事,倒不如安排一个时间,让他亲自来给您讲一讲他的故事。难道您不想见一见这样的员工吗?"

总裁点了点头,说:"你说得对,请你安排一下,让这位叫艾奇的员工明天到我这里来。哦,不,还是我去看望这位把职业当事业的员工吧。"

一周之后的一个上午,年轻的总裁和助手乘坐飞机来到了南方的一座大城市,找到了艾奇。总裁说:"艾奇,我听说你把自己的职业当作事业,对这个我很感兴趣,想听你说说你是怎么想的。"

艾奇说:"这没什么,既然我选择了这个职业,那么它就是我一生的事业,就是这样。"

总裁点点头,说:"这是个很不错的理由。那么你是如何让自己把职业当事业的?"

艾奇说:"我是受了一位老师傅的影响。说实话,当初进入公司的时候,我也像其他人一样,把这份工作当作是自己生活的一份保障,认为只要在工作中不出什么差错,能对得起拿的这点工资就可以了。"

总裁点点头:"我想,我们企业里的许多员工都抱着这样的想法。"

艾奇继续说:"有一天,一位老师傅对我说:'你的工作就是你的职业,当你把你的职业当成自己的事业去做的时候,你就会明白自己应该如何去做了。'后来,我认真地咀嚼了老师傅的话,并且照着他的话试着做了,这时我才发现,原来我自己的这份工作是那么值得被热爱,它几乎是我生命中的必需。从此,我便改变了对工作的态度,并且把这份职业当作我自己一生的事业来对待,这让我在工作中获得了很多乐趣。"

【案例启示】

(1)本案例故事中的艾奇是一位把职业当事业的员工,谈谈我们在未来的职场应如何做好本职工作。

(2)如果你所从事的工作并非你感兴趣的工作或者与你的专业不对口,你会怎样对待你所从事的工作?

【案例 7-3】比尔·盖茨的好学

相关材料如下：

比尔·盖茨出生在美国华盛顿州的西雅图市，父亲是当地著名律师，母亲是华盛顿大学董事与银行系统董事。比尔·盖茨从小就喜欢阅读，父亲的藏书总是令他爱不释手，无论是人物传记还是地理经济读物，在丰富了他知识的同时，也塑造了他良好的品格，为日后成就事业打下了坚实的基础。

比尔·盖茨在中学的时候就已开始学习编写程序，考入哈佛大学后开发 BASIC 程序，从哈佛大学辍学后，在美国新墨西哥州找到了一份编写程序的工作。盖茨在高中时就常常偷偷学习计算机编程技术，在德国时每天花 8 个小时学习计算机编程。事业有成之后，他依然热爱读书，在他的别墅里，有一间藏书十万余册的大图书馆。

比尔·盖茨说："即使在科技领域，学习新东西也会带来无穷的乐趣，当我想找出我们在不同时期的转变模式到底会把我们导向何方时，我就会召集专家为我们讲解有关信息。我花两个星期来办'学习周'，在那期间，我阅读专家们提供给我的材料，然后用最快的速度把它们组织在一起。"人生成长的每一个阶段，他都与书相伴，不断提升和充实自己，使自己的事业不断迈上新台阶。终身学习的习惯让比尔·盖茨能够始终紧跟科技和时代的发展，从而保证了微软公司能够在激烈的市场竞争中始终保持领先地位。

【案例启示】

（1）比尔·盖茨终身学习的习惯给了你哪些启示？

（2）比尔·盖茨都如此好学，而我们更应该持续不断学习，方能适应新的时代。谈谈你近期的学习打算。

【案例 7-4】如何走出职场受挫的心理误区

相关材料如下：

安静进入某品牌化妆品公司后，依靠以前做市场调研的优势，接连出台几个漂亮的策划方案。她那种锐意进取的工作劲头很快引起了经理的注意。为了更好地锻炼自己的下属，发现和挖掘"真金"，经理除了让她完成分内的工作和任务外，还特别注意引导和培养她独当一面及团体协作的能力。

工作的压力给了安静历练的机会，让她很快成熟起来。一次大型活动的市场分析会上，经理把各个部门提交的方案批评得体无完肤。沉闷的气氛中，经理把目光投向了安静。安静将自己还未来得及交给主管审阅的草案拿了出来。经理很快仔细地看完了她的报告，脸上终于现出了一丝难得的光亮："我希望大家好好将这个方案完善一下，争取做得更好些。"经理虽然没有直接表扬安静，但对她的赞许和肯定是显而易见的。

正当安静准备再接再厉时，却因为一次失误被主管狠狠训了一顿。尽管安静知道主管是嫉贤妒能想排挤自己，但心情还是特别压抑、沉重。好像这一训，不仅全盘否定了她以往的功绩，让她在同事面前再也抬不起头来，而且一想到主管和一些人那幸灾乐祸的眼神，她整个人都对未来没有了信心。那种挫败感就像魔咒一样紧紧扼住了她的心，让她吃不香、睡不好，精神好长一段时间都恍惚不定，工作也远没有以前效率高。不良的状态导致她连连出错，最后，她不得不在经理惋惜的眼光中黯然递上了辞职书。

【案例启示】

在生活和工作当中，我们时常会遭遇各种不理想情绪的干扰，出现某种"灰色心理"。挫败感就是个体在满足需要的活动中，遇到阻碍和干扰，使个体动机不能实现、个人需要不能满足的一种常见的心理感受。面对自己承受的挫败感，许多人常常会痛苦、自卑、怨恨、惧怕、怯懦、忌妒，甚至像安静一样失去希望和信心。殊不知，职场受挫后，如果当事人不善于自我调适，极易导致心理失衡，不仅会影响正常的工作、生活，还会严重影响健康。

职场受挫后，如何防止"灰色心理"的产生，很快走出挫败感的心理误区呢？可以尝试以下方法。

（1）积极倾诉法。

适度将自己心里的痛苦向他人倾诉，可以将失控力随着语言的倾诉逐步转化出去。倾诉作为一种健康防卫，既无副作用，效果也较好。同时，听诉者还会在同情心理的作用下，对失衡者的心理给予适当抚慰，鼓起其重新奋进的勇气。所以受挫人会在一番倾诉之后收到意想不到的减压效果。同时，记得该发泄时就发泄，不要过分压抑自己。如在设定的自我放纵界限内，可以痛快地哭上几分钟，或拍打桌子、跺跺脚，用这些方式来发泄不良情绪，有助于缓解内心的压力。

（2）优势比较法。

在自己遭遇挫败时，多去想想那些在职场上比自己受挫更大、困难更多、处境更差的人。通过挫折程度比较，将自己的失控情绪逐步转化为平心静气。同时，注意找出自己的优势，强化优势感，从而扩张对挫折的承受力。要明白挫折同样蕴含力量，它是一把双刃剑，既可以让一个人一蹶不振，也可激发人的潜力，重建一个人的自信心。

（3）注意力转移法。

当你因挫败感而忧郁、烦恼时，最好努力使自己暂时忘记那些不愉快，花一些时间到公园或树林走走，享受大自然的安详与静谧，舒缓一下紧绷的心情；或者听一段喜欢的音乐，把轻松的乐曲当作慰藉心灵的阳光，特别是当你放声高歌时，你的心情就会变得更好。

（4）目标审视法。

职场上的挫败感会干扰自己原有的工作氛围，摧毁自己原有的目标，因此，重新寻找一个方向、确立一个新的目标就显得非常重要。目标的确立需要分析、思考，这是一个将消极心理转向理智思索的过程。目标一旦确立，犹如心中点亮了一盏明灯，就会形成调节和支配自己新行动的信念和意志力，从而排除挫折和干扰，向着目标努力迈进。

不要在工作中过分苛求尽善尽美，同时注意处理好与上下级和同事之间的关系，协调大家的工作，将有助于让遭遇挫败而陷入"灰色心理"的你及时得到关怀和抚慰。

【学习领会】

7.1 职业适应性

1. 职业适应

职业适应是指个人的知识、能力、兴趣和性格特征与其正从事或将选择的工作相互适合的状态。

2. 职业适应性

职业适应性是指一个人从事某项工作时必须具备的生理、心理素质特征。它是在先天因素和后天环境相互作用的基础上形成和发展起来的。职业适应度高，既表明个人的知识、技能和态度以及所受的教育与训练，能对工作及其环境所产生的种种刺激做出协调的反应，又表明职业性质、职业类型、工作条件与个人需要、价值目标等相融合，能引起个体心理上的满足。另外，职业适应性不仅反映安全要求，还反映效率要求。

职业适应性包括很多内容，但由于场合不同，可能会有不同的强调要点：工作效率、无事故倾向、最低能力和特性要求、熟悉工作速度、意愿适应、个人背景等。

3. 职业适应性的分类

职业适应性可分为一般职业适应性和特殊职业适应性两大类。

一般职业适应性是指从事一般职业所需的基本生理、心理素质特征。特殊职业适应性是指从事某一特定职业所需具备的特殊生理、心理素质特征。

4. 职业适应性测评

职业适应性测评就是通过一系列科学的测评手段，对人的身心素质水平进行评价，使人与职业匹配合理、科学，以提高工作效率、减少事故。对个人从事某项具体工作的职业适应性测评包括一般职业适应性测评和特殊职业适应性测评两方面。

职业适应性测评一般不具有强制性，仅作为人才选拔和留用的参考。

7.2 职业发展

1. 职业发展

职业发展是组织用来帮助员工获取目前及将来工作所需的技能、知识的一种方法。实际上，职业发展是组织对企业人力资源进行的知识、能力和技术的发展性培训、教育等活动。

职业发展就是在自己选定的领域里，在自己能力所及的范围内成为最好的专家。所谓专家，并不一定是研究开发人员或技术顾问。专家是在某一领域有深厚和广泛的经验，对该领域有深刻而独到认知的人。至于行政管理能力、员工培养能力、团队建设能力、规划和沟通能力等，是个体在职业发展过程中必须培养的能力要素，它们是实现职业发展的重要工具，但不是职业发展的目标。

2. 职业发展路径

职业发展路径，概括地说就是员工都有从自己现在和未来的工作中得到成长、发展和获得满足的强烈愿望和要求，为了实现这种愿望和要求，他们希望在自己的职业生涯中顺利成长和发展，从而制订自己成长发展的职业计划的实施过程。

职业要发展，必须不断地学习，不然会在职场的竞争中被淘汰。职业的未来要掌握在自己的手中，而不受别人的控制，只有不断学习才能更好地为自己的职业创造更好的舞台。

3. 职业发展的必要性

从组织的观点看，职业发展能降低员工流动带来的成本。如果企业帮助员工制订职业计划，这些计划可能与组织密切相连，因此，员工就不大可能离开。热心于员工的职业发展同样能鼓舞士气、提高生产率，并帮助组织变得更有效率。事实上，组织对员工的职业发展感兴趣，对员工也有积极的影响，在这种情况下，员工认为企业把他们看作整体计划的一部分而不仅仅是一些数字。重视员工职业发展对员工看待他们的工作和雇主的方式也有积极的影响。

4. 职业发展的负责者

职业发展的负责者主要包括以下各方。

（1）组织。

组织的责任是开发并在组织内部向员工通告职业选择权。要向员工传递组织内所存在的职业选择，组织应该把能实现员工职业目标的职业道路向员工提出详细的建议。在新的职位出现和老的职位被淘汰时，人力资源管理部门一般负责让员工马上了解这些信息。

（2）员工。

员工有了个人职业规划，就必须采取一系列的实际行动，如要虚心接受公司各方面专家和直接管理者的有关职业发展的指导和建议，要进行自我评价，选择一条正确的职业道路，接受公司组织的一系列培训，并加强各方面的学习等。

(3) 直接管理者。

直接管理者在推进下属的职业发展中发挥着重要作用，他们应该指导员工如何进行职业发展，然后帮助员工评估结果。管理人员起到的作用应该包括充当顾问、评价者、教练和指导者等角色。

5. 职业发展的几个阶段

职业发展是一步一步向前进步并不断成熟的过程，而整个过程大体可以分为五个阶段。不同的阶段代表了不同的人生历练，认清自己所处的阶段有助于我们做出正确选择。

(1) 工作1~3年的"青黄不接"阶段。

职业生涯最为困惑的几年，既不像刚毕业时那么单纯，又没有足够的工作历练能让自己独当一面，跳槽找工作的难度与风险都非常高。

(2) 工作3~5年的"职业塑造"阶段。

开始学着认识组织文化、组织内情，也开始初步建立自己的人脉网络，职业性格特征开始展现，开始认识到哪些是自己擅长的、哪些是自己不足的，开始矫正自己的职业方向。如果性格和特长与现在的工作偏差太大，立马转岗或换职业是最好的选择。

(3) 工作5~10年的"职业锁定"阶段。

日渐清楚自己的性格优势和劣势，开始认定职业方向，这个阶段需要在稳定中不断上升，也需要不断逼迫自己跨越障碍，切记不要频繁跳槽。

(4) 工作10~15年的"事业开拓"阶段。

职业基本已经成为终生事业，前期的积累是自己晋升和职业开拓的基础。如遇职业迷茫期，可在相关领域适当地改变一下工作方式或者岗位，测试自己最适合什么工种。

(5) 工作15年以后的"事业平稳"阶段。

多年的工作沉淀使得自己承受压力的能力增大许多，工作越发游刃有余。

6. 职业发展的实施

(1) 员工自我评估。

员工的自我评估是指员工个人对自己的能力、兴趣、气质、性格以及自己职业发展的要求等进行分析和评价，以确定自己合适的职业生涯目标和职业生涯发展路线。

(2) 组织评估。

组织评估是指利用相应的信息对员工的能力和潜力做出客观公正的评估。这些信息主要来自对员工的绩效评估，也包括反映该员工的受教育状况和以前工作经历等信息的人员记录。组织对员工个人的评估通常应由人力资源管理人员和员工的直接管理者共同进行。

(3) 职业信息传递。

员工要确立现实的职业发展目标，就必须知道可以获得的职业选择和职业发展机会，并获得组织内有关职业选择、职业变动和空缺的工作岗位等方面的信息。组织要及时为员工提供有关组织发展和员工个人的信息，增进员工对组织的了解，包括职位升迁机会与条件限制、工作绩效评估结果、培训机会等的信息，帮助员工了解自己的职业发展通道。

(4) 职业咨询。

职业咨询是整合职业规划过程中不同步骤的活动，它是伴随着整个职业生涯发展过程的多次或连续性咨询活动。在职业发展过程中，有可能出现许多员工无法预测或必须面对的难题，如职位升迁、跳槽、职能转换、人际关系等。职业咨询可以为员工解决职业发展中的困惑，为员工做出明智选择提供参考意见和决策支持。

(5) 职业道路引导。

职业道路引导可定义为一系列包括正式与非正式教育、培训及工作体验的开发活动，这些开发活动有助于员工从事更高一级的职位。职业道路引导指明了组织内员工可能的发展方向及发展机会，组织内每一位员工都可能沿着本组织的职业道路变换工作岗位。

7.3 有效提高学习能力

1. 主动学习

主动学习是指把学习当作一种发自内心的、反映个体需要的活动。它的对立面是被动学习，即把学习当作一项外来的、不得不接受的活动。

主动学习的习惯，本质上是视学习为自己的迫切需要和愿望，坚持不懈地进行自主学习、自我评价、自我监督，必要的时候进行适当的自我调节，使学习效率更高、效果更好。

2. 全面学习

学习不仅是学习知识，更为重要的是掌握科学方法，培养探索求知的热情，学会分析、解决理论和实际问题。不仅要认真学好专业知识，还要学好有利于提高自身综合素质的各方面知识，完善知识结构。学习不仅只是掌握书本知识，还要向实践学习、向生活学习，努力提高动手能力和实践能力。

3. 创新学习

创新学习是一种以求真务实为基础，采取创造性方法，积极追求创造性成果的学习。树立创新学习的理念，就是要脚踏实地，打下扎实的专业根基；同时，又要善于思考、勇于开拓，不断激发自己的创新意识，敢于突破陈旧的思维定式，努力培养创新精神。在学习过程中，不仅要善于组合、加工、消化已有知识，而且要力求有所发现、有所创新。

4. 终身学习

当今世界，科技发展日新月异，知识、信息的更新和增长空前迅速，新情况、新问题层出不穷。人们要适应不断发展变化的客观世界，就必须把学习从单纯的求知变为生活的方式，努力做到活到老、学到老。我们已经进入了终身学习的时代，要树立终身求知、终身学习的理念。

终身教育是一种知识更新、知识创新的教育，终身教育的主导思想就是要求每个人必须有能力在自己的一生中利用各种机会去更新、深化和进一步充实最初获得的知识，使自己适应快速发展的社会。

终身学习是指社会中每个成员为适应社会发展和实现个体发展的需要，贯穿于人的一生的、持续的学习过程，即我们常说的"活到老、学到老"或者"学无止境"。在特殊的社会、教育和生活背景下，终身学习理念得以产生，它具有终身性、全民性、广泛性等特点。终身教育和终身学习提出后，各国普遍重视并积极实践。终身学习启示我们树立终身教育思想，使学生学会学习，更重要的是培养学生养成主动的、不断探索的、自我更新的、学以致用的和优化知识的良好习惯。

终身学习能使我们克服工作中的困难，解决工作中的新问题；能满足我们生存和发展的需要；能使我们得到更大的发展空间，更好地实现自身价值；能充实我们的精神生活，不断提高生活品质。

5. 学习力就是竞争力

学习力是把知识资源转化为知识资本的能力。学习力能够使企业运用新知识，采用新方法，激发新智慧，实现自我提升和超越，从而在竞争中取胜。

学习力是企业竞争力之源。当今世界谁学得快、学得多，谁就能获得竞争优势，谁就能获得胜利。谁善于学习，谁就更容易获得主动权。

学习力是企业最根本的竞争力。未来的职场竞争将不再只是知识和专业技能的竞争，更是学习能力的竞争。因此，保持学习的状态，不断提升自我，将是我们走向成功、追求卓越的必由之路，也是保存实力、继续成长的唯一选择。

正如科学家钱伟长所说:"学习是终身的职业。在学习的道路上,谁想停下来,谁就要落伍。"企业一旦满足于自己已获得的成就,便失去了继续前进的动力,不能再追求更高的目标。

6. 学习力就是战斗力

通用电气前总裁韦尔奇曾说:"企业领导者应该同时作为教练、启蒙者以及问题解决者来为企业增加价值。应该带领组织持续学习。授人以鱼不如授人以渔。企业的战斗力取决于企业成员个人的能力。而学习是提升企业成员个人能力的最好途径。一名优秀员工至少可以抵得上两名平庸的员工。谁抓住了学习,谁就抓住了战斗力的主动权。"

美国兰德公司曾花费20年时间跟踪调查了500家世界大公司,发现其中百年不衰的企业有一个共同的特点,就是它们始终坚持通过学习营造良好的企业学习文化。是什么造就了世界500强企业中的西门子、惠普、雀巢、IBM等品牌?既不是资本、规模和技术,也不是特定的优秀员工,而是看不见的企业学习文化造就了它们今天的辉煌。

企业团队的学习能力直接决定企业的发展能力,一支学习能力差的团队在市场竞争中无法立于不败之地,最终会被社会所淘汰。

不管你是否愿意,每时每刻我们都在接受各种新信息、新知识,每时每刻都面临新的变化。在当今这样一个知识信息对社会的发展起决定性作用的时代,唯一不变的就是不断学习,未来学习主体所具有的唯一持久发展优势就是有能力学习得更快更好。学习不是一朝一夕的事,只有养成终身学习的习惯,才能跟上时代飞转的车轮,跟上时代的发展。

7. 学习力就是执行力

学习力为提高执行力提供方法、策略和智慧。管理大师德鲁克曾说:"一个不善于学习的人等于自我放弃成长的机会。善于学习的人能够准确领悟上层意图、协助同事和应变问题。善于学习能够使人获得新思维、创新方法,从而始终使自己保持强大执行力。"

没有学习力就没有执行力,一个人不能很好地学习,就不能很好地完成企业交给自己的任务。选择学习就是选择进步,提高学习力就是增强执行力。不管你在什么行业、从事什么工作、拥有怎样的成就,都不能放弃学习。多读书、多学习是提高自己的唯一途径。将学习所获成果应用到工作之中,做到学以致用,才能在工作上取得更大的进步,做出更好的成绩。

一个团队或一名员工,要高效地完成工作任务,就必须具有强有力的执行力。执行能否到位与能力是分不开的,能力越强,执行才能越到位。而能力的提高又必须通过学习得以实现。

每个人都要努力养成不懈追求新知识、不断研究新情况、努力探索解决新问题的好习惯,形成人人学习、自觉学习、团队学习、终身学习、学以致用的好风气。通过学习全方位提升自己,提高自己的执行力,超越平庸、追求完美,必定能够实现个人在企业中的价值。

8. 在解决问题中提高学习力

在当今竞争激烈的环境下,不学习就会落后。学习的目的是将学到的知识应用于生活和工作,在生活和工作中能够不断地解决新的问题则是学习力强的表现。

那么究竟应该怎样不断提高自己的学习力呢?很重要的一点就是要及时发现问题,紧紧围绕问题去学习。工作中会不断出现各种问题,它们就像一只只"拦路虎",对付这些"拦路虎"没有人可以请教,而自己所具备的知识无法解决时,该怎么办?唯一的办法就是去学习新的知识,想方设法解决问题。工作的过程就是解决一个个问题的过程。在不断解决问题的过程中,自己的能力也会得到提高。

在工作中主动想办法解决问题的人往往学得最好,也最容易脱颖而出。当有人认为工作只需要按部就班地做下去的时候,偏偏有一些人会主动去思考、学习,寻找更好、更有效的方法,将问题解决得更好,也正因为他们善于主动地寻找方法,所以他们也常常最容易得到认可,最容易获得成功。

在问题中确立学习重点，在重点学习中不断提高自己解决问题的能力，才能够在今后出现问题时解决得游刃有余。解决问题不是一朝一夕就能够完成的事情，"台上一分钟，台下十年功"，只有在平日里多学习，才能在问题出现时以最简单的步骤解决。积极地寻找解决问题的方法，用创新思维去思考问题，看似难以逾越的困难便可以迎刃而解，那些难以完成的工作也得以顺利进行，自己的学习能力也因而得到提高。

从早到晚，问题总是与我们"朝夕相处，相依为伴"。然而，悲观者只会看见机会后面的问题，乐观者却能看见问题后面的机会。人是制造问题的专家，也是解决问题的能手。只要能迅速娴熟地解决各种问题，抓住各种机会，我们的人生就一定会取得成功。谁的学习力强，谁解决问题的能力强，谁就是职场明星。

9. 工作是最好的学习场所

很多人走上工作岗位以后，满足于职责范围内的工作任务，从事简单工作的人甚至会发出"无聊""没劲"的感叹，总觉得在工作中没什么可学的。事实真的像他们所说的那样吗？绝对不是。觉得工作中没什么可学的真正原因是他们缺少对工作的倾心关注，缺乏对工作中存在问题的深入探究，缺乏在工作中对学习机会的发现和把握。正如海尔总裁张瑞敏所说："什么叫不简单，能够把简单的事，千百遍做对就是不简单；什么叫不容易，能够把容易的事认真做好，就是不容易。"

人的成长过程大部分是在职场中度过的，因此，我们必须学会在工作中学习、在工作中成长。在工作中，只要你用心观察，仔细地思考，学习的机会无处不在。如果你的岗位和所学专业不对口，那么岗位的专业知识、专业技能和实践经验都是需要你努力学习的。即便你是本专业出身，知识的运用、转化也非简单之事，实践经验的获得更需要我们用心地观察和体会。满足标准只能算是合格，用心才能做到优秀。

7.4 从校园人到职业人的过渡

7.4.1 校园人和职业人的区别及转变

校园人与职业人的区别如下：
①从获取到付出。
②从松散到自律。
③从个人到团队。
④从成绩到业绩。
从校园人到职业人的主要转变如下。

1. 心理的转变

要接受并迅速适应自己的职场身份。从踏入社会的那一刻起，就不会再有老师督促你学习，所以一切都要从被动转化为主动。有人愿意教你，应当感激不尽，而不是理所应当。从踏出校园的那一刻起，将不会再有"补考机会"，而是"一个萝卜一个坑"，每个人都有属于自己的工作岗位，肩负着重要的工作责任，所以职场时刻秉承着"适者生存，不适者淘汰"的生存法则。

2. 人际交往的转变

良好的人际关系是顺利开展工作的关键。在工作之前我们每个人都可能是家里的"小少爷""小公主"，家里人宠着，学校里让着，可是当你踏入职场后就没有人再把你当作一个孩子。在职场中，并没有"理所应当"，别人教你、帮你，你应当感激，时刻怀着一颗敬畏、感恩之心，同时工作岗位不是个人秀表演舞台，更需要的是合作。我们要撕掉自我标签，少说多做，尽快融入环境，时刻铭记"锐气藏于胸，和气浮于脸，才气见于事，义气施于人"。

3. 学习与工作的转变

长达十多年的学习生活，使我们变成了一个个书本上的学习能手，却很少有机会能够将知识应用到实践。学习固然重要，但是学以致用却更为关键。实践出真知，我们要把握好学习与工作之间的关系，在学习中增强工作能力，在工作中提高学习能力，勤学多问，为以后的工作打下坚实的基础。

4. 自我约束的转变

能约束自己的行为、自己的言论，能对自己说出的话、做过的事情负责任。不能再像个小孩子一样，动不动就赌气，说一些不负责任的话，或者冲动做一些不负责任的事情。

年轻人最怕的就是做出自己承担不了责任的决断。例如，为了一时的消费冲动欠下超出偿还能力的贷款。

在职场上不要开不合时宜的玩笑，不要随便玩"网络梗"，要学会约束自己的言行。不要把职场当校园。

7.4.2 学生角色与职业角色的不同

人在社会上的角色是变化的，大学毕业也就意味着要承担新的社会角色，但这种新的社会角色的确立并不是一蹴而就的，它是一个行为过程。一般来说，进入角色包括下列行为过程：获得承担某个角色的认可；表现出扮演这个社会角色必需的社会品质和才能；本能地或积极地从精神上和行为上完全地投入这一社会角色。择业的过程就是选择新角色的过程，新角色的获得就使得角色转变成为可能。每一个社会角色都有自己不同的特点，也就是说社会角色不同，社会责任就不同，社会规范就不同，社会权利也不同。

学生角色是一个受教育者，在校学习是掌握本领，接受经济供给和资助，逐步完善自己的过程；职业角色是用自己已经掌握的本领，通过工作为社会做贡献，具有一定的权利和义务，是以自己的行为承担社会责任的过程。大学毕业生往往迷恋于大学生那种无忧无虑的自由角色之中，而一时不能适应新的社会角色的转变，这是常见的一种现象。

学生角色与职业角色的不同主要有以下几点。

(1) 承担的责任不同。

学生角色的责任是接受教育、储备知识、锻炼能力，力求全面发展；而职业角色的责任是以特定身份去履行自己的职责，依靠自己的本领或技能去工作。两种责任的履行所产生的后果也是有区别的。学生角色的责任履行得如何，主要关系到知识掌握的多少和能力培养的程度；而职业责任履行得如何则影响较大。

大学生是以学习、探索为主要任务。首先，在校园里不怕犯错误，与学习有关的事情你都可以去尝试，为了学习的尝试哪怕是错了，学校也会原谅你。所以要是给大学生一个简单的角色定位，那就是你可以因为学习而做错，不用承担过多的社会责任。其次，大学生最快乐的事情就是有依靠，在学习方面可以依靠导师，有什么问题你都可以向他请教；在生活上有什么困难可以依靠父母。总之，大学生在学校里基本没有什么负担。

成为一个职业人以后，应尽快地适应社会。必须学会服从领导和管理，迅速适应上级的管理风格。职业人如果在工作中犯了错误，是要承担成本和风险责任的，要承担相应的社会责任。

(2) 角色规范不同。

社会赋予角色的规范，就是社会提供的角色行为模式。学生的规范多是从培养、教育角度出发，促使其以后能顺利成长为合格人才。社会赋予职业角色的规范则更为严格、具体，违背了就要承担一定的责任。

(3) 角色权利不同。

学生角色的权利主要是依法接受教育，接受经济生活的保证和资助。职业角色则是依法行使职权、开展工作，并在履行义务的同时取得报酬。

(4) 面对的环境不同。

大学生在校园里面对的是一种相对简单而安静的生活方式，单纯而简单的校园文化气氛。大学里，学习时间可弹性安排，有较长的节假休息日；学术上多鼓励师生讨论甚至争论；布置的作业在规定时间完成即可；公平对待学生。但成为职业人后，在紧张的职场上，面临的社会环境是快速的生活节奏，工作任务可能又急又重，紧张的工作甚至需要经常加班加点；规定上下班时间，不能迟到早退，节假日相对较少，自由支配的时间少；对待员工不一定很公平；还要承受不同地域的生活环境和生活习惯；每天要完成一件件具体的、实实在在的工作任务，由于缺乏实际工作经验，开始工作时往往不能得心应手；感觉工作压力显著增加，给心理造成很大的负担。

(5) 面对的人际关系复杂。

处理好人际关系是每一个大学毕业生走上社会后必须学会的课题。初出茅庐，人际交往一般比较单纯，但社会上的人际关系相对于学校中的同学关系要复杂得多，一时会感觉不适应。

7.4.3 大学毕业生尽快完成角色转换的途径

许多大学毕业生走上工作岗位以后，对新环境会有诸多的不适应，主要表现在心理上、生活上、工作上、人际关系上和工作技能上的不适应。任何人对新环境都有一个适应过程，怎样尽快适应新环境呢？

1. 心理适应

一是要克服以下五种"心理"：
- 对学生角色的依恋心理；
- 观望等待的依赖心理；
- 消极退缩的自卑心理；
- 苦闷压抑的孤独心理；
- 见异思迁的浮躁心理。

一般新人刚踏入职场总是从基层做起。俗话说，"良好的开端是成功的一半"。你首先要学会心理适应。学会适应艰苦、紧张而又有节奏的基层生活。你缺少基层生活经历，可能会暂时不习惯一些制度、做法，这时，你千万不要用你的习惯去改变环境，而是要学会"入乡随俗"，主动适应新的环境。在这个阶段，要发挥自身健康的心理机能，培养出你的整体协作意识、独立工作意识和创造意识。

二是要有自信。虽然在刚开始的时候你可能会做错不少事情，但只要能够吸取经验教训，慢慢地，在同事、前辈们的帮助下，你的整体协作意识、独立工作意识就会逐渐养成了。

三是做事要有耐性。要充分发挥自己的主观能动性和创造性，凡事要进行具体分析、具体对待，然后脚踏实地地工作，自然而然，你会惊喜地发现，你的创造力也挺强的。在一个行业准备好从底层做起，不断积累经验、提升能力，就能为今后的职业发展打下一个良好的基础，形成一个有延续性的职业发展历程。

2. 生理适应

既然步入了职场，就已经从一个学生转换成了一个职业人，原来的许多生活习惯就得有所改变。也许在学校的时候喜欢睡懒觉，经常上课迟到或者偶尔来些"贵羔"，在大学读书期间，这也许不会带来什么严重的后果。但是，在职场上，如果你犯些什么懒病、娇病、馋病，每一件都可能给你带来非常严重的后果。

所以，为了自己的职业前途，应调整生活规律。当然，让你调整生活规律并非要求你成为一个机器人，有些事你可以自己灵活地决定是否调整，这主要取决于你的工作环境与公司文化。

3．岗位适应

年轻人容易将事情看得简单而理想化。在跨出校门之前，都对未来充满憧憬，初出校门的大学毕业生不能适应新环境，大多与其事先对新岗位估计不足、不切实际有关。当他们以过高的期望值来对照现实环境时，许多所谓的"现实所迫"让他们在初入职场时就走了弯路，以至于碰壁了还莫名其妙、不知所措。这会使他们产生一种失落感，感到处处不如意、事事不顺心。因此，大学毕业生在踏上工作岗位后，要能够根据现实的环境调整自己的期望值和目标。初入职场，他们没有一个职业角色的意识，并不真正了解自己能做什么、该往哪方面发展，以至于频繁跳槽。而如果职场新人可以为自己做一个良好的职业规划，明确自己的职业目标是什么，在职场中自己该扮演什么角色，该怎样强化自己的职业，并且在这个行当上钻研下去，自然就能得到较好的发展。

4．知识技能适应

刚步入职场的大学毕业生可能文凭比单位里一些前辈要过硬，但是经常会出现这样的情况：刚刚工作的大学毕业生什么都不会，因为在学校里比较注重的是学习理论知识，然而到了职场上更注重的是动手能力和累积的经验。因此，新人要投入再学习中。这个学习是一种见机行事，是让你学习工作中的知识技能。正所谓"干到老，学到老"。当今社会竞争在加剧，学习不但是一种心态，更应该是我们的一种生活方式。

如今，实力和能力的打拼越发激烈。谁不去学习，谁就不能提高，谁就不会去创新，谁就会落后。同事、上级、客户、竞争对手都是学习的对象。谁会学习，谁就会成功，就能使自己的能力在职业岗位上充分发挥并不断增强。学习增强了自己的竞争力，也增强了企业的竞争力。

5．人际关系适应

与象牙塔里单纯的人际关系不同，踏入了职场，人际关系也变得复杂了起来。刚走上工作岗位的新人最容易犯的毛病就是过于高傲。把姿态放低一点，恰当的礼貌会在职场中赢得好感。无论对领导还是同事，无论喜欢还是不喜欢，都要彬彬有礼。对待年长的同事，如果他没有职务，不妨称呼"××老师"或"××师傅"，因为他们有很多工作经验值得你学习。同时，在单位里，努力工作，适当表现自己，最大限度地得到同事和上司的认可，这是必须的。但在"论功行赏"时应展现一个新人的宽广胸怀，也能赢得职场人缘。千万不要居功自傲，任何领导都不会欣赏自己的下属居功自傲、擅作主张，更没有人能忍受自己的下属对自己指手画脚。进入了社会，适当把自己的个性磨得圆滑一点。

如果真正能够注意并做到以上五点，那么，即使你还是新人，也能够快速胜任你的工作岗位，并且会给你的领导和同事留下良好的印象。

【交流探讨】

【探讨7-1】四种职业发展路径你倾向选择哪一种

认真阅读以下"参考材料"，围绕以下话题展开讨论：

（1）探讨小强的四种职业发展路径是否可行，哪一条发展路径更适合小强。

（2）假如你是小强，你会做出怎样的职业选择？四种职业发展路径更倾向选择哪一种？选择的理由是什么？

【参考材料】

小强是个程序员，在一家软件公司工作了六七年，即将到达而立之年。在职业发展上，他感到很迷茫，想改变现状，获得更大的发展空间，但是又不知道该往哪个方向发展。他想过做管理者，也对技术有比较浓厚的兴趣，业余时间还很喜欢户外运动。小强应该如何规划自己以后的职业生涯呢？

职场中，像小强这样的情况特别多，目前的工作也算得心应手，但是还想有更多发展的可能性，自己想做的事情很多，却又无从下手。

如何破解职业发展中的迷茫焦虑？以下四种职业发展路径也许可以帮助小强解锁职场困境。

（1）向上发展：在企业内向上晋升。

小强想过做管理，可以看看自己喜不喜欢上司的工作，有没有兴趣做？

如果意向很强的话，可以进行更加全面的观察和了解，总结出上司的工作需要什么样的工作技能，发现自己与上司的差距在哪里。明确自己需要在什么地方提升，是管理的理念，还是实战经验，然后对此建立一个系统的学习提升计划，各个击破。

（2）向内发展：成为更专业的人。

小强对技术有比较浓厚的兴趣，又是程序员出身，完全可以在专业方面有更高的造诣，成为行业内的高手。如果以此作为日后的发展路径，那么就要向业内顶尖人士看齐，平时花更多的时间钻研技术方面的学问，和同行业的人切磋交流，不断提升自己的技术水平。

如果有机会，并且经济宽裕的情况下，可以报一些专业培训课程继续学习，多参加技术交流会，分享自己的想法，认识一批志同道合的朋友，帮助自己在专家这条路上走得更远。

（3）左右发展：向其他职能岗位转换。

小强也可以选择转换自己的岗位，程序员或许不能开发他的其他潜能。例如，换成销售工程师、IT培训或者技术服务类的工作。

转换职位的关键是可以继续沿用之前的技能。例如，销售工程师，他做过程序类的编写工作，在销售的时候可以入木三分地向客户介绍公司的产品。再如IT培训师，在他原有专业能力的基础上，学习一些培训师的基本技能，做到比较好的融合，也能很快上手。

（4）向外发展：寻求职业外的发展。

不把重心全部放在工作上，可以发展职业外的兴趣。小强喜欢户外运动，可以兼职做一个户外运动的领队，带领一批喜欢远足的小伙伴去户外感受大自然的美好。

就像现在很多人在工作之余兼职做微商、代购一样，在把本职工作做好的前提下，拓展自己感兴趣的领域，发展成兼职，既愉悦了身心，也可以获得额外的体验和收入，两全其美。

以上四种职业发展路径可以帮小强打开思路，看到更多的可能性，做出更好的选择。

【探讨7-2】大学毕业生角色转换过程中容易出现哪些问题

大学阶段是职业角色的准备期，所学专业只对应于某一职业群，具体职业岗位还有待选择，因而大学阶段的职业角色准备往往有一定的模糊性。大学毕业生在走向工作岗位之初对职业角色难免会有些不适应，在从学生角色向职业角色转换的过程中，往往会面临新旧角色的冲突。有些人由于受到社会因素、家庭因素尤其是自身认知能力、人格心理发展、意志品质以及情绪情感等因素的影响，不能正确认识角色转换的实质，或者角色转换不够彻底，出现了一系列问题。

（1）依恋和畏惧并存。

许多大学毕业生走上工作岗位后，怀着对学生角色的依恋，对全新的职业角色充满了畏惧，即在角色转换过程中容易依恋学生角色，出现怀旧心理，面对与同事、领导之间新的复杂人际关系及职业责任的压力，非常留恋相对单纯的学生时代。经过十多年的读书生涯，对学生角色的体验可以说是非常深刻了，学生生活使得每一位学生在学习、生活和思维方式上都养成了一种相对固定的习惯。因此，在职业生涯开始之初，许多人常常会自觉或者不自觉地把自己置身于学生角色之中，以学生角色的社会义务和社会规范来要求自己、对待工作，以学生角色的习惯方式来待人接物，来观察和分析事物。一些大学毕业生在刚走进新的工作环境时，不知道工作应该从何入手、如何应对，在工作中缩手缩脚，怕担责任、怕出事故、怕闹笑话、怕造成不良影响。于是在工作上就放不开手脚，前怕狼、后怕虎，缺乏年轻人的朝气和锐气。

大学生的独立意识已经形成，但由于仍身为学生，没有养成完全独立的工作观念。有些大学生的独立意识似乎只是自己的生活方式的独立自主，但在学习上有教师的引导，经济上还要靠家长。因此，大学生处于依赖与摆脱依赖的过渡期。当他们一旦离开学校走向社会，就要承担起成人的职业角色，但其成人的自觉性和独立性还没养成，工作上全靠领导安排，领导安排多少干多少，对自己的工作性质、范围、程度、相互关系还没有足够的认识。因此，在遵守职业角色规范方面还存在一定的差距，而他人已不再用看学生的眼光来看待他们，而是按能独立承担职业义务的标准来要求他们。

（2）自傲与浮躁同在。

一些大学毕业生对人才的理解不够全面和准确，认为自己接受了比较系统正规的高等教育，拿到了学历，学到了知识，就是高层次的人才了。因而，往往看不起基层工作和基层工作人员，甚至认为一个堂堂的大学毕业生干一些琐碎的不起眼的工作是大材小用、有失身份。于是就轻视实践，放不下架子，实际上是眼高手低，大事做不了，小事又不做。

有些大学毕业生走上工作岗位后，面对新的工作环境、生疏的人际关系，缺乏应有的自信，特别是在知识分子聚集的工作单位，看到别人工作经验丰富、驾轻就熟，相比之下觉得自己这也不行、那也不行，胆小、畏缩，不思进取，甘居人后，产生不求有功但求无过的消极心理，不利于聪明才智的正常发挥。

有些大学毕业生在角色转换的过程中受社会环境的影响，表现出不踏实的浮躁作风和不稳定的情绪情感。一阵子想干这项工作，一阵子又想干那项工作，对本职工作坚持不下去，缺乏敬业精神，不能深入工作内部了解工作性质、职责范围以及工作技巧，就职很长时间后仍未能稳下心来进入新的角色。大学毕业生参加工作一段时间后，频繁跳槽的现象时有发生，就是因为他们就职很长时间后还不能稳定情绪、进入职业角色，反而认为单位有问题，没有适合自己的职位。如果不能静下心来踏踏实实地学习、适应工作，不管什么样的单位都干不长久。

【各抒己见】

作为一名刚毕业的大学生，初涉职场，你在角色转换过程中可能会出现以下哪些不良心理？你会如何克服这些不良心理？

☐ 学生角色的依恋心理
☐ 观望等待的依赖心理
☐ 消极退缩的自卑心理
☐ 苦闷压抑的孤独心理
☐ 见异思迁的浮躁心理

【探讨7-3】大学毕业生角色转换过程中应培养哪些角色转换意识

大学毕业生在角色转换过程中有些不适应是自然的，对这一点要有充分的认识，要加强角色转换意识，积极缩短适应期，避免在角色转换过程中造成职业心理障碍、失去信心。如果把求职比作职业生活的序幕，那么就业才是正剧的开始。

大学毕业生步入社会舞台之初，角色转换过程中一般要经历角色领悟、角色认知、角色适应、角色实现、职业流动等阶段。那么，怎样才能顺利地度过适应期呢？应注重培养哪些角色转换意识呢？

1. 在角色领悟阶段，立足现实，增强独立意识

刚走上工作岗位的大学毕业生应尽快从对大学生活的沉湎中解脱出来。学生时代相对单纯、自由，学习生活上依赖老师和家长，工作后就要承担一定的社会责任，要在工作中能独当一面。人们也开始把大学生作为一个独立的社会人来看待，这就要求大学生有独立意识。

2. 在角色认知阶段，虚心学习，树立角色意识

大学毕业生作为职业岗位的新手，必须充分地了解和熟悉工作环境、工作对象的特点和规律，从而对新工作有个较为全面的认识和把握。因此，应主动关心和搜集有关信息，如本职业的传统和现状、本单位的历史和前景等信息。在工作之余，应主动与单位的领导和同事交往，了解情况；对本职工作所需的知识、技能，尽早有针对性地进行积累，这样才能在适应职业角色上领先一步。

社会好比一个大舞台，每个人都有自己的位置。大学毕业生进入新单位后，应认清自己在工作环境中所承担的角色以及这个角色的性质、职责范围，弄清楚工作关系中上级赋予自己的职权和自己应承担的义务。如果角色意识淡薄、一意孤行、我行我素，该请示的擅作主张，该自己处理的事情不敢做主或推给上司、同事，势必与新环境格格不入。

3. 在角色适应阶段，敬业务实，强化责任意识

现在大学生的就业竞争非常激烈，但是对于企业来说，要想招聘到一些比较满意的新员工也不是件容易的事。一般情况下，企业在招聘时，人事部门会青睐于具有强烈责任心的应聘者。因为实践证明，不管在什么领域，只有具备强烈的责任心才能取得成功。一份工作刚做几天就觉得"没兴趣"或是嫌待遇不好，然后跳槽，这样的人在任何一个用人单位都不会待长久。

如果你暂时遇到一些困难或者麻烦，不要轻易退却甚至是放弃好不容易得到的工作。冷静地找到问题的症结并及时处理，你的经历和经验最后都会化作一笔宝贵的财富，并受用终身。

4. 在角色实现阶段，大胆实践，加强协作意识

大学毕业生在具体的实践活动中还是一个新手，面对实际工作，缺乏经验和办法。但没有必要因此而自卑、退缩，相反应敢于实践、善于请教，才能把理论知识和实际工作结合起来，在实践中完善自己的知识结构，并最终充分发挥出知识上的优势。

在角色实现过程中，良好的同事关系是事业成功的重要保证。在学生时代，同学之间虽然也有一定的协作，但完成学习任务主要还是靠自身的努力；而在现代的生产活动和科研活动中，集体的协作体现出越来越重要的作用，良好的同事关系是事业成功的重要保证。因此，增强协作意识，不但能更快、更好地完成角色转换，而且对今后的成长、走向成功都具有重要意义。

5. 在职业流动阶段，勇于改变，提高竞争意识

个人的职业岗位是相对稳定的，许多人第一次选择的职业成为其长期从事的职业，甚至是终身职业。在这种条件下，就业以后，人们往往立足本职，努力做好工作以求得进一步的发展。但也应看到，在新形势下，职业流动也越来越频繁。职业流动是指劳动者在不同职业之间的变动，也是角色转换的过程。当一个人不适于在原岗位上发展时，可以另辟蹊径、转换职业，寻求新的目标和新的成长道路，去创造出新的业绩。人不适于某个单位，可能有自身的原因，也可能有单位本身或领导的问题。只有积极适应环境，主动寻求和进行力所能及的改变，才能使自己强大有为。合理的职业角色转换不仅符合个人追求成就的愿望，还能满足社会的需要。

需要指出的是，并不是所有的职业流动都是合理的。合理的职业流动能够促进角色转换，反之将使角色转换发生障碍。合理的职业流动是指由于个人的能力不能发挥或确实不适合某一职业而进行的流动。但是有的流动却是受社会环境的其他因素的影响，如从众心理，这山望着那山高，这样的流动仍然不能解决角色的适应问题。因此，选择职业流动应当是审慎的，盲目的非科学的强迫性职业流动会对社会造成一定的损失，对个人的角色适应也是不利的。

【各抒己见】

大学毕业生角色转换过程中应注重培养的角色转换意识包括独立意识、角色意识、责任意识、协作意识、竞争意识，这些角色转换意识中哪些你已基本具备？哪些还需加强？

【探讨7-4】职场新人融入新环境有哪些妙招

作为一名刚参加工作的职场新人，应快速地将自己融入企业这个大家庭，利用自己所学知识为企业创造价值，为企业做贡献。

许多大学毕业生走上工作岗位以后，感受最为深切的是对新环境的诸多不适应，主要表现在心理上、生活上、工作上、人际关系上和工作技能上的不适应。任何人对新环境都有一个适应过程，怎样才能快速融入新环境呢？

1. 心理上融入

初入职场，最重要的不是去"找不同"，而是要"找相同"。从心理上接纳自己，建立一种归属感，别拿自己当外人，以主人翁的心态和全局的视角多听、多记、多看，尽快熟悉组织的整个运作流程。既然来到这个工作环境中，就有了和同事最大的共同点：都是组织中的一员，都在为组织做贡献。

2. 观念上融入

初入职场的新人，可能会遇到自身不适应的地方，出现多个"看不惯"。产生这种现象的原因可能有两种：一是性格和价值观与职场环境不匹配，冲突持续存在，真的不适合这份工作；二是没有调整好生活角色与职业角色之间的关系。

不同的组织有不同的文化，不管是崇尚相对自由还是要求严格服从，是提倡创意革新还是凡事按部就班，职业环境中的要求和生活中自我的本性都可能会存在一些差别，关键在于能否及时调整转变。以职业人的身份服从组织理念只是为了将工作做好，在生活中还是可以做独立的自己。如果不能扭转心态，遇到"看不惯"就跳槽，最终只会一事无成。

3. 外表上融入

穿得靓不如穿得像。不同的职场环境有不同的着装风格，并非一定要西装革履，越正式越好，也并非越漂亮时尚越好。衣着的选择上一方面要考虑工作氛围，另一方面还要考虑工作中经常接触的业务对象。最简单的方法是效仿周围同事的着装风格。穿着得体、注重礼仪才能在新环境中得到认同，尽快被接纳为团队中的一员。

4. 语言上融入

不同的职场环境习惯使用的语言风格不同，同一个词语放到不同的"圈子"就可能会有不同的理解。就如人们习惯认为政府工作人员爱"打官腔儿"，文人学者说起话来总是"酸溜溜的"，其实都源于不同的语言习惯。学会用特定的职场语言进行沟通，才能表示你是个地地道道的"圈儿里人"。

此外，同事是关注时事还是热衷于体育竞技，是喜好健身还是高雅艺术……找出与同事的共同话题，是职场新人迅速融入环境的法宝。

5. 行动上融入

公司组织的各种聚会和体育活动是和同事拉近距离、建立信任的最好机会，一旦收到此类邀约一定要积极参与。在摸清同事的秉性之前和不了解公司对于聚会的态度的情况下，不要轻易做聚会的发起人，还要避免加入小团体。

【各抒己见】

作为一名职场新人，融入新环境时，根据你的思想观念、性格特点、做事风格、能力现状，从心理、观念、外表、语言、行动等方面分析自己快速融入新环境的优势和不足，应采取哪些有效措施弥补你的不足，尽快适应职场新岗位和新环境。

【探讨7-5】大学毕业生如何成功"蜕变"

高中的我们，踌躇满志，立志考取梦想学府。

大学的我们，环境自由，思索未来无限可能。

职场的我们，全新挑战，努力发挥自己的价值。

但是，职场中的成长不会轻而易举，需要一次次的蜕变，才能勾画出美好未来。

那么，大学毕业生作为职场新人，要如何才能成功蜕变，尽快地实现角色转变呢？

1．调整就业心态，做好心理准备

调整就业心态、做好心理准备是角色转换的基础。过硬的职业技能对职业成功固然重要，但充分的心理准备更是不可缺少的，因此大学毕业生要有"抗挫折"的心理准备。一般来说，事业不会是一帆风顺的，如果心理准备不足，就会产生过激情绪，导致能力低下。因此，大学毕业生要提前调整心态，充分做好心理上的"受挫准备"。在事业顺利的时候不沾沾自喜，在事业失意时不自暴自弃，这是事业成功者的必备素质。

在工作中我们要考虑如何提高工作效率、怎样处理与上级领导和同事的关系；在工作中不尽如人意的事情，以一颗平常心去对待，及时转变心态会让我们的工作更加顺利。"不以事小而不为"，在刚进入职场时，做一些烦琐的小事情确实是很有必要的，事情虽小，可过程却十分重要，可以把小事当作培养职业素质的途径之一。

2．热爱本职工作，培养职业兴趣

热爱本职工作、安心工作岗位是角色转换的前提。刚刚走上工作岗位的大学毕业生，应当尽快地从学生的学习生活模式中解脱出来，全身心地投入工作岗位中去。如果"身在曹营心在汉"，不仅对角色转换不利，而且会影响职业兴趣的培养和工作成绩的取得。

3．安心本职工作，培养吃苦精神

安心本职工作是实现角色转变的重要条件。刚毕业的大学生如果不安心工作，整天三心二意，这对角色转变是没有好处的。不怕吃苦也是实现角色转变的重要条件。只有甘于吃苦才能很快地适应工作，及时进入角色并实现角色的转变。

4．虚心学习知识，提高工作能力

虚心学习知识、提高工作能力是角色转换的重要手段。大学毕业生在校期间学习到的东西毕竟是有限的，很多知识和能力需要在工作实践中去学习、锻炼和提高。

事实证明，面对全新的职业，大学毕业生只有放下架子，甘当"小学生"，虚心向有经验的技术人员、领导、师傅和同事学习，一切从头学起，才能与周围的人打成一片，才能学会为人处世，并在业务上有所长进，成为真正有用的人才。要不断丰富自己的专业知识，提高自己的专业技能，最终达到自我完善。

5．勤于观察思考，善于发现问题

勤于观察思考、善于发现问题是角色转换的有力保障。大学毕业生进入职业角色，只有善于观察，才能发现问题；只有运用自身掌握的知识去努力解决问题，才能掌握大量的第一手资料，分析研究职业对象的内部规律，也才能培养自己的独立见解，逐步具备独立开展工作的能力，更好地承担角色责任。

6．勇挑工作重担，乐于奉献

勇挑工作重担、乐于奉献是完成角色转换的重要标志。大学毕业生走上工作岗位以后，应当从一开始就严格要求自己，树立主人翁意识，增强社会责任感，培养无私奉献的精神，任劳任怨，不计较个人得失，努力承担岗位责任，主动适应工作环境，促使自己更好、更快地完成角色转换。

【各抒己见】

大学毕业生作为职场新人,要如何才能成功蜕变,尽快地实现角色转变?说说你的想法或做法。

【探讨7-6】职场中有哪些典型的"学生思维"

认真阅读以下"职场中有哪些典型的'学生思维'"相关内容,针对其所列举的职场中典型的"学生思维",你认为哪些方面在一定程度上你自己也会存在?你打算如何尽快克服这些"学生思维",成功实现学生角色向职业角色的转换?

职场中有哪些典型的"学生思维"

可以说,大多数时候,职场的失误都是自己的学生思维在作怪。职场中有哪些典型的"学生思维"呢?

1. 依靠领导驱动,忽视自我驱动

从小学到大学,我们身边都有驱动自己的人:父母、老师、辅导员……

但步入职场后,很多人还是采用这种惯性思维做事情:领导有安排事情就做,领导没有安排就不管。企业招聘员工的目的是创造更高的价值,如果所有的事情都需要安排,而不主动为上司分忧,企业要这样的员工有什么用呢?

正确的职场思维是,在恰当的时候,主动为领导分忧,你才会被需要,才会获得信任。

2. 认为努力工作就一定会有好的回报

在学校里面,一般努力学习的人,结果都不会很差,因为每个人的天花板都有分数限定。例如,100分的考题,A同学可以考100分,而B同学只考了60分。这个时候,B同学和A同学的差距是40分,不是因为他们就差40分,而是因为100分是学校设定的天花板。如果打破这个天花板,你就可以看到,两者的差距是远远超过40分的。

进入职场也是一样,你进入一个天花板很低的行业,即便拼尽全力,也和别人拉不开太大差距。

而选择一个天花板很高的行业,你只需要轻轻一跃,就已经超过大部分人。这就是为什么选择比努力更重要的原因,选对行业和公司,比单纯努力重要太多了。

3. 不懂得表现自己和抓住机会

在职场,面对机会,是先抓住机会,然后再利用机会学习和提升自己,还是等准备好了再试?真正走上去的人,一定会选择先抓住机会。顺势而为,抓住机会,勇敢表现自己。

4. 过分在意公平

在学校里面,每个人的成绩都是公平的,60分和90分同样都能毕业,彼此之间并没有大的差别。

但是在职场,若论公平,一定是学生思维。

表现更好的人,一定会优先获得升职加薪的机会。这个时候很多职场新人会觉得,我和他同时进的公司,同样的时间上班下班,做同样的工作,凭什么他要先升职加薪?如果你真的能够帮领导分忧,主动与领导沟通所负责项目的情况,一定能优先取得领导的信任,这看起来不公平,但事实就是如此。

5. 不主动汇报工作进度

在学校,只有老师收作业的时候才会上交成果,交一次作业老师打一个分,就算完成了。但是在企业,你根本没有那么多次的机会去练习,往往很多东西都是一次性决定的,如一个项目的招标PPT、一个策划方案等。

在实际工作中，主动汇报进度和你对工作的想法、疑问，领导才能知道你的想法，才能在你出现错误的时候进行纠正。否则结果可能就是：你花了 3 天时间做的 PPT，结果连方向都是错的，显而易见是白做了，领导不满意，你自己也很难过。如果能随时汇报项目进度，主动沟通，又怎么会出现这种让大家都难受的事情呢？

6. 这个东西"我不会"

有多少人在职场用"我不会"这句话拒绝了机会。不会，你可以学呀。

有一句话很经典，"上班 8 小时决定你的现在，下班后 2 小时决定你的未来"。当机会到来的时候，很多人就以"我不会"打发了。

当你进入职场几年后，没有人再教你怎么去做好一件事情，所以"不会"的唯一解决办法就是主动学习。

7. 被专业限制

很多大学毕业生认为舍弃自己大学所学的专业知识比较可惜，感觉大学白读了。但是，真正优秀的职业人，一定是不会被专业限制的。

当你为自己设定一个边界的时候，一定很难走出这个边界，包括你的能力、收入、职位等。在职场上，最重要的不只是专业知识，更是你相对优秀的学习能力，这些才是能够保证你在职场顺利成长的底层核心。

【探讨 7-7】大学毕业生应如何面对工作中的挫折

对于毫无经验、初入职场的大学毕业生来说，总会遇到许多困难和挫折。但在面对困难与挫折时，有些人选择了放弃，有些人选择了勇敢面对。

（1）以平静的心态笑对挫折。

在前进的道路上，遭受挫折是在所难免的，因而不要害怕挫折，也不要屈服于挫折，而应该感激你所遇到的挫折。因为挫折也是一种力量，给人以前进的动力，是通往成功的必经之路。面对挫折，要使自己的心态保持平静、稳定，使所受的伤害减少到最低。

（2）以正确的态度分析挫折。

遭遇挫折时，不要忙着计算自己的损失，而要计算自己从中得到的收获。不要过分夸大挫折而忽视其中的积极因素，"塞翁失马，焉知非福"，也许得到的会比失去的更多：磨炼了自己的意志，强化了自己的心理承受能力，解除了自己的某些利益束缚，可以放开手脚求得更长远的发展，等等。

（3）以坚强的意志战胜挫折。

内因是变化的根据，外因是变化的条件，外因通过内因起作用。面对挫折，首要的是战胜自我。战胜了自我，战胜挫折就有了可靠的支点。每个人在遭遇挫折时，都不能消极地等待他人和社会的救助，而应该首先想到依靠自身的努力摆脱困境。要在客观分析造成挫折的原因的基础上，总结经验教训，努力改变其形成的条件，在挫折中奋起，使事情朝着积极的方面发展。

总之，初入职场的大学毕业生应积极调整心态、勇敢面对挫折，制定正确的职业生涯规划，尽快实现角色转变，融入社会生活。人的一生，从求学到工作，从学艺到谋生，经历无数次的角色转变，每一阶段的人生角色赋予的内容和要求是不尽相同的，因此必须有效适应每一次人生转变，才能更好地经营自己的人生，才能最大化地发挥个人的人生价值和全景化地实现自身的社会价值。在不变中求变，适应每一次人生角色转变，将取得最终的成功。

【各抒己见】

（1）面对挫折应如何积极调整工作心态，成功实现角色转换？

（2）在职场上，我们应如何正确面对工作中的困难与挫折？

【训练提升】

【训练7-1】调查企业员工的职业发展通道

各小组分别选择一家产教融合型企业，对该企业的岗位分类和员工的职业发展通道设置进行调查。然后与×××公司为职工设置的职业发展通道进行比较，分析哪一家企业的岗位分类和员工职业发展通道设置更科学可行。

【方法指导】

×××公司为职工提供了有效的职业发展通道，将岗位分为技术类、管理类、营销类、技能类，针对不同岗位职级提供预先规划的职业发展通道。

（1）技术类岗位。

技术员→助理工程师→设计工程师→项目工程师→主任工程师→专家级工程师→高级专家→特级（资深）专家→首席专家。

（2）管理类岗位。

业务助理→专员→主管→经理→高级经理。

（3）营销类岗位。

业务助理→业务员→主管→经理→大区经理。

（4）技能类岗位。

初级工→中级工→高级工→技师→高级技师。

根据公司岗位需求及个人意愿，通过挂职、内部竞聘、轮岗等方式，使员工的兴趣和技能与岗位要求相匹配，在工作中实现员工个人价值。

【训练7-2】学会学习

一个人一生只拥有三天：昨天、今天和明天。对我们每个人来说，昨天已经过去，无法返回；明天是个未知数；唯一能抓住的就是今天。虚度今天就是糟蹋了昨天、丢失了明天。让我们抓紧今天，为更好的明天而奋斗。

请以小组为单位开展以下活动：

【想一想】

（1）我为谁学习？

（2）我要学什么？

（3）我学会了什么？

（4）我该怎样学？

【听一听】

优秀学生代表介绍学习经验和学习方法。

【说一说】

（1）在学习上总结的一些合适的学习方法。

（2）学习方面自己有哪些方面还需要改进？

（3）对自己的学习方法进行小结。

【训练7-3】养成高效率的学习习惯

尝试改变自己过去的一些不良学习习惯，参考以下做法强迫自己逐步养成高效率的学习习惯。

（1）以学为先。学习是我们的第一要事，理应先于娱乐、一心向学、气定神闲、心无旁骛、全力以赴。

（2）随处学习。善用零碎时间，每天在晨跑中、吃饭时、课间、课前、休息前等零碎时间里记忆词语、背诵公式、破解疑难、调整情绪。保证学习时间，学会见缝插针利用好空余时间，经过日积月累，效果会很可观。

（3）讲究条理。将重要的学习用品和资料用书分类存放好，避免用时东翻西找。每天有日计划，每周有周计划，按计划有条不紊地做事，不一曝十寒。

（4）学会阅读。学会速读和精读，提高单位阅读量。学会读一本书或者一个单元的目录、图解和插图，提前了解内容，获取更有效的信息。当积极的阅读者，不断地提问，直到弄懂字里行间的全部信息为止，特别要弄懂知识的起点和终点，梳理好知识要点。

（5）合理安排。该做啥时就做啥，在合适的时间做合适的事，不背道而驰。例如，抓课堂效率，当堂听，当堂记，当堂理解，不理解的话课下或者当天找时间主动找老师请教，做到堂堂清。

（6）善做笔记。一边听课一边记重点，不用事无巨细全盘记录。及时整理笔记，对老师强调的重要知识点格外注意，特别注意让知识系统化，积极思考能解决什么问题。

（7）作业规范。认真对待每一次作业，做到书写工整、步骤齐全、术语规范、表述严谨。规范不仅训练仔细认真的品质，更能养成细心用心的习惯，从而激发学习潜能。

（8）勤思善思。学习时应做到勤于思考和善于思考，力争达到举一反三、触类旁通的效果。

（9）学习互助。与同学开心地相处，遇事不斤斤计较，宽容豁达；珍视同学间的友谊，在学习中互相支持和帮助，经常一起讨论学习中的问题，使用不同的解题方法并相互交流心得。有了这种和谐的同学关系，才能全身心地投入到学习中，从而保持较高的学习效率。

（10）自我调整。不回避问题，遇到问题能通过找老师、同学或者自我反思进行自我调节，摒弃外界和自身的压力，自觉地放下思想包袱，化压力为动力，不管是课业繁重还是轻松顺利时，都保持一颗平常心。不断地对自己进行积极的心理暗示，在这样不断的积极心理暗示下，信心值就会不断上升，从一点信心都没有逐渐到有了坚定的不可动摇的信心，通过努力去想了、去做了。

【训练7-4】熟悉职场新人快速适应职场新岗位和新环境的方法

新人到新的环境中工作，迈好第一步很重要，迈得好后面的工作会顺风顺水，迈得不好可能工作障碍重重。很多人在刚刚进入职场的时候都会感觉到自己难以融入这一环境，但是职场新人在进入职场之后并不可能因为自己难以融入这一环境就选择放弃。有什么方法可以让新人快速融入职场新环境呢？

1. 明确目标

当我们满怀希望、斗志昂扬地参加工作时，总是对未来有一个憧憬，有自己的奋斗目标，这个目标激励着我们前进。只有自己有着明确的奋斗目标，知道自己想要的是什么，我们才会在职场之路上满怀希望。

大学生毕业后，应当对自己的人生做出清晰的规划并有明确的方向。无论你的工作看起来多么微不足道，在自己的岗位上都应该有一个目标。大家在工作之初想清楚自己工作的目的是什么，结合目的给自己定下中期和短期的工作目标，可以让我们在工作的时候更有激情和方向。

2. 重新定位

进入职场后，一定要对自己有新的定位，告诉自己现在是职场新人了，是这个公司的一员。通过重新定位，要学会以谦逊的态度融入工作中，不要把自己和职场对立起来，要认识到自己和身边其他人是一样的。

无论你有多么怀念学校生活、对职场有多陌生，都要找对自己在职场上的定位，规划好人生的目标和方向。

3. 熟悉环境

人到一个陌生的环境往往会表现得很不安，做事也不太容易放得开，可以先从熟悉工作环境做起。

4. 注意外表

外表不是外貌，外表常常是你给人的第一印象，是你的妆容穿着、言行举止。大多数人都有以貌取人的倾向，如果你的外表良好，常常能够传递一种友善的、容易亲近的信息，甚至能够吸引他人来和你交流。平时言行要礼貌得体，让他人对你产生好感。

5. 谦虚有礼

如果老员工给予你帮助，哪怕只是借了支笔给你，你也应该说句"谢谢你"。对于年长的员工，可以"亲热地"称之为"×姐"，当然年纪相差不是太大的就以其职务来称呼，如"×经理"。男士在这方面似乎不会太介意，"×经理"、"×主任"地叫即可。如果别人需要你的帮助，应尽可能表现得谦虚一点，而不要让别人觉得你在自以为是。

6. 遵守纪律

一个公司之所以能够不断地发展下去，就是因为有各种各样的成文和不成文的规定，俗话说"没有规矩不成方圆"。我们应严格遵守工作纪律，任何一个用人单位都不会喜欢一个不遵守工作纪律的员工，尤其是新员工。当新员工进入一个新的工作环境后，首先要了解岗位的工作职责、公司的规章制度，做到心中有数，在工作中不违纪。

7. 认识同事

新的工作环境中我们会遇到新的同事，适应职场环境离不开和同事的相处。无论你的性格是否开朗，都应该积极主动地去认识新同事。通过和同事的交流，你可以了解到很多工作方面的信息，在同事的带领下你会迅速熟悉职场环境。

你可以在熟悉工作环境的同时，记住同事的名字，主动认识同事，在吃饭或者下班的时候可以主动和同事聊几句，传递一种友好的态度。在新的工作单位构建良好的人际关系，这样可以使你更好地和同事打成一片。

8. 懂得分担

职场新人通常都只是接触一些相对简单的工作，有的时候可能没有为你安排什么工作，这个时候不要干坐着，要主动观察身边同事有没有需要帮忙的，在提供帮助的同时自己也会学到些新东西。

自己的事情做好后，可以看看身边同事在忙些什么，能帮忙的就主动帮忙，这样他人也会逐渐信任你，让你更快融入工作之中。

9. 学会独立

和学校不同的是，职场上每个人都有自己的事情要做，没有谁会像老师一样手把手不厌其烦地教你。遇到不懂的地方，可以先观察和分析一下别人是怎么做的，尽量自己解决问题，真的难以解决再向他人请教。独立地处理事情能够让你迅速成长起来，积累更多工作经验，在职场上更加自信。

10. 学会变通

职场有职场的规则，它可能和你之前的人生观、价值观有所出入。假如你的工作环境让你觉得价值观被颠覆，不要据理力争，而要学会变通和理解。职场的规则要求大家都遵从，一味抵制只会让你自己边缘化。

在工作中遇到难以接受的事情，也要学会变通。可以询问，可以用柔和的方式去坚持自己的主张，不要让所有人来适应你的规则。

（1）分别针对校内学习环境（班级管理工作或学生会管理工作）、职场工作环境，完成以下各项任务。

①厘清三件事。

一是要做什么事，二是需要配合别人做什么事，三是自己可以做主什么事。把这三件事弄明白可不是一件简单的事，需要你的上司、人力资源部门和周围的同事大力配合你。

②确认三个职责。

一是自己对谁负责，也就是你有事向谁汇报，找谁去解决，他解决不了怎么办；二是自己要对哪些结果承担责任；三是需要承担责任的惩罚标准和处分办法是什么。

③认识三个人。

一是直接上司，二是师傅（就是指定带你的人），三是需要和你配合的同事。

④熟悉三类制度。

一是公司的通用制度，二是部门制度，三是与自己工作相关的制度（岗位工作标准等）。

⑤明确三个通道。

一是个人发展通道，二是职工职级通道，三是职工上升通道。

⑥和四类人处理好关系。

一是直接上司，二是同事，三是客户（包括内部客户），四是资历深的同事。

（2）作为职场新人，为了快速适应新岗位和新环境，给出以下问题的答案：

①短期工作目标是什么？

②初入职场新的定位是什么？

③外表方面你会尝试做出哪些改变？

④学生时代，你觉得自己的礼貌性、纪律性怎样？进入职场你觉得是否需要进一步加强？

⑤初到一个新环境，你能很快认识新同事并记住新同事的姓名吗？

⑥学习、工作中你是否懂得分担？遇到问题是否能独立决断？遇到难以接受的事情是否能够变通？

【训练7-5】大学毕业生养成关注职场细节的习惯

作为职场新人，我们应该从小事情、小细节上注意，要从细节上做起，真正完成由学生向职业人的转变，不断养成关注职场细节的习惯。

以下内容是大学毕业生在职场应关注的8大类40项细节。

1. 工作态度

（1）上下班要守时；

（2）尽量早到晚退；

（3）对工作充满兴趣；

（4）手脚麻利，眼里有活儿；

（5）在工作时间内避免闲聊；

（6）尽量保证不出错。

2. 工作状态

（1）工作要紧张有序；

（2）展现积极的工作态度；

（3）努力做好交办的每一件事；

（4）把各种工作做到心中有数；

（5）在预定时间内完成工作；

（6）完成任务时注意轻重缓急；
（7）工作中提高创新意识。

3. 职场礼仪
（1）注意第一印象；
（2）穿着得体；
（3）言谈举止要得体；
（4）礼貌得体。

4. 人际交往
（1）与同事之间处好关系；
（2）尽快融入公司，创造良好的人际环境；
（3）尊重同事，虚心请教；
（4）请教问题要把握尺度；
（5）尊重每一个同事。

5. 处事方式
（1）学会控制好自己的情绪；
（2）工作中不抱怨；
（3）不要卷入是非旋涡；
（4）理性看待得与失；
（5）不要急于表现自己；
（6）适当地为别人捧场。

6. 熟悉公司
（1）尽快了解公司文化；
（2）了解公司的组织结构；
（3）熟悉公司运作的机制；
（4）了解公司的发展战略。

7. 适应职场
（1）转变学生时代的心态和行为；
（2）适应现有规则；
（3）提升承受力；
（4）别被失败挫伤。

8. 提升能力
（1）尽快掌握岗位技能；
（2）尽快学习业务知识，迅速高效完成本职工作；
（3）多记录，多总结，多反思；
（4）乐于学习，及时充电。

为尽快适应职场，我们要从细节着手改善，现将大学毕业生适应职场应关注的细节的8个方面（工作态度、工作状态、职场礼仪、人际交往、处事方式、熟悉公司、适应职场、提升能力）划分为三个层次：已经改善的细节问题、正在改善的细节问题、下一步急需改善的细节问题，结合自己的思想观念、性格特点和现状表现，将相应细节问题标题编号填入表7-1所示。

表 7-1　适应职场应关注的细节问题

细节问题类型	已经改善的细节问题	正在改善的细节问题	下一步急需改善的细节问题
工作态度			
工作状态			
职场礼仪			
人际交往			
处事方式			
熟悉公司			
适应职场			
提升能力			

对下一步急需改善的细节问题提出具体的改善措施。

【训练 7-6】大学毕业生努力适应职场规则

职场新人需要学习很多的东西，每个人的认知架构不同，形成的思想观念与性格特点也不同，但相同的是要遵守职场中的几项规则。

1. 思维方式决定行为方式

（1）感恩的思维方式。

新入职场要学会感恩，感恩一切帮助过自己的人。帮助自己克服困难的人，帮助自己了解职场的人，这些人往往会是今后工作中的助力。自己以善意去对待别人的时候，别人会感知到。从心理学角度讲，帮助人与被帮助人之间的感情关系是：帮助你的人对你的好感要超出你对他的好感。

（2）认真做事的思维方式。

每个单位都需要认真做事的人，所以工作态度决定了今后的发展方向。浑水摸鱼、假装努力，最终欺骗的只有自己，不要试图走捷径。只有让自己能力提升，才能成为有价值的人。

2. 行为方式决定未来的方向

（1）学会少说多做。

人有一张嘴、两只手就已经明确告诉你，要多做少说。能用行动去证明的事情，尽量不要用嘴去解决。大多数嘴上表达的内容需要行动去证明，所以省掉动嘴的过程，用行动来证明，新人尤其要注意。

（2）处理好同事关系。

跟同事相处要把握几个原则：无论融入哪个圈子都要有自己的判断，该做的、不该做的，要有自己的原则；不在同事面前发脾气，没有谁有义务承受你的坏脾气，请不要把你的不良情绪带到工作中，没有人愿意跟一个情绪失控的人一起工作；不聊同事的隐私，不背后诋毁同事，做到独善其身才能广结人缘、不卷入是非，这样在公司才会有一个良好的人际关系，创造和谐的工作氛围，有益于自己的事业发展。

（3）不要去争功劳。

职场新人首先要做好自己的事，不要去争功诿过。即使争到功劳，对于新人来讲又能得到什么？新人争到的功劳远比失去的要多。

3. 责任心比能力更重要

重视自己的工作，把每个任务都细致完成，把每一件事情都当作一次锻炼，一点一滴地积累经验。只有把责任放在最前端，才能把能力突显出来。因此，刚踏入社会的你，先努力培养自己尽职尽责的工作精神吧。

（1）工作有计划，工作进度主动汇报。

在职场中，我们要学会有计划地工作，并且主动与领导汇报自己的工作进度。有计划地工作能有效地利用时间，并高效地完成工作，做到清楚自己做什么、达到什么效果、给公司带来什么效益。主动向领导汇报自己的工作进度与效果，能更好地与领导交流，领导也能针对你工作中遇到的困难提供一些帮助和建议，这样可以加快你的工作进度，同时也能达到领导的要求。

（2）多给领导建议，多替领导解决问题。

在工作中，不要觉得自己是刚进入职场，遇到问题就留给领导，抱着"只要领导决定，我执行就好"的态度，这是错误的。我们遇到问题要勇于提出自己的想法，敢于打破常规，多说出自己的见解，这样不管是否能帮助领导解决问题，也要领导知道你在思考、在用心做事，同时也会增加领导与你的交流。在不断的思考中，你也能发掘自己的潜能，提升自己的业务水平。

（3）多读书，多学习。

初入职场的新人，一定要认识到学习的重要性。读书可以让你变得更有气质、变得自信、变得有竞争力。在市场竞争这么激烈的今天，我们学习的步伐永远不能停止。

4．团队合作很重要

（1）善于在合作中学习。

大多数职场新人不具备独当一面的能力，在合作中学习，了解每个人的分工，自己分内的事情能否做到更好。学习别人如何在团队中配合工作，共同协助完成项目。

（2）避免个人英雄主义。

很多职场新人不知深浅，总认为自己很能干、能力出众，总想尽快地体现个人价值，在能力不足以承担责任的时候往往容易"翻车"。

（3）明白个人能力有限。

一个人永远打不过一群人，所以要明白任何人都需要团队配合才能做成更大的事情。

从思维方式、行为方式、责任心、团队合作、处好上下级关系等方面分析一下你的现状，如果存在明显劣势，就要有针对性地进行训练，改变现状去适应职场规划。

参 考 文 献

[1] 姜国权，姜福佳，王烜. 大学生职业生涯发展与规划[M]. 北京：中国水利水电出版社，2020.
[2] 杜学森. 职业发展与就业指导[M]. 北京：北京理工大学出版社，2019.
[3] 侯士兵，杨薛雯. 大学生职业发展素养[M]. 上海：上海交通大学出版社，2016.

反侵权盗版声明

电子工业出版社依法对本作品享有专有出版权。任何未经权利人书面许可，复制、销售或通过信息网络传播本作品的行为，歪曲、篡改、剽窃本作品的行为，均违反《中华人民共和国著作权法》，其行为人应承担相应的民事责任和行政责任，构成犯罪的，将被依法追究刑事责任。

为了维护市场秩序，保护权利人的合法权益，我社将依法查处和打击侵权盗版的单位和个人。欢迎社会各界人士积极举报侵权盗版行为，本社将奖励举报有功人员，并保证举报人的信息不被泄露。

举报电话：（010）88254396；（010）88258888
传　　真：（010）88254397
E-mail：　dbqq@phei.com.cn
通信地址：北京市海淀区万寿路173信箱
　　　　　电子工业出版社总编办公室
邮　　编：100036